Rudolf Weber-Fas

Wörterbuch zum Grundgesetz

Klett-Cotta

Prof. Dr. jur. Rudolf Weber-Fas
Master of Laws (Harvard)
Bundesrichter a. D.
Ordinarius für Öffentliches Recht
und Staatslehre (Univ. Mannheim)

Klett-Cotta

Printed in Germany
Schutzumschlag: Klett-Cotta Design
Gesetzt aus der Baskerville
von Steffen Hahn FotoSatzEtc., Kornwestheim
Auf säure- und holzfreiem Werkdruckpapier gedruckt und
in Fadenheftung gebunden von Schauenburg, Schwanau
Einbandstoff: Iris-Leinen

Die Deutsche Bibliothek – CIP-Einheitsaufnahme
Weber-Fas, Rudolf:
Wörterbuch zum Grundgesetz / Rudolf Weber-Fas. –
Stuttgart: Klett-Cotta, 1993
ISBN 3-608-93054-X
NE: HST

Für Ursula

Inhalt

Vorwort

Das Grundgesetz, die Verfassung der Bundesrepublik Deutschland, ist bindende Richtschnur für die Ausübung aller Staatsgewalt. In den Jahrzehnten der deutschen Teilung hat sich das ursprünglich nur für eine Übergangszeit geschaffene Grundgesetz zu einer freiheitlichen Staatsverfassung von großer Wirkungskraft entwickelt. Zum 25. Jahrestag seines Bestehens sagte der damalige Bundespräsident Heinemann: „Das Grundgesetz ist mit seinen Wertsetzungen in unser Denken eingedrungen. Es ist die erste deutsche Verfassung, die die Zustimmung der weit überwiegenden Mehrheit unseres Volkes gefunden hat. Das Inkrafttreten des Grundgesetzes zählt zu den Sternstunden unserer Geschichte."

Als eine Sternstunde nicht nur für Deutschland wurde in Ost und West das Ende des Eisernen Vorhanges und des Kalten Krieges erlebt. Die friedliche Befreiung unserer Landsleute gab den Anstoß zu diesem Buch. Seit dem Beitritt der einstigen DDR zum Geltungsbereich des Grundgesetzes im Zuge der deutschen Wiedervereinigung hat die Verfassung der Bundesrepublik auch die Zustimmung der großen Mehrheit jener Deutschen gefunden, denen zuvor ein Leben in persönlicher und politischer Freiheit versagt war.

Indessen kann ein gewisser Verfassungspatriotismus nicht darüber hinwegtäuschen, daß auch die gebildete Bürgerschaft vielfach nur vage Vorstellungen von der deutschen Staatsverfassung hat. So ist das Grundgesetz, auf das man sich bei Auseinandersetzungen gern und oft leidenschaftlich beruft, gleichwohl noch weithin ein Buch mit sieben Siegeln. Die Diskussion von Verfassungsfragen krankt vielfach an Mißverständnissen, Schlagworten und fehlender Sachinformation. Eine unaufgeklärte Grundgesetzgläubigkeit aber birgt den Keim zu Enttäuschungen und führt schließlich zur Verfassungsverdrossenheit.

Das vorliegende Wörterbuch zum Grundgesetz unternimmt es erstmals, einem aufgeschlossenen, nicht einschlägig gelehrten Publikum alle wichtigen Begriffe des Verfassungstextes und des rechtlichen

Sprachgebrauchs in knapper und fundierter Form zu erklären. Über 1.400 Stichwörter dienen einer umfassenden Information. Die Rechtsprechung des Bundesverfassungsgerichts ist besonders berücksichtigt; ausgewählte Literaturhinweise finden sich am Schluß.

Möge das Buch dazu beitragen, unser Grundgesetz besser zu verstehen und für eine bewährte Verfassung der Freiheit einzutreten, die nie vollkommen sein kann und die stets aufs neue verwirklicht sein will.

Rudolf Weber-Fas

Abkürzungen

Art.	Artikel des GG
BGB	Bürgerliches Gesetzbuch
BGBl.	Bundesgesetzblatt
BGH	Bundesgerichtshof
BVerfG	Bundesverfassungsgericht
BVerfGE	Entscheidungen des BVerfG (Amtl. Sammlung, Bd. u. S.)
BVerfGG	Gesetz über das BVerfG
E	Entscheidung des BVerfG
GG	Grundgesetz für die Bundesrepublik Deutschland
GOBT	Geschäftsordnung des Deutschen Bundestages
Hg	Herausgeber
StPO	Strafprozeßordnung
vs.	versus (gegen)
WRV	Weimarer Reichsverfassung

A

Abgaben sind Geldleistungen, die → juristische Personen des öffentlichen Rechts kraft ihrer verfassungsmäßigen Hoheitsmacht bestimmten Pflichtigen auferlegen. Im System der öffentlichen Abgaben des Staates sind die → Steuern finanzwirtschaftlich und rechtlich von überragender Bedeutung. Daß der → Staat seinen Finanzbedarf durch Abgaben deckt, rechtfertigt sich aus seiner umfassenden inneren und auswärtigen Tätigkeit. Zu den wichtigsten → Staatsaufgaben gehören u. a. Schutz von → Leben, → Freiheit und → Eigentum der Bürger, Maßnahmen moderner → Daseinsvorsorge, Gewährleistung sozialer → Gerechtigkeit, Pflege der → Kultur, Förderung von → Bildung und Ausbildung, von → Kunst und → Wissenschaft, Sicherung ordnungsgemäßer → Verwaltung und unabhängiger → Rechtsprechung, → Verteidigung gegen Angriffe von außen. Die durch Abgaben zu finanzierenden Staatsaufgaben haben im → Sozialstaat der Gegenwart eine Tendenz zu uferloser Ausweitung. Der Staat darf sich die benötigten, im → Haushaltsplan auszuweisenden Einnahmen nicht nach Gutdünken mittels Abgaben beschaffen, sondern nur durch → Gesetz oder aufgrund eines Gesetzes; dies ergibt sich aus dem → Rechtsstaatsprinzip.

Abgeordnete → Bundestagsabgeordnete

Abhörkontrolle, Kurzbezeichnung für die nichtgerichtliche Nachprüfung einer speziellen → Grundrechtsbeschränkung. Die Einschränkung namentlich des → Fernmeldegeheimnisses, die dem Schutze der → freiheitlichen demokratischen Grundordnung oder des → Bestandes oder der Sicherung des Bundes oder eines Landes dient, kann aufgrund eines → Gesetzes dergestalt vorgenommen werden, daß sie dem Betroffenen nicht mitgeteilt wird und daß an die Stelle des → Rechtsweges die Nachprüfung durch von der → Volksvertretung bestellte Organe und Hilfsorgane tritt (Art. 10 II 2). Diese durch die sog. → Notstandsnovelle von 1968 aus Gründen der Staatssicherheit eingefügte → Verfassungsänderung wurde konkretisiert durch ein besonderes Gesetz (G 10: BGBl. I, 1968, S. 949). Die neuen Verfassungsbestimmungen – Art. 19 IV wurde gleichzeitig ergänzt – lösten rechtsstaatliche Bedenken aus. Verbürgte doch das GG bis dahin die lückenlose richterliche Nachprüfbarkeit aller belastenden Akte der → Staatsgewalt. Wäre diese Lückenlosigkeit, die in anderen westlichen Verfassungsstaaten so nicht gegeben ist, wesentlicher Bestandteil des jeder Verfassungsänderung entzogenen grundgesetzlichen → Rechtsstaatsprinzips (Art. 79 III), dann hätte der verfassungsändernde Gesetzgeber hier → verfassungswidriges Verfassungsrecht geschaffen. Indessen hat das → BVerfG die fraglichen Vorschriften für rechtsstaatlich hinnehmbar erklärt, sofern die parlamentarische Nachprüfung der geheimen Abhörmaßnahmen so ausgestaltet ist, daß sie materiell und verfahrensmäßig einer gerichtlichen Kontrolle gleichkommt (BVerfGE 30, S. 23 f.).

Abolition → Amnestie

Abstammung ist die biologische Herkunft eines Menschen von bestimmten Vorfahren. Niemand darf wegen seiner Abstammung benachteiligt oder bevorzugt werden (Art. 3 III). Dies ist eine der speziellen grundgesetzlichen Ausgestaltungen des → allgemeinen Gleichheitssatzes. Die → besonderen Gleichheitssätze der Verfassung untersagen hinsichtlich bestimmter Merkmale eine Ungleichbehandlung negativer oder positiver Art.

Abstimmungen sind, neben → Wahlen, Formen der Äußerung des Volkswillens in der → Demokratie. Zwar betont das GG, daß die vom Volke ausgehende Staatsgewalt u. a. durch Wahlen und Abstimmungen ausgeübt wird (Art. 20 II). Indessen ist das plebiszitäre Element der Abstimmung über den Bürgern vorzulegende Sachfragen in der Bundesverfassung so gut wie gar nicht vorgesehen. Eine Ausnahme bilden die Verfahren der → Volksabstimmung bei der → Neugliederung des Bundesgebiets (Art. 29).

Abstrakte Normenkontrolle bezeichnet – im Unterschied zur → konkreten Normenkontrolle – die Prüfung der Gültigkeit einer Rechtsnorm losgelöst von einem anhängigen Prozeß. Zuständig für die abstrakte Normenkontrolle ist das BVerfG. Es entscheidet bei Meinungsverschiedenheiten oder Zweifeln über die förmliche und sachliche Vereinbarkeit von → Bundesrecht oder → Landesrecht mit dem Grundgesetz oder über die Vereinbarkeit von Landesrecht mit sonstigem Bundesrecht (Art. 93 I Nr. 2). Antrangsberechtigt für diese Überprüfung sind nur die → Bundesregierung, eine → Landesregierung oder ein Drittel der Mitglieder des → Bundestags. Damit das BVerfG als Hüter der Verfassung nicht mit rein theoretischen Zweifelsfragen belastet wird, ist die Zulässigkeit des Normenkontrollantrags daran geknüpft, daß ein besonderes Interesse an der Klarstellung der Rechtsgültigkeit der zur verfassungsgerichtlichen Nachprüfung gestellten Norm besteht (BVerfGE 52, S. 80). Hält das Gericht die zu prüfende Norm mit dem maßgebenden höherrangigen Recht für unvereinbar, so erklärt es sie für nichtig.

Abtreibung, der strafbare Schwangerschaftsabbruch, ist verfassungsrechtlich relevant unter dem Gesichtspunkt des → Rechts auf Leben (Art. 2 II). Sieht man in den → Grundrechten nicht nur staatsgerichtete Abwehrrechte des einzelnen, sondern auch wertsetzende Entscheidungen der Verfassung zugunsten bestimmter Schutzgüter, so begründet dies eine entsprechende Schutzpflicht des Staates. Beim Recht auf Leben, das auch dem ungeborenen Kinde zusteht, ist nicht zuletzt der Gesetzgeber verpflichtet, möglichen Gefährdungen des Schutzgutes wirksam entgegenzutreten, notfalls mit dem Mittel der strafgesetzlichen Sanktion. Im Konflikt zwischen dem Selbstbestimmungsrecht der Schwangeren und dem Recht auf Leben genießt der Schutz der Leibesfrucht grundsätzlich Vorrang. Jedoch ist die Fortsetzung der Schwangerschaft in besonderen Fällen unzumutbar und darf deshalb vom Gesetzgeber straffrei gelassen werden. Dies gilt namentlich dann, wenn der Abbruch erforderlich ist, um von der Schwangeren eine Gefahr für ihr eigenes Leben oder die Gefahr einer schwerwiegenden Beeinträchtigung ihres Gesundheitszustandes abzuwenden (BVerfGE 39, S. 43, 49).

Abwehrbereite Demokratie → Streitbare Demokratie

Abwehrrechte → Grundrechte

Agrarstruktur → Verbesserung der Agrarstruktur

Akteneinsicht ist eine Form der Inanspruchnahme → rechtlichen Gehörs (Art. 103 I). Das GG geht davon aus, daß die nähere Ausgestaltung des Grundrechts auf Gehör vor Gericht den einzelnen Verfahrensordnungen zu überlassen ist (BVerfGE 18, S. 405). Der nach der StPO bestehende Anspruch des Beschuldigten auf die Kenntnis von Akteninhalten betrifft nur die dem Gericht tatsächlich vorliegenden Akten (BVerfGE 63, S. 59 f.).

Aktivlegitimation bezeichnet, im Unterschied zur Prozeßführungsbefugnis, die Sachbefugnis des Klägers bei der → Verfassungsbeschwerde. Diese ist unbegründet, wenn die Aktivlegitimation fehlt.

Aktuelle Stunde ist eine besondere Erscheinungsform des → Interpellationsrechts, das dem → Bundestag gegenüber der → Bundesregierung zusteht.

Alimentationsprinzip, ein Hauptpunkt der hergebrachten Grundsätze des → Berufsbeamtentums (Art. 33 V). Hiernach hat der Beamte einen Anspruch auf amtsangemessene Besoldung und Versorgung. Seine Bezüge sind nicht Entgelt für geleistete Dienste, sondern nach der Alimentationstheorie Einnahmen zur Sicherung des amtsgemäßen Lebensunterhalts. Indessen ist der Gesetzgeber befugt, die Struktur der Besoldungsordnung und der Beamtengehälter jederzeit für die Zukunft zu ändern, auch die Gehaltsbeträge zu kürzen, sofern nur der verfassungsrechtlich garantierte Anspruch auf amtsangemessene Alimentierung beachtet wird. Ein Recht auf Erhaltung des einmal erreichten Besitzstandes hat der Beamte nicht (BVerfGE 44, S. 263).

Allgemeine Gesetze beschränken die Grundrechte der → Meinungsfreiheit, der → Pressefreiheit, der → Rundfunkfreiheit und der → Filmfreiheit (Art. 5 II). Im Sinne dieser Verfassungsnorm sind allgemeine Gesetze solche Rechtsvorschriften, die – ohne gegen die grundgesetzlich garantierten Freiheiten gerichtet zu sein – zum Schutze des gemeinen Wohls, der Interessen der Gesamtheit oder der Rechte Dritter erlassen worden sind. Schranken dieser Art sind z. B. das Strafrecht, das

Polizeirecht und das bürgerliche Recht. Demgemäß berechtigen die genannten Grundfreiheiten nicht zu Beleidigungen und sie greifen nicht gegen zivilrechtliche Ansprüche auf Unterlassung unrichtiger Tatsachenbehauptungen oder verleumderischer Werturteile. Andererseits sind die „allgemeinen Gesetze“ so auszulegen und anzuwenden, daß die geschützten grundrechtlichen Freiheiten nicht zu kurz kommen. Das kann im Einzelfall schwierige Abwägungen zwischen kollidierenden Schutzgütern erfordern. Im öffentlichen Meinungskampf fallen auch scharfe und übersteigerte Äußerungen in den grundrechtlich geschützten Bereich der freien Rede (BVerfGE 61, S. 7 ff.).

Allgemeine Handlungsfreiheit steht in engstem Zusammenhang mit der Verfassungsgarantie der → Menschenwürde. Das GG gibt jedem Menschen das Recht auf die freie Entfaltung seiner Persönlichkeit, soweit er nicht die → Rechte anderer verletzt und nicht gegen die → verfassungsmäßige Ordnung oder das → Sittengesetz verstößt (Art. 2 I). Diese weitgespannte Grundrechtsnorm erfüllt als lex generalis gegenüber den speziellen Freiheitsrechten der Verfassung eine Art lückenschließender Auffangfunktion. Geschützt ist nicht lediglich der kulturelle Kernbereich der tätigen Persönlichkeit, sondern die menschliche Handlungsfreiheit in einem umfassenden Sinn. Demgemäß erfaßt die grundrechtlich verbürgte allgemeine Handlungsfreiheit u. a. auch sämtliche wirtschaftlichen Betätigungen des Einzelnen, namentlich die → Vertragsfreiheit und die → Ausreisefreiheit. In der Verfassungspraxis hat das allgemeine Freiheitsgrundrecht eine erhebliche Verstärkung seines Schutzbereichs erfahren durch die gefestigte Interpretation des Schrankenvorbehalts der „verfassungsmäßigen Ordnung“. Danach entfaltet dieses Auffanggrundrecht eine besondere rechtsstaatliche Breitenwirkung, indem es – über den Bereich individueller Freiheitsverletzung hinaus – auch die verfassungsgerichtliche Kontrolle rein objektiver Grundgesetzverstöße durch Akte der → Gesetzgebung, der → Exekutive und der → Rechtsprechung für den einzelnen eröffnet. Hieraus folgt die Befugnis, alle beschwerenden verfassungswidrigen Rechtsnormen wegen Verletzung der allgemeinen Handlungsfreiheit mit der → Verfassungsbeschwerde anzugreifen. Für die Anwendung des Art. 2 I GG bedeutet der Terminus „verfassungsmäßige Ordnung“ – abweichend von seinem Sinngehalt in anderen Zusammenhängen des GG – nicht etwa nur die Verfassungsordnung, sondern die gesamten mit den materiellen und formellen Vorschriften der → Verfassung in Einklang stehenden Rechtsordnung. Aus dem verfassungsgerichtlich so weit ausgelegten Schrankenvorbehalt folgt umgekehrt, daß jeder hoheitliche Eingriff, der objektiv mit der Verfassung nicht in Einklang ist, als Grundrechtsverstoß gegen die allgemeine Handlungsfreiheit vom einzelnen angefochten werden kann (BVerfGE 6, S. 40 ff.). „Verfassungsmäßig" sind Gesetze nicht schon dann, wenn sie formell ordnungsgemäß ergangen sind; sie müssen überdies auch materiell mit dem Grundgesetz in Einklang stehen, insbesondere mit den Leitprinzipien der → freiheitlichen demokratischen Grundordnung, der → Menschenwürde und des → Sozialstaatsgebots.

Allgemeine Regeln des Völkerrechts sind Bestandteil des → Bundesrechts. Sie gehen den → Gesetzen vor und erzeugen Rechte und Pflichten unmittelbar für die → Bewohner des Bundesgebiets (Art. 25). Das Verhältnis des GG zum → Völkerrecht ist ausgeprägter als je zuvor in der deutschen Verfassungsgeschichte. Freilich kommt der geltende Vorrang nicht jeder Völkerrechtsnorm zu, sondern nur den „allgemeinen Regeln". Hierunter fallen internationale Rechtssätze lediglich dann, wenn sie von der weitaus größeren Zahl der Staaten – nicht notwendigerweise auch von der Bundesrepublik Deutschland – anerkannt werden. Diese überwiegend dem universell geltenden Völkergewohnheitsrecht angehörenden allgemeinen Regeln sind durch Artikel 25 GG mit ihrem völkerrechtlichen Normgehalt in die Rechtsordnung der Bundesrepublik inkorporiert, und zwar mit Vorrang vor den innerstaatlichen Gesetzen. Indessen reicht die besondere → Völkerrechtsfreundlichkeit des GG nicht so weit, daß die privilegierten Völkerrechtsnormen auch der Verfassung vorgehen. Die „allgemeinen Regeln" haben vielmehr gegenüber einfachen Gesetzen einen zwar erhöhten, gleichwohl aber unterverfassungsrechtlichen Rang. Dies bedeutet, daß nationales Recht völkerrechtskonform anzuwenden ist und daß völkerrechtswidriges innerstaatliches Recht von den unmittelbar geltenden allgemeinen Regeln des internationalen Rechts verdrängt wird (BVerfGE 23, S. 316). Siehe auch → Normenverifikation.

Allgemeiner Gleichheitssatz, ein Grundprinzip der geltenden rechtsstaatlichen Verfassung. Alle Menschen sind vor dem Gesetze gleich (Art. 3 I). Das überkommene Gleichheitsgrundrecht hat durch das GG eine wesentliche Verstärkung erfahren. Früher bedeutete Gleichheit vor dem Gesetz nur den Wegfall historischer Standesvorrechte und staatsbürgerliche Gleichheit, insbesondere gleiche Gesetzesanwendung durch Verwaltung und Rechtsprechung ohne Ansehen der Person. Heute, nachdem die Grundrechte auch die Gesetzgebung als unmittelbar geltendes Recht binden (Art. 1 III), hat jeder einen Anspruch auf Gleichbehandlung nicht nur „vor dem Gesetz", sondern auch durch das Gesetz. Diese neuartige Bindung der Legislative an den allgemeinen Gleichheitssatz führt indessen nicht zu einer schematischen Einengung der Gestaltungsfreiheit des parlamentarischen Gesetzgebers. Er ist zwar verpflichtet, Gleiches gleich und Ungleiches seiner Eigenart gemäß verschieden zu behandeln. Doch bleibt es ihm vorbehalten, in willkürfreier Weise selbst zu entscheiden, welche Lebenstatbestände als gleich oder ungleich anzusehen sind. Das allgemeine Gleichheitsgrundrecht ist vom Gesetzgeber demgemäß erst dann verletzt, wenn sich ein vernünftiger, aus der Natur der Sache folgender oder sonstwie sachlich einleuchtender Grund für die Differenzierung oder Gleichbehandlung nicht finden läßt, das heißt, wenn die Gesetzesnorm als willkürlich bezeichnet werden muß (BVerfGE 1, S. 52). Das verfassungsrechtliche allgemeine Gleichheitsgebot schließt mithin differenzierende gesetzliche Regelungen keineswegs aus. Da vergleichbare Materien sich in der konkreten Lebenswirklichkeit oft vielfältig unterscheiden, ergibt sich ein praktischer Entscheidungszwang, für die Beurteilung als „gleich" oder „ungleich" im Sinne des Artikel 3 I bestimmte Elemente des zu normierenden Sachverhalts als erheblich oder unerheblich zu qualifizieren. Diese Bewertung darf der Gesetzgeber zwar nicht „souverän" treffen, seine Entscheidung muß nur willkürfrei sein. Willkürlich und daher grundrechtswidrig ist die gesetzliche Ungleichbehandlung von wesentlich Gleichem oder die Gleichbehandlung von wesentlich Ungleichem, sofern für die Differenzierung ein sachlicher Grund nicht gegeben ist. Der nach gefestigter Rechtsprechung als Willkürverbot geltende allgemeine Gleichheitssatz (Art. 3 I) läßt nach allem der politischen Gestaltungsfreiheit des Gesetzgebers hinreichenden Raum, zumal die verfassungsgerichtliche Überprüfung nicht danach fragt, ob die jeweils gerechteste oder zweckmäßigste Regelung getroffen wurde.

Allgemeines Persönlichkeitsrecht, grundrechtlich abgeleitet aus der Schutzwirkung des Rechts auf freie Entfaltung der Persönlichkeit (Art. 2 I) und auf Achtung der Menschenwürde (Art. 1 I). Hiernach gewährleistet das GG dem einzelnen einen unantastbaren Bereich privater

Lebensgestaltung, der jeglicher Einwirkung der → öffentlichen Gewalt entzogen ist (BVerfGE 27, S. 6). Durch dieses Grundrecht, dem über die Staat-Bürger-Beziehung hinaus eine → Drittwirkung auf das Privatrecht zukommen kann, sollen die traditionellen Freiheitsrechte der Verfassung im Blick auf die modernen Lebensverhältnisse ergänzt werden. Das von der Rechtsprechung entwickelte allgemeine Persönlichkeitsrecht schützt insbesondere die Privat-, Geheim- und Intimsphäre des Menschen, seine persönliche Ehre und die → „informationelle Selbstbestimmung". Als unbenanntes Freiheitsrecht richtet es sich – im Unterschied zur → allgemeinen Handlungsfreiheit – nur gegen Eingriffe in die engere Persönlichkeitssphäre. Die Ausprägungen dieses → Abwehrrechts wurden durch die Rechtsprechung nicht abschließend umschrieben, sondern anhand des jeweiligen Streitfalles konkretisiert. Zur Verdeutlichung seien diese Beispiele genannt: BVerfGE 27, S. 6 – Mikrozensus; 27, S. 350 f. – Scheidungsakten; 32, S. 379 – Arztkartei; 34, S. 245 f. – heimliche Tonbandaufnahme; 47, S. 73 – Sexualkundeunterricht; 49, S. 298 – Transsexuelle. Zu den Schutzgütern des allgemeinen Persönlichkeitsrechts gehören ferner die persönliche → Ehre, das Verfügungsrecht über die Darstellung der eigenen Person (BVerfGE 35, S. 220), das Recht am eigenen → Bild und am gesprochenen → Wort (BVerfGE 34, S. 246) sowie das Recht, von der Unterschiebung nicht getaner Äußerungen verschont zu bleiben (BVerfGE 34, S. 282 f). Gegenüber der → Pressefreiheit genießt der Schutz der Persönlichkeitssphäre Vorrang, sofern kein überwiegendes Allgemeininteresse an der öffentlichen Erörterung privater Vorgänge besteht. Dies gilt erst recht, wenn, wie im Soraya-Fall, ein erfundenes Interview von der Unterhaltungs- und Sensationspresse veröffentlicht wird (aaO 34, S. 283).

Allgemeinheit der Wahl → Wahlrechtsgrundsätze

Allgemeinwohl ist das öffentliche Interesse der Gesamtheit im Unterschied zum Privatinteresse einer Person. Der Gebrauch des → Eigentums soll zugleich dem Wohle der Allgemeinheit dienen (Art. 14 II). Eine Enteignung ist nur zum Wohle der Allgemeinheit zulässig (Art. 14 III). Der unbestimmte Verfassungsbegriff des Allgemeinwohls (bonum commune, salus publica, gemeines Bestes) bedarf im Einzelfall näherer Konkretisierung. Im Gegensatz zur NS-Formel „Gemeinnutz geht vor Eigennutz" betont das GG den Individualrechtsschutz und verzichtet auf eine generelle Beschränkung der privaten Freiheitspositionen durch das Gemeinwohl.

Enteignungsgesetze, die das Allgemeinwohl definieren, unterliegen der verfassungsgerichtlichen Nachprüfung (BVerfGE 24, S. 406).

Amnestie unterscheidet sich vom → Begnadigungsrecht im Einzelfall. Sie ist ein durch → Gesetz ausgesprochener Gnadenerweis für eine nach allgemeinen Merkmalen abgegrenzte Gruppe von Straftätern, wobei es gleichgültig ist, ob die sachlich und zeitlich erfaßten Straftaten bereits zu einer rechtskräftigen Verurteilung geführt haben oder nicht. Soweit ein Straffreiheitsgesetz vorschreibt, daß noch nicht abgeschlossene Verfahren einzustellen sind, spricht man von Abolition. Die Zuständigkeit des → Bundesgesetzgebers zur Gewährung von Straffreiheit für Taten, die der Justizhoheit der Länder unterliegen, folgt aus seiner grundgesetzlichen Kompetenz, den Bereich der Strafbarkeit und den Umfang der Strafverfolgung zu beschränken (BVerfGE 2, S. 222). Die Amnestie ist kein Verwaltungsakt in Gesetzesform, sondern ein abstrakter, auf eine unbestimmte Vielzahl von Sachverhalten anwendbarer Rechtssatz. Sofern Straffreiheitsgesetze nicht aus Anlaß besonders wichtiger Ereignisse im Leben des Volkes ergehen, liegt ihnen meist die Absicht zugrunde, nach einer Zeit gestörten Rechtsbewußtseins der allgemeinen Befriedung den Vorrang vor der Durchsetzung von Strafnormen zu geben (BVerfGE 10, S. 241).

Ämter → Öffentliche Ämter

Amtsbezeichnungen müssen von Verfassungs wegen angemessen sein. Zu den vom Gesetzgeber zu beachtenden hergebrachten Grundsätzen des → Berufsbeamtentums (Art. 33 V) gehört auch das Recht des → Beamten auf eine wirklichkeitsgerechte Amtsbezeichnung. Desgleichen gibt es einen hergebrachten Grundsatz des Richteramtsrechts, demzufolge dem → Richter eine angemessene Amtsbezeichnung gebührt. Freilich ist der Gesetzgeber nicht verpflichtet, eine verliehene Amtsbezeichnung ihrem Träger unverändert zu belassen. Eine geänderte Richteramtsbezeichnung genügt dem Kriterium der Angemessenheit nur, wenn sie wirklichkeitsgerecht über das dem Richter übertragene Amt im Gefüge des Gerichtsaufbaus und Instanzenzugs informiert. Mit diesem hergebrachten Grundsatz, der auch das dienstrechtliche Leistungsprinzip berührt, ist eine allgemeine Nivellierung der Amtsbezeichnungen unvereinbar. Zwar hat der Gesetzgeber die Gestaltungsfreiheit, bisher übliche Amtsbezeichnungen durch andere zu ersetzen, doch darf er nicht so weit vereinheitlichen, daß unerkennbar wird, wo der einzelne Richter oder Beamte seinen Platz im Ämtergefüge hat. Im übrigen entspricht es einer langen ungebrochenen Tradition, daß Amtsbezeichnungen, um als angemessen zu gelten, auch „anredefähig" sein müssen. Da der Amtsträger seine Amtsbezeichnung im Dienste „führt" und sie außerhalb des Dienstes führen darf, hat er von Verfassungs wegen ein Recht darauf, daß sie gleichfalls im mündlichen Verkehr verwendbar, also ohne „Zungenbrechen" aussprechbar ist. Diesem Kriterium genügen Bezeichnungen nicht, die man zwar korrekt schreiben und drucken, aber in der mündlichen Anrede nur verkürzt gebrauchen kann (BVerfGE 38, S. 12 f.).

Amtseid → Eide

Amtsenthebung → Richteranklage

Amtshaftung → Staatshaftung

Amtshilfe ist, im Unterschied zur → Rechtshilfe, der administrative Beistand von Verwaltungsbehörden untereinander. Alle Behörden des Bundes und der Länder sind verpflichtet, sich gegenseitig Amtshilfe zu leisten (Art. 35 I). Eine nähere Ausgestaltung dieser die bundesstaatliche Einheit betonenden GG-Bestimmung findet sich im Verwaltungsverfahrensgesetz. Bei Amtshilfe durch Erteilung von personenbezogenen Auskünften an die ersuchende Behörde sind die Einschränkungen des Bundesdatenschutzgesetzes zu beachten.

Anfragen → Parlamentarische Anfragen

Angriffskrieg → Verbot des Angriffskriegs

Anhörung im Bundestag steht den Mitgliedern des → Bundesrats und der → Bundesregierung jederzeit zu. Diese sowie ihre Beauftragten haben zu allen Sitzungen des Parlamentes und seiner → Ausschüsse Zutritt (Art. 43 II). Das Recht auf Anhörung, das mit dem → Zitierrecht des Parlaments gegenüber der Regierung korrespondiert (Art. 43 I), begründet einen Anspruch auf Worterteilung. Die Redebefugnis von Regierungsvertretern vor dem Bundestag steht im herkömmlichen Spannungsverhältnis zwischen Exekutive und Parlament, mag auch dieser Gegensatz der → Gewalten sich im heutigen → parlamentarischen Regierungssystem, wo die Kabinettsmitglieder regelmäßig Abgeordnete der Parlamentsmehrheit sind, sehr abgeschwächt haben. Immerhin rechtfertigt nach wie vor die grundsätzlich gebotene Balance und Kontrolle zwischen Exekutive und Legislative den Anspruch der Regierung, ihren Standpunkt im Parlament darzulegen. Die Redebefugnis ihrer Mitglieder und Beauftragten – letztere sind meist Ministerialbeamte – kann vom Bundestag nicht beschränkt werden und darf auf die Fraktionsredezeiten nicht angerechnet werden. Das Verfassungsrecht auf Anhörung findet seine Schranke im Mißbrauchsverbot. So darf z. B. der Bundestag nicht durch eine Massierung von Regierungsreden an der Erfüllung seiner Aufgaben gehindert werden. Auch dürfen die Rechte aus Artikel 43 II GG nicht dazu benutzt werden, den Oppositionsabgeordneten die wirksame Darlegung ihres Standpunktes unmöglich zu machen, indem sie etwa durch Ministerreden während günstiger Rundfunk- und Fernsehzeiten von der Rednertribühne ferngehalten werden (BVerfGE 10, S. 18 f.).

Annexkompetenz → Bundeskompetenzen → „Implied powers"

Anschauungen → Politische Anschauungen

Anstalten des öffentlichen Rechts sind organisatorisch oder rechtlich verselbständigte Verwaltungseinheiten, die → juristische Personen des öffentlichen Rechts zur Erfüllung besonderer administrativer Aufgaben errichten. Für Angelegenheiten, die der Gesetzgebung des Bundes unterliegen, können derartige bundesunmittelbare Anstalten durch Bundesgesetz geschaffen werden (Art. 87 III 1). Von dieser verfassungsrechtlichen Möglichkeit hat der Bund wiederholt Gebrauch gemacht, u. a. durch Errichtung der Bundesanstalt für landwirtschaftliche Marktordnung, der Bundesanstalt für Flugsicherung sowie der Rundfunkanstalten des Deutschlandfunks und der Deutschen Welle. Auch die Errichtung des Stabilisierungsfonds für Wein beruht auf der Kompetenznorm des Artikel 87 Abs. 3 Satz 1 GG. Die dem Fonds übertragenen hoheitlichen Befugnisse, insbesondere das Recht der Abgabenerhebung, hindern nicht, ihn als Anstalt im Sinne der Verfassung zu qualifizieren (BVerfGE 37, S. 24 f.).

Arbeitsbedingungen → Koalitionsfreiheit

Arbeitsgerichtsbarkeit ist ein besonderer Zweig der → rechtsprechenden Gewalt. Oberste Instanz für arbeitsrechtliche Sachen ist das → Bundesarbeitsgericht (Art. 95 I). Das GG hat sich – gegen ein justizstaatliches Organisationsmodell mit „Einheitsgerichten" – für getrennte Fachgerichtsbarkeiten entschieden, deren Spitze auf Bundesebene fünf gleichrangige oberste Gerichtshöfe bilden: → Bundesgerichtshof, → Bundesverwaltungsgericht, → Bundesfinanzhof, → Bundesarbeitsgericht und → Bundessozialgericht.

Arbeitskämpfe → Koalitionsfreiheit → Aussperrung → Streik

Arbeitslosenfürsorge finanziert der Bund im Verhältnis zu den Ländern durch Zuschüsse zur Sozialversicherung einschließlich der Arbeitslosenversicherung und der Arbeitslosenhilfe (Art. 120 I 4). Diese Vorschrift ist keine Anspruchsgrundlage für subjektive Rechte, weder der Sozialversicherungsträger noch der Sozialversicherten. Das GG bestimmt lediglich, daß der Bund den Ländern die Last der einschlägigen Zuschüsse abzunehmen hat (BVerfGE 14, S. 235).

Arbeitsplatz → Berufsfreiheit

Arbeitsrecht einschließlich der Betriebsverfassung, des Arbeitsschutzes und der Arbeitsvermittlung ist Gegenstand der → konkurrierenden Gesetzgebung des Bundes (Art. 74 Nr. 12). Zum „Arbeitsrecht" gehört außer dem privaten Arbeitsvertragsrecht auch das öffentliche Arbeitsrecht. Solange und soweit der Bund von seiner Kompetenz keinen Gebrauch macht, steht die Materie – z. B. die Errichtung von Arbeitnehmerkammern als → Körperschaften des öffentlichen Rechts mit Pflichtzugehörigkeit aller Arbeitnehmer – den Ländern zur gesetzlichen Regelung offen (BVerfGE 38, S. 299). Wichtige Bundesgesetze auf dem Gebiet des Arbeitsrechts sind u. a. das Tarifvertragsgesetz, das Kündigungsschutzgesetz, das Betriebsverfassungsgesetz, das Jugendarbeitsschutzgesetz und das Mitbestimmungsgesetz.

Arbeitszwang → Zwangsarbeit

Armenrecht, früher die einstweilige Befreiung einer unbemittelten Partei von den Prozeßkosten, seit 1980 als Prozeßkostenhilfe die finanzielle Unterstützung einer wirtschaftlich schwachen Partei durch den

Staat, sofern die beabsichtigte Rechtsverfolgung oder Rechtsverteidigung hinreichende Aussicht auf Erfolg bietet und nicht mutwillig erscheint. Auch im Verfahren zur Bewilligung des Armenrechts – Prozeßkostenhilfeverfahren – hat der Antragsteller Anspruch auf → rechtliches Gehör (BVerfGE 20, S. 347 ff.). Eine Prozeßkostenbeteiligung, die das Existenzminimum der bedürftigen Partei gefährdet, verstößt gegen das → Sozialstaatsprinzip und gegen den → Gleichheitssatz (BVerfGE 78, S. 104 ff.).

Ärzte können, da den Angehörigen der „freien Berufe" kein erhöhter Anspruch auf Freiheit von gesetzgeberischen Eingriffen zukommt, auch einer Zwangsversorgung unterworfen werden. Ob die Schaffung derartiger Einrichtungen sozialpolitisch erwünscht, zweckmäßig oder notwendig ist, hat das BVerfG nicht zu prüfen (E 10, S. 361 ff.).

Arztkartei → Allgemeines Persönlichkeitsrecht

Asylrecht im völkerrechtlichen Sinn ist das Recht – nicht die Pflicht – jedes Staates, politisch Verfolgten Schutz zu gewähren. Demgegenüber bestimmt das → Grundgesetz: Politisch Verfolgte genießen Asylrecht (Art. 16 II 2). Der nicht ganz eindeutige Wortlaut der Verfassungsnorm wird in gefestigter Praxis so ausgelegt, daß politisch Verfolgte ein notfalls mit der → Verfassungsbeschwerde durchsetzbares individuelles Recht auf Asylgewährung haben. Mit diesem grundrechtlichen Anspruch auf Zuflucht in der → Bundesrepublik Deutschland ist der Auftrag an den → Gesetzgeber verbunden, dem Asylberechtigten einen menschenwürdigen Aufenthalt zu gewähren. Nach allem hat das GG – über das Völkerrecht, die → WRV und das Recht anderer Staaten hinausgehend – das Asylrecht als ein subjektives öffentliches Recht ausgestaltet, an das → Gesetzgebung, → Verwaltung und → Rechtsprechung gebunden sind (BVerfGE 56, S. 235). Freilich soll das Asylrecht nicht jedem Ausländer, der in seiner Heimat benachteiligt wird, die Möglichkeit eröffnen, nach Deutschland zu kommen, um hier seine Lebenssituation zu verbessern. Vielmehr haben nur „politisch Verfolgte" ein Grundrecht auf Asyl. Politische Verfolgung im Sinne des GG resultiert aus der Mißachtung der aller Staatsgewalt obliegenden Verpflichtung, die → Würde und die → Freiheit des Menschen zu achten und zu schützen. Der asylrechtsbegründende Tatbestand wird nicht schon erfüllt durch wirtschaftliche Benachteiligungen, zu Unrecht erlittene unpolitische Strafverfolgungen oder nach inländischen Maßstäben überspannte staatsbürgerliche Pflichten im Herkunftsland. Politische Verfolgung setzt vielmehr voraus, daß der asylsuchende Ausländer in seinem Land nicht mehr leben kann, weil er durch das dort herrschende politische System seines Lebens, seiner körperlichen Unversehrtheit, seiner Freiheit oder seiner Güter beraubt würde. Auch die Rechte auf freie Religionsausübung und ungehinderte berufliche Betätigung gehören grundsätzlich zum asylrechtlich geschützten Bereich. Allerdings können, soweit nicht eine unmittelbare Gefahr für Leib, Leben oder persönliche Freiheit besteht, Beeinträchtigungen jener Rechtsgüter ein Asylrecht nur dann begründen, wenn sie nach ihrer Intensität und Schwere die Menschenwürde verletzten und über das hinausgehen, was die Bewohner des Heimatstaates aufgrund des dort herrschenden politischen Systems allgemein hinzunehmen haben (BVerfGE 54, S. 357). Wer das Asylrecht zum Kampfe gegen die → freiheitliche demokratische Grundordnung mißbraucht, verwirkt dieses Grundrecht; die → Verwirkung und ihr Ausmaß werden durch das → Bundesverfassungsgericht ausgesprochen (Art. 18). Infolge der nachhaltigen massenhaften Inanspruchnahme des – weltweit einzigartigen – deutschen Asylrechts gibt dieses ohne → Gesetzesvorbehalt gewährleistete Grundrecht seit längerem Anlaß zu verfassungsreformpolitischen Diskussionen. Zur Zeit der Entstehung des GG war Deutschland ein kriegszerstörtes, wirtschaftlich darniederliegendes, von Flüchtlingsströmen aus den Ostgebieten des Reiches sozial belastetes Land. Damals erschien es unvorstellbar, daß die Bundesrepublik als Wirtschaftsgebiet einmal so attraktiv werden würde, daß sie in nennenswertem Umfang Asylbewerber nicht nur aus den europäischen Nachbarländern, sondern aus allen Teilen der Welt anlocken könnte. Indessen hat das sog. deutsche Wirtschaftswunder in Verbindung mit dem – von den Verfassungsvätern unter dem Eindruck der nationalsozialistischen Verfolgungen besonders großzügig formulierten – Asylgrundrecht zu einem unaufhörlichen Andrang aus dem Ausland geführt, der die Grenzen der haushalts- und gesellschaftspolitischen Belastbarkeit berührt. Als Beispiele zwei Zahlen: Im Monat August 1992 wurden 40 071 Asylbewerber registriert, im Vormonat 46 496; Hauptherkunftsländer waren Rumänien, ehem. Jugoslawien, Bulgarien, Türkei, ehem. Sowjetunion, Algerien, Afghanistan, Ghana und Vietnam (Bulletin der Bundesregierung v. 9. 9. 1992/Nr. 93, S. 896).

Atomenergie → Kernenergie

Auffanggrundrecht wird die → allgemeine Handlungsfreiheit genannt, weil sie die Funktion hat, spezielle → Freiheitsgrundrechte für Lebensbereiche, die nach geschichtlicher Erfahrung den Eingriffen der öffentlichen Gewalt besonders ausgesetzt sind, durch eine umfassende Schutzgarantie zu ergänzen. Soweit nicht bestimmte Handlungsmöglichkeiten grundrechtlich geschützt sind, kann sich der einzelne auf seine allgemeine Freiheit aus Art. 2 Abs. 1 GG berufen.

Aufopferungsansprüche dienen dem Ausgleich von Sonderopfern zum → Wohl der Allgemeinheit. Über die Fälle der → Enteignung hinaus entstehen Entschädigungspflichten nach Enteignungsgrundsätzen bei Eingriffen der öffentlichen Hand in vermögenswerte Rechte, die sich für den Betroffenen wie eine Enteignung auswirken. Auch Beeinträchtigungen nichtvermögenswerter Rechte wie Leben, Freiheit und Gesundheit können Aufopferungsansprüche auslösen aufgrund der Schutzpflicht des Staates, die dem einschlägigen Grundrecht innewohnt. Die Entschädigungspflicht, eine Konsequenz der Durchbrechung des allgemeinen Lastengleichheitsprinzips, setzt kein Verschulden voraus.

Auftragsverwaltung → Bundesauftragsverwaltung

Ausbildungsstätte → Berufsfreiheit

Ausbürgerung bedeutet die Verstoßung aus der Schutzgemeinschaft des Heimatstaates durch Entziehung der → Staatsangehörigkeit. Die deutsche Staatsangehörigkeit darf nicht entzogen werden (Art. 16 I 1). Hintergrund der hiermit verbotenen Einzelausbürgerung sind die willkürlichen Zwangsausbürgerungen, die während der NS-Zeit aus politischen und rassischen Gründen vorgenommen wurden. Von solchen Tatbeständen zu unterscheiden ist der – verfassungsrechtlich zulässige – Verlust der Staatsangehörigkeit aufgrund eines Gesetzes; er darf gegen den Willen des Betroffenen nur dann eintreten, wenn dieser dadurch nicht staatenlos wird (Art. 16 I 2). Einschlägig wäre z. B. der Fall, daß ein Deutscher, der im Inland weder Wohnsitz noch dauernden Aufenthalt hat, eine andere Staatsangehörigkeit freiwillig erwirbt, ohne seine bisherige beibehalten zu dürfen. Den staatlichen Organen der → Bundesrepublik Deutschland obliegt die verfassungsrechtliche

Pflicht, deutsche Staatsangehörige und ihre Interessen gegenüber anderen Staaten zu schützen. Ob und inwieweit namentlich die Bundesregierung diesen Auslandsschutz gewährt, steht in ihrem pflichtmäßigen Ermessen (BVerfGE 55, S. 364).

Ausfertigung einer Rechtsnorm ist die authentische Festlegung ihres Wortlauts in urkundlicher Form. Für → Gesetze, die nach den Vorschriften des GG → zustande gekommen sind, obliegt dieses Geschäft dem → Staatsoberhaupt: Der → Bundespräsident fertigt sie nach → Gegenzeichnung aus und → verkündet sie im → Bundesgesetzblatt (Art. 82 I). → Rechtsverordnungen werden von der Stelle, die sie erläßt, ausgefertigt (Art. 82 I 2). Als zuständige Stellen (Delegatare) kommen die → Bundesregierung, ein → Bundesminister oder die → Landesregierungen in Betracht (Art. 80 I 1).

Ausführung der Gesetze ist ihr administrativer Vollzug. In Ausprägung des → Bundesstaatsprinzips obliegt es den → Ländern, die → Bundesgesetze als eigene Angelegenheit auszuführen, soweit das GG nichts anderes bestimmt oder zuläßt (Art. 83). Dies entspricht dem Verfassungsgrundsatz, daß die Ausübung der staatlichen Befugnisse und die Erfüllung der staatlichen Aufgaben Sache der Länder ist, soweit das GG keine andere Regelung trifft oder zuläßt (Art. 30). Wenn die Länder Bundesgesetze ausführen, wozu sie nicht nur berechtigt, sondern auch verpflichtet sind, so handeln sie in Ausübung der Landesstaatsgewalt. Die Erfüllung ihrer → Bundespflicht zum verfassungsmäßigen Gesetzesvollzug wird ggf. durch die → Bundesaufsicht und den → Bundeszwang gewährleistet. Bei Meinungsverschiedenheiten über Rechte und Pflichten des Bundes und der Länder hinsichtlich der Ausführung von Bundesrecht durch die Länder kann das BVerfG angerufen werden (Art. 93 I Nr. 3). Für den Landesvollzug von Bundesgesetzen sieht das GG außer dem Regelfall der landeseigenen Verwaltung unter Rechtsaufsicht des Bundes (Art. 84) noch die Form der → Bundesauftragsverwaltung vor (Art. 85); hier erstreckt sich die Bundesaufsicht über die Gesetzmäßigkeit hinaus auch auf die Zweckmäßigkeit des Verwaltungshandelns. Eine → bundeseigene Verwaltung (Art. 86) ist nur in den vom GG bestimmten Bereichen zulässig (Art. 87 ff.).

Ausgaben des Bundes → Haushaltsplan

Ausgleichsabgaben werden zur Durchführung des → Lastenausgleichs erhoben; ihr Aufkommen steht dem Bund zu (Art. 106 I Nr. 5).

Ausgleichsansprüche leistungsschwacher Länder sind ein Mittel des → Finanzausgleichs, der angesichts der unterschiedlichen Finanzkraft der → Bundesländer vom GG vorgesehen ist (Art. 107 II).

Auskunftsansprüche der Medien sind aus dem Grundrecht der → Pressefreiheit nicht abzuleiten.

Ausländer werden von der Verfassung den → Deutschen nicht in jeder Hinsicht gleichgestellt. Zwar folgt das GG prinzipiell der naturrechtlichen Idee unverletzlicher und unveräußerlicher → Menschenrechte (Art. 1 II), doch stehen bestimmte Grundrechte – z. B. → Versammlungsfreiheit, → Vereinigungsfreiheit, → Berufsfreiheit und → Wahlrecht – als → Bürgerrechte nur den Deutschen zu.

Ausländerrecht, insbesondere die Vorschriften über den Aufenthalt und die Niederlassung von Ausländern im Inland, ist eine Materie der → konkurrierenden Gesetzgebung des Bundes (Art. 74 Nr. 4). Die einschlägigen Regelungen finden sich hauptsächlich im Ausländergesetz.

Auslegung des Grundgesetzes → Verfassungsauslegung

Auslieferung liegt vor, wenn eine im Gewahrsam eines Staates befindliche Person einem anderen Staat auf dessen Ersuchen zwecks Strafverfolgung oder Strafverbüßung übergeben wird. Im Unterschied zum → Völkerrecht und zum Staatsrecht des anglo-amerikanischen Rechtskreises, denen ein Auslieferungsverbot fremd ist, bestimmt das GG: Kein Deutscher darf an das Ausland ausgeliefert werden (Art. 16 II 1). Dieses verfassungsrechtliche Verbot hängt mit dem räumlichen Anwendungsbereich des deutschen Strafrechts zusammen; es gilt für Taten deutscher Staatsangehöriger ohne Rücksicht darauf, ob sie im Inland oder Ausland begangen worden sind. Dem Auslieferungsverbot liegt der Schutzgedanke zugrunde, daß der Heimatstaat dafür Verantwortung trägt, den Delinquenten einem → fairen Verfahren zuzuführen. Art. 16 II 1 GG ist auch dann anzuwenden, wenn der auszuliefernde Deutsche noch eine weitere Staatsangehörigkeit besitzt oder wenn er seiner Auslieferung zustimmt oder wenn es sich um einen Deutschen handelt, der inländischen

Behörden zur Durchlieferung ans Ausland übergeben wurde (BVerfGE 10, S. 139). Eine Pflicht zur Auslieferung von Ausländern oder Staatenlosen kann sich aus völkerrechtlichen Verträgen ergeben.

Ausnahmegerichte sind unzulässig (Art. 101 I 1). Diesem Verbot unterfallen nur „Gerichte", die abweichend von der Zuständigkeit des → gesetzlichen Richters zur Entscheidung konkret-individueller Fälle willkürlich gebildet werden (BVerfGE 10, S. 212). Von solchen Ausnahmegerichten zu unterscheiden sind Gerichte für besondere Sachgebiete, die durch Gesetz errichtet werden können (Art. 101 II). Hierzu gehören z. B. Familiengerichte, Jugendgerichte und Kammern für Handelssachen beim Landgericht; sie sind für bestimmte Materien in abstrakt-genereller Weise zuständig.

Ausnahmezustand, auch Belagerungs- oder Kriegszustand genannt, hat sich als staatsrechtlicher Begriff während des 19. Jahrhunderts dahin entwickelt, daß in bestimmten Ausnahmesituationen zentrale Verfassungsvorschriften, insbesondere die Grundrechte, zeitweise suspendiert werden durften. Nach Art. 48 II WRV konnte der Reichspräsident, wenn im Deutschen Reiche die öffentliche Sicherheit und Ordnung erheblich gestört oder gefährdet war, die zur Wiederherstellung der öffentlichen Sicherheit und Ordnung nötigen Maßnahmen treffen, erforderlichenfalls mit Hilfe der bewaffneten Macht einschreiten. Zu diesem Zweck durfte er vorübergehend die Grundrechte der persönlichen Freiheit, der Unverletzlichkeit der Wohnung, des Brief-, Post-, Telegraphen- und Fernsprechgeheimnisses, der Meinungsfreiheit, der Versammlungsfreiheit, der Vereinigungsfreiheit und der Eigentumsgarantie ganz oder zum Teil außer Kraft setzen. Die dem monarchischen Staatsrecht entlehnte Diktaturgewalt des Reichspräsidenten wurde von Praxis und Wissenschaft weit ausgelegt. Nicht nur gravierende Polizeiwidrigkeiten wie Putschversuche, öffentliche Gewalttätigkeiten und Straßenunruhen, sondern auch Funktionsstörungen der Volkswirtschaft – z. B. Massenarbeitslosigkeit, Kapitalflucht, Währungsverfall, staatliche Zahlungskrisen – begründeten einen Ausnahmezustand i. S. des Art. 48 II WRV. Von den verfassungsrechtlichen Möglichkeiten eines diktatorischen Präsidialregimes wurde während der Weimarer Republik, besonders in ihrer Anfangs- und Spätphase, ausgiebig Gebrauch gemacht. Hunderte einschlägiger, z. T. sehr umfangreicher Notverordnungen wurden erlassen mit Auswirkungen

Absender

Name ______________________________

Straße ______________________________

PLZ/Ort ______________________________

Ich wurde auf dieses Buch aufmerksam durch:

____

____

____

Ich habe diese Karte folgendem Buch entnommen:

____

Mit Rücksendung dieser Karte erkläre ich mich damit einverstanden, daß ich in Ihre Informationskartei aufgenommen werde.

Bitte als Postkarte frei- machen

Antwort

Klett-Cotta
Abteilung Vertrieb
Postfach 10 60 16

7000 Stuttgart 10

auf fast alle Sachgebiete der Politik. Das GG enthielt zunächst keine Vorschriften für den inneren und äußeren Notstand. Mit der später eingefügten → Notstandsverfassung hat es einen anderen Weg beschritten, indem es die entscheidenden Notstandskompetenzen dem → Gemeinsamen Ausschuß übertrug.

Ausreisefreiheit ist nicht Bestandteil des Rechts auf innerdeutsche → Freizügigkeit, vielmehr wird sie als Erscheinungsform der → allgemeinen Handlungsfreiheit grundrechtlich geschützt (BVerfGE 6, S. 41) (→ Auswanderungsfreiheit).

Aussageverweigerungsrechte können sich im Einzelfall ausnahmsweise und unter besonders strengen Voraussetzungen unmittelbar aus der Verfassung ergeben, wenn das Beweisthema einen grundrechtlich geschützten Bereich berührt. Eine solche Begrenzung des Zeugniszwanges tritt z. B. ein, wenn unabhängig von der Berufszugehörigkeit des Zeugen dessen Vernehmung in die durch das → allgemeine Persönlichkeitsrecht abgeschirmte Sphäre der privaten Lebensgestaltung eingreifen würde. Diese Einschränkung der grundsätzlich bestehenden Zeugnispflicht setzt eine vom Richter vorzunehmende fallbezogene Abwägung zwischen den Geheimhaltungsinteressen des einzelnen und den Belangen der Strafrechtspflege voraus, wobei insbesondere auch das → Verhältnismäßigkeitsgebot zu beachten ist. Zu den Abwägungsgesichtspunkten gehören u. a. Art und Schwere der Straftat, Höhe der Straferwartung, Möglichkeiten anderweitiger Aufklärung, Bedeutung des Beweisthemas für die Fallentscheidung und nicht zuletzt die Intensität des durch die Zeugenvernehmung bewirkten Eingriffs in die Privatsphäre des Betroffenen (BVerfGE 33, S. 374 f.).

Ausschließliche Gesetzgebung des Bundes ist vom GG für Sachgebiete vorgesehen, die sinnvollerweise nur einheitlich im gesamten Bundesstaat geregelt werden können. Demgemäß haben die → Länder hier Gesetzgebungsbefugnisse nur, wenn und soweit sie in einem Bundesgesetz dazu ausdrücklich ermächtigt werden (Art. 71). Materien der ausschließlichen Bundesgesetzgebung sind z. B. die auswärtigen Angelegenheiten sowie die Verteidigung einschließlich des Schutzes der Zivilbevölkerung; die Staatsangehörigkeit im Bunde; die Freizügigkeit, das Paßwesen, die Ein- und Auswanderung und die Auslieferung; das Währungs-, Geld- und Münzwesen; die Einheit des Zoll- und

Handelsgebiets; die Freizügigkeit des Warenverkehrs und der Waren- und Zahlungsverkehr mit dem Ausland; der gewerbliche Rechtsschutz, das Urheberrecht und das Verlagsrecht; die Zusammenarbeit des Bundes und der Länder in der Kriminalpolizei und im Verfassungsschutz sowie die Einrichtung eines Bundeskriminalpolizeiamtes und die internationale Verbrechensbekämpfung (Art. 73).

Ausschluß der Öffentlichkeit bedeutet eine Abweichung von dem parlamentarischen Grundsatz, wonach der → Bundestag öffentlich verhandelt (Art. 42 I 1). Ausnahmsweise kann – auf Antrag eines Zehntels seiner Mitglieder oder auf Antrag der Bundesregierung – mit Zweidrittelmehrheit die Öffentlichkeit ausgeschlossen werden. Über den Antrag wird in nichtöffentlicher Sitzung entschieden (Art. 42 I 2). Das prinzipiell öffentliche Verhandeln von Argumenten und Gegengründen ist Wesensmerkmal des parlamentarischen Verfahrens, das durch offene Debatte ein Höchstmaß an Sachgerechtigkeit und fairem Interessenausgleich gewährleisten soll. Auch → Untersuchungsausschüsse erheben die erforderlichen Beweise grundsätzlich in öffentlicher Verhandlung (Art. 44 I). Indessen eröffnet die Verweisung auf die sinngemäße Anwendung der Strafprozeßvorschriften mitsamt der einschlägigen gerichtsverfassungsrechtlichen Bestimmungen (Art. 44 II) die Möglichkeit zur Geheimhaltung von Umständen aus dem privaten Lebensbereich sowie die diskrete Behandlung von Geschäfts-, Betriebs-, Erfindungs- und Steuergeheimnissen. Stets ist zu prüfen, ob im Einzelfall die Grundrechte des Betroffenen einer öffentlichen Verhandlung entgegenstehen (BVerfGE 77, S. 47 f.).

Ausschluß des Rechtsweges bedeutet eine Durchbrechung des Prinzips, wonach jedem, der durch die → öffentliche Gewalt in seinen Rechten verletzt wird, der → Rechtsweg offensteht. Bei Überwachungsmaßnahmen zum Schutze der → freiheitlichen demokratischen Grundordnung läßt das GG ausnahmsweise eine nichtgerichtliche Kontrolle der Eingriffe in das Brief-, Post- und Fernmeldegeheimnis zu (→ Abhörkontrolle).

Ausschüsse → Bundestagsausschüsse → Bundesratsausschüsse → Untersuchungsausschüsse

Außenminister → Bundesaußenminister

Außenpolitik ist ihrer Natur nach in erster Linie Sache der Regierung und nicht des Parlaments. Die erfolgreiche Führung der Außenpolitik bedarf auch in einer Zeit, die sich von den Formen vergangener Geheimdiplomatie gelöst hat, eines Maßes an Diskretion, das eine ständige parlamentarische Mitwirkung nicht verträgt. Verliert die amtliche Außenpolitik den notwendigen Vertrauensrückhalt im Parlament, so bleibt als letzte Konsequenz nur der Regierungssturz. Eine begrenzte Einschaltung des Parlamentes hat das GG bei → völkerrechtlichen Verträgen vorgesehen (Art. 59 II).

Aussetzung des Gesetzesvollzugs durch Verwaltungsbehörden verletzt nicht notwendig das Prinzip der → Gewaltenteilung. Demgemäß braucht ein Gesetz, das wahrscheinlich vom BVerfG für nichtig erklärt werden wird, nicht weiter vollzogen zu werden. Freilich ist eine Aussetzung nicht schon deshalb geboten, weil ein Betroffener die Verfassungswidrigkeit einer Gesetzesnorm behauptet oder vor dem BVerfG geltend gemacht hat. Immerhin mag dies ein Anlaß sein, eine Aussetzung der Vollziehung wegen ernstlicher Zweifel an der Verfassungsmäßigkeit in Betracht zu ziehen (BVerfGE 12, S. 186).

Aussetzung des Verfahrens ist vorgeschrieben, wenn ein → Gericht ein → Gesetz, auf dessen Gültigkeit es bei der Entscheidung ankommt, für verfassungswidrig hält; sofern es sich um die Verletzung des GG handelt, hat das Gericht die Entscheidung des BVerfG einzuholen (Art. 100 I). Kraft des → richterlichen Prüfungsrechts ist jedes Gericht befugt, in eigener Zuständigkeit die Verfassungsmäßigkeit einer Norm zu bejahen. Nur bei Verneinung ist auszusetzen und vorzulegen. Zweck dieser Bestimmung ist es, die Überprüfung des Gesetzgebers beim BVerfG zu konzentrieren (→ Konkrete Normenkontrolle).

Aussperrung und → Streik sind die von der → Koalitionsfreiheit geschützten Mittel des Arbeitskampfes. Die aussperrende Arbeitgeberseite lehnt um bestimmter Ziele willen die angebotene Arbeitsleistung einer Gruppe von Arbeitnehmern ab. Die rechtmäßige Aussperrung läßt das Arbeitsverhältnis fortbestehen, befreit aber von der Zahlung des Arbeitslohns.

Auswanderungsfreiheit, als Grundrecht nicht ausdrücklich verbürgt, ist eine Erscheinungsform der → allgemeinen Handlungsfreiheit. Während die → Freizügigkeit nur die Bewegungsfreiheit innerhalb des Bundesgebietes sichert, schützt das → Auffanggrundrecht des Art. 2 Abs. 1 GG die freie Bewegung über die Staatsgrenze (BVerfGE 6, S. 36).

Auswärtige Angelegenheiten sind die Beziehungen, die sich aus der Stellung der → Bundesrepublik Deutschland als Subjekt des → Völkerrechts ergeben (BVerfGE 33, S. 60). Der Bundesstaat tritt im völkerrechtlichen Verkehr grundsätzlich als Einheit auf. Demgemäß bestimmt das GG, daß die auswärtigen Angelegenheiten der → ausschließlichen Gesetzgebung des Bundes unterliegen (Art. 73 Nr. 1) und daß die Pflege der Beziehungen zu auswärtigen Staaten Sache des Bundes ist (Art. 32 I). Abweichend von der sonst bestehenden Kompetenzvermutung zugunsten der Länder (Art. 30, 70 und 83) müssen auswärtige Zuständigkeiten den Ländern vom GG speziell zugewiesen werden. Auswärtiger Staat i. S. der Verfassung ist nicht der Heilige Stuhl, wiewohl er Völkerrechtssubjekt ist; → Konkordate der Länder bedürfen daher nicht der Zustimmung der Bundesregierung (BVerfGE 6, S. 362).

Auswärtige Gewalt ist der Inbegriff der hoheitlichen Tätigkeiten, die sich auf das Verhältnis der Bundesrepublik zu anderen Staaten beziehen. Sie umfaßt insbesondere die diplomatischen und konsularischen Beziehungen, den Schutz eigener Staatsangehöriger im Ausland, den Abschluß → völkerrechtlicher Verträge, die Mitwirkung in → internationalen Organisationen, die Anerkennung fremder Staaten und Regierungen sowie die Entscheidung über Krieg und Frieden. Im Unterschied zur innerstaatlichen Gewalt als einer – im → Rechtsstaat durch → Gewaltenteilung und → Grundrechte gemäßigten – Überordnung der Hoheitsmacht über den Einzelnen begegnet der Staat in Wahrnehmung seiner auswärtigen Gewalt anderen Staaten auf der Basis der Gleichordnung. Daher ist → Außenpolitik grundsätzlich ein Feld freier Einigung durch Vertrag, mag auch das Gewicht der Teilnehmer am zwischenstaatlichen Verkehr sehr unterschiedlich sein. Dem aus der Natur der Sache folgenden Vorrang der Exekutive bei den außenpolitischen Staatsaufgaben sucht das GG gegenzusteuern durch eine Mitwirkung des Parlaments, wenn völkerrechtliche Verträge die politischen Beziehungen des Bundes regeln oder sich auf Gegenstände der Bundesgesetzgebung beziehen (Art. 59 II). Im übrigen hat der Bundestag einen gewissen Einfluß durch die Tätigkeit des Auswärtigen Ausschusses (Art. 45 a).

Auswärtiger Dienst → Bundeseigene Verwaltung

Autonome Rechte sind die verfassungsrechtlichen Befugnisse der gesetzgebenden Körperschaften, ihre inneren Angelegenheiten selbst zu regeln. Der → Bundestag wählt in eigener Verantwortung seine Organe, bildet seine → Ausschüsse und gibt sich eine → Geschäftsordnung (Art. 40 I). Ähnliches gilt für den → Bundesrat (Art. 52).

Autonomie als Selbstgesetzgebung im Sinne des → öffentlichen Rechts steht umfassend dem souveränen Staate zu, überdies auf seinem Territorium in unterschiedlichem Umfange auch bestimmten → Körperschaften und → Anstalten. Die Befugnis, ihre eigenen Angelegenheiten durch autonome → Satzungen zu ordnen, haben insbesondere die → Kirchen, → Gemeinden und → Universitäten.

B

Bankenaufsicht obliegt dem Bundesaufsichtsamt für das Kreditwesen, einer selbständigen Bundesoberbehörde, deren Errichtung durch das Kreditwesengesetz nicht gegen Art. 87 Abs. 3 Satz 1 GG verstößt. Diese Verfassungsvorschrift ist nicht nur Organisationsnorm, sondern auch Zuständigkeitsbestimmung, die dem Bund eine weitere Verwaltungskompetenz eröffnet (BVerfGE 14, S. 210).

Bannmeile ist der räumliche Bereich, der am Sitz von → Bundestag, → Bundesrat und → Bundesverfassungsgericht durch das Bannmeilengesetz besonders geschützt wird. In dieser Zone sind, um die Verfassungsorgane gegen Störungen durch den Druck der Straße zu sichern, öffentliche Aufzüge und Versammlungen unter freiem Himmel grundsätzlich verboten. Die Verletzung des befriedeten Bannkreises ist als Gefährdungsdelikt strafbar.

Bauleitplanung mittels Flächennutzungsplans oder Bebauungsplans gehört zu dem durch Art. 28 Abs. 2 Satz 1 GG gewährleisteten → Selbstverwaltungsrecht der Gemeinden, alle Angelegenheiten der örtlichen Gemeinschaft im Rahmen der → Gesetze in eigener Verantwortung zu regeln. Eine gesetzliche Begrenzung der Planungshoheit einzelner Gemeinden ist nur verfassungsgemäß, wenn schutzwürdige überörtliche Interessen nach gehöriger Güterabwägung diese Einschränkung erfordern (BVerfGE 56, S. 314).

Beamte → Berufsbeamtentum → Öffentlicher Dienst

Bedürfnisprüfung → Berufsfreiheit

Befähigungsnachweis, zu erbringen durch ein Zeugnis über die erfolgreich abgeschlossene Ausbildung zu einem Beruf, ist als subjektive Beschränkung der → Berufsfreiheit relevant. Wenn der Gesetzgeber solche Zulassungsvoraussetzungen aufstellt, verstößt er z. B. nicht gegen den → allgemeinen Gleichheitssatz, falls er Tätigkeiten, die bei industrieller Ausübung zulassungsfrei sind, im Handwerk einem Befähigungsnachweis unterwirft (BVerfGE 13, S. 122 f.). Ein derartiger Nachweis darf von Verfassungs wegen nur zum Schutze wichtiger Gemeinschaftsgüter gefordert werden (aaO. S. 106 f.).

Befehls- und Kommandogewalt, ein etwas pleonastischer Begriff, umfaßt im wesentlichen die Befugnisse des früheren Oberbefehls über die bewaffnete Macht. Er stand im Kaiserreich und unter der → WRV dem Staatsoberhaupt zu. Abweichend von dieser Tradition hat das GG die oberste militärische Befehlsgewalt anders verteilt: Im Normalfall liegt sie, unbeschadet der → Richtlinienkompetenz des Regierungschefs, beim → Bundesverteidigungsminister (Art. 65 a); mit der Verkündung des → Verteidigungsfalls geht sie auf den → Bundeskanzler über (Art. 115 b). Die als rechtliche Einheit zu verstehende Befehls- und Kommandogewalt, eine spezielle Erscheinungsform der → vollziehenden Gewalt, bezieht sich nur auf die Streitkräfte, nicht z. B. auf die Bundeswehrverwaltung. Die Erfüllung deutscher Bündnisverpflichtungen im Rahmen der NATO läßt die verfassungsrechtlichen Kompetenzen unberührt.

Begnadigungsrecht ist im Unterschied zur → Amnestie die herkömmliche Befugnis des Staatsoberhauptes, im Einzelfall Gnade vor Recht ergehen zu lassen. Für den Bund übt der → Bundespräsident das Begnadigungsrecht aus (Art. 60 II). Der vom GG ausdrücklich zugelassene Gnadenakt der → Exekutive bedeutet einen Eingriff in den Bereich der → rechtsprechenden Gewalt, was an sich dem Grundsatz der → Gewaltenteilung widerspricht. Mit dieser verfassungsrechtlichen Besonderheit hängt es zusammen, daß für die Ablehnung eines Gnadenerweises abweichend von Art. 19 Abs. IV GG der → Rechtsweg nicht offen steht, zumal der Verurteilte keinen Anspruch auf Begnadigung hat. Wurde aber dem Verurteilten eine gnadenweise Vergünstigung gewährt, z. B. Strafaussetzung zur Bewährung unter bestimmten Auflagen, so ist die Exekutive in dieser Sache rechtlich nicht mehr frei. So unterliegt der Widerruf der gnadenweisen Entscheidung, anders als die

Ablehnung eines Gnadenerweises, der gerichtlichen Kontrolle (BVerfGE 30, S. 111). Das Recht des Bundespräsidenten, im Gnadenwege eine rechtskräftig erkannte Strafe ganz oder teilweise zu erlassen, sie umzuwandeln oder ihre Vollstreckung auszusetzen, ist auf die Gerichtsbarkeit des Bundes begrenzt. Im übrigen steht das Begnadigungsrecht den Ländern zu.

Begründungspflicht für belastende Verwaltungsakte, ableitbar aus dem → Rechtsstaatsprinzip, soll willkürlichen Entscheidungen entgegenwirken, die Bindung der → öffentlichen Gewalt an die Rechtsordnung sichern und dem Betroffenen ermöglichen, sich gegen rechtsverletzende Eingriffe sachgemäß zur Wehr zu setzen. Daß die Begründung in jedem Falle schriftlich erteilt werden muß, ist kein Verfassungsgebot, mag auch eine bloß mündliche Bekanntgabe weniger zweckmäßig sein (BVerfGE 40, S. 286).

Behörden → Bundesbehörden → Landesbehörden

Beitritt zur Bundesrepublik ermöglichte der durch den → Einigungsvertrag aufgehobene GG-Artikel 23, der wie folgt lautete: „Dieses Grundgesetz gilt zunächst im Gebiete der Länder Baden, Bayern, Bremen, Groß-Berlin, Hamburg, Hessen, Niedersachsen, Nordrhein-Westfalen, Rheinland-Pfalz, Schleswig-Holstein, Württemberg-Baden und Württemberg-Hohenzollern. In anderen Teilen Deutschlands ist es nach deren Beitritt in Kraft zu setzen.“ Die Aufzählung bezog sich auf die zur Zeit des Inkrafttretens des Grundgesetzes vorhandenen Länder. Von der Beitrittsmöglichkeit hatte das Saarland schon 1956 Gebrauch gemacht. Mit dem Beitritt der Deutschen Demokratischen Republik gemäß Volkskammerbeschluß vom 23. August 1990 und durch anschließende Unterzeichnung des Einigungsvertrages wurde die staatliche Einheit Deutschlands vollendet. Die durch historischen Wandel gegenstandslos gewordene Beitrittsbestimmung des GG stand in engem Zusammenhang mit dem Wiedervereinigungsgebot der Verfassung. Die alte Bundesrepublik Deutschland verstand sich als gebietlich unvollständig und hielt sich verfassungsrechtlich offen für die Aufnahme anderer Teile der Nation (BVerfGE 36, S. 28 f.).

Bekenntnisfreiheit, ein wesentliches Element der → Religionsfreiheit, schützt als zentrales → Freiheitsgrundrecht einen Kernbereich geistiger Entfaltung der Persönlichkeit. Die Freiheit des religiösen Bekenntnisses ist unverletztlich (Art. 4 I). Der Genuß bürgerlicher und staatsbürgerlicher Rechte, die Zulassung zu öffentlichen Ämtern sowie die im öffentlichen Dienst erworbenen Rechte sind unabhängig von dem religiösen Bekenntnis. Niemandem darf aus seiner Zugehörigkeit oder Nichtzugehörigkeit zu einem Bekenntnisse ein Nachteil erwachsen (Art. 33 III). Wie die → Glaubensfreiheit und die → Weltanschauungsfreiheit ist die Bekenntnisfreiheit eine besondere Ausgestaltung der → Gewissensfreiheit. Die jedermann zustehende Freiheit des religiösen Bekenntnisses hat einen – den Staat zu Neutralität und Toleranz verpflichtenden – positiven und negativen Aspekt. Der Einzelne ist einerseits befugt auszusprechen, daß er glaubt und was er glaubt oder nicht glaubt; er darf seinen religiösen Glauben in der Öffentlichkeit manifestieren und werbend verbreiten. Zum anderen ist er berechtigt, seinen Glauben oder Nichtglauben zu verschweigen (BVerfGE 12, S. 4; 41, S. 49). Um dieses Schweigerechtes willen kann der Grundrechtsträger z. B. vom Staat verlangen, nicht unzumutbarerweise in Situationen gebracht zu werden, in denen sein Schweigen sich diskriminierend gegen ihn auswirkt. Der negativen Bekenntnisfreiheit entspricht das behördliche Frageverbot: Nur insoweit dürfen Behörden nach der Zugehörigkeit zu einer Religionsgesellschaft fragen, als davon Rechte und Pflichten abhängen oder eine gesetzlich angeordnete statistische Erhebung dies erfordert (Art. 140 i. V. m. Art. 136 III WRV). Als spezielles Freiheitsgrundrecht unterliegt die Bekenntnisfreiheit nicht den Schranken der → allgemeinen Handlungsfreiheit, indessen ist sie nicht schrankenlos. Zwar steht sie nicht unter → Gesetzesvorbehalt, doch können sich verfassungsimmanente Begrenzungen durch kollidierende Grundrechte andersdenkender Menschen ergeben. Spannungsverhältnisse zwischen positiver und negativer Bekenntnisfreiheit, wie sie besonders im Schulwesen vorkommen, müssen im Geiste der Toleranz ausgeglichen werden (BVerfGE 52, S. 246 f.).

Bekenntnisschulen in dem Sinne, daß ein bestimmtes religiöses Bekenntnis nicht nur als Fach gelehrt wird, sondern auch den gesamten sonstigen Unterricht prägt, können als private Volksschulen auf Antrag der Erziehungsberechtigten errichtet werden, wenn eine öffentliche Volksschule dieser Art in der Gemeinde nicht besteht (Art. 7 V). Bei der

Belagerungszustand

Wahl und Ausgestaltung einer der nach GG zulässigen Grundformen für die öffentliche Volksschule – Gemeinschaftsschule, Bekenntnisschule oder Weltanschauungsschule – ist der Landesgesetzgeber grundsätzlich frei (BVerfGE 41, S. 86).

Belagerungszustand → Ausnahmezustand

Belastende Gesetze → Vertrauensschutz

Belastende Verwaltungsakte dürfen nach dem rechtsstaatlichen Grundsatz des → Vorbehalts des Gesetzes einer gesetzlichen Ermächtigung. Diese muß nach Inhalt, Gegenstand, Zweck und Ausmaß so bestimmt sein, daß der Eingriff in die Rechts- und Freiheitssphäre des Bürgers hinreichend voraussehbar und berechenbar wird (BVerfGE 8, S. 325).

Benachteiligung → Gleichheit

Bepackungsverbot ist ein aus dem konstitutionellen Staatsrecht überkommener haushaltsrechtlicher Grundsatz. Zur Trennung finanzpolitischer und anderer Entscheidungen des Parlamentes dürfen in das → Haushaltsgesetz nur Vorschriften aufgenommenn werden, die sich auf die Einnahmen und die Ausgaben des Bundes für den betreffenden Zeitraum beziehen (Art. 110 IV).

Berichterstattungsfreiheit, ein vom GG ausdrücklich gewährleisteter Kernbereich der → Rundfunkfreiheit und der → Filmfreiheit. Grundsätzlich kann sich eine Rundfunk- oder Fernsehanstalt für jede Sendung auf den durch Art. 5 Abs. 1 Satz 2 geschützten Freiheitsraum berufen. Wenn aber dieses Grundrecht mit anderen Rechtsgütern kollidiert, kommt es für die entscheidende Güterabwägung auf das mit der konkreten Sendung verfolgten Interesse an, auf die Art und Weise der Gestaltung und auf den erzielten oder voraussichtlichen Effekt. So wird z. B. die Berichterstattung über eine Straftat unter Namensnennung, Abbildung oder Darstellung des Täters dessen Persönlichkeitsbereich regelmäßig erheblich beeinträchtigen, weil sie sein Fehlverhalten bekanntmacht und seine Person in den Augen der Adressaten abwertet (BVerfGE 35, S. 226). Dabei führt eine Berichterstattung durch das Fernsehen wegen der größeren Reichweite und stärkeren Intensität dieses Mediums im allgemeinen zu einem schwereren Eingriff in die Privatsphäre des Betroffenen als eine Wortsendung im Hörfunk oder ein Pressebericht.

Berlin, die frühere Hauptstadt des Deutschen Reiches, wurde im Zuge der Spaltung Deutschlands nach dem Zweiten Weltkrieg in West-Berlin und Ost-Berlin geteilt; der Eiserne Vorhang und später die Todesmauer zertrennten die Stadt. Ost-Berlin wurde Hauptstadt der DDR, in West-Berlin galt das → Grundgesetz nur eingeschränkt gemäß der alliierten Vorbehalte zu dem vom → Parlamentarischen Rat beschlossenen Verfassungstext. Zwar war Berlin nach dem GG ein Land der → Bundesrepublik, doch durften Organe des Bundes dort keine unmittelbare Staatsgewalt ausüben, sofern die Drei Mächte dies nicht nachträglich für einzelne Bereiche zuließen. Der im Viermächte-Abkommen von 1971 modifizierte frühere Rechtsstatus Berlins ist nach der Vereinigung Deutschlands durch → Beitritt der DDR zur Bundesrepublik auf eine gänzlich neue Grundlage gestellt. Seither bilden die westlichen und östlichen Bezirke der Stadt das in der geänderten → Präambel des GG aufgeführte Land Berlin. Überdies ist Berlin nach dem → Einigungsvertrag die Hauptstadt Deutschlands.

Berufsbeamtentum als Inbegriff der Beamten, die ihre amtliche Tätigkeit – im Unterschied zu den ohne Dienstbezüge und Versorgungsansprüche fungierenden Ehrenbeamten – als Beruf ausüben, ist eine in Deutschland historisch überkommene Institution, die vom GG besonders geschützt wird. Das Recht der Beamten, die zu ihrem Dienstherrn in einem öffentlich-rechtlichen Treueverhältnis stehen (Art. 33 IV), ist unter Berücksichtigung der hergebrachten Grundsätze des Berufsbeamtentums zu regeln (Art. 33 V). Dieser Verfassungsauftrag hindert den Gesetzgeber zwar nicht, das Beamtenrecht den veränderten Verhältnissen anzupassen, doch erwächst den Beamten aus der grundgesetzlichen Gewährleistung ein subjektiver Anspruch, daß der herkömmliche Kernbereich ihrer Rechtsstellung nicht beeinträchtigt wird. Deshalb wäre z. B. die Ablösung des Beamtenrechts durch ein einheitliches am Arbeitsrecht orientiertes Dienstrecht nicht verfassungsgemäß. Indessen ist mit den besonders geschützten „hergebrachten Grundsätzen“ nur jener Kernbereich von Strukturprinzipien gemeint, die allgemein oder doch überwiegend und während eines längeren, Tradition bildenden Zeitraums, zumindest unter der → Weimarer Reichsverfassung, als verbindlich anerkannt und gewahrt worden sind (BVerfGE 46, S. 117). Zu diesen Prinzipien zählen u. a. das durch Gesetz zu regelnde öffentlich-rechtliche Dienst- und Treueverhältnis, das den Status, die Besoldung und Versorgung des Beamten festlegt; die Pflicht des Dienstherrn zu amtsangemessener Alimentation des Beamten und seiner Angehörigen; die Pflicht des Beamten zur Treue gegenüber dem Dienstherrn einschließlich der aktiven → Verfassungstreue; die Pflichten zu voller Hingabe an den Beruf, zu Sachlichkeit, Unparteilichkeit und Amtsverschwiegenheit. Die Pflicht des Dienstherrn zur wirtschaftlichen Sicherung des Beamten, dem ein → Streikrecht nicht zusteht, soll zugleich seine Unabhängigkeit und integre Amtsführung gewährleisten. (→ Öffentlicher Dienst).

Berufsfreiheit, ein für die liberale Verfassung der arbeitsteiligen Gesellschaft besonders wichtiges Grundrecht. Alle → Deutschen haben das Recht, Beruf, Arbeitsplatz und Ausbildungsstätte frei zu wählen (Art. 12 I 1). Die Berufsausübung kann durch → Gesetz oder auf Grund eines Gesetzes geregelt werden (Art. 12 I 2). Gegenstand dieses Freiheitsrechtes ist der in einem umfassenden Sinne zu verstehende Beruf, also jede sittlich erlaubte, auf Dauer berechnete und die Erzielung von Einnahmen bezweckende Tätigkeit. Der verfassungsrechtliche Schutz des Einzelnen in der freien Wahl seiner Tätigkeit, die sich auch außerhalb des Rahmens traditioneller Berufsbilder bewegen darf, wird flankiert durch das Verbot des Arbeitszwanges und der → Zwangsarbeit. Die Textfassung des Grundrechts – Garantie der freien Berufswahl ohne ausdrücklichen Einschränkungsvorbehalt einerseits und Ermächtigung des Gesetzgebers zu beschränkender Regelung der Berufsausübung andererseits – bietet besondere Auslegungsschwierigkeiten, zumal das GG zu dem praktisch besonders wichtigen Tatbestand der Berufsaufnahme schweigt. Die einschlägigen Probleme hat das BVerfG im sog. Apotheken-Urteil (E 7, S. 377–444) mit einer Art von Stufentheorie zu lösen versucht. Ausgangspunkt dieser Rechtsprechung ist der Gedanke, daß Berufswahl und Berufsausübung nicht in streng getrennte Sphären aufspaltbar seien. Vielmehr bilde die in Art. 12 I GG gewährleistete Berufsfreiheit eine innere Einheit, die insgesamt der Regelungsbefugnis des Gesetzgebers zugänglich sei, freilich je nach der Stufe des legislativen Eingriffs in unterschiedlichem Grad. Während auf der Ebene der Berufsausübung gesetzliche Einschränkungen verfassungsrechtlich bereits zulässig seien, soweit vernünftige Erwägungen des → Gemeinwohls dies rechtfertigen, seien Beschränkungen der Berufsaufnahme, da hier die freie Berufswahl berührt werde, nur unter besonders qualifizierten Voraussetzungen grundgesetzkonform. Dabei sei zu unterscheiden zwischen der gesetzlichen Statuierung von subjektiven und objektiven Zulassungserfordernissen für einen bestimmten Beruf. Subjektive Zulassungsbedingungen – d. h. Umstände, die in der persönlichen Sphäre des Bewerbers liegen wie z. B. Bestehen von Prüfungen, bestimmtes Alter, hinreichende Gesundheit – seien bei Wahrung des → Verhältnismäßigkeitsgrundsatzes im Prinzip mit Art. 12 I GG vereinbar. Dagegen könnten objektive Zulassungskriterien, auf die der einzelne keinen Einfluß hat – z. B. die sog. Bedürfnisprüfung der zuständigen Behörden – nur ausnahmsweise als verfassungsmäßig hingenommen werden, und zwar nur dann, wenn ihre gesetzliche Festlegung zur Abwehr schwerer Gefahren für ein überragend wichtiges Gemeinschaftsgut notwendig sei. Im sog. Apotheken-Urteil wurde die Bedürfnisprüfung demgemäß für verfassungswidrig erklärt. Diese für das Grundrecht der Berufsfreiheit allgemein entwickelte verfassungsgerichtliche Stufentheorie gilt auch für die freie Wahl der Ausbildungsstätte, insbesondere für den Zugang zum Hochschulstudium.

Berufspolitiker, Typus des modernen → Abgeordneten, der, im Unterschied zum frühliberalen Honoratioren-Parlamentarier, nicht nur für die Politik, sondern auch von ihr lebt. Zwar ist auch der heutige Abgeordnete als gewählter Amtsträger kein staatlicher Beamter, doch faßt die neuere Rechtsprechung den → Diätenanspruch als Alimentationsrecht auf (BVerfGE 40, S. 296 ff.). Diese Deutung vereinbart sich nur schwer mit der deutschen Verfassungstradition eines strikten Besoldungsverbots für Abgeordnete, die bis dahin – auch nach dem Aufgeben des ursprünglich außerdem bestehenden Entschädigungsverbots – prinzipiell gewahrt worden war.

Berufsvereinigungen → Koalitionsfreiheit

Beschlagnahmen, d. h. die durch hoheitliche Verfügung angeordnete Sicherstellung bestimmter Sachen, dürfen in den Räumen des Bundestages nur mit Genehmigung des Parlamentspräsidenten stattfinden; das gleiche gilt für → Durchsuchungen (Art. 40 II 2). Soweit das → Zeugnisverweigerungsrecht des Abgeordneten reicht, ist die Beschlagnahme von Schriftstücken unzulässig (Art. 47). Beschlagnahmen und Durchsuchungen im Rahmen des Strafverfahrens bedeuten regelmäßig einen empfindlichen Eingriff in die grundrechtlich geschützte Freiheitssphäre des Betroffenen. Nach dem → Verhältnismäßigkeitsgrundsatz muß der konkrete Eingriff in angemessener Relation stehen zu der Schwere der Straftat und der Stärke des Tatverdachts. Auch muß gerade diese Zwangsmaßnahme zur Sachverhaltsaufklärung notwendig sein, es dürfen also keine weniger einschneidenden Mittel zur Verfügung stehen (BVerfGE 20, S. 186 f.). Bei Beschlagnahmen in Presseunternehmen ist der Konflikt zwischen dem öffentlichen Interesse an der Strafverfolgung und dem Schutz der → Pressefreiheit mittels sorgfältiger Güterabwägung zu lösen.

Beschlußfähigkeit des Bundestages setzt grundsätzlich voraus, daß mehr als die Hälfte seiner Mitglieder im Sitzungssaal anwesend ist (§ 45 GOBT).

Beschlußfassungen des Bundestages erfordern die Mehrheit der abgegebenen Stimmen, soweit das GG nichts anderes bestimmt (Art. 42 II). Stimmenthaltungen und ungültige Stimmen gelten als nicht abgegebene Stimmen; Stimmengleichheit bedeutet Ablehnung der Beschlußvorlage. Die Abstimmungen sind mit Ausnahme von Wahlen regelmäßig nicht geheim. Als Abstimmungsformen sieht die Geschäftsordnung vor: Handzeichen, Aufstehen und Sitzenbleiben, „Hammelsprung“ sowie namentliche Abstimmung. Andere Mehrheiten als die (einfache) der abgegebenen Stimmen verlangt das GG in abgestufter Form bei wichtigeren Beschlußfassungen. Eine Mehrheit von zwei Dritteln der abgegebenen Stimmen erfordert z. B. der Ausschluß der Öffentlichkeit (Art. 42 I). Die Mehrheit der Mitglieder des Bundestages ist u. a. notwendig bei der → Kanzlerwahl (Art. 63 II–IV), beim → Kanzlersturz (Art. 67 I) und bei der → Vertrauensfrage (Art. 68 I). Die qualifizierte Mehrheit von zwei Dritteln der Bundestagsmitglieder ist erforderlich bei der Präsidentenanklage (Art. 61 I) und bei → Verfassungsänderungen (Art. 79 II). Mehrheit der Mitglieder des Bundestages ist die Mehrheit seiner gesetzlichen Mitgliederzahl (Art. 121).

Beschlüsse des Bunderates werden mit mindestens der Mehrheit seiner Stimmen gefaßt (Art. 52 III). Nach dieser Regel beschließt die „Länderkammer“ mit absoluter Mehrheit, d. h. mit der Mehrheit der gesetzlichen Stimmenzahl. Jedes Land hat mindestens drei Stimmen, einwohnerstärkere Länder haben bis zu sechs Stimmen (Art. 51 II). Die Stimmen eines Landes können nur einheitlich und nur durch anwesende Bundesratsmitglieder oder deren Vertreter abgegeben werden (Art. 51 III). Qualifizierte Mehrheiten von zwei Dritteln der Stimmen des → Bundesrates sind erforderlich bei der → Bundespräsidentenanklage (Art. 61 I) und bei → Verfassungsänderungen (Art. 79 II).

Beschwerderecht → Petitionsrecht

Besondere Gerichte → Sondergerichte

Besondere Gleichheitssätze gebieten, über den → allgemeinen Gleichheitssatz hinaus, bestimmte Gleichbehandlungen oder verbieten spezielle Ungleichbehandlungen. Daß der Geschlechtsunterschied gesetzliche Differenzierungen bei sonst gleichem Sachverhalt nicht rechtfertigt, bestimmt der → Gleichberechtigungsgrundsatz: Männer und Frauen sind gleichberechtigt (Art. 3 II). Im übrigen darf niemand wegen seines → Geschlechtes, seiner → Abstammung, seiner → Rasse, seiner → Sprache, seiner → Heimat und Herkunft, seines → Glaubens, seiner → religiösen oder → politischen Anschauungen benachteiligt oder bevorzugt werden (Art. 3 III). Die hier konkretisierten Willkürverbote gelten für alle Bereiche des Rechts (BVerfGE 23, S. 107). Besondere Gleichheitsrechte finden sich auch an anderen Stellen des GG. Für die Wahlrechtsgleichheit (Art. 38) kommt es grundsätzlich nur auf die deutsche Staatsangehörigkeit und ein Mindestalter an; Unterschiede des Geschlechts, der Herkunft, des Vermögens und der Bildung bleiben außer Betracht. Die → Chancengleichheit politischer Parteien verbietet rechtliche Bevorzugungen oder Benachteiligungen je nachdem, ob es sich um große oder kleine, arme oder reiche, regierende oder opponierende Parteien handelt. Spezielle Gleichbehandlungsansprüche gewährleistet das GG ferner, wenn es bestimmt, daß jeder → Deutsche in jedem Bundeslande die gleichen staatsbürgerlichen Rechte hat (Art. 33 I) und daß jeder Deutsche nach seiner Eignung, Befähigung und fachlichen Leistung gleichen Zugang zu jedem → öffentlichen Amte hat (Art. 33 II). Schließlich gehören auch die Diskriminierungsverbote nach religiösen oder weltanschaulichen Merkmalen (Art. 33 III) in diesen gleichheitsrechtlichen Zusammenhang.

Besonderes Gewaltverhältnis, eine herkömmliche Rechtsfigur, die den Unterschied zum allgemeinen Gewaltverhältnis zwischen dem Staat und den seiner Gebietshoheit unterworfenen Menschen betont. Dieser auch nach dem Untergang der Monarchie weiter verwendete Begriff umfaßt spezielle Verhältnisse, die kraft – freiwilliger oder erzwungener – engerer Beziehung zur Hoheitsmacht einen Sonderstatus an Pflichten und Rechten begründen. Einschlägig sind z. B. die Sonderrechtsverhältnisse von Beamten, Soldaten und Schülern, aber auch von Strafgefangenen. Die hier angesprochenen speziellen Lebensverhältnisse bedürfen – mag auch die Vorstellung von „Gewaltverhältnissen" der Stellung des Bürgers im demokratischen Verfassungsstaat nicht mehr entsprechen – einer besonderen verfassungsrechtlichen Qualifikation. So kann z. B. der zur Amtsverschwiegenheit verpflichtete Beamte sich nicht auf das Grundrecht der → Meinungsäußerungsfreiheit berufen; desgleichen genießt der Strafgefangene naturgemäß nicht das sonst gewährleistete Recht der → Versammlungsfreiheit in geschlossenen Räumen.

Bestand des Bundes oder eines Landes ist Schutzgut des → streitbaren demokratischen Verfassungsstaates. Zur Abwehr einer drohenden Gefahr für den Bestand des Bundes oder eines Landes kann ein Land Polizeikräfte anderer Länder sowie Kräfte und Einrichtungen anderer Verwaltungen und des → Bundesgrenzschutzes anfordern (Art. 91 I). Ist das Land, in dem die Gefahr droht, nicht selbst zur Bekämpfung der Gefahr bereit oder in der Lage, so kann die → Bundesregierung die Polizei in diesem Lande und die Polizeikräfte anderer Länder ihren Weisungen unterstellen sowie Einheiten des Bundesgrenzschutzes einsetzen. Die Anordnung ist nach Beseitigung der Gefahr, im übrigen jederzeit auf Verlangen des → Bundesrates aufzuheben (Art. 91 II). Die hier angesprochenen Gefahren begründen einen Fall des → inneren Notstandes; eine förmliche Feststellung oder Verkündung des Notstandes ist vom GG nicht vorgesehen. Die Abwehr der drohenden Gefahr ist primär Sache der Länder, hilfsweise tritt die Bundesregierung auf den Plan. Der Begriff „Bestand des Bundes" umfaßt insbesondere die Existenz als Staat, die Substanz hoheitlicher Handlungsfähigkeit und die gebietliche Integrität. Zum „Bestand eines Landes" gehören vor allem die Eigenständigkeit im bundesstaatlichen Gefüge, die Zugehörigkeit zum Bund und die grundsätzliche Mitwirkung des Landes an der Bundesgesetzgebung.

Bestimmtheit der Gesetze ist eine Forderung des geltenden → Rechtsstaatsprinzips. Das Gebot hinreichender Bestimmtheit verpflichtet den → Gesetzgeber, seine Vorschriften so präzise zu fassen, wie dies nach der Eigenart des zu regelnden Lebenssachverhaltes möglich ist. Für die Frage, welche Bestimmtheitserfordernisse im einzelnen erfüllt sein müssen, kommt es auch auf die Intensität der gesetzlichen Einwirkungen gegen die Betroffenen an. Diese müssen in zumutbarer Weise erkennen können, ob die tatsächlichen Voraussetzungen der vom Gesetz ausgesprochenen Rechtsfolge vorliegen (BVerfGE 59, S. 114).

Bestimmtheit der Verordnungsermächtigung, ein Spezialfall des rechtsstaatlichen Bestimmtheitsgebots. Wenn die → Exekutive durch → Gesetz ermächtigt wird, → Rechtsverordnungen zu erlassen, dann müssen Inhalt, Zweck und Ausmaß der erteilten Ermächtigung im Gesetz bestimmt werden (Art. 80 I). Der parlamentarische Gesetzgeber soll sich seiner Verantwortung nicht dadurch entziehen können, daß er einen Teil seiner Kompetenz auf die vollziehende Gewalt überträgt, ohne diese Delegation nach Richtung und Programm so genau umrissen zu haben, daß schon aus der Ermächtigung vorhersehbar ist, was dem Betroffenen gegenüber Rechtens sein soll (BVerfGE 55, S. 225).

Betriebsverfassung gehört zu den Gegenständen der → konkurrierenden Gesetzgebung (Art. 74 Nr. 12). Das Recht der Betriebsverfassung regelt die Beziehungen zwischen Arbeitgebern und Arbeitnehmern im Rahmen eines Betriebs. Hauptsächlich handelt es sich um die kollektiven Mitwirkungsrechte der Arbeitnehmer an der im übrigen beim Arbeitgeber liegenden Leitung des Betriebs. Die Formen der Mitwirkung sind abgestuft von schlichten Informationsansprüchen bis hin zu innerbetrieblicher → Mitbestimmung.

Bevölkerungsschutz → Schutz der Zivilbevölkerung

Bevollmächtigte der Länder beim Bund sind in der Regel Landesminister für Bundesangelegenheiten als Leiter der Landesvertretungen am Sitz der → Bundesregierung und des → Bundestags.

Bevorzugung → Besondere Gleichheitssätze

Bewohner des Bundesgebietes als Träger von Rechten und Pflichten aufgrund inkorporierter → allgemeiner Regeln des Völkerrechts (Art. 25) können außer natürlichen auch alle → juristischen Personen sein, die der Gebietshoheit der → Bundesrepublik unterstehen und Adressaten der einschlägigen Völkerrechtsregel sind. Ob eine solche Regel unmittelbar Rechte und Pflichten für den einzelnen erzeugt, wird im Streitfall durch ein → Normenverifikationsverfahren geklärt (Art. 100 II).

Bild → Recht am eigenen Bild

Bildung → Besondere Gleichheitssätze

Bildungsplanung ist, wie die → Forschungsförderung, eine verfassungsrechtliche → Gemeinschaftsaufgabe besonderer Art. In diesem Bereich können Bund und Länder aufgrund von Vereinbarungen zusammenwirken und die Kosten einvernehmlich teilen (Art. 91 b). Die Einfügung solcher bundesstaatlicher Handlungsformen in das GG durch die Finanzreform 1969 ist ein Anwendungsfall des → kooperativen Föderalismus. „Bildungsplanung" soll helfen, die „Bildungsreserven" des Volkes auszuschöpfen. Zielvorstellung ist nicht so sehr die durch höhere Schulen und wissenschaftliche Hochschulen vermittelte Geistesbildung als vielmehr eine berufsbezogene Aus- und Weiterbildung.

Blankettstrafgesetze, die zur Vervollständigung des Straftatbestandes auf andere gesetzliche Bestimmungen verweisen, genügen dem in Art. 103 Abs. 2 GG festgelegten Bestimmtheitsgebot nur, wenn die Voraussetzungen der Strafbarkeit entweder in der Blankettnorm oder in dem zu ihrer Ergänzung in Bezug genommenen Gesetz hinreichend deutlich umschrieben sind (BVerfGE 37, S. 209). Ermächtigt der Strafgesetzgeber den Verordnungsgeber zur Ausfüllung, so darf er diesem lediglich die nähere Spezifizierung des Tatbestandes überlassen. Alle möglichen Fälle der Strafbarkeit müssen schon aufgrund des ermächtigenden Gesetzes und nicht erst aus der Rechtsverordnung voraussehbar sein. An die inhaltliche Bestimmtheit der strafgesetzlichen Ermächtigung sind strenge Anforderungen zu stellen (BVerfGE 14, S. 185).

Bodenrecht als Gegenstand der konkurrierenden Gesetzgebung (Art. 74 Nr. 18) umfaßt nur solche Vorschriften, die die rechtlichen Beziehungen des Menschen zu Grund und Boden regeln. Die Gesetzgebungskompetenz wird inhaltlich durch das Eigentumsgrundrecht begrenzt. Im Rahmen seiner bodenrechtlichen Zuständigkeit kann der Gesetzgeber auch, wie im Falle des Bundesbaugesetzes geschehen, Vorschriften zum Erschließungs- und Erschließungsbeitragsrecht erlassen (BVerfGE 34, S. 144).

Boykottmaßnahmen, denen eine bestimmte Meinungskundgabe zugrunde liegt, können durch das Grundrecht der freien Meinungsäußerung geschützt sein. Dies ist insbesondere dann der Fall, wenn ein Boykottaufruf nicht einer privaten Auseinandersetzung dient, sondern aus Sorge um politische, soziale oder kulturelle Belange der Allgemeinheit als Mittel des geistigen Meinungskampfes in einer die Öffentlichkeit wesentlich berührenden Frage verwendet wird. Besitzt der Verrufer eine gewisse wirtschaftliche Machtstellung, so macht das Gewicht seiner Meinungsäußerung allein die Aufforderung zum Boykott noch nicht unzulässig, da es auch dem wirtschaftlich Stärkeren verfassungsrechtlich erlaubt ist, einen geistigen Meinungskampf zu führen (BVerfGE 25, S. 264). Indessen überschreitet ein Boykottaufruf den Schutzbereich der freien Meinungsäußerung, wenn er sich nicht nur auf geistige Argumente stützt, sondern überdies den Angesprochenen durch Androhung schwerer Nachteile oder durch Ausnutzung materieller Abhängigkeit die Möglichkeit nimmt, ihre Entscheidung in Freiheit und ohne wirtschaftlichen Druck zu treffen. Die freie geistige Auseinandersetzung über Gegenstände von allgemeinem Interesse ist eine Lebensbedingung → freiheitlicher Demokratie.

Branntweinmonopol → Finanzmonopole

Briefgeheimnis, ein dem Schutz der persönlichen Lebenssphäre dienendes → Freiheitsgrundrecht. Das Briefgeheimnis ist unverletzlich (Art. 10 I). Beschränkungen dürfen nur auf Grund eines Gesetzes angeordnet werden (Art. 10 II), wobei die → Wesensgehaltsgarantie des GG zu beachten ist. Das Briefgeheimnis als klassisches Abwehrrecht schützt den schriftlichen – privaten und geschäftlichen – Verkehr der einzelnen untereinander gegen eine Kenntnisnahme durch die → öffentliche Gewalt (BVerfGE 33, S. 11). Briefe, die der Post zur

Beförderung übergeben werden, fallen in den Schutzbereich des → Postgeheimnisses.

Briefwahl ermöglicht Wahlberechtigten, die aus gesundheitlichen oder anderen wichtigen Gründen ihre Stimme nicht im Wahllokal abgeben können, die Teilnahme an der Wahl zum Deutschen → Bundestag. Die Einführung der Briefwahl entspricht dem Prinzip der Allgemeinheit der Wahl in dem Sinne, daß grundsätzlich alle Staatsbürger an der Wahl sollen teilnehmen können. Wenn der Gesetzgeber im Interesse einer möglichst umfassenden Wahlbeteiligung mit der Briefwahl zugleich die Wahrung von Freiheit und Geheimhaltung der Wahlentscheidung in höherem Maße als bei einer Stimmabgabe im Wahllokal dem Wähler anvertraut hat, so ist dies verfassungsrechtlich nicht zu beanstanden, weil damit eine übermäßige Einschränkung oder Gefährdung der betroffenen → Wahlrechtsgrundsätze nicht verbunden ist (BVerfGE 59, S. 125).

Budgetrecht ist die Befugnis des Parlaments zur Feststellung des → Haushaltsplanes durch Gesetz (Art. 110 II). Kraft dieser Kompetenz kann der → Bundestag die Richtung und den Inhalt aller staatlichen Aktivitäten maßgeblich beeinflussen. Das bis ins Mittelalter zurückgehende → Steuerbewilligungsrecht wurde erst unter der konstitutionellen Monarchie durch das Budgetrecht ergänzt; nunmehr konnte das Parlament auch über die Ausgaben der → Exekutive bestimmen. Mit der parlamentarischen Feststellung des Haushaltsplanes eng verbunden sind die Verfassungsbestimmungen über die Kreditwirtschaft der Regierung. Die Aufnahme von Krediten sowie die Übernahme von → Bürgschaften, Garantien und sonstigen Gewährleistungen, die zu Ausgaben in künftigen Rechnungsjahren führen können, bedürfen einer der Höhe nach bestimmten oder bestimmbaren Ermächtigung durch Bundesgesetz (Art. 115 I 1).

Bund und Länder, die beiden Ebenen der Staatlichkeit in dem vom → Grundgesetz verfaßten → Bundesstaat. Zwischen Gesamtstaat und Gliedstaaten sind die Kompetenzen der → Gesetzgebung, der → Verwaltung und der → Rechtsprechung nach bestimmten Grundsätzen verteilt.

Bundesarbeitsgericht ist der für das Gebiet der Arbeitsgerichtsbarkeit errichtete → oberste Gerichtshof des Bundes (Art. 95 I). Die im übrigen aus Gerichten der Länder bestehende → Arbeitsgerichtsbarkeit entscheidet insbesondere über Rechtsstreitigkeiten zwischen Arbeitnehmern und Arbeitgebern, zwischen den Tarifvertragsparteien sowie über Streitfälle aus dem → Betriebsverfasungsgesetz.

Bundesaufsicht, ein verfassungsrechtliches Instrumentarium im Dienste korrekter → Ausführung von Bundesgesetzen durch die Länder. Für den Regelfall, daß die Länder ein Bundesgesetz als eigene Angelegenheit ausführen (Art. 83), erstreckt sich die von der → Bundesregierung ausgeübte Aufsicht nur auf die Rechtmäßigkeit (Art. 84 III 1). Eine weitergehende Bundesaufsicht ist vom GG für die → Bundesauftragsverwaltung der Länder vorgesehen. Die Rechtmäßigkeitskontrolle bezieht sich auf das gesamte „geltende Recht", also nicht nur auf das GG und das auszuführende Bundesgesetz, sondern auch auf das sonstige einschlägige Bundes- und Landesrecht. In Wahrnehmung ihrer Rechtsaufsicht kann die Bundesregierung u. a. einen Beauftragten zu den → obersten Landesbehörden entsenden (Art. 84 III 2) und bestimmte Mängel rügen. Werden die bei der Ausführung eines Bundesgesetzes in den Ländern festgestellten Mängel nicht beseitigt, so beschließt auf Antrag der einen oder anderen Seite der → Bundesrat, ob das Land das Recht verletzt hat; gegen diesen Beschluß kann das BVerfG angerufen werden (Art. 84 IV). Weitergehend als beim landeseigenen Vollzug erstreckt sich die Bundesaufsicht in Fällen der Auftragsverwaltung auf Gesetzmäßigkeit und Zweckmäßigkeit der Ausführung von Bundesgesetzen (Art. 85 IV 1). Im Rahmen dieser Fachaufsicht kann die Bundesregierung für die Gesetzesauslegung und den Ermessensgebrauch allgemeine Verwaltungsvorschriften erlassen (Art. 85 II) und Einzelweisungen erteilen (Art. 85 III). Ferner hat sie das Recht, Bericht und Vorlage der Akten zu verlangen sowie Beauftragte zu allen Behörden zu entsenden (Art. 85 IV 2).

Bundesaufsichtsamt → Bankenaufsicht

Bundesauftragsverwaltung ist eine besondere Form der → Ausführung von Bundesgesetzen; hier hat der Bund weitergehende Einwirkungsrechte auf die Länder als im Regelfall des Landesvollzugs von Bundesrecht. Führen die Länder die Bundesgesetze im Auftrag des

Bundes aus, so bestimmen sie zwar grundsätzlich allein über die Einrichtung der Behörden (Art. 85 I), doch verfügt die Bundesregierung außer den Einflußmöglichkeiten einer erweiterten → Bundesaufsicht über wichtige Ingerenzen: Sie kann die einheitliche Ausbildung der Beamten und Angestellten regeln; die Leiter der Mittelbehörden sind mit ihrem Einvernehmen zu bestellen (Art. 85 II). Als Ausnahme von der Regel der föderativen Kompetenzenordnung findet Bundesauftragsverwaltung nur statt, wo das GG dies ausdrücklich vorsieht oder zuläßt. Einschlägig sind Verwaltungsbereiche, denen ein besonderes Interesse des Bundes an der Gesetzmäßigkeit und Zweckmäßigkeit des Vollzugs gemeinsam ist. Bundesauftragsverwaltung kommt z. B. zum Zuge, wenn → Landesfinanzbehörden Steuern verwalten, die – wie → Einkommensteuer, → Körperschaftssteuer und → Umsatzsteuer – ganz oder teilweise dem Bund zufließen (Art. 108 III); beim Vollzug von Bundesgesetzen, die der → Verteidigung einschließlich des Wehrersatzwesens und des → Schutzes der Zivilbevölkerung dienen (Art. 87 b II); bei Aufgaben der Luftverkehrsverwaltung (Art. 87 d II); bei der Verwaltung der Bundesautobahnen und sonstigen Bundesstraßen des Fernverkehrs (Art. 90 II).

Bundesausgaben sind verfassungsrechtlich unter verschiedenen Gesichtspunkten relevant. Der Bund und die Länder tragen, soweit das GG nichts anderes bestimmt, gesondert die Ausgaben, die sich aus der Wahrnehmung ihrer staatlichen Aufgaben ergeben (Art. 104 a I). Diese Regelung entspricht dem föderativen Gefüge der Verfassung, die Bund und Ländern im Rahmen der → bundesstaatlichen Integration ihre Eigenstaatlichkeit beläßt. Demgemäß sind beide staatlichen Ebenen in ihrer Haushaltswirtschaft selbständig und voneinander unabhängig (Art. 109 I), wobei sie den Erfordernissen des → gesamtwirtschaftlichen Gleichgewichts Rechnung zu tragen haben (Art. 109 II). Bezüglich der Bundesausgaben seien hier noch folgende Grundsätze der geltenden → Finanzverfassung erwähnt: Handeln die Länder im Auftrage des Bundes, so trägt der Bund die sich daraus ergebenden Ausgaben (Art. 104 a II). Führt der Bund seine Gesetze selbst aus (Art. 86), so hat er nach dem Konnexitätsprinzip (Art. 104 a I) die Ausgaben zu tragen. Auch wenn die Länder Bundesgesetze als eigene Angelegenheit → ausführen (Art. 83), kann die Finanzlast abweichend von der Regel den Bund treffen, wie dies für Geldleistungsgesetze vom GG vorgesehen ist (Art. 104 a III). Alle Bundesausgaben sind in den → Haushaltsplan einzustellen (Art. 110 I). Überplanmäßige und außerplanmäßige Ausgaben bedürfen der Zustimmung des → Bundesfinanzministers, der nur im Falle eines unvorhergesehenen und unabweisbaren Bedürfnisses zustimmen darf (Art. 112). Diese ministerielle Notkompetenz im Interesse der Handlungsfähigkeit der Regierung ist eine Ausnahme vom Grundsatz des → Budgetrechts des parlamentarischen Gesetzgebers (BVerfGE 45, S. 37).

Bundesaußenminister, Ressortchef des – seit dem Kaiserreich als Auswärtiges Amt bezeichneten – für die → Außenpolitik zuständigen Bundesministeriums. Der aus dem Kreis der Kabinettskollegen international herausgehobene Minister hat nach dem GG außenpolitische Gestaltungsmöglichkeiten nur im Rahmen der → Richtlinienkompetenz des Bundeskanzlers (Art. 65) und der Mitwirkungsbefugnisse der gesetzgebenden Körperschaften (Art. 59 II).

Bundesautobahnen → Bundesauftragsverwaltung

Bundesbank, die kraft Verfassungsauftrags (Art. 88) vom Bund errichtete Währungs- und Notenbank. Für die Bestimmung ihres grundgesetzlichen Aufgabenkreises kommt es auch auf das vom Verfassungsgeber vorgefundene Bild dieses Banktyps an (BVerfGE 14, S. 216). Die als bundesunmittelbare → Anstalt des öffentlichen Rechts durch Gesetz errichtete Bundesbank hat insbesondere die Aufgabe, den Geldumlauf und die Kreditversorgung der Wirtschaft mit dem Ziel der Währungssicherung zu regeln. Als Notenbank ist sie nach dem Bundesbankgesetz ausschließlich befugt, die gesetzlichen Zahlungsmittel auszugeben. Unbeschadet ihrer Verpflichtung, die Wirtschaftspolitik der Bundesregierung zu unterstützen, ist die Bundesbank, der die Landeszentralbanken nachgeordnet sind, in Ausübung ihrer gesetzmäßigen Rechte unabhängig von Weisungen des Kabinetts und frei von Kontrollen des Parlaments.

Bundesbeamter ist, wer zum Bund oder zu einer bundesunmittelbaren → Körperschaft, → Anstalt oder Stiftung des öffentlichen Rechts in einem Beamtenverhältnis steht. Der → Bundespräsident ernennt und entläßt die Bundesbeamten, soweit gesetzlich nichts anderes bestimmt ist (Art. 60 I). Die Regelung der Rechtsverhältnisse der im Dienste des Bundes stehenden Beamten unterliegt der → ausschließlichen Bundesgesetzgebung (Art. 73 Nr. 8).

Bundesbehörden sind organisatorisch selbständige Verwaltungsstellen des Gesamtstaates (im Unterschied zu den → Landesbehörden); sie können je nach der administrativen Stufe oberste, obere oder – in → bundeseigener Verwaltung – Mittel- und Unterbehörden sein. Oberste Bundesbehörden sind diejenigen, die keiner anderen Bundesbehörde nachgeordnet sind: z. B. Bundesministerien, Bundespräsidialamt, Bundeskanzleramt, Bundesrechnungshof und Bundesbank. Bei den obersten Bundesbehörden sind Beamte aus allen Ländern in angemessenem Verhältnis zu verwenden (Art. 36 I 1). Die vorgeschriebene landsmannschaftliche Struktur der Zentralbürokratie dient zugleich den Interessen der Gliedstaaten und des Gesamtstaates: die föderal zusammengesetzte Beamtenschaft soll aus eigener Anschauung für die Belange der verschiedenen Regionen aufgeschlossen sein. Die bei den übrigen – oberen, mittleren und unteren – Bundesbehörden beschäftigten Personen sollen in der Regel aus dem Lande genommen werden, in dem sie tätig sind (Art. 36 I 2).

Bundesbürgschaften, Garantien oder sonstige Gewährleistungen, die zu Ausgaben in künftigen Rechnungsjahren führen können, bedürfen einer der Höhe nach bestimmten oder (ausnahmsweise) bestimmbaren Ermächtigung durch Gesetz (Art. 115 I 1). Die vorgeschriebene Einschaltung des Bundesgesetzgebers dient der Sicherung des → Budgetrechts des Parlaments. Bürgschaften sind privatrechtliche Verträge, in denen sich der Bürger gegenüber dem Gläubiger eines Dritten verpflichtet, für dessen Schuld einzustehen. Garantien betreffen die Übernahme eines ungewissen künftigen Schadens.

Bundeseigene Verwaltung mit eigenem Verwaltungsunterbau ist vom GG insbesondere vorgesehen für den → Auswärtigen Dienst, die → Bundesfinanzverwaltung, die → Bundeseisenbahnen und die → Bundespost (Art. 87). Diese Kompetenzzuweisung bezieht sich auf die Wahrnehmung von Verwaltungsaufgaben durch „bundeseigene" Behörden im Unterschied zur Administration durch bundesunmittelbare → Körperschaften oder → Anstalten des öffentlichen Rechts. „Eigener Verwaltungsunterbau" impliziert eine mehrstufige Einrichtung der einschlägigen Behördenorganisation. Mit Rücksicht auf das → bundesstaatliche Prinzip, wonach die Ausübung der staatlichen Befugnisse und die Erfüllung der staatlichen Aufgaben Sache der Länder ist (Art. 30), namentlich die → Ausführung der Bundesgesetze grundsätzlich den

Ländern als eigene Angelegenheit zusteht (Art. 83), können nur solche Sachbereiche der bundeseigenen Verwaltung unterliegen, die hierfür vom GG ausdrücklich vorgesehen oder zumindest zugelassen sind. Eine besonders wichtige „Zulassung“ enthält Art. 87 Absatz 3 Satz 1 GG. Hiernach können für Angelegenheiten, für die dem Bund die Gesetzgebung zusteht, selbständige Bundesoberbehörden und neue bundesunmittelbare Körperschaften und Anstalten des öffentlichen Rechts durch Bundesgesetz errichtet werden. „Selbständigkeit“ einer Bundesoberbehörde setzt voraus, daß ihre Aufgaben bundesweit ohne Mittel- und Unterbau und ohne Inanspruchnahme von Verwaltungsbehörden der Länder – mit Ausnahme reiner → Amtshilfe – wahrgenommen werden können (BVerfGE 14, S. 211). Gemäß dieser verfassungsrechtlichen Ermächtigung wurden u. a. errichtet: das Bundesgesundheitsamt, das Bundeskartellamt und das Umweltbundesamt.

Bundeseisenbahnen unterliegen der → ausschließlichen Gesetzgebung des Bundes (Art. 73 Nr. 6) und werden in → bundeseigener Verwaltung geführt (Art. 87 I). Die Gesetzgebungsbefugnis umfaßt auch die Bestimmungen über Vermögen, Betrieb und Verwaltung der Eisenbahnen einschließlich der Kostenverteilung bei Eisenbahnkreuzungsanlagen (BVerfGE 26, S. 388).

Bundesfarben sind – dies ergibt sich aus der Verfassungsbestimmung über die Bundesflagge als herausgehobenem → Staatssymbol der → Bundesrepublik Deutschland – die Farben schwarz-rot-gold (Art. 22). Die an alte republikanische Traditionen anknüpfende Farbenkombination appelliert an das Staatsgefühl der Bürger, ist Identifizierungszeichen gegenüber anderen Staaten und versinnbildlicht die Werte der → freiheitlichen demokratischen Grundordnung (BVerfGE 81, S. 293). Außer für die Bundesflagge gelten die vorgeschriebenen Farben u. a. auch für Standarten, Wappen und Ordensbänder des Bundes.

Bundesfinanzbehörden im Rahmen → bundeseigener Verwaltung mit eigenem Verwaltungsunterbau (Art. 87 I 1) sind vom GG vorgesehen für → Zölle, → Finanzmonopole, die bundesgesetzlich geregelten → Verbrauchssteuern einschließlich der → Einfuhrumsatzsteuer und die Abgaben im Rahmen der → Europäischen Gemeinschaften (Art. 108 I 1). Die Bundesfinanzbehörden bilden eine besondere Behördenorganisation, deren mindestens dreistufiger Aufbau durch Bundesgesetz geregelt wird (Art. 108 I 2). Nach dem einschlägigen Finanzverwaltungsgesetz fungieren der → Bundesfinanzminister als oberste Behörde, die Oberfinanzdirektionen als Mittelbehörden und die Hauptzollämter als örtliche Unterbehörden. Die Oberfinanzpräsidenten als Leiter der Mittelbehörden sind im Benehmen mit den → Landesregierungen zu bestellen (Art. 108 I 3). Unbeschadet des vorgeschriebenen „Benehmens" im Sinne einer Anhörungspflicht liegt die personelle Entscheidung allein beim Bund. Soweit das GG keine Verwaltung durch Bundesfinanzbehörden bestimmt oder zuläßt, ist die → Finanzverwaltung Sache der Länder.

Bundesfinanzhof, einer der fünf → obersten Gerichtshöfe des Bundes (Art. 95 I). Er steht an der Spitze der → Finanzgerichtsbarkeit der → Bundesrepublik. Der historisch bedingte Name – funktionsgerechter wären Bezeichnungen wie Bundesfinanzgerichtshof oder Bundessteuergericht – erklärt sich aus der Nachfolge zum Reichsfinanzhof, dem ehemaligen obersten Reichsgericht für Steuersachen.

Bundesfinanzminister, ein durch grundgesetzliche Sonderkompetenzen aus dem Kollegium der → Bundesregierung herausgehobenes Kabinettsmitglied. Abgesehen von dem Einfluß, der ihm aus seiner Mitwirkung bei der Aufstellung der Haushaltspläne der anderen Ministerien erwächst, bedürfen überplanmäßige und außerplanmäßige Ausgaben (→ Haushaltsüberschreitungen) seiner Zustimmung (Art. 112). Der Zustimmungsvorbehalt kann weder durch Kanzlerentscheidung noch durch Kabinettsbeschluß außer Kraft gesetzt werden. Außer diesem Notbewilligungsrecht hat der Bundesfinanzminister insbesondere auch die Aufgabe, für die Bundesregierung dem → Bundestag und dem → Bundesrat über alle Einnahmen und Ausgaben sowie über das Vermögen und die Schulden des Bundes Rechnung zu legen (Art. 114 I).

Bundesfreundliches Verhalten ist ein aus dem ungeschriebenen Prinzip der → Bundestreue abgeleiteter Grundsatz für das Zusammenwirken von → Bund und Ländern, deren Rechte und Pflichten sich im übrigen aus der normierten → bundesstaatlichen Kompetenzenordnung ergeben.

Bundesgebiet ist das räumliche Staatselement der → Bundesrepublik Deutschland; es ist identisch mit den Gebieten der → Bundesländer, die zugleich Landesgebiet und Bundesgebiet sind. Im → Vereinten Deutschland nach dem → Beitritt der ehemaligen DDR bilden das Bundesgebiet die Gebiete folgender Länder: Baden-Württemberg, Bayern, Berlin, Brandenburg, Bremen, Hamburg, Hessen, Mecklenburg-Vorpommern, Niedersachsen, Nordrhein-Westfalen, Rheinland-Pfalz, Saarland, Sachsen, Sachsen-Anhalt, Schleswig-Holstein und Thüringen (GG-Präambel). Gebietsänderungen im Verhältnis zu Nachbarstaaten durch → völkerrechtliche Verträge bedürfen der Mitwirkung der gesetzgebenden Körperschaften (Art. 59 II) und erfordern die vorherige Anhörung des betroffenen Bundeslandes (Art. 32 II). Zum Staatsgebiet gehört auch der Luftraum über dem Territorium. Im übrigen regelt sich die Abgrenzung der Gebietshoheit gegenüber anderen Staaten nach allgemeinen oder vertraglichen Bestimmungen des → Völkerrechts. Einschlägige Fragen sind z. B. der Bereich des zum Staatsgebiet gehörenden Küstenmeeres, die territoriale Zuordnung schiffbarer Grenzflüsse, die Rechtslage von exterritorialen Grundstükken, Enklaven (Gebietseinschlüssen) und Exklaven (Gebietsausschlüssen).

Bundesgerichte sind, nach der Verteilung der → rechtsprechenden Gewalt im → Bundesstaat des GG, nur vorgesehen für die Jurisdiktionsbereiche des → Bundesverfassungsgerichts, der → obersten Gerichtshöfe des Bundes und bestimmter anderer Gerichte (Art. 92–96). Im übrigen ist die Rechtsprechung ausschließlich Sache der Länder (Art. 30), deren Richter indessen weitgehend bundeseinheitliche Gesetze auszulegen und anzuwenden haben (Art. 74 Nr. 1). Als sonstige Bundesgerichte gemäß grundgesetzlicher Ermächtigung (Art. 96) wurden errichtet das Bundespatentgericht für Angelegenheiten des → gewerblichen Rechtsschutzes, das Bundesdisziplinargericht für Beamte und Truppendienstgerichte für Soldaten; die Entscheidungen dieser Instanzen unterliegen der Nachprüfung oberster Bundesgerichte.

Bundesgerichtshof, einer der fünf → obersten Gerichtshöfe des Bundes (Art. 95 I). Er ist Revisionsinstanz für die Rechtszüge der ordentlichen Gerichtsbarkeit, d. h. der Rechtsprechung in Zivil- und Strafsachen. Sie ist unterhalb des BGH mehrstufig gegliedert in Amtsgericht, Landgericht, Oberlandesgericht (in Berlin mit dem Traditionsnamen „Kammergericht“); hinzukommt in Bayern ein oberstes Landesgericht.

Bundesgesetz im Unterschied zum Landesgesetz ist das von den → gesetzgebenden Körperschaften des Bundes beschlossene → Gesetz. Die → Gesetzgebungskompetenzen des Bundes bemessen sich nach den grundgesetzlichen Vorschriften über die → ausschließliche und die → konkurrierende Gesetzgebung (Art. 70 II). Für bestimmte Sachbereiche hat der Bund das Recht zur → Rahmengesetzgebung (Art. 75) und zur → Grundsatzgesetzgebung (Art. 109 III). Soweit das GG nicht dem Bunde Gesetzgebungsbefugnisse verleiht, haben die Länder das Gesetzgebungsrecht (Art. 70 I).

Bundesgesetzblatt ist das amtliche Publikationsorgan für → Gesetze und → Rechtsverordnungen. Die nach den Vorschriften des GG → zustande gekommenen Gesetze werden vom → Bundespräsidenten nach → Gegenzeichnung → ausgefertigt und im Bundesgesetzblatt →verkündet (Art. 82 I 1). Rechtsverordnungen werden von der Stelle, die sie erläßt, ausgefertigt und vorbehaltlich anderweitiger gesetzlicher Regelung im Bundesgesetzblatt verkündet (Art. 82 I 2). Die Veröffentlichung der Rechtsnormen in einem zentralen amtlichen Blatt dient einem doppelten Zweck: Einmal dem Interesse der Rechtsunterworfenen, die sich über den Text des geltenden Rechts zuverlässig sollen unterrichten können. Sodann der unverzüglichen Information aller zum Rechtsvollzug berufenen Behörden und Gerichte. Das Bundesgesetzblatt hat außer seinen Teilen I und II für Gesetze, Rechtsverordnungen und bestimmte gesetzeskräftige Entscheidungsformeln des → Bundesverfassungsgerichts noch einen Teil III zur systematischen Sammlung des geltenden Bundesrechts.

Bundesgesetzgebung → Gesetzgebende Körperschaften des Bundes → Gesetzgebungskompetenzen → Gesetzgebungsverfahren

Bundesgesundheitsamt → Bundeseigene Verwaltung

Bundesgrenzschutzbehörden, deren Einrichtung vom GG vorgesehen ist (Art. 87 I 2), obliegt nach dem einschlägigen → Bundesgesetz der grenzpolizeiliche Schutz des → Bundesgebiets, soweit dies nicht ein

Land im Einvernehmen mit dem Bunde übernimmt. Der in → bundeseigener Verwaltung geführte Grenzschutz ist eine Polizei des Bundes, die dem Bundesinnenminister untersteht. Aufgaben des Grenzschutzes sind insbesondere die Überwachung der Grenzen, die polizeiliche Kontrolle des grenzüberschreitenden Verkehrs und die Abwehr von Gefahren, die die Sicherheit der Grenzen bedrohen. Für den → Verteidigungsfall und für Fälle des inneren → Notstandes – z. B. bei Naturkatastrophen oder bei schwerwiegenden Gefährdungen der öffentlichen Sicherheit und Ordnung (Art. 35 II und III) – sind Sonderverwendungen von Kräften und Einrichtungen des Bundesgrenzschutzes verfassungsrechtlich zugelassen.

Bundeshauptstadt des → vereinten Deutschland ist nach dem → Einigungsvertrag (Art. 2 I) → Berlin. Bis zum Tag der Wiedervereinigung (3. Oktober 1990) war Bonn gemäß Parlamentsbeschluß vorläufige Hauptstadt der → Bundesrepublik. Der Einigungsvertrag hatte die Frage des Sitzes von Parlament und Regierung offen gelassen. Nach langwierigen und teilweise leidenschaftlichen Debatten auch in der außerparlamentarischen Öffentlichkeit hat sich der → Bundestag mit knapper Mehrheit für Berlin entschieden.

Bundeshoheitsrechte → Hoheitsrechte des Bundes

Bundesintervention ist, neben → Bundesaufsicht und → Bundeszwang, eines der verfassungsrechtlichen Institute, die dem Bund bestimmte Einwirkungsmöglichkeiten auf die Länder sichern. Namentlich in Fällen des → inneren Notstandes ist der Bund subsidiär befugt, unter gewissen grundgesetzlichen Kautelen gegenüber den Ländern zu intervenieren. In erster Linie bleibt das betreffende Land verpflichtet und berechtigt, zur Abwehr einer drohenden Gefahr für den → Bestand oder die → freiheitliche demokratische Grundordnung des Bundes oder eines Landes Polizeikräfte anderer Länder sowie Kräfte und Einrichtungen anderer Verwaltungen und des → Bundesgrenzschutzes anzufordern (Art. 91 I). Erst wenn das Land, in dem die Gefahr droht, nicht selbst zur Bekämpfung der Gefahr bereit oder in der Lage ist, kann die → Bundesregierung die Polizei in diesem Lande und die Polizeikräfte anderer Länder ihren Weisungen unterstellen sowie Einheiten des Bundesgrenzschutzes einsetzen (Art. 91 II). Der Bundesintervention verwandt ist die Sonderkompetenz der Bundesregierung bei Naturkatastrophen oder besonders schweren Unglücksfällen, die das Gebiet mehr als eines Landes gefährden. Hier kann das Kabinett des Gesamtstaates, soweit es zur wirksamen Nothilfe erforderlich ist, den → Landesregierungen die Weisung erteilen, ihre Polizeikräfte anderen Ländern zur Verfügung zu stellen sowie Einheiten des Bundesgrenzschutzes und der → Streitkräfte zur Unterstützung der Polizeikräfte einzusetzen (Art. 35 III). Wie im Falle der eigentlichen Bundesintervention sind die Maßnahmen der Bundesregierung jederzeit auf Verlangen des → Bundesrates aufzuheben.

Bundeskabinett → Bundesregierung

Bundeskanzler, staatsleitende Spitze der → Exekutive. Innerhalb der → Bundesregierung, die aus dem Kanzler und den → Bundesministern besteht (Art. 62), ist er Premier und nicht lediglich Erster unter Gleichen. Seine verfassungsrechtlich herausgehobene Position wird vor allem bestimmt durch seine politische → Richtlinienkompetenz (Art. 65), durch sein den → Bundespräsidenten bindendes Vorschlagsrecht für die Ernennung und Entlassung der Bundesminister (Art. 64 I) sowie durch seine → Befehls- und Kommandogewalt über die → Streitkräfte im →Verteidigungsfall (Art. 115 b). Der Bundeskanzler wird auf Vorschlag des Bundespräsidenten vom → Bundestag gewählt (Art. 63 I). Das Staatsoberhaupt muß den Gewählten zum Kanzler ernennen, wenn dieser die Mehrheit der stimmberechtigten Mitglieder des Bundestags auf sich vereinigt (Art. 63 II, IV). Das grundsätzlich dem Parlament zustehende Recht der → Kanzlerwahl verschiebt sich im Verteidigungsfall auf den → Gemeinsamen Ausschuß (Art. 115 h II). Nach dem Regierungssystem des GG bedeutet die Parlamentswahl des Regierungschefs zugleich auch die Annahme des vom Gewählten zu bildenden Kabinetts. Die dem Bundestag zustehenden Befugnisse bei der Bildung und dem Sturz der Bundesregierung im Wege der Wahl und Abwahl des Bundeskanzlers (Art. 63, 67) werden flankiert durch Elektionsrechte, die dem Parlament auf die Besetzung anderer Staatsorgane entscheidenden Einfluß sichern, z. B. bei der Berufung des → Bundespräsidenten, der → Bundesverfassungsrichter und der → Bundesrichter. Daß der Regierungschef vom Parlament gewählt wird, ist – eine Lehre aus den einschlägigen Schwächen und Widersprüchen der → Weimarer Reichsverfassung – ein Novum in der deutschen Verfassungsgeschichte. Desgleichen, daß die übrigen Kabinettsmitglieder ohne rechtliche Beteiligung des Parlaments allein vom Regierungschef bestimmt werden und daß die Regierung nur in konstruktiver Form durch → Kanzlersturz abgelöst werden kann.

Bundeskanzleramt → Bundesbehörden

Bundeskartellamt → Bundeseigene Verwaltung

Bundeskompetenzen sind die verfassungsrechtlichen Zuständigkeiten des Bundes, insbesondere auf den Gebieten der → Gesetzgebung, der → Vollziehung und der → Rechtsprechung. Im → Bundesstaat des GG gilt die Grundregel, daß die Ausübung der staatlichen Befugnisse und die Erfüllung der staatlichen Aufgaben Sache der Länder ist, soweit die Bundesverfassung keine andere Regelung trifft oder zuläßt (Art. 30). Demgemäß hat der Bund eine legislative, administrative und judikative Zuständigkeit nur, wenn eine entsprechende Befugnis dem GG zu entnehmen ist. Ob dem Bund für einen bestimmten Sachbereich namentlich Gesetzgebungs- und Verwaltungskompetenzen zustehen, ist in Zweifelsfällen durch → Verfassungsauslegung zu ermitteln. Von den ausdrücklich vorgesehenen sind die ungeschriebenen Zuständigkeiten zu unterscheiden. Eine Bundeskompetenz kraft Sachzusammenhangs setzt voraus, daß eine dem Bund vom GG ausdrücklich zugewiesene Materie verständigerweise nicht geregelt werden kann, ohne daß zugleich eine nicht ausdrücklich zugewiesene andere Materie mitgeregelt wird (BVerfGE 3, S. 421). Außerdem gibt es eine Bundeskompetenz aus der Natur der Sache. Sie ist begründet nach dem ungeschriebenen, aus dem Wesen der Dinge folgenden, einer ausdrücklichen Anerkennung durch die Bundesverfassung nicht bedürftigen Rechtssatz, wonach bestimmte Sachgebiete, weil sie ihrer Natur nach ureigene – der partikularen Regelung entrückte – Angelegenheiten des Bundes sind, die nur von ihm geregelt werden können (BVerfGE 11, S. 98). Diese ungeschriebenen Bundeszuständigkeiten sind im Hinblick auf die grundgesetzliche Betonung der Selbständigkeit der Länder nur zurückhaltend anzunehmen. Im übrigen ergibt sich die faktische Gewichtsverteilung zwischen → Bund und Ländern nicht nur aus der Zuordnung der klassischen Staatsfunktionen, sondern insbesondere auch aus den finanzkraftabhängigen Zuständigkeiten für die modernen Leitungs- und Leistungsaufgaben des → konjunkturpolitisch aktiven → Sozialstaats.

Bundeskriminalamt → Kriminalpolizei

Bundesländer sind, nach dem → Beitritt der ehemaligen DDR, folgende Gliedstaaten der → Bundesrepublik Deutschland: Baden-Württemberg, Bayern, Berlin, Brandenburg, Bremen, Hamburg, Hessen, Mecklenburg-Vorpommern, Niedersachsen, Nordrhein-Westfalen, Rheinland-Pfalz, Saarland, Sachsen, Sachsen-Anhalt, Schleswig-Holstein und Thüringen (Präambel zum GG). Das Zusammenwirken von → Bund und Ländern im → bundesstaatlichen System des GG vollzieht sich u. a. in folgenden verfassungsrechtlichen Formen: Der → Bundesrat gewährleistet das Mitwirken der Länder an der Gesetzgebung und Verwaltung des Bundes; → Bundesgesetze werden von den Ländern → ausgeführt; zwischen Gesamtstaat und Gliedstaaten ist → Amtshilfe (Art. 35 I) und polizeiliche Nothilfe (Art. 91 I) vorgeschrieben; die Gerichtsbarkeit der Länder wird im Interesse einheitlicher Rechtsprechung im Bundesstaat durch → oberste Bundesgerichte überwölbt. Außerdem gibt es zwischen Bund und Ländern mannigfache Formen der Koordination und → Kooperation.

Bundesminister und → Bundeskanzler sind die Verfassungsorgane, aus denen die → Bundesregierung besteht (Art. 62). Innerhalb der vom Regierungschef festgelegten → Richtlinien der Politik leitet jeder Minister seinen Geschäftsbereich selbständig und unter eigener Verantwortung (Art. 65 Satz 2). Demgemäß hat der Ressortminister eine Sphäre eigenständiger Gestaltung gegenüber dem Kanzler, den Ministerkollegen und dem Kabinettskollegium. Innerhalb dieser Zuständigkeit verfügt er vor allem über das oberste Direktionsrecht in seinem Ministerium einschließlich der nachgeordneten Behörden. Bis zu welchem Grade er seine Letztentscheidungsbefugnis in allen fachlichen, organisatorischen und personellen Fragen ausschöpft, ist nicht zuletzt bedingt durch sein politisches Gewicht. Die parlamentarische Verantwortlichkeit der Minister ist unter dem GG durch den Kanzler gewissermaßen mediatisiert, wie sich besonders aus dessen → Kabinettsbildungsrecht und dem nur ihm gegenüber zulässigen → Mißtrauensvotum ergibt. Diese Zwischenschaltung des Kanzlers stärkt zwar die Stellung der Minister gegenüber dem Parlament, erhöht zugleich aber ihre Abhängigkeit vom Regierungschef. Auf dessen Vorschlag werden die Bundesminister, ohne rechtliche Beteiligung des → Bundestages, vom → Bundespräsidenten ernannt und entlassen (Art. 64 I). Der Präsident hat hier keinerlei Entscheidungsermessen, der Vorschlag des Kanzlers ist bindend. Indessen wird die verfassungsrechtlich starke Position des Kanzlers bei der Bildung und Umbildung des Kabinetts je nach der politischen Konstellation durch notwendige Rücksichtnahmen auf personelle Wünsche der mehrheitsbildenden Fraktionen nicht unerheblich relativiert. Das Amt eines Bundesministers endet – abgesehen von den Fällen der Entlassung (Art. 64 I), des Zusammentritts eines neuen Bundestags (Art. 69 II) und des im GG nicht ausdrücklich erwähnten Rücktritts – mit jeder Erledigung des Amtes des Bundeskanzlers; dessen Amt kann sich u. a. durch Tod, Rücktritt und → Kanzlersturz erledigen. Einzelne Minister – der → Vizekanzler, der → Bundesfinanzminister und der → Bundesverteidigungsminister – sind durch besondere verfassungsrechtliche Kompetenzen aus dem Kreis ihrer Kabinettskollegen herausgehoben.

Bundesministerien → Bundesbehörden

Bundespatentgericht → Bundesgerichte → Patentgericht

Bundespflichten der Länder → Bundeszwang

Bundespost, die Gesamtheit der Einrichtungen im Post- und Fernmeldewesen, wird als Sondervermögen in → bundeseigener Verwaltung mit eigenem Verwaltungsunterbau geführt (Art. 87 I).

Bundespräsident, das Staatsoberhaupt der → Bundesrepublik Deutschland. Im Unterschied zum Reichspräsidenten der → Weimarer Republik, der gleichsam die republikanische Fortsetzung der früheren monarchischen Staatsspitze war, verfügt der Bundespräsident, das protokollarisch vornehmste Verfassungsorgan, nur über relativ bescheidene staatsrechtliche Kompetenzen. Diese von den Vätern des GG gewollte Machtreduktion mindert freilich nicht die bedeutenden repräsentativen und integrativen Gestaltungsmöglichkeiten, die sich einer großen Persönlichkeit im Amte des Staatsoberhauptes eröffnen. Anders als der Reichspräsident der WRV – er wurde unmittelbar vom Volk gewählt für eine Amtszeit von sieben Jahren und seine Wiederwahl war unbeschränkt zulässig – ist der Bundespräsident lediglich mittelbar demokratisch legitimiert, seine Amtszeit auf fünf Jahre herabgesetzt und anschließende Wiederwahl nur einmal zulässig (Art. 54).

Bundespräsident

Mit der → Bundesversammlung schuf der → Parlamentarische Rat ein neuartiges Verfassungsorgan eigens für die Wahl des Bundespräsidenten. Die Mitwirkung des Präsidenten bei der Berufung der Inhaber höchster Staatsämter in → Exekutive und → Judikative ist hauptsächlich auf formelle Befugnisse beschränkt. So muß er den vom → Bundestag mit absoluter Mehrheit gewählten → Bundeskanzler ernennen (Art. 63 II–IV). Damit korrespondiert seine Pflicht, auf Vorschlag des Bundeskanzlers die → Bundesminister zu ernennen und zu entlassen (Art. 64 I). Auch sonst finden die präsidentiellen Möglichkeiten personalpolitischer Mitregierung – z. B. bei der Ernennung oberster Richter des Bundes – ihre Grenze in dem vom GG verfaßten → parlamentarischen Regierungssystem, hier besonders ausgeprägt im Institut der → Gegenzeichnung. Wenn danach grundsätzlich alle Akte des Bundespräsidenten zu ihrer Gültigkeit der Gegenzeichnung, d. h. der Billigung des → Bundeskanzlers oder des zuständigen → Bundesministers bedürfen (Art. 58), so zeigt dies die – nicht mit Subordination zu verwechselnde – Bindung des Präsidenten an die Politik der → Bundesregierung. Im Verfassungssystem des GG kann der Bundespräsident als parlamentarisch verantwortungsfreies oberstes Staatsorgan nicht Träger einer selbständigen politischen Entscheidungsmacht sein. Hiermit steht es in Einklang, daß z. B. bei der → Ernennung von → Bundesverfassungsrichtern kein Raum ist für eine über die prozedurale Nachprüfung hinausgehende eigene personalpolitische Mitwirkung des Staatsoberhauptes. Die ihm gesetzlich vorbehaltene Ernennung vollzieht lediglich die vorgeschriebene → Richterwahl, die substantiell allein in die Entscheidungskompetenz von → Bundestag und → Bundesrat fällt (Art. 94 I). Ebensowenig hat der Bundespräsident bei der Ernennung der → Bundesrichter, d. h. der Richter an den obersten Gerichtshöfen des Bundes (Art. 95 I), ein Entscheidungsrecht etwa des Inhalts, daß er einen vorschriftsmäßig gewählten Juristen mit der Begründung mangelnder persönlicher oder fachlicher Eignung zurückweisen dürfte. Es wäre verfassungssystemwidrig, dem Staatsoberhaupt hier mehr als ein formelles Ernennungsrecht zuzuerkennen, weil das GG für die Berufung dieser höchstrichterlichen Amtsträger eigens einen – aus den justiziellen Ressortministern der Länder und einer gleichen Anzahl vom Bundestag gewählter Elektoren zusammengesetzten – Wahlausschuß vorgesehen hat, der gemeinsam mit dem zuständigen Bundesminister entscheidet (Art. 95 II). Die von den Vätern des GG gewollte kompetenzrechtliche Schwäche des Staatsoberhaupts gegenüber Parlament und Regierung zeigt sich auch in den politisch kaum ins Gewicht fallenden präsidentiellen Befugnissen auf dem Gebiet der → auswärtigen Beziehungen. Zwar vertritt der Bundespräsident den Bund völkerrechtlich und schließt in dessen Namen die Verträge mit auswärtigen Staaten (Art. 59 I), doch ist diese Vertretung auf die formelle Seite des Völkerrechtsverkehrs beschränkt. Die Sachentscheidungen der → Außenpolitik sind vom GG der → Bundesregierung zugewiesen, die ihrerseits unter den Voraussetzungen des Art. 59 Absatz II GG an die Mitwirkung der gesetzgebenden Körperschaften gebunden ist. Strittig war seit Bestehen der Bundesrepublik Deutschland insbesondere die Befugnis des Staatsoberhaupts im → Gesetzgebungsverfahren. Ausgangspunkt ist die Verfassungsnorm, daß die nach den Vorschriften des GG → zustande gekommenen Gesetze vom Bundespräsidenten nach → Gegenzeichnung → ausgefertigt und im → Bundesgesetzblatt → verkündet werden (Art. 82 I). Hieraus hat eine staatsrechtliche Lehre, die konstitutionell-monarchischen Vorstellungen noch allzusehr verhaftet scheint, ein materielles Prüfungsrecht in dem Sinne abgeleitet, daß der Bundespräsident mit Vetowirkung befugt sei, einen Gesetzesbeschluß des Parlaments auf seine inhaltliche Vereinbarkeit mit der Verfassung zu überprüfen. Aus dem Text und dem inneren System des GG ist diese Deutung kaum zu begründen, wie auch der Vergleich mit der – grundverschiedenen – verfassungsrechtlichen Rolle des Bismarckschen Kaisers und des Weimarer Reichspräsidenten in bezug auf Entstehen und Bestand eines Gesetzes ergibt. Die namentlich dem Reichspräsidenten zugebilligte Funktion eines „Hüters der Verfassung" war substantiell gebunden an ein eigengewichtiges Präsidentenamt mit machtvollen Kompetenzen gegenüber Parlament und Regierung, mit umfassender Diktaturgewalt und mit einer dem Reichstag ebenbürtigen demokratischen Legitimation. Gänzlich verschieden hiervon ist die Verfassungslage unter dem GG. Ein materielles Prüfungsrecht in dem dargelegten Sinn wurde dem Bundespräsidenten weder ausdrücklich verliehen noch erscheint es sinnvoll, eine so gewichtige Kompetenz im Wege der → Verfassungsauslegung zu konstruieren. Der Wortlaut des haupteinschlägigen Art. 82 I GG bietet bei unbefangener Lektüre keinen Ansatzpunkt für ein mehr als nur formelles Prüfungsrecht des Präsidenten. Ein materielles Prüfungsrecht in bezug auf die Verfassungsmäßigkeit eines Gesetzes kann ferner nicht aus dem Amtseid des Staatsoberhauptes abgeleitet werden. Mag der Gewählte vor den versammelten Mitgliedern des → Bundestages und des → Bundesrates auch schwören, daß er das Grundgesetz wahren und verteidigen werde (Art. 56), so werden doch durch diesen → Eid nur bestehende Verfassungspflichten feierlich bekräftigt, nicht aber fehlende oder umstrittene Kompetenzen begründet. Im Verfassungssystem des GG bedarf es einer solchen herkömmlichen Befugnis des Staatsoberhauptes im übrigen auch nicht. Die neugeschaffene Institution des → Bundesverfassungsgerichts ist nach geltendem Staatsrecht zum eigentlichen „Hüter der Verfassung" bestellt. Nur die Entscheidungen dieses Gerichtshofs (und Verfassungsorgans) sind mit allgemeiner Wirkung endgültig verbindlich. Ist somit die frühere Prüfungskompetenz des Staatsoberhauptes unter dem GG überflüssig geworden, so entspricht diese „Entlastung" auch besser der hohen Würde des Bundespräsidentenamtes. Befreit es den Amtsinhaber doch von der Gefahr, daß er in verfassungsrechtlich kaschierte Auseinandersetzungen zwischen parteipolitischen und gesellschaftlichen Machtgruppen verwickelt wird. Eine Inanspruchnahme des strittigen materiellen Prüfungsrechts wäre auch mit dem Risiko für den Bundespräsidenten verbunden, durch spätere abweichende Entscheidungen des Bundesverfassungsgerichts zum Schaden seines Amtsprestiges desavouiert zu werden.

Bundespräsidialamt → Bundesbehörden

Bundesrat ist das Verfassungsorgan, durch das die Länder bei der → Gesetzgebung und → Verwaltung des Bundes mitwirken (Art. 50). Der Rolle des Bundesrats als föderativer Partner an zahlreichen Aufgaben des Gesamtstaates entspricht seine von der Struktur des Bundesparlamentes abweichende Zusammensetzung aus weisungsgebundenen Regierungsvertretern der Gliedstaaten. Gleichwohl ist er ein dem Gesamtstaatsvolk verpflichtetes, nicht bloß seine regionalen Teile repräsentierendes echtes Bundesorgan. Abgesehen von der Mehrung seiner verfassungsrechtlichen Kompetenzen ist auch das politische Gewicht des Bundesrats im Vergleich zum Reichsrat der → WRV erheblich gewachsen, nicht zuletzt durch Teilnahme der Regierungschefs der Länder an wichtigen Sitzungen und Beschlüssen. Die grundsätzliche Mitwirkung der Länder bei der Gesetzgebung des Bundes genießt Bestandsschutz gegenüber → Verfassungsänderungen (Art. 79 III). Indessen wirkt der Bundesrat nicht nur an legislativen und administrativen Staatsaufgaben des Bundes mit. Er ist auch beteiligt an Regierungsfunktionen wie z. B. an der → Bundesaufsicht (Art. 84 III und IV), dem → Bundeszwang (Art. 37 I) und der → Bundesintervention (Art. 91 II). Hinzu kommt seine Beteiligung an der Wahl der → Bundesverfassungsrichter (Art. 94 I). Im Unterschied zu föderalen Einrichtungen anderer Bundesstaaten – z. B. dem US-Senat, dessen Mitglieder vom Volk der Einzelstaaten gewählt werden – ist der deutsche Bundesrat aus bestellten Regierungsmitgliedern der Länder zusammengesetzt (Art. 51 I). Anders als die → Bundestagsabgeordneten, die ein → freies Mandat innehaben, sind die Bundesratsmitglieder grundsätzlich an Aufträge und Weisungen ihrer Landesregierungen gebunden. Diese Instruktionsgebundenheit der Länderrepräsentanten – sie gilt ausnahmsweise nicht für die Mitglieder des → Vermittlungsausschusses (Art. 77 II 3) und des → Gemeinsamen Ausschusses (Art. 53 a I 3) – hat das GG, in bewußter Abkehr vom Senatsprinzip, der deutschen Verfassungstradition entlehnt. Wer gegenüber den Bundesratsmitgliedern weisungsbefugt ist – der Ministerpräsident oder das Kabinettskollegium –, richtet sich nach der Verfassung des jeweiligen Bundeslandes. Wird im Bundesrat weisungswidrig abgestimmt, so läßt dies die Gültigkeit der Stimmabgabe unberührt. Jedes Land hat im Bundesrat mindestens drei Stimmen; größere Länder haben, gestuft nach der Einwohnerzahl, bis zu sechs Stimmen (Art. 51 II). Zwar kann jedes Land so viele Mitglieder in den Bundesrat entsenden, wie es Stimmen hat, doch müssen die Stimmen einheitlich und durch anwesende Mitglieder oder deren Vertreter abgegeben werden (Art. 51 III). Auch die stellvertretenden Bundesratsmitglieder müssen dem Kabinett des betreffenden Landes angehören, während in den → Bundesratsausschüssen bloße Regierungsbeauftragte mitwirken können (Art. 52 IV). In der Verfassungspraxis hat sich ein gewohnheitsrechtsähnlicher Brauch entwikkelt, wonach ein einziges Bundesratsmitglied als „Stimmführer" alle Stimmen eines Landes im Bundesrat abgeben kann. Seine Beschlüsse faßt der Bundesrat, der grundsätzlich öffentlich verhandelt, mit mindestens der Mehrheit seiner Stimmen (Art. 52 III). Eine qualifizierte Mehrheit von zwei Dritteln der Stimmen ist insbesondere bei → Verfassungsänderungen erforderlich (Art. 79 II). Einer wirksamen Kooperation zwischen Bundesrat und → Bundesregierung dienen wechselseitige Pflichten und Rechte. So sind z. B. die Regierungsmitglieder befugt, an den Verhandlungen des Bundesrats und seiner Ausschüsse teilzunehmen, wo sie jederzeit gehört werden müssen. Andererseits ist die Bundesregierung verpflichtet, den Bundesrat über die Führung ihrer Geschäfte auf dem laufenden zu halten (Art. 53). Besonders ausgeprägt ist im GG die Mitwirkung des Bundesrats an der Gesetzgebung des Bundes. Die „Länderkammer" hat nicht nur das Recht der → Gesetzesinitiative (Art. 76 I), sie ist auch am gesamten Gesetzgebungsverfahren auf allen Sachgebieten einschließlich der → Haushaltsgesetze (Art. 110 II) und der → Ratifikationsgesetze zu völkerrechtlichen Verträgen (Art. 59 II) in unterschiedlichem Grade beteiligt. Während sich bei bloßen → Einspruchsgesetzen der Bundestag durch erneute Beschlußfassung über den Willen des Bundesrates hinwegsetzen kann, hat dieser bei → Zustimmungsgesetzen ein endgültiges Vetorecht. Seine grundsätzliche Freiheit, zuzustimmen oder nicht, kann durch ungeschriebene Pflichten der → Bundestreue eingeschränkt sein.

Bundesratsausschüsse werden, wie beim → Bundestag, kraft → autonomen Rechts gebildet. Einzelheiten regelt die Geschäftsordnung des Bundesrats. Die Arbeit der Ausschüsse, in die jedes Land einen Vertreter entsendet – meist einen Ministerialbeamten als Regierungsbeauftragten (Art. 52 IV) –, dient der fachlichen und politischen Vorbereitung der Beschlüsse des Bundesrats.

Bundesratspräsident, aus der Mitte des Bundesrats auf ein Jahr gewählt (Art. 52 I). Anders als beim → Bundespräsidenten ist Wiederwahl unbeschränkt zulässig. Die Präsidentschaft folgt absprachegemäß seit 1950 einem festen Turnus, beginnend mit dem Regierungschef des bevölkerungsstärksten Landes. Allein der Bundesratspräsident beruft den Bundesrat ein; er ist dazu verpflichtet, wenn mindestens zwei Ländervertreter oder die → Bundesregierung es verlangen (Art. 52 II). Der Bundesratspräsident ist der Vertreter des Staatsoberhaupts: Er nimmt dessen Befugnisse selbständig und zeitlich unbegrenzt wahr, wenn der Bundespräsident verhindert ist oder wenn sich dessen Amt vorzeitig erledigt (Art. 57). Auch in diesem Punkt weicht das GG von der WRV ab: der Reichspräsident wurde zunächst vom Reichskanzler, später vom Reichsgerichtspräsidenten vertreten.

Bundesrechnungshof, eine der → Bundesregierung gegenüber selbständige oberste → Bundesbehörde, deren Mitglieder → richterliche Unabhängigkeit genießen (Art. 114 II). Aufgabe des Rechnungshofs ist die Prüfung der Rechnung, die der → Bundesfinanzminister dem → Bundestag und → Bundesrat über alle Einnahmen und Ausgaben sowie über das Vermögen und die Schulden zur Entlastung der Bundesregierung zu legen hat (Art. 114 I). Außer dieser jährlich vorzulegenden Haushalts- und Vermögensrechnung prüft der Rechnungshof die Ordnungsmäßigkeit und Wirtschaftlichkeit der Haushalts- und Wirtschaftsführung. Hierüber hat er unmittelbar dem Parlament, der Länderkammer und dem Kabinett zu berichten (Art. 114 II). Die vom GG vorgesehene Prüfung der Wirtschaftlichkeit der Verwaltung erstreckt sich besonders auch darauf, ob eine Aufgabe mit geringerem Personal- oder Sachaufwand oder in anderer Weise wirksamer erfüllt werden kann.

Bundesrecht bricht Landesrecht (Art. 31). Die Anwendung dieser Kollisionsnorm setzt den Widerstreit von Rechtsbestimmungen voraus, die Bundes- und Landesgesetzgeber über denselben Gegenstand erlassen haben (BVerfGE 26, S. 135). Der hier festgelegte Vorrang gilt nur für solches Bundesrecht, das formell und materiell mit dem GG in Einklang steht. Inhaltsgleiches Landesrecht wird nicht „gebrochen", d.h. ausgeschaltet, weil kein Kollisionsfall vorliegt.

Bundesregierung ist das Kabinettskollegium, das aus dem → Bundeskanzler und den → Bundesministern besteht (Art. 62). Von dieser verfassungsrechtlichen Abgrenzung der Kabinettsmitgliedschaft verschieden ist die Frage, wer an Kabinettssitzungen ohne Stimmrecht teilnehmen darf. Zu diesem Kreis gehören nach der Geschäftsordnung der Bundesregierung u. a. der Chef des → Bundeskanzleramtes, der → Parlamentarische Staatssekretär beim Bundeskanzler, der Chef des → Bundespräsidialamtes, der Bundespressechef und der Persönliche Referent des Bundeskanzlers. Wenn das GG, wie es in zahlreichen Bestimmungen geschieht, durch Zuweisung von Rechten und Pflichten die Bundesregierung anspricht, so ist damit grundsätzlich das Kollegium als Ganzes gemeint. Als zuständiges Gremium bildet dieses Verfassungsorgan seinen Willen durch Mehrheitsbeschluß. Im übrigen ist der verfassungsrechtliche Status der Kabinettsmitglieder, insbesondere kraft der herausgehobenen Stellung des Bundeskanzlers, von unterschiedlichem Gewicht.

Bundesrepublik Deutschland, der Name des Staates, der vom → Grundgesetz verfaßt und durch den → Beitritt der ehemaligen DDR gebietlich erweitert ist. Die Bezeichnung „Deutschland" wurde bereits im 17. Jahrhundert als Synonym für „Deutsches Reich" gebraucht. Die staatliche Neugestaltung nach dem Zweiten Weltkrieg fußte auf den

Trümmern eines totalen Zusammenbruchs, der indessen den rechtlichen Fortbestand des Reiches unberührt ließ, mochte dieses auch faktisch nicht handlungsfähig sein. Die durch den sich verschärfenden Ost-West-Gegensatz bedingte Nachkriegsentwicklung führte zur Entstehung zweier getrennter deutscher Staaten auf dem verbliebenen Reichsgebiet: der Bundesrepublik Deutschland im Westen und der Deutschen Demokratischen Republik im Osten. Mit dem Beitritt der DDR zur Bundesrepublik haben die → Deutschen in den neuen und den alten Bundesländern in freier Selbstbestimmung die Einheit und Freiheit Deutschlands vollendet (GG-Präambel). Das vereinte Deutschland ist vom Grundgesetz nach → rechtsstaatlichen, → demokratischen, → sozialen und → bundesstaatlichen Leitprinzipien verfaßt (Art. 20).

Bundesrichter im engeren verfassungsrechtlichen Sinne sind die Mitglieder → oberster Gerichtshöfe des Bundes. Das → Bundesverfassungsgericht besteht aus Bundesrichtern und anderen Mitgliedern (Art. 94 I). Über die Berufung der Bundesrichter entscheidet der nach dem GG zuständige Bundesminister gemeinsam mit einem Richterwahlausschuß. Dieser besteht aus den Ressortministern der Länder und einer gleichen Anzahl von Mitgliedern, die vom → Bundestag gewählt werden (Art. 95 II).

Bundessozialgericht, der → oberste Gerichtshof des Bundes für das Gebiet der Sozialgerichtsbarkeit (Art. 95 I), die über Sozialrechtsstreitigkeiten entscheidet. Zum Sozialrecht gehören insbesondere die Normen der Sozialversicherung, der Kriegsopferversorgung, der Sozialhilfe, der Ausbildungs- und Arbeitsförderung sowie des Kinder- und Wohngeldes.

Bundesstaat ist ein Staatstypus mit zwei Ebenen der Staatlichkeit – der Gliedstaaten (Länder) und des Gesamtstaates (Bundes) –, die durch die Bundesverfassung ausgestaltet und aufeinander bezogen sind. Die Bundesrepublik Deutschland ist ein Bundesstaat (Art. 20 I). Die grundgesetzliche Ausformung dieser Bundesstaatlichkeit wurzelt in der deutschen Verfassungsgeschichte, hat aber ihre Besonderheiten im Vergleich zu den staatsrechtlichen Strukturen namentlich der Bismarckschen und der → Weimarer Reichsverfassung. Das große Gewicht des Bundesstaatsprinzips belegt Art. 79 Absatz III, wonach eine → Verfassungsänderung, durch welche die Gliederung des Bundes in Länder und die grundsätzliche Mitwirkung der Länder bei der Gesetzgebung berührt wird, schlechthin unzulässig ist. Diese Verbürgung erscheint als Ausdruck des überkommenen konstitutionellen Glaubens an die freiheitssichernde, gewaltenteilende und individualitätsbewahrende Wirkung einer föderalen Staatsstruktur. Ihre Entfaltung in der Gegenwart hemmt freilich die allgemeine Tendenz zur Unitarisierung, hervorgebracht von einer hochkomplexen und egalitätshungrigen Industriegesellschaft, die im modernen Planungs-, Lenkungs- und Vorsorgestaat ihr Leben eingerichtet hat. Gleichwohl erweist sich auch heute noch eine effektive Bundesstaatlichkeit als minderheitsschützender Mäßigungsmechanismus gesamtstaatlicher Macht und als verfassungsrechtlicher Freiraum regionalen Eigenlebens. Die föderative Staatsstruktur der Bundesrepublik hat sich im Laufe der Zeit durch einschlägige Grundgesetzänderungen wesentlich gewandelt. Ein wichtiger Einschnitt war insbesondere die Finanzreformgesetzgebung von 1969, die eine neuartige Mitwirkung des Bundes bei der Erfüllung von Staatsaufgaben der Länder ermöglichte, namentlich in Form der sogenannten → Gemeinschaftsaufgaben. Im übrigen begannen schon früh Versuche zu einer vertraglichen Selbstkoordination zwischen den Ländern, die das ursprüngliche Verfassungsbild der bundesstaatlichen Ordnung modifizierten. Hinzu kamen Gemeinschaftseinrichtungen der Länder und neue Formen der Kooperation der Länder mit dem Bund. Bei alledem ist zu berücksichtigen, daß sich das Schwergewicht der staatlichen Gesamtaktivität mehr und mehr auf den Bund verlagert hat in dem Maße, wie die von den Ländern selbständig erfüllbaren Staatsaufgaben zurückgegangen sind aufgrund der landesgrenzenübergreifenden sozialen, wirtschaftlichen, technischen usw. Verflechtungen der modernen Industriegesellschaft. Die föderale „Gewaltenteilung“ in der Bundesrepublik wirkt namentlich in zwei Richtungen: vertikal durch Aufteilung der Gesetzgebungs-, Verwaltungs- und Rechtsprechungskompetenzen sowie horizontal durch Teilhabe von Gesamtstaat und Gliedstaaten an der jeweiligen Legislative und/oder Exekutive. Wegen des angedeuteten Vorgangs einer zunehmenden Reduktion eigenständiger Landespolitik im heutigen Bundesstaat kommt der verfassungsrechtlichen Beteiligung der Länder an der legislativen und exekutiven Ausübung der Bundesgewalt eine erhöhte Bedeutung zu. In diesen Bereichen wirkt die Partizipation der Länder einem gesamtstaatlichen Zentralismus entgegen, dient dem Schutz regionaler Besonderheiten, stärkt die innerstaatlichen Freiheitsstrukturen und mildert insgesamt den hoheitlichen Herrschaftsdruck im Bundesstaat. Prägende Merkmale der vom GG verfaßten bundesstaatlichen Ordnung ergeben sich aus einem Ensemble einschlägiger Verfassungsnormen und -institute. Dabei genießt die bundesstaatliche Grundstruktur dieselbe Unantastbarkeit gegenüber dem → verfassungsändernden Gesetzgeber wie die anderen fundamentalen Entscheidungen für das → republikanische, das → demokratische, das → rechtsstaatliche und das → sozialstaatliche Prinzip. Kraft dieser neuartigen Garantie sind freilich nicht alle grundgesetzlichen Einzelausformungen des föderativen Systems einer Änderung entzogen. Nicht einmal die jeweiligen Bundesländer sind in ihrem Fortbestand als Staaten geschützt: garantiert ist nur die Gliederung des Bundes in Länder überhaupt. Die ebenfalls unantastbare grundsätzliche Mitwirkung der Länder bei der Gesetzgebung (Art. 79 III) enthält eine doppelte Garantie: einerseits die Gewährleistung eines Mindestbestandes eigenständiger Landesgesetzgebung und andererseits die Sicherung einer angemessenen Beteiligung der Länder an der → Gesetzgebung des Bundes. Unbeschadet der unitarischen Tendenzen in der Verfassungsentwicklung des Bundes eignet den Ländern nach wie vor echte Staatsqualität. Hieraus folgen vor allem ihre bundesverfassungsmäßigen Befugnisse zur freien Gestaltung des Landesverfassungsrechts (BVerfGE 36, S. 360 f.), zur Wahrnehmung der → Organisationsgewalt auf Landesebene, zur Ausübung der → Kulturhoheit als eines Kernstücks der Eigenstaatlichkeit der Länder (BVerfGE 6, S. 346 f.), zur Vertragsschließung mit auswärtigen Staaten gem. Art. 32 III GG und zu Abkommen mit anderen Bundesländern, deren grundsätzliche Zulässigkeit sich u. a. aus der Erwähnung von föderalen „Staatsverträgen“ in Art. 130 I und III GG ergibt. Freilich sind die Länder in ihrer Eigenstaatlichkeit nicht souverän, da im Bundesstaat namentlich ein Mindestmaß sachlicher Homogenität zwischen Landesverfassungen und Bundesverfassung im Interesse des Ganzen unerläßlich ist. Demgemäß bestimmt das GG, daß die verfassungsmäßige Ordnung in den Ländern den Grundsätzen des republikanischen, demokratischen und sozialen Rechtsstaates „im Sinne dieses Grundgesetzes“ entsprechen muß. Es genügt also nicht irgendeine demokratische, rechtsstaatliche usw. Grundordnung der Länder, sondern es muß eine freiheitliche, gewaltenteilende usw. Landesverfassung sein. Dieses Homogenitätsgebot (Art. 28 I) legt die im übrigen freie Verfassungshoheit der Länder auf bestimmte Mindeststandards fest; eine hiergegen verstoßende Landesverfassungsnorm wäre nichtig. Daß die verfassungsmäßige Ordnung in den Ländern den grundgesetzlichen Prinzipien entspricht, gewährleistet der Bund (Art. 28 III). Die Wahrnehmung dieser – in der bisherigen Verfassungspraxis noch nicht akut gewordenen – Garantenpflicht des Bundes vollzieht sich gegebenenfalls nach den grundgesetzlichen Bestimmungen über die → Bundesaufsicht, die → Bundesintervention, den → Bundeszwang und die → Bundesverfassungsgerichtsbarkeit. Die Kompetenzvorschriften des GG zur Abgrenzung der → Gesetzgebungs-, → Verwaltungs- und → Rechtsprechungsfunktionen von Gesamtstaat und Gliedstaaten sind eine verfassungsrechtliche Konkretisierung der Generalklausel, daß die Ausübung der staatlichen Befugnisse und die Erfüllung der staatlichen Aufgaben den Ländern vorbehalten ist, soweit die Bundesverfassung keine andere Regelung trifft oder zuläßt (Art. 30). Das Gesamtbild der bundesstaatlichen Struktur zeigt, daß im Bereich der Gesetzgebung das Schwergewicht beim Bunde liegt; daß die → Vollziehung eine Domäne der Länder ist und daß die vollausgebaute → Gerichtsbarkeit der Länder in → obersten Bundesgerichten gleichsam kulminiert. Hierbei ist zu beachten, daß nicht nur die gesamtstaatlich relevanten Grundsatzfragen höchstrichterlich von → Bundesrichtern entschieden werden, sondern daß auch die meisten und wichtigsten Materien des von Landesrichtern auszulegenden und anzuwendenden Rechts materiell und prozessual vom Bundesgesetzgeber normiert sind. Maßgebendes Bundesverfassungsorgan einer gliedstaatlichen Beteiligung an der Willensbildung des Gesamtstaates ist der → Bundesrat. Außer der Mitwirkung bei der Gesetzgebung und Verwaltung des Bundes hat der Bundesrat auch sonstige bedeutsame Gestaltungsrechte. Schließlich bestimmen nicht nur geschriebene Verfassungsnormen – z. B. die Vorschrift, daß alle Behörden des Bundes und der Länder sich gegenseitig Rechts- und Amtshilfe leisten (Art. 35 I) – die Gestalt des geltenden Bundesstaats. Auch ungeschriebene, grundgesetzimmanente Prinzipien prägen die föderale Gesamtstruktur. In diesem Zusammenhang hat der Grundsatz der → Bundestreue besonderes Gewicht.

Bundesstaatsrechtliche Streitigkeiten fallen in die Kompetenz des → Bundesverfassungsgerichts. Es entscheidet bei Meinungsverschiedenheiten über Rechte und Pflichten des Bundes und der Länder, insbesondere bei der → Ausführung von Bundesrecht durch die Länder und bei der Ausübung der → Bundesaufsicht (Art. 93 I Nr. 3). Im Bund/Länder-Streit muß der Antragsteller geltend machen, durch eine Maßnahme oder Unterlassung des Antragsgegners in seinen Rechten oder Pflichten verletzt oder unmittelbar gefährdet zu sein (BVerfGE 13, S. 72).

Bundesstraßen des Fernverkehrs, d. h. Bundesautobahnen und sonstige Bundesstraßen mitsamt der früheren Reichsautobahnen und Reichstraßen, werden von den Ländern im → Auftrag des Bundes verwaltet (Art. 90 II). Auf Antrag eines Landes kann der Bund diese Straßen, soweit sie im Gebiet des betreffenden Landes liegen, in → bundeseigene Verwaltung übernehmen (Art. 90 III).

Bundessymbole → Staatssymbole

Bundestag, das Repräsentationsorgan des Staatsvolkes und die zentrale Institution im demokratischen Verfassungsleben der → Bundesrepublik Deutschland. Die beiden vornehmsten Funktionen des Parlaments sind die → Gesetzgebung und die Teilhabe an der Staatsleitung. Im übrigen gibt es keine Verfassungsrechtsvermutung, daß die Fülle der Bundesgewalt dem Bundestag zustehe, soweit Kompetenzen nicht anderen obersten Staatsorganen übertragen sind. Auch enthält das GG keine generalklauselartige Bestimmung der Aufgaben des Parlaments, vielmehr sind seine Befugnisse und die Rechte seiner Mitglieder im einzelnen normiert. Der Bundestag repräsentiert das wahlberechtigte Volk und damit den demokratischen Souverän, von dem in der Bundesrepublik alle Staatsgewalt ausgeht; sie wird vom Volk in → Wahlen und → Abstimmungen und durch besondere Organe der → Gesetzgebung, der → vollziehenden Gewalt und der → Rechtsprechung ausgeübt (Art. 20 II). Die Erfüllung der Repräsentationsfunktion ist nicht möglich ohne freie Repräsentanten (→ Bundestagsabgeordnete) und freiheitliche → politische Parteien. Repräsentation im Verfassungsstaat hängt eng zusammen mit dem Prinzip der → Gewaltenteilung zwecks Mäßigung der Staatsmacht und Sicherung individueller Freiheit. Während das GG die → Wahlrechtsgrundsätze (Allgemeinheit, Unmittelbarkeit, Freiheit, Gleichheit und Geheimheit der Wahl) bestimmt hat, ist die wichtige Frage des → Wahlsystems (Mehrheitswahl, Verhältniswahl usw.) dem Bundesgesetzgeber zur Entscheidung überlassen. Grundlegend für die Qualität des → parlamentarischen Regierungssystems ist die verfassungsrechtliche Stellung der gewählten Volksvertreter. Das GG hebt hervor, daß die → Bundestagsabgeordneten Vertreter des ganzen Volkes sind, daß sie an Aufträge und Weisungen nicht gebunden und nur ihrem Gewissen unterworfen sind (Art. 38 I 2). Diese Grundsatznorm verbietet insbesondere einen → Fraktionszwang. Der Abstützung des → freien Mandats dienen auch die grundgesetzlichen Vorschriften über → Indemnität und → Immunität der Abgeordneten, über ihr → Zeugnisverweigerungsrecht und ihre → Diäten. Das Rechtsprinzip des freien Mandats wird durch die erstmalig auch verfassungstextlich anerkannte Rolle der → politischen Parteien grundsätzlich nicht berührt. Deren Mitwirkung bei der politischen Willensbildung des Volkes (Art. 21 I 1) gilt primär für den vorparlamentarischen Raum und nicht für die Willensbildung der Volksvertreter im Parlament. Mag auch seit der Zeit des konstitutionellen Liberalismus die Macht der Parteien gewaltig gewachsen und das Eigengewicht des durchschnittlichen Abgeordneten gesunken sein: ohne das Verfassungsrechtsprinzip des freien Mandats, das dem Parlamentarier Rückhalt und Würde gegenüber den Wählern und seiner Partei gewährt, ist die moderne Demokratie außerstande, ihren Verfassungsauftrag der Freiheitlichkeit zu erfüllen. Das staatsrechtliche Bild des Bundestages wird geprägt durch die ihm zustehenden Kompetenzen und → autonomen Rechte. Aus der Vielzahl seiner Zuständigkeiten seien die folgenden hervorgehoben. Durch das Recht der → Gesetzgebung (Art. 77 I) vermag er, im Zusammenwirken mit dem → Bundesrat, einen umfassenden Einfluß auf das Verhalten aller Staatsorgane und Bürger auszuüben. Besonders wichtig ist die ihm vorbehaltene Feststellung des → Haushaltsplans des Bundes (Art. 110 II), womit er sämtliche finanzwirksamen Aktivitäten der verschiedenen Ressorts steuern kann. Das vom GG verfaßte Regierungssystem wird – abgesehen von den parlamentarischen Kompetenzen bei der Wahl des → Bundespräsidenten, der → Bundesverfassungsrichter und der → Bundesrichter – entscheidend geprägt durch die Befugnis des Bundestages zur → Kanzlerwahl und zum → Kanzlersturz: Der Chef der → Bundesregierung wird vom Parlament in sein Amt berufen (Art. 63) und gegebenenfalls durch konstruktives → Mißtrauensvotum wieder abberufen (Art. 67). Bedeutsam ist ferner das → Enquêterecht des Parlaments, d. h. die Befugnis, einen Untersuchungsausschuß einzusetzen (Art. 44). Der Bundestag, der keine Kompetenz zur Selbstauflösung mit der Folge von → „Neuwahlen“ hat, verfügt zur Gestaltung des inneren Parlamentsbetriebs über eine Reihe → autonomer Rechte. Hierzu gehört u. a. die Wahl des → Bundestagspräsidenten und die Befugnis, sich eine → Geschäftsordnung zu geben

(Art. 40 I). Die Verhandlungen des Parlaments sind grundsätzlich öffentlich (Art. 42 I), für seine → Beschlüsse gilt das → Mehrheitsprinzip. Der Bundestag ist beschlußfähig, wenn mehr als die Hälfte seiner Mitglieder im Sitzungssaal anwesend ist (§ 45 GOBT).

Bundestagsabgeordnete erwerben das parlamentarische Mandat mit der Annahme der → Wahl. Rechte und Pflichten der Parlamentsmitglieder ergeben sich zuvörderst aus dem GG, im übrigen besonders aus dem Bundeswahlgesetz und dem Abgeordnetengesetz. Maßgeblich für die repräsentative → Demokratie der → Bundesrepublik ist das Verfassungsprinzip des → freien Mandats (Art. 38 I). Die Stellung der Parlamentarier im Plenum und in den Ausschüssen wird von der – dem → autonomen Recht des Parlaments entspringenden – Geschäftsordnung des Bundestages näher bestimmt. Vorbehaltlich der ungeschmälerten Befugnis des Abgeordneten, an den Abstimmungen teilzunehmen, kann sein Rederecht im Plenum und seine Mitgliedschaft in → Bundestagsausschüssen von Entscheidungen seiner → Fraktion abhängen. Zwar gehört die im GG nicht ausdrücklich erwähnte Redebefugnis zum verfassungsrechtlichen Status des Parlamentariers, doch folgt die Zulässigkeit der zeitlichen Begrenzung einer Bundestagsdebatte aus dem Recht des Parlamentes, im Interesse seiner Arbeitsfähigkeit den Schluß der Debatte zu beschließen. Da nun Parlamentsfraktionen notwendige Einrichtungen des Verfassungslebens sind, ist eine Verteilung der Gesamtredezeit auf Fraktionen verfassungsrechtlich nicht zu beanstanden, sofern nur die Eigenständigkeit und Entscheidungsfreiheit des betroffenen Abgeordneten grundsätzlich gewahrt bleibt (BVerfGE 10, S. 14). Zum verfassungsrechtlichen Status der Bundestagsabgeordneten gehören ferner die → Indemnität (Art. 46 I), die → Immunität (Art. 46 II–IV), der Anspruch auf → Diäten (Art. 48 III Satz 1), das Recht auf freie Benutzung aller staatlichen Verkehrsmittel (Art. 48 III Satz 2), der Anspruch auf „Wahlkampfurlaub" (Art. 48 I), der Kündigungs- und Entlassungsschutz im Zusammenhang mit dem parlamentarischen Mandat (Art. 48 II) und das spezifische Zeugnisverweigerungsrecht (Art. 47). Demgegenüber sind die Pflichten der Bundestagsabgeordneten nur an einer Stelle im GG angesprochen: Sie sind Vertreter des ganzen Volkes, an Aufträge und Weisungen nicht gebunden und nur ihrem Gewissen unterworfen (Art. 38 I Satz 2). Sie sollen also ihr Mandat nach bestem Wissen und Gewissen als freie Repräsentanten der Gesamtheit zum Wohle der Allgemeinheit ausüben.

Bundestagsauflösung vor Ende der Wahlperiode mit der Folge einer Neuwahl (Art. 39 I 4) ist verfassungsrechtlich an qualifizierte Voraussetzungen geknüpft. Zwar verfügt das Parlament über das Recht zur Selbstversammlung (Art. 39 III), doch die Befugnis zur Selbstauflösung steht ihm nicht zu. Dies wird bei öffentlichen Auseinandersetzungen mit der Forderung nach „Neuwahlen“ oft übersehen. In bewußter Abweichung von der → WRV und ausländischen Verfassungsmodellen hat das GG die vorzeitige Parlamentsauflösung sehr erschwert. Eine Bundestagsauflösung ist nur vorgesehen in zwei Sondersituationen: Wenn der gewählte Bundeskanzler die absolute Mehrheit nicht erreicht (Art. 63 IV) oder wenn die → Vertrauensfrage des amtierenden Bundeskanzlers verneint wird (Art. 68 I). In beiden Fällen ist die Auflösung des Parlamentes Sache des → Bundespräsidenten. Im Unterschied zum früheren Reichspräsidenten, der nach freiem Ermessen den Reichstag auflösen konnte (wovon er mehrfach Gebrauch machte), ist die Kompetenz des Bundespräsidenten auch im Falle einer gescheiterten Vertrauensfrage des Kanzlers begrenzt: Die Parlamentsauflösung setzt einen entsprechenden Vorschlag des Regierungschefs voraus und ist zudem an eine Frist gebunden; im übrigen erlischt das präsidiale Auflösungsrecht, sobald der Bundestag einen anderen Bundeskanzler wählt (Art. 68 I). In der Erschwerung der Bundestagsauflösung kommt der Wille der Verfassung zum Ausdruck, daß das Parlament die Legislaturperiode grundsätzlich durchstehen und etwaige Schwierigkeiten tunlichst selbst überwinden soll, ohne an den ungewissen Wählerwillen zu appelieren. Die beiden grundgesetzlichen Sondertatbestände der Parlamentsauflösung, die allein den Weg zu „Neuwahlen“ eröffnen, sind auf Notfälle des → Parlamentarischen Regierungssystems zugeschnitten und dienen einer Stärkung der repräsentativen → Demokratie.

Bundestagsausschüsse sind besondere Gremien des Parlaments namentlich zur fachlichen Vorbereitung von Plenarbeschlüssen und zur Erfüllung bestimmter Kontrollaufgaben. Während die meisten Fachausschüsse kraft → autonomen Parlamentsrechts nach Bedarf gebildet werden, hat das GG drei Ausschüsse als notwendige normiert. Demgemäß muß der Bundestag einen Ausschuß für → auswärtige Angelegenheiten und einen → Verteidigungsausschuß bestellen (Art. 45 a I). Ferner ist ein → Petitionsausschuß obligatorisch (Art. 45 c). Von allen diesen Gremien unterscheiden sich die → Untersuchungsausschüsse (Art. 44) nach Funktion und Rechtsposition.

Bundestagspräsident, das vom Plenum für die Dauer der → Wahlperiode gewählte Organ an der Spitze des Parlaments (Art. 40 I 1). Protokollarisch steht der Parlamentspräsident an zweiter Stelle nach dem Staatsoberhaupt. Gemäß parlamentarischem Brauch stellt die stärkste → Fraktion den Präsidenten. Dieser vertritt nicht die Belange eines Teils, sondern die der Gesamtheit des → Bundestags. Ihm obliegt es insbesondere, die Arbeit der gesetzgebenden Körperschaft zu fördern, die Verhandlungen im Plenum unparteiisch und fair zu leiten, das Recht und die Würde des Parlaments zu wahren. Er hat in allen Ausschüssen beratende Stimme und ist Dienstvorgesetzter der Bundestagsverwaltung. Im Parlamentsgebäude übt der Präsident das Hausrecht und die Polizeigewalt aus (Art. 40 II 1), d. h. bei ihm liegt die Geltendmachung der aus dem Eigentum folgenden Rechte sowie die Aufrechterhaltung der Sicherheit und Ordnung, wobei die allgemeinen Polizeikräfte ihm Amtshilfe zu leisten haben (Art. 35 I). Ohne seine Genehmigung darf in den Räumen des Bundestages keine → Durchsuchung oder → Beschlagnahme stattfinden (Art. 40 II 2). Er hat das Recht, den Bundestag früher einzuberufen als dieser es beschlossen hat (Art. 39 III 2). Auch steht es dem Bundestagspräsidenten zu, die → Bundesversammlung einzuberufen (Art. 54 IV 2).

Bundestreue, ein Inbegriff ungeschriebener verfassungsrechtlicher Pflichten im → Bundesstaat des GG. Die wechselseitige Treuepflicht umfaßt sowohl bundesfreundliches Verhalten des Gesamtstaates zu den Gliedstaaten als auch Loyalität der Länder gegenüber dem Bund. Aus dem föderalistischen Grundsatz folgt das Rechtsgebot, daß die an dem „Bündnis“ Beteiligten in Treue zusammenwirken, sich verständigen und zur Förderung der Belange des Ganzen und seiner eigenstaatlichen Teile nach Kräften beitragen. Das Prinzip der Bundestreue soll die Egoismen der Länder und des Gesamtstaates mäßigen, soweit sie kraft ihrer verfassungsrechtlichen Kompetenzen die Möglichkeit hätten, ohne Achtsamkeit auf die Vorstellungen der anderen ihre eigenen Interessen durchzusetzen (BVerfGE 31, S. 355). Aus dem Gesichtspunkt der Bundestreue sind Länder und Bund insbesondere verpflichtet zu wechselseitiger Rücksicht und Hilfe bei der Ausübung ihrer Befugnisse, zu einem fairen Verhandlungsstil bei ihren Kooperationen sowie zur Unterlassung von Maßnahmen, die sich auf die Finanzkraft oder das Haushaltsgefüge einzelner Gliedstaaten oder des Gesamtstaates in unzumutbarer Weise auswirken. Freilich ist der Rückgriff auf den ungeschriebenen allgemeinen Verfassungsgrundsatz der Bundestreue nur in solchen Fällen angebracht, in denen nicht ausdrückliche Prinzipien oder grundgesetzliche Spezialvorschriften anwendbar sind. Ein Verstoß gegen das Gebot des bundesfreundlichen Miteinander – es gilt auch im Verhältnis der Gliedstaaten untereinander – setzt kein spezifisches Verschulden, sondern nur ein objektives Fehlverhalten voraus. Dabei geht es auch nicht an, daß ein Teil sich seinen Pflichten mit dem Hinweis entzieht, der andere Teil habe seine Pflicht zur Bundestreue nicht erfüllt (BVerfGE 12, S. 254 ff.).

Bundesunmittelbare Körperschaften und Anstalten → Anstalten des öffentlichen Rechts → Körperschaften des öffentlichen Rechts

Bundesverfassung → Grundgesetz

Bundesverfassungsgericht, ein allen übrigen Verfassungsorganen gegenüber selbständiger und unabhängiger Gerichtshof des Bundes. Die → rechtsprechende Gewalt, die vom GG ausschließlich den → Richtern anvertraut ist, wird durch das Bundesverfassungsgericht, durch die in der Bundesverfassung vorgesehen → Bundesgerichte und durch die Gerichte der Länder ausgeübt (Art. 92). Aufgabe des Bundesverfassungsgerichts (BVerfG) – einer in der deutschen Staatsrechtsgeschichte neuartigen Institution, die sich schon bald zu einer tragenden Säule des vom GG verfaßten → Rechtsstaates entwickelt hat – ist die Sicherung des → Vorrangs der Verfassung. Als „Hüter der Verfassung" gewährleistet das BVerfG die strikte Beachtung des GG durch alle Staatsorgane der → Bundesrepublik Deutschland. Das BVerfG besteht aus → Bundesrichtern und anderen Mitgliedern (Art. 94 I 1). Alle → Bundesverfassungsrichter werden gewählt, und zwar je zur Hälfte vom → Bundestag und → Bundesrat. (Art. 94 I 2). Ein Bundesgesetz über das BVerfG regelt die Verfassung und Verfahren des Gerichts und bestimmt, in welchen Fällen seine Entscheidungen Gesetzeskraft haben (Art. 94 II). Das BVerfG ist ein Zwillingsgericht mit zwei Senaten, deren Zuständigkeiten gesetzlich festgelegt sind. Jedem Senat gehören acht Richter an; wegen der geraden Zahl der Senatsmitglieder gilt die Regel, daß bei Stimmengleichheit ein Verstoß gegen das GG nicht festgestellt werden kann. Drei Richter jedes der beiden Senate müssen → Bundesrichter sein, d. h. sie werden aus dem Kreis der Richter an den → obersten Gerichtshöfen des Bundes gewählt. Der gesetzlich vorgeschriebene

Mindestanteil bundesrichterlicher Mitglieder soll einer Politisierung des BVerfG entgegenwirken und die fachliche Qualität seiner Rechtsprechung durch Einbringung höchstricherlicher Erfahrung sichern helfen. Die vom GG vorgesehenen Kompetenzen des BVerfG (Art. 93) sind viel umfassender als die Zuständigkeiten der traditionellen Staatsgerichtsbarkeit. Exemplarische Bedeutung haben die → Verfassungsbeschwerde, die → konkrete Normenkontrolle, die → abstrakte Normenkontrolle, der → Organstreit und der → Bund-Länder-Streit. Um des Vorrangs der Verfassung willen kommt den Erkenntnissen des BVerfG eine übergreifende Bindungswirkung zu. Während im sonstigen Prozeßrecht selbst höchstrichterliche Urteile nur für die Verfahrensbeteiligten gelten, binden die Entscheidungen des BVerfG sämtliche → Verfassungsorgane des Bundes und der Länder sowie alle → Gerichte und → Behörden; in Fällen der Normenkontrolle haben die verfassungsgerichtlichen Entscheidungen sogar Gesetzeskraft.

Bundesverfassungsrichter werden, abweichend von der Wahl der → Bundesrichter, in stärkerem Maße unmittelbar durch den → Bundestag und → Bundesrat gewählt, und zwar je zur Hälfte (Art. 94 I 2). Gemäß BVerfG-Gesetz ist in beiden Wahlkörperschaften eine Zweidrittelmehrheit für den zu Berufenden erforderlich. Während der Bundesrat direkt im Plenum wählt, handelt der Bundestag durch einen zwölfköpfigen Wahlmännerausschuß, der vom Parlament nach den Grundsätzen der Verhältniswahl gewählt wird. Das Erfordernis qualifizierter Mehrheiten hat von Anfang an, da keine politische Gruppierung die Richterwahlen zu dominieren vermochte, einen Einigungszwang der Elektoren bewirkt, so daß die formellen Wahlen – nach oft diffizilen Fühlungnahmen von „Findungskommissionen“ und Absprachen über „Vorschlagsrechte“ der Parlamentsparteien – schließlich meist einstimmig zustande kamen. Die Gewählten werden vom → Bundespräsidenten ernannt. Während die Bundesrichter auf Lebenszeit berufen werden, ist die Amtszeit der Bundesverfassungsrichter auf zwölf Jahre begrenzt. Im Interesse der Unabhängigkeit des Bundesverfassungsgerichts dürfen seine Mitglieder weder dem Bundestag, dem Bundesrat, der → Bundesregierung noch entsprechenden Organen eines Landes angehören (Art. 94 I 3).

Bundesvermögen → Reichsvermögen

Bundesversammlung ist das Wahlgremium für die Berufung des Staatsoberhauptes: Der → Bundespräsident wird ohne Aussprache von der Bundesversammlung gewählt (Art. 54 I). Im Unterschied zum Reichspräsidenten der → WRV, der unmittelbar vom Volk gewählt wurde, verfügt der Bundespräsident nur über eine mittelbare demokratische Legitimation. Die Entscheidung des GG, das Staatsoberhaupt durch ein föderal erweitertes bundesparlamentarisches Wahlmännergremium berufen zu lassen, war das Ergebnis eingehender Beratungen im → Parlamentarischen Rat. Das neuartige Verfassungsorgan besteht aus den Mitgliedern des → Bundestages und einer gleichen Anzahl von Mitgliedern, die von den Parlamenten der Länder nach den Grundsätzen der Verhältniswahl gewählt werden (Art. 54 III). Die Bundesversammlung wird vom → Bundestagspräsidenten einberufen (Art. 54 IV), ihre Mitglieder sind an Aufträge und Weisungen nicht gebunden. Gewählt ist, wer die Stimmen der Mehrheit der Mitglieder der Bundesversammlung erhält. Wird diese Mehrheit in zwei Wahlgängen von keinem Kandidaten erreicht, so ist gewählt, wer in einem weiteren Wahlgang die meisten Stimmen auf sich vereinigt (Art. 54 VI).

Bundesverteidigungsminister, ein durch besonderen verfassungsrechtlichen Status – wie in anderer Weise der → Vizekanzler und der → Bundesfinanzminister – aus dem Kreis der Ministerkollegen herausgehobenes Kabinettsmitglied. Der Bundesminister für Verteidigung hat die → Befehls- und Kommandogewalt über die Streitkräfte (Art. 65 a). Diese Befugnis geht mit der Verkündung des → Verteidigungsfalles auf den → Bundeskanzler über (Art. 115 b). Davon unberührt bleibt die Stellung des Verteidigungsministers als Ressortchef der Bundeswehrverwaltung.

Bundesverwaltung, die → vollziehende Gewalt des Gesamtstaates im Unterschied zur → Landesverwaltung. Im → Bundesstaat des GG bedarf die → Ausführung von Bundesgesetzen durch den Bund einer verfassungsrechtlichen Ermächtigung, andernfalls führen die Länder das Bundesrecht als eigene Angelegenheit aus (Art. 83). Gegenstände der → bundeseigenen Verwaltung mit eigenem Verwaltungsunterbau sind u. a. der → Auswärtige Dienst, die → Bundesfinanzverwaltung, die → Bundespost und die → Bundeseisenbahnen (Art. 87 I). Im übrigen können für Angelegenheiten, für die dem Bunde die Gesetzgebung zusteht, selbständige Bundesoberbehörden und neue → bundesunmittelbare Körperschaften und Anstalten des öffentlichen Rechts durch Bundesgesetz errichtet werden (Art. 87 III 1). Wie die Bundeseigenverwaltung ist auch die → Bundesauftragsverwaltung nur in den vom GG vorgesehenen Fällen zulässig.

Bundesverwaltungsgericht ist der → oberste Gerichtshof des Bundes für das Gebiet der Verwaltungsgerichtsbarkeit (Art. 95 I). Im Verwaltungsprozeß geht es um die Entscheidung öffentlich-rechtlicher Streitigkeiten nichtverfassungsrechtlicher Art, sofern nicht eine besondere Jurisdikton – z. B. die → Finanzgerichtsbarkeit – vom GG vorgesehen ist.

Bundeswappen → Bundesfarben → Staatssymbole

Bundeswasserstraßen werden vom Bund durch eigene Behörden verwaltet (Art. 89 II 1). An den früheren Reichswasserstraßen hat der Bund das privatrechtliche Eigentum erworben (Art. 89 I). Die Bundeswasserstraßen sind als Seewasserstraßen und als dem allgemeinen Verkehr dienende Binnenwasserstraßen Gegenstand der → konkurrierenden Gesetzgebung (Art. 74 Nr. 21).

Bundeswehr ist die Gesamtheit der Streitkräfte, die der Bund im Rahmen der → Wehrverfassung zur Verteidigung aufstellt. Ihre zahlenmäßige Stärke muß sich aus dem → Haushaltsplan ergeben (Art. 87 a I); sie kann durch → völkerrechtliche Abkommen begrenzt sein, wie dies namentlich im Zusammenhang mit der → Wiedervereinigung Deutschlands durch den → Moskauer Vertrag von 1990 geschehen ist. Außer zur Verteidigung dürfen die Streitkräfte, d. h. der militärisch organisierte, vom Befehlsprinzip beherrschte Teil der → vollziehenden Gewalt nur eingesetzt werden, soweit das GG dies ausdrücklich zuläßt (Art. 87 a II). Die Einsatzmöglichkeiten der Streitkräfte sind verfassungsrechtlich erweitert im → Verteidigungsfall und → Spannungsfall (Art. 87 a III) sowie in Fällen des → inneren Notstandes (Art. 87 a IV). Die ursprünglich vom GG nicht vorgesehene Aufstellung der Bundeswehr erfolgte im Zusammenhang mit der Ablösung des Besatzungsregimes und der Aufnahme der → Bundesrepublik Deutschland in die → NATO. Der → Bundesverteidigungsminister hat, außer im Verteidigungsfall (Art. 115 b), die Befehls- und Kommandogewalt über die Streitkräfte (Art. 65 a).

Bundeswehrverwaltung dient vor allem den Aufgaben des Personalwesens und der Deckung des Sachbedarfs der Streitkräfte. Sie gehört zu den vom GG streng begrenzten Funktionen, die in → bundeseigener Verwaltung mit eigenem Verwaltungsunterbau ausgeübt werden (Art. 87 b I). Bundesoberbehörden sind das Bundeswehrverwaltungsamt sowie das Bundesamt für Wehrtechnik und Beschaffung, als Mittelbehörden fungieren die Wehrbereichsverwaltungen und als untere Behörden u. a. die Kreiswehrersatzämter und die Standortverwaltungen. Oberster Ressortchef ist der → Bundesverteidigungsminister.

Bundeszuständigkeiten → Bundeskompetenzen

Bundeszwang, eine herkömmliche föderative Befugnis des Gesamtstaates gegenüber den Gliedstaaten, die indessen – anders als unter der → WRV – im → Bundesstaat des GG noch nicht zum Zuge kam. Kraft des Bundeszwanges kann die → Bundesregierung mit Zustimmung des → Bundesrates, wenn ein Land die ihm nach dem GG oder einem anderen Bundesgesetz obliegenden Pflichten nicht erfüllt, die notwendigen Maßnahmen treffen, um das Land zur Erfüllung seiner Pflichten anzuhalten (Art. 37). Dabei darf das Bundeskabinett, dem überdies der Rechtsweg zum → Bundesverfassungsgericht offensteht, zur Wahrnehmung seiner verfassungsmäßigen Rechte alle legitimen Machtmittel einsetzen, seien sie rechtlicher oder tatsächlicher Art. In Ausübung des Bundeszwanges hat die Bundesregierung oder ihr Beauftragter das Weisungsrecht gegenüber allen Ländern und ihren Behörden (Art. 37 II). Zu den erlaubten „notwendigen Maßnahmen“ gehört freilich nicht der Einsatz des → Bundesgrenzschutzes oder gar der → Bundeswehr (Art. 91 II und 87 a IV).

Bund-Länder-Streitigkeiten sind bundesstaatsrechtliche Konflikte, für deren Entscheidung das → Bundesverfassungsgericht zuständig ist. Dabei handelt es sich um Meinungsverschiedenheiten über Rechte und Pflichten des Bundes und der Länder, insbesondere bei der → Ausführung von Bundesrecht durch die Länder und bei der Ausübung der → Bundesaufsicht (Art. 93 I Nr. 3). Die bisherigen Gerichtsverfahren wurden vornehmlich ausgelöst durch behauptete Verletzungen der zwischen Bund und Ländern grundgesetzlich aufgeteilten Kompetenzen im Bereich der → Gesetzgebung und → Verwaltung. Antragsberechtigt im Bund-Länder-Streit, dem bestimmte Maßnahmen oder

Unterlassungen der anderen Seite zugrunde liegen müssen, sind nach dem BVerfG-Gesetz nur die → Bundesregierung oder eine → Landesregierung. Da auch ein Gesetz eine „Maßnahme“ sein kann, steht es dem beschwerten Partner im Bund-Länder-Verhältnis gegebenenfalls frei, den Weg der → abstrakten Normenkontrolle zu wählen (BVerfGE 7, S. 310 f.).

Bürgerinitiativen, im GG neben den → Parteien nicht erwähnte, ad hoc sich bildende Aktionsgruppen von Staats- oder Gemeindeangehörigen mit dem Ziel, bestimmte Forderungen gegen geplante oder bereits getroffene Entscheidungen der demokratisch berufenen Organe durchzusetzen. Gelegentlich mögen von solchen Initiativen vernünftige Anstöße ausgehen, in ein repräsentativ verfaßtes demokratisches Gemeinwesen passen sie grundsätzlich nicht. Auch besteht die Gefahr, daß sich die Egoismen einzelner Bürger auf Kosten der Gesamtheit ungerechtfertigte Vorteile verschaffen.

Bürgerliches Recht → Drittwirkung von Grundrechten

Bürgerrechte sind, im Unterschied zu den → Menschenrechten, jene → Grundrechte, die nach dem GG nur den → Deutschen zustehen. Hierzu gehören insbesondere die → Versammlungsfreiheit (Art. 8), die → Vereinigungsfreiheit (Art. 9 I), die → Freizügigkeit (Art. 11) und die → Berufsfreiheit (Art. 12 I). Die verfassungsrechtliche Differenzierung zwischen Deutschen und Fremden entspricht herkömmlicher Staatenpraxis und den Grundsätzen des allgemeinen → Völkerrechts. Im übrigen gehen die vom GG den Ausländern zugestandenen Grundrechte erheblich über den völkerrechtlichen Mindeststandard hinaus. Von den Bürgerrechten als Grundrechtskategorie sind die → staatsbürgerlichen Rechte zu unterscheiden.

Bürgschaften → Bundesbürgschaften

C

Chancengleichheit als verfassungsrechtliches Gebot betrifft, abgesehen von der möglichen Relevanz im Bildungsbereich, vor allem die Rechtsstellung der → politischen Parteien und den Grundsatz gleicher Wahl (→ Wahlrechtsgrundsätze). Im freien Wettbewerb um die Stimmen des Wahlvolkes bedeutet Gleichheit der Wahl insbesondere Chancengleichheit der konkurrierenden Kräfte. Aus dem Prinzip gleicher Chancen für die Wahlbewerber und die hinter ihnen stehenden Parteien folgt freilich nicht die Pflicht des Staates, durch faktische Ausgleichsmaßnahmen die nach Mitgliederzahl, Vermögensstatus usw. unterschiedlich starken Parteien zu egalisieren. Vielmehr erfordert Chancengleichheit, entsprechend dem formalen Wesen der → demokratischen Ordnung, nur die grundsätzliche Unparteilichkeit und Neutralität des Staates gegenüber den bei der Parlamentswahl sich bewerbenden politischen Kräften. Ein exemplarischer Anwendungsfall dieses Prinzips ist die Zuteilung von Sendezeiten an Parteien durch öffentlich-rechtliche Rundfunk- und Fernsehanstalten. Bei dieser Art von Wahlpropaganda müssen indessen nicht alle Konkurrenten im selben Umfang zu Wort kommen, vielmehr darf aus sachlichen Gründen differenziert werden nach der jeweiligen Bedeutung der Parteien. Zulässige Gesichtspunkte für die unterschiedliche Bemessung von Sendezeiten sind u. a. die Vertretung der Parteien im Parlament, ihre Beteiligung an der Regierung in Bund und Ländern sowie die Ergebnisse der vorhergehenden Wahlen; doch müssen auch neue Parteien angemessen berücksichtigt werden (BVerfGE 34, S. 163 f.). Das durch Gleichheitssätze (Art. 3 I und III) in Verbindung mit der Freiheit der Parteigründung (Art. 21 I) grundrechtlich geschützte Prinzip der formalen Chancengleichheit darf von der → öffentlichen Gewalt nur aus zwingenden Rechtfertigungsgründen durchbrochen werden. Ein solcher Ausnahmetatbestand ist z. B. die mit dem Aufkommen von Splitterparteien verbundene staatspolitische Gefahr eines funktionsunfähigen Parlamentes; ihr kann durch → Sperrklauseln begegnet werden (BVerfGE 47, S. 225 ff.).

Christliche Gemeinschaftsschule → Gemeinschaftsschule

Clausula rebus sic stantibus als vertragsrechtlicher Vorbehalt der unveränderten Sachlage ist ein ungeschriebener Rechtsgrundsatz, der auch bei staatsvertraglichen Beziehungen zwischen den Gliedern des → Bundesstaates zum Zuge kommt. Die im Prinzip des → bundesfreundlichen Verhaltens wurzelnde „Clausula" wird wirksam, wenn sich die Verhältnisse, die zur Zeit des Vertragsschlusses bestanden, inzwischen so grundlegend geändert haben, daß es unzumutbar erscheint, einen Beteiligten am Vertrage oder an Einzelvereinbarungen innerhalb des Vertrages festzuhalten (BVerfGE 34, S. 232). Hieraus folgt die Pflicht der Vertragspartner, sich um eine Anpassung ihrer Vereinbarungen an die veränderten Verhältnisse zu bemühen. Ist trotz ernsthafter Verhandlungen diese Anpassung nicht möglich, so muß das Gleichgewicht zwischen den vertraglichen Leistungen und Gegengewicht zwischen den vertraglichen Leistungen und Gegenleistungen durch eine angemessene Geldzahlung, die weder Schadensersatz noch Entschädigung ist, hergestellt werden (BVerfGE 42, S. 363).

D

Daseinsvorsorge, die ursprünglich allein dem einzelnen und seinen Angehörigen oblag, ist in der hochkomplexen Industriegesellschaft zunehmend eine → sozialstaatliche Aufgabe der öffentlichen → Leistungsverwaltung geworden. Die individuelle, soziale und ökonomische Lage des modernen Menschen hat sich weit entfernt von der Vorstellung einer Autarkie bürgerlicher Daseinsgestaltung, die frühliberalen Staatsauffassungen mit ihrem Postulat interventionsfreier Selbststeuerung der Gesellschaft zugrunde lag. Das auf Selbstentfaltung angelegte Individuum wurde inzwischen durch staatliche Wirtschaftslenkung und Wohlfahrtsökonomie in seinen Lebensmöglichkeiten zugleich gefördert und eingeschränkt. Die wachsende Ohnmacht des einzelnen, sein Verlust an autonom beherrschtem Daseinsraum und seine Angewiesenheit auf hoheitliche Existenzvorsorge hat zum Abschied vom frühliberalen Gesellschaftsmodell geführt und bereits lange vor Inkrafttreten des → Grundgesetzes eine soziale Ausrichtung des Staatshandelns nachhaltig bewirkt. Die allgemeinen Strukturprobleme der zur befriedigenden Selbststeuerung nicht mehr fähigen Gesellschaft hatten in der Entstehungszeit der → Bundesrepublik Deutschland eine Zuspitzung erfahren durch die Katastrophensituation nach dem Zweiten Weltkrieg. Diesen Sonderproblemen der Daseinsvorsorge nahm sich das Grundgesetz an, vor allem durch die Bestimmungen über den Lastenausgleich (Art. 120 a), die Flüchtlinge und Vertriebenen (Art. 74 Nr. 6 und 119), die Kriegsbeschädigten, Kriegsgefangenen und Kriegshinterbliebenen (Art. 74 Nr. 10) sowie die Kriegsschäden und die Wiedergutmachung (Art. 74 Nr. 9). Im übrigen ist die normale Daseinsvorsorge – namentlich die Versorgung der Bevölkerung mit Wasser, Elektrizität und Gas sowie mit Nahverkehrs-, Schul-

und Sportmöglichkeiten – vor allem eine leistungsverwaltungsrechtliche Aufgabe der → Gemeinden.

Datenschutz als verfassungsrechtliches Gebot wurzelt in der → Menschenwürde, der → allgemeinen Handlungsfreiheit und dem → Rechtsstaatsprinzip. Der Schutz des Bürgers vor mißbräuchlicher Verwendung seiner besonders bei öffentlichen Stellen gespeicherten personenbezogenen Daten (z. B. Familienstand, Ausbildung, Beruf, Einkommen, Wohnsitz, Gesundheitszustand, Versicherungen, Mitgliedschaften, Vorstrafen) ist durch die Entwicklung der modernen Informations- und Kommunikationstechniken, vor allem der elektronischen Datenverarbeitung, eine unabweisbare Notwendigkeit geworden. Dabei muß unterschieden werden zwischen dem legitimen Datenbedarf des Staates zur Erfüllung seiner verfassungsmäßigen Aufgaben namentlich im Bereich der Sozialpolitik und der Verbrechensbekämpfung einerseits und dem berechtigten Widerstand gegen Datenerhebungen und -verwendungen mit einer Tendenz zum „gläsernen Bürger" und „Überwachungsstaat" andererseits. Einer Beeinträchtigung schutzwürdiger Belange der Betroffenen sucht das Bundesdatenschutzgesetz entgegenzuwirken. Das BVerfG hat aus dem → allgemeinen Persönlichkeitsrecht die Befugnis des einzelnen zur → informationellen Selbstbestimmung abgeleitet.

DDR (Deutsche Demokratische Republik) → Beitritt zur → Bundesrepublik Deutschland → Einigungsvertrag

Demokratie kennzeichnet grundlegend die Staatsform der → Bundesrepublik Deutschland. Das GG spricht von einem demokratischen und sozialen Bundesstaat (Art. 20 I) bzw. von einem republikanischen, demokratischen und sozialen Rechtsstaat (Art. 28 I). Der Demokratiebegriff – „dieser mißbrauchteste aller politischen Begriffe" (Hans Kelsen) – hat in Geschichte und Gegenwart die unterschiedlichsten Ausdeutungen erfahren. Im folgenden geht es allein um das Demokratieprinzip in seiner grundgesetzlichen Gestalt. Der Verfassungsgrundsatz, daß alle → Staatsgewalt vom → Volke ausgeht (Art. 20 II 1), konstituiert keine Selbstregierung des Volkes im Sinne einer unvermittelten Identität von Regierenden und Regierten. So wenig es in der Lebenswirklichkeit einen einheitlichen Volkswillen gibt, so unvermeidlich ist politische Herrschaft noch im freiheitlichsten demokratischen Staat. Auch eine → Rätedemokratie kann die Herrschaft von Menschen über Menschen nicht aufheben, wohl aber nach bisheriger Erfahrung die Herrschaft weniger über das Volk verschleiern. Ausgehend vom Prinzip der Volkssouveränität hat das GG eine bestimmte Form repräsentativer Demokratie verfaßt, dessen Grundstruktur gemäß Artikel 79 Absatz III unabänderlich ist. Hiernach wird die im Volke wurzelnde Staatsgewalt vom Volke (nur) in → Wahlen und → Abstimmungen sowie durch besondere Organe der → Gesetzgebung, der → vollziehenden Gewalt und der → Rechtsprechung ausgeübt (Art. 20 II). Von der Mehrheit des Wahlvolkes und der gewählten Repräsentanten wird die Staatsgewalt legitimiert. Indessen ist kein Staatsorgan, auch nicht der → verfassungsändernde Gesetzgeber, frei von rechtlicher Gebundenheit. Vor einer möglichen Tyrannei der Mehrheit werden Würde und Freiheit des Menschen durch die geltende Verfassung geschützt. Demokratie unter dem Grundgesetz ist qualitativ etwas anderes als bloße Mehrheitsherrschaft. Dies zeigt sich insbesondere in den Prinzipien der → freiheitlichen demokratischen Grundordnung. Die Grundsätze der Volkssouveränität und der repräsentativen Herrschaft hat das GG verfassungsrechtlich miteinander verbunden. Durch seine Entscheidung für eine repräsentative Demokratie westlicher Tradition hat es namentlich den Modellen der östlichen Volksdemokratie und der Rätedemokratie eine Absage erteilt. Im demokratischen Verfassungsstaat des GG ist zu unterscheiden zwischen Trägerschaft und Ausübung der Staatsgewalt. Das Volk ist Subjekt der → verfassungsgebenden Gewalt und von ihm geht die ganze Fülle der verfaßten Staatsgewalt aus (Art. 20 II 1). Indessen wird die Staatsgewalt, abgesehen von → Wahlen und → Abstimmungen, nicht vom Volk unmittelbar ausgeübt. Sie wird vielmehr „durch besondere Organe der Gesetzgebung, der vollziehenden Gewalt und der Rechtsprechung“ repräsentativ für das Volk ausgeübt. Das GG hat sich bewußt zugunsten einer repräsentativen Ausformung des demokratischen Prinzips entschieden; in dem Zuviel plebiszitärer Verfassungselemente sah man einen Hauptgrund für die Instabilität der → Weimarer Republik. Zentrum der unmittelbaren Ausübung demokratischer Staatsgewalt ist die periodisch wiederkehrende Wahl zum → Bundestag. Das vom Volk direkt gewählte Parlament nimmt im grundgesetzlichen Repräsentativsystem einen herausragenden Rang ein. Die mit einem freien Mandat ausgestatteten Volksvertreter im Parlament haben eine zeitlich begrenzte Mittlerrolle zwischen Staatsleitung und dem Willen des Volkes, das seine Zustimmung oder Ablehnung spätestens bei der nächsten Parlamentswahl zu äußern vermag. Nach dem demokratischen Prinzip des GG müssen alle Akte des Herrschens mindestens mittelbar vom Volk legitimiert sein. Mit der „Besonderung“ der Herrschaftsausübung durch Institutionen der Gesetzgebung, Verwaltung und Rechtsprechung (Art. 20 II 2) trägt die Verfassung einmal der Tatsache Rechnung, daß unter den Bedingungen eines hochkomplexen modernen Massenstaates eine unmittelbare Selbstregierung des Volkes schlechthin unmöglich ist. Zum anderen liefert das Repräsentativsystem mittelbarer Demokratie die organisatorischen Voraussetzungen für die → rechtsstaatliche Gewährleistung der → Gewaltenteilung. Die „besonderen Organe“ der Exekutive und Judikative erhalten die erforderliche mittelbare demokratische Legitimation durch direkte oder indirekte Entscheidungen des durch Volkswahl unmittelbar legitimierten Parlaments. So werden beispielsweise der → Bundeskanzler vom Bundestag (Art. 63), die → Bundesverfassungsrichter teils vom Bundestag, teils vom → Bundesrat (Art. 94 I), gewählt, dessen Mitglieder durch die Parlamente der Länder demokratisch legitimiert sind. Das Demokratiegebot des GG, das ausdrücklich auch auf die innere Ordnung der → politischen Parteien erstreckt ist (Art. 21 I 3), gilt im übrigen nur für den hoheitlichen Bereich des Bundes sowie der Länder, Kreise und Gemeinden (Art. 28 I). Eine „Demokratisierung“ anderer Institutionen, die nicht auf politischer Gleichheit, sondern auf funktionaler Verschiedenheit ihrer Angehörigen beruhen, kann gegen → Grundrechte der betroffenen Personen verstoßen.

Demokratische Grundordnung → Freiheitliche demokratische Grundordnung

Demonstrationsfreiheit ist eine Erscheinungsform insbesondere der → Versammlungsfreiheit (Art. 8), die auch öffentliche Aufzüge als Ausdruck kollektiver Meinungskundgabe grundrechtlich schützt. Für Versammlungen unter freiem Himmel besteht ein → Gesetzesvorbehalt, den das Versammlungsgesetz konkretisiert hat. Gleich der → Meinungsfreiheit ist auch das Demonstrationsrecht nur gewährleistet als Mittel geistiger Auseinandersetzung im Widerstreit politischer Standpunkte, keineswegs aber als Befugnis zur Gewaltanwendung gegen Personen oder Sachen. Wie Versammlungen überhaupt, so sind auch Demonstrationen nur verfassungsmäßig, sofern sie „friedlich“ (Art. 8 I) stattfinden.

Die gebotene Friedlichkeit wird außer bei gewalttätigen Ausschreitungen z. B. verletzt, wenn Straßen oder Gebäude von Demonstranten blockiert werden. Unbeschadet der großen Bedeutung der Versammlungsfreiheit für den demokratischen Meinungsbildungsprozeß steht ihre Ausübung in Form von Demonstrationen unter einem gesetzlichen Regelungsvorbehalt nicht zuletzt deshalb, um kollidierende Rechte anderer zu wahren (BVerfGE 69, S. 348). Dabei haben sich die zuständigen Organe auf solche Maßnahmen zu beschränken, die bei gehöriger Güterabwägung zur Einengung des Demonstrationsrechts unbedingt notwendig sind. Nach dem → Verhältnismäßigkeitsgrundsatz kommen Verbote und Auflösungen von Demonstrationen nur als ultima ratio in Betracht. Schlichte Belästigungen, die mit der Massenhaftigkeit der spezifischen Grundrechtsausübung regelmäßig verbunden sind, werden unbeteiligte Dritte grundsätzlich hinnehmen müssen. Auch sogenannte Spontandemonstrationen sind grundrechtlich geschützt. Ihre Anerkennung trotz Nichtbeachtung versammlungsgesetzlicher Vorschriften rechtfertigt sich daraus, daß solche Regeln im Lichte des Grundrechts anzuwenden sind und gegebenenfalls hinter diesem zurücktreten müssen (BVerfGE 69, S. 350 f.).

Deutsche sind Personen, denen namentlich die → Bürgerrechte des GG vorbehalten sind. Nur Deutsche genießen z. B. die Grundrechte der → Versammlungsfreiheit, der → Vereinigungsfreiheit, der → Freizügigkeit und der → Berufsfreiheit. Der verfassungsrechtliche Begriff „Deutsche“ ist nicht auf → deutsche Staatsangehörige beschränkt. Deutscher im Sinne des GG ist vorbehaltlich anderweitiger gesetzlicher Regelung, wer die deutsche Staatsangehörigkeit besitzt oder als Flüchtling oder Vertriebener deutscher Volkszugehörigkeit oder als dessen Ehegatte oder Abkömmling in dem Gebiet des Deutschen Reiches nach dem Stande vom 31. Dezember 1937 Aufnahme gefunden hat (Art. 116 I). Die weite Fassung des Personenkreises, dem das GG Deutschenrechte einräumt, steht vor dem Hintergrund der Flucht und Vertreibung deutscher Volksteile aus ost- und südosteuropäischen Ländern im Zusammenhang mit dem Zweiten Weltkrieg.

Deutsche Demokratische Republik → DDR

Deutsche Staatsangehörigkeit, die auch nach dem Zusammenbruch 1945 fortbestand und die nicht entzogen werden darf (Art. 16 I 1), wird erworben nach dem Reichs- und Staatsangehörigkeitsgesetz, dessen Vorschriften der → ausschließlichen Gesetzgebung des Bundes unterliegen (Art. 73 Nr. 2). Abkömmlinge von Deutschen erwerben sie hauptsächlich durch Geburt, Ausländer durch → Einbürgerung. Frühere deutsche Staatsangehörige, denen unter dem NS-Regime die Staatsangehörigkeit aus politischen, rassischen oder religiösen Gründen entzogen worden ist, und ihre Abkömmlinge sind auf Antrag wieder einzubürgern (Art. 116 II).

Deutsche Volkszugehörigkeit im Sinne des Artikel 116 I GG setzt nach dem Bundesvertriebenengesetz voraus, daß die betreffende Person sich in ihrer früheren Heimat zum deutschen Volkstum bekannt hat und durch Abstammung, Sprache oder andere einschlägige Merkmale die behauptete Volkszugehörigkeit nachweist.

Deutsches Reich im verfassungsrechtlichen Zusammenhang des GG ist weder das erste (911–1806) noch das zweite (1871–1918), sondern das durch die → WRV von 1919 → republikanisch verfaßte Reich, das unter dem Hitler-Regime (1933–1945) totalitär entartete, aber trotz der bedingungslosen Kapitulation 1945 als Staats- und Völkerrechtssubjekt fortbestand. Die → Bundesrepublik Deutschland betrachtete sich demgemäß als „teilidentisch“ mit dem rechtlich nicht untergegangenen Deutschen Reich: der Geltungsbereich des GG konnte sich aus faktischen Gründen nur auf einen Teil des früheren Reichsgebiets erstrecken (BVerfGE 36, S. 16).

Deutsches Volk als Träger der → verfassungsgebenden Gewalt (GG-Präambel) ist die Gesamtheit der → Deutschen in den Ländern der → Bundesrepublik nach dem → Beitritt der DDR.

Deutschland → Bundesrepublik Deutschland → Vereinigung Deutschlands

Deutschlandlied, die Nationalhymne der → Bundesrepublik Deutschland. Sie gilt seit dem Vollzug der staatlichen Einheit für das gesamte deutsche Volk. Das „Lied der Deutschen“, verfaßt von Hoffmann von Fallersleben mit der Melodie von Joseph Haydn, brachte während der deutschen Teilung den Wunsch nach „Einigkeit und Recht und Freiheit" in seiner dritten Strophe besonders klar zum Ausdruck. Sie wurde vom → Bundespräsidenten zur Nationalhymne für das vereinte deutsche Volk bestimmt.

Diäten sind Geldleistungen des Staates an die → Bundestagsabgeordneten. Die Mitglieder des Parlamentes haben Anspruch auf eine angemessene, ihre Unabhängigkeit sichernde Entschädigung (Art. 48 III 1). Einzelheiten regelt das Abgeordnetengesetz. Nach der Verfassungsrechtsprechung bezieht der zum → Berufspolitiker gewordene Parlamentarier nicht länger eine Aufwandsentschädigung, sondern eine Vollalimentation, die der Besteuerung unterliegt (BVerfGE 40, S. 296).

Dienstleistungspflichten bilden unter gewissen Voraussetzungen eine Ausnahme vom grundsätzlich verbotenen Arbeitszwang: Niemand darf zu einer bestimmten Arbeit gezwungen werden, außer im Rahmen einer herkömmlichen allgemeinen, für alle gleichen öffentlichen Dienstleistungspflicht (Art. 12 II). Diese Vorschrift des GG erklärt sich aus dem historischen Hintergrund des NS-Regimes mit den damals üblich gewordenen Methoden der Zwangsarbeit und Herabwürdigung des Einzelnen; dergleichen sollte ausgeschlossen werden. Wie die Entstehungsgeschichte belegt, wollten die Verfassungsväter im wesentlichen nur noch Verpflichtungen zu gemeindlichen Hand- und Spanndiensten, zur Deichhilfe und zum Feuerwehrdienst zulassen (BVerfGE 22, S. 383).

Dienst- und Treueverhältnis → Berufsbeamtentum

Differenzierungsverbote enthalten die → Besonderen Gleichheitssätze, die im Hinblick auf spezielle Merkmale – → Geschlecht, → Abstammung, → Rasse, → Sprache, → Heimat und Herkunft, → Glauben, → religiöse oder → politische Anschauungen – eine Ungleichbehandlung durch Benachteiligung oder Bevorzugung untersagen.

Diplomatische Beziehungen → Auswärtige Gewalt

Diplomatischer Schutz im Rahmen des → Völkerrechts ist eine der wichtigsten Funktionen der → Staatsangehörigkeit; diese Vergünstigung steht darüber hinaus allen → Deutschen zu. Ein Anwendungsfall des im

GG nicht ausdrücklich geregelten diplomatischen Beistands des Heimatstaates ist insbesondere der Schutz gegen Rechtsverletzungen, die seine Bürger im Ausland erleiden.

Diskontinuität ist ein Grundsatz des vom GG verfaßten parlamentarischen Systems. Dieses nur für den → Bundestag, nicht aber für → Bundesregierung und → Bundesrat geltende Prinzip besagt, daß das Parlament in seiner personellen Zusammensetzung aufgrund der letzten Wahl endet mit dem Zusammentritt eines neugewählten Parlaments oder durch → Bundestagsauflösung. Demgemäß haben sich nach Beendigung einer Legislaturperiode die beim alten Bundestag eingebrachten → Gesetzesvorlagen erledigt; sie müssen beim neuen Bundestag gegebenenfalls wieder eingebracht werden.

Diskriminierungsverbote ergeben sich aus den Gleichbehandlungsgeboten des GG, namentlich aus den → Gleichheitssätzen des Artikel 3.

Doppelbestrafungsverbot („ne bis in idem"), eines der zahlreichen Elemente des grundgesetzlichen → Rechtsstaatsprinzips. Niemand darf wegen derselben Tat aufgrund der allgemeinen Strafgesetze mehrmals bestraft werden (Art. 103 III). Dieses Grundrecht, das in seinem Anwendungsbereich einen Verbrauch der staatlichen Strafklage bewirkt, gilt nur für Verfahren der deutschen Kriminalgerichtsbarkeit, läßt also Bestrafungen im Ausland oder durch eine fremde Staatsgewalt außer Betracht. Das Grundrecht wird auch nicht berührt, wenn wegen derselben Tat außer der Ahndung aufgrund der „allgemeinen Strafgesetze" z. B. noch ein Disziplinar-, Standesgerichts- oder zivilprozessuales Verfahren eingeleitet wird (BVerfGE 27, S. 184 f.). Das Verbot der Mehrfachbestrafung schützt u. a., vorbehaltlich verfassungsmäßiger strafprozessualer Wiederaufnahmegründe, den ungerechtfertigterweise rechtskräftig Freigesprochenen. Nicht aber bewahrt es den im summarischen Strafbefehlsverfahren Verurteilten vor einer schärferen Bestrafung im ordentlichen Prozeß unter rechtlichen Gesichtspunkten, die nicht schon im Strafbefehl gewürdigt wurden (BVerfGE 65, S. 382 ff.).

Dreiteilung der Gewalten → Gewaltenteilung

Dritte Gewalt, im verfassungsrechtlichen Sprachgebrauch ein Synonym für die vom GG den → Richtern anvertraute → rechtsprechende Gewalt.

Drittes Reich, ein in der mittelalterlichen Theologie wurzelnder, später u. a. von Lessing und Schelling philosophisch abgewandelter, im ausgehenden Zweiten → Deutschen Reich auf germanisches Nationalbewußtsein verengter Begriff, der nach dem Ersten Weltkrieg weiter politisiert und schließlich für national-sozialistische Ziele vereinnahmt wurde. Schon im Jahr der „Machtergreifung“ bezeichnete Hitler seinen totalitären Führerstaat (1933–1945) als „Drittes Reich“; seit dem ersten Kriegsjahr lautete die offizielle Bezeichnung „Großdeutsches Reich“ (→ Weimarer Reichsverfassung).

Drittwirkung der Grundrechte thematisiert die Frage, ob die → Grundrechte nicht nur → Gesetzgebung, → vollziehende Gewalt und → Rechtsprechung als unmittelbar geltendes Recht binden, sondern überdies auch eine Wirkung auf der Ebene des → Privatrechts entfalten. Ob private Rechtssubjekte als Grundrechtsadressaten in Betracht kommen, ist von der Frage zu unterscheiden, ob die öffentliche Hand als Teilnehmer am privaten Rechtsverkehr von Grundrechtsbindungen frei ist (→ Fiskalgeltung der Grundrechte). Eine unmittelbare Drittwirkung im Sinne der wechselseitigen Grundrechtsbindung von Privatpersonen anzunehmen, verträgt sich kaum mit der vom GG geschichtsbewußt normierten Staatsgerichtetheit der fundamentalen → Freiheits- und → Gleichheitsrechte. Die Verfassung hat nur in einem einzigen Ausnahmefall eine Art von Drittwirkung ausdrücklich bestimmt, indem sie Abreden, welche die → Koalitionsfreiheit einschränken oder zu behindern suchen, für nichtig, hierauf gerichtete Maßnahmen für rechtswidrig erklärt (Art. 9 III 2). Als subjektiv-öffentliche Rechtspositionen richten sich die Grundrechte prinzipiell gegen Akte der Staatsgewalt, nicht aber gegen das private Handeln anderer → Grundrechtsträger. Demgemäß ist der einzelne z. B. weder durch den → allgemeinen Gleichheitssatz noch durch die besonderen → Differenzierungsverbote des GG gehindert, bei seinen Dispositionen im persönlichen oder geschäftlichen Bereich andere Personen willkürlich zu bevorzugen oder zu benachteiligen; allenfalls das Privatrecht setzt ihm hier Schranken, z. B. durch das Verdikt der Sittenwidrigkeit. Eine Annahme direkter Drittwirkung der Grundrechte würde, konsequent durchgeführt, zu widersinnigen Ergebnissen oder unlösbaren Normenkonflikten im Grundrechtskampf aller gegen alle führen. Die durch die → allgemeine Handlungsfreiheit geschützte Vertragsfreiheit wäre z. B. hinfällig, da niemand mehr nach seinem Belieben Vertragsangebote machen oder ablehnen könnte. Die klassische staatsgerichtete Grundrechtsordnung würde versinken im Widerstreit verfassungsrechtlich aufgeladener Privatinteressen. Auch die Versuche, wenigstens eine mittelbare Drittwirkung anzunehmen, begegnen grundsätzlichen Bedenken. Das BVerfG spricht vermittelnd von einer Art Ausstrahlungswirkung der Grundrechte (E 7, S. 204 f.). Zwar sollten die Grundrechte in erster Linie die individuelle Freiheits- und Gleichheitssphäre vor Eingriffen der Staatsgewalt schützen. Darüber hinaus enthalte der Grundrechtskatalog des GG ein objektives Wertsystem, das für alle Bereiche der Rechtsordnung gelte, namentlich auch für die Setzung und Auslegung von Privatrechtsnormen. Der Einfluß des Verfassungsrechts verwirkliche sich vor allem bei der richterlichen Anwendung wertausfüllungsbedürftiger Generalklauseln, wie z. B. beim privatrechtlichen Begriff der „guten Sitten". Ob das Zivilgericht die „Ausstrahlungswirkung" der Grundrechte beachtet habe, unterliege verfassungsgerichtlicher Nachprüfung (BVerfGE 34, S. 280 f.).

Durchführungsvorschriften können → Rechtsverordnungen oder nicht an die Allgemeinheit gerichtete → Verwaltungsvorschriften sein.

Durchsuchungen dürfen in den Räumen des → Bundestages – ebensowenig wie → Beschlagnahmen – ohne Genehmigung des → Bundestagspräsidenten nicht stattfinden (Art. 40 II 2). Durchsuchungen einer Wohnung dürfen, mit Rücksicht auf das Grundrecht der → Unverletzlichkeit der Wohnung, nur durch den → Richter, bei Gefahr im Verzuge auch durch die in den → Gesetzen vorgesehenen anderen Organe angeordnet und nur in der dort vorgeschriebenen Form durchgeführt werden (Art. 13 II). Durchsuchungen sind meist Maßnahmen polizeilicher Gefahrenabwehr oder strafprozessualer Ermittlung. Dabei wollen Organe der öffentlichen Gewalt etwas aufspüren, was der Wohnungsinhaber von sich aus nicht offenlegen oder herausgeben möchte. Die Einschaltung des Richters bei Wohnungsdurchsuchungen, die nur in begründeten Ausnahmefällen zulässig sein sollen, dient einer Verstärkung des Grundrechtsschutzes, ist also keine bloße Formalität. Der Richter hat zu prüfen, ob die von der Verfassung und den einschlägigen

Gesetzen geforderten Voraussetzungen für eine so einschneidende Maßnahme vorliegen. Dabei hat die Anwendung des → Verhältnismäßigkeitsgrundsatzes besonders Gewicht. Der Richtervorbehalt des GG (Art. 13 II) gilt auch für die Wohnungsdurchsuchung des finanzamtlichen Vollziehungsbeamten (BVerfGE 57, S. 346). Bei strafprozessualen Durchsuchungen verlangt der verfassungsrechtlich gebotene Schutz des Betroffenen eine besondere richterliche Umsicht. Selbst wenn die Anordnung der Durchsuchung in angemessenem Verhältnis zur Schwere der Straftat und zur Stärke des Tatverdachtes steht, wenn sie zur Ermittlung und Verfolgung der Straftat erforderlich ist und geeignete Beweismittel zu erbringen verspricht, so steht damit noch nicht fest, daß auch die Durchführung der an sich zulässigen Zwangsmaßnahme mit dem GG und der Strafprozeßordnung in Einklang ist. Da der Schutz der gefährdeten Privatsphäre des Betroffenen nicht allein den durchsuchenden Beamten überlassen bleiben darf, ist es Aufgabe des Richters, von vornherein für eine verhältnismäßige Begrenzung der Zwangsmaßnahmen zu sorgen. Er als Kontrollorgan der Strafverfolgungsbehörden muß durch eine geeignete Formulierung des Durchsuchungsbeschlusses im Rahmen des Möglichen sicherstellen, daß der Grundrechtseingriff → rechtsstaatlichen Mindestanforderungen genügt (BVerfGE 42, S. 220).

E

Ehe und Familie stehen unter dem besonderen Schutz der staatlichen Ordnung (Art. 6 I). Diese Verfassungsnorm enthält zugleich eine → institutionelle Garantie, ein subjektives → Grundrecht und eine objektive → Wertentscheidung, die für die gesamte einschlägige → Gesetzgebung, → Verwaltung und → Rechtsprechung maßgebend ist. Dem Staat wird vom GG aufgegeben, Ehe und Familie als elementare Lebensgemeinschaften vor Beeinträchtigungen zu schützen und in ihrem Gedeihen zu fördern. Das hier gewährleistete Grundrecht steht außer → Deutschen auch → Ausländern zu. Für die Bestimmung der vom GG nicht konkretisierten Begriffe „Ehe" und „Familie" sind die der Verfassung vorausliegenden – kulturell, sozial und juristisch überkommenen – Vorstellungen von Bedeutung. Demgemäß gilt als Ehe die auf Dauer angelegte, freiwillig eingegangene, gesetzlich formgerecht geschlossene, durch wechselseitige Pflichten und Rechte geprägte, unter bestimmten Voraussetzungen zivilrechtlich lösbare Lebensgemeinschaft von Mann und Frau. Unter Familie ist nicht nur, aber zuvörderst die elementare Eltern-Kind-Beziehung zu verstehen, außerdem auch der verfassungsrechtlich geschützte Bereich mit Einschluß der Großeltern und Geschwister. Zwar sind „Ehe und Familie" primär personenrechtliche Gemeinschaften, doch fehlt ihnen naturgemäß nicht ein besonders durch Unterhaltspflichten gekennzeichnetes wirtschaftliches Element. Ihre materielle Förderung durch den Staat des GG geschieht nicht zuletzt mittels Steuererleichterungen im Hinblick auf die Erziehungs- und Ausbildungslasten für Kinder. Aus der Wertentscheidung des Art. 6 Abs. 1 GG läßt sich zwar die allgemeine Pflicht des Staates zu einem Familienlastenausgleich ableiten, nicht aber die verfassungsrichterliche Befugnis, in welcher Form und in welcher Höhe dieser soziale Ausgleich vorzunehmen ist; dies bleibt der Gestaltungsfreiheit des → Gesetzgebers vorbehalten (BVerfGE 39, S. 326). Jede Ehe hat verfassungsrechtlich gleichen Rang: eine Erstehe z. B. genießt keinen Vorzug vor einer Ehe, die von einer geschiedenen Person geschlossen wurde (BVerfGE 68, S. 268).

Eheschließungsfreiheit ist ein Bestandteil des Grundrechts aus Art. 6 Abs. 1 GG. Danach steht es jedem frei, mit einem selbstgewählten Partner die Ehe einzugehen. Die verfassungsrechtliche Gewährleistung fordert vom Staat höchste Zurückhaltung namentlich bei der gesetzlichen Errichtung von Ehehindernissen. Das Eheverbot der Geschlechtsgemeinschaft z. B. hat vor der Eheschließungsfreiheit keinen Bestand (BVerfGE 36, S. 163).

Ehre im Rechtssinne ist der aus dem sittlichen und sozialen Persönlichkeitswert entspringende Achtungsanspruch eines Menschen, seine Würde und Geltung in der Gesellschaft. Das Recht der persönlichen Ehre bildet eine Schranke der → Meinungsfreiheit, der → Pressefreiheit, der → Rundfunkfreiheit und der → Filmfreiheit (Art. 5 II). Der grundgesetzliche Ehrenschutz ist eine spezielle Erscheinungsform des → allgemeinen Persönlichkeitsrechts. Wie bei anderen Schranken der Medienfreiheit (→ allgemeine Gesetze und → Jugendschutzvorschriften) kommt es besonders bei ehrverletzenden Grundrechtsausübungen im öffentlichen Meinungskampf auf einzelfallbezogene Güterabwägungen an. Dabei ist z. B. entscheidungserheblich, daß die Pflicht zur Rücksichtnahme auf die Persönlichkeit anderer so lange nicht zu einer Beschränkung der freien Rede führt, als eine andere, nicht kränkende Ausdrucksform möglich ist, die keinen Verzicht auf gedankliche Teile der Äußerung erfordert (BVerfGE 42, S. 150).

Ehrenämter, deren Übernahme eine Grundpflicht ist, werden vom GG, anders als von einigen Landesverfassungen, nicht angesprochen. So sind z. B. alle Bewohner Bayerns verpflichtet, ehrenamtlich, d. h. neben ihrem Hauptberuf und ohne Entgelt, als Vormund, Waisenrat, Jugendpfleger, Schöffe und Geschworener zu fungieren (Art. 131 BayVerf).

Ehrenbeamte haben einen anderen rechtlichen Status als → Berufsbeamte. Nicht jeder Inhaber eines Ehrenamtes ist auch Ehrenbeamter; dieser erhält eine Ernennungsurkunde zur Wahrnehmung eines hoheitlichen Amtes ohne Dienst- und Versorgungsbezüge. Ehrenbeamte kommen insbesondere in der Kommunalverwaltung vor, z. B. als Bürgermeister und Beigeordnete.

Ehrengerichte zur Wahrung des Standesrechts freier Berufe genügen nur dann dem Richtervorbehalt der Verfassung (Art. 92), wenn sie den Anforderungen entsprechen, die das GG an staatliche → Gerichte stellt. Dazu gehört insbesondere eine hinreichende Trennung der Spruchkörper von Verwaltungsbehörden, die Gewährleistung richterlicher Neutralität und Qualifikation sowie nicht zuletzt die Sicherung sachlicher und persönlicher Unabhängigkeit der unter staatlicher Mitwirkung berufenen → Richter. Diese Voraussetzungen sind bei der Ehrengerichtsbarkeit für Rechtsanwälte erfüllt (BVerfGE 48, S. 316).

Eide haben der → Bundespräsident (Art. 56) sowie der → Bundeskanzler und die → Bundesminister (Art. 64 II) bei ihrem Amtsantritt zu leisten: der Bundespräsident vor den versammelten Mitgliedern des → Bundestages und des → Bundesrates, die anderen nur vor dem Parlament. Unbeschadet dieser verfassungsrechtlichen Pflicht ist die Eidesleistung nicht konstitutiv für die Rechtswirksamkeit von Amtserwerb und Amtsausübung. Der Eid bekräftigt lediglich in feierlicher Form Pflichten, die sich aus der Natur dieser obersten Staatsämter ergeben. Die festgelegte Eidesformel lautet: „Ich schwöre, daß ich meine Kraft dem Wohle des deutschen Volkes widmen, seinen Nutzen mehren, Schaden von ihm wenden, das Grundgesetz und die Gesetze des Bundes wahren und verteidigen, meine Pflichten gewissenhaft erfüllen und Gerechtigkeit gegen jedermann üben werde. So wahr mir Gott helfe.“ Der Eid kann auch ohne religiöse Beteuerung geleistet werden (Art. 56 Satz 2). In diesem Falle hat er nur die Bedeutung eines besonders ernsten, jedoch rein weltlichen Gelöbnisses.

Eidesverweigerung eines Zeugen im Strafprozeß mit der Begründung, Christus habe in der Bergpredigt jedes Schwören untersagt, ist durch das Grundrecht der → Glaubensfreiheit (Art. 4 I) legitimiert. Mag auch der ohne Anrufung Gottes geleistete Eid eine rein weltliche Wahrheitsbekräftigung der Zeugenaussage ohne religiösen oder sonstwie transzendenten Bezug sein, so ist gleichwohl die entgegengesetzte Glaubensüberzeugung des Einzelnen vom GG geschützt. Es steht dem Staate nicht zu, eine derartige Glaubenshaltung als richtig oder falsch zu bewerten. Auch rechtfertigt die vom GG (Art. 140) übernommene frühere Verfassungsbestimmung, daß niemand zur Benutzung einer religiösen Eidesform gezwungen werden darf (Art. 136 IV WRV), nicht den Umkehrschluß, jedermann sei im Rahmen der geltenden Gesetze zu einer nichtreligiösen Eidesform verpflichtet.

Eigenstaatlichkeit der Länder ist ein Wesensmerkmal des vom GG verfaßten → Bundesstaates. Wie der Bund so besitzen auch seine Glieder je eigene Staatsqualität (BVerfGE 36, S. 360). Die stillschweigende Voraussetzung dieser bundesstaatlichen Struktur – einer gewachsenen Eigenart der Gliedstaaten, die im Gesamtstaat bewahrt werden soll – ist freilich in der → Bundesrepublik Deutschland nur noch sehr begrenzt gegeben. Ein Vergleich mit der föderalen Ausgangssituation des Kaiserreichs von 1871 macht dies deutlich. Die damaligen Gliedstaaten besaßen noch eine je eigene, durch Stammesbewußtsein, gemeinsame politische und kulturelle Geschichte, dynastische Bindung und andere Faktoren ausgeprägte Besonderheit. Dergleichen hatte sich schon in der → Weimarer Republik erheblich abgeschwächt und war bei den nach dem Zweiten Weltkrieg geschaffenen deutschen Ländern kaum noch vorhanden, sieht man von Bayern, Hamburg und Bremen ab. Parallel zum Verlust an überkommener Eigenständigkeitssubstanz der Länder vollzog sich ein außerordentliches Wachstum der Staatsaufgaben des Bundes, namentlich im Bereich der Sozial- und Wirtschaftspolitik, wo Einheitlichkeit statt regionaler Vielfalt dem Willen des Volkes entsprach. Diese Tendenz zur tatsächlichen Unitarisierung im Rahmen eines föderalen Verfassungsgefüges wurde von den Ländern durch vereinheitlichende Selbstkoordinierung in den ihnen verbliebenen Kompetenzbereichen noch verstärkt. Der Schwund an eigenstaatlicher Substanz wird nur teilweise aufgewogen von einem verstärkten Einfluß der Gliedstaaten auf → Gesetzgebung und → Verwaltung des Gesamtstaates durch Ausschöpfung ihrer Möglichkeiten im → Bundesrat.

Eigentumsgarantie, die Gewährleistung des Eigentums im verfassungsrechtlichen Sinn (Art. 14 I), ist neben der → allgemeinen Handlungsfreiheit und der → Berufsfreiheit für die Gesellschafts- und Wirtschaftsordnung der → Bundesrepublik geradezu konstitutiv. Der grundgesetzliche Schutz des Eigentums und → Erbrechts umfaßt mehrere Bedeutungsschichten. In erster Linie schützt das Freiheitsgrundrecht des Art. 14 Abs. 1 GG das private Eigentum als Voraussetzung individueller, selbstbestimmter Lebensgestaltung. Allerdings ist dieses gegen den Staat gerichtete Abwehrrecht sozial gebunden: Eigentum verpflichtet; sein Gebrauch soll zugleich dem Wohle der Allgemeinheit dienen (→ Sozialbindung). Über den subjektiven Rechtsgehalt hinaus sichert die grundgesetzliche Garantie das Eigentum als ein Institut der objektiven Normenordnung. Dies hat die wichtige Konsequenz, daß die Einführung eines Gesellschaftssystems ohne das Strukturprinzip des Privateigentums verfassungswidrig wäre. Geschützt ist das Eigentum gegen Entziehung und sonstige Beeinträchtigungen vorbehaltlich der – freilich nur gegen Entschädigung zulässigen – → Enteignung (Art. 14 III) und → Sozialisierung (Art. 15). Die Reichweite des Eigentumsschutzes steht unter dem Regelungsvorbehalt, daß Inhalt und Schranken des Eigentums durch die → Gesetze bestimmt werden (Art. 14 I 2). Dabei muß der Gesetzgeber die verfassungsrechtliche Garantie beachten, daß ein Grundrecht nie in seinem → Wesensgehalt angetastet werden darf (Art. 19 II). Der grundgesetzliche Eigentumsbegriff ist weiter als derjenige des Privatrechts. Er umfaßt nicht nur die subjektive Rechtsherrschaft über bewegliche Sachen und Grundstücke, sondern jedes privatnützige vermögenswerte Recht. Auch öffentlich-rechtliche Vermögenspositionen des einzelnen, deren Erwerb – wie z. B. der Anspruch auf Sozialversicherungsrente – nicht ausschließlich auf staatlicher Gewährung, sondern auf eigener Leistung beruht, werden von der Eigentumsgarantie des GG geschützt (BVerfGE 22, S. 253). Ein besonderes Problem ist die eigentumsgrundrechtliche Begrenzung des staatlichen Steuerzugriffs auf das Einkommen und Vermögen. Die Ausgangsthese der Verfassungsrechtsprechung, daß Art. 14 GG den Einzelnen nicht gegen hoheitliche Eingriffe durch Auferlegung von Geldleistungspflichten schütze (BVerfGE 4, S. 17), führt zu einer offenen Flanke der Eigentumsgarantie; diese müßte den Betroffenen bereits unterhalb konfiskatorischer oder erdrosselnder Steuergesetze schützen, zumal das konstitutionelle Steuerbewilligungsrecht dem heutigen Steuerpflichtigen nicht mehr hilft.

Einberufung von → Bundestag und → Bundesrat ist die ausschließliche, wenngleich nicht völlig freie Befugnis der Präsidenten dieser Verfassungsorgane. In bestimmten Fällen sind der → Bundestagspräsident (Art. 39 III) bzw. der → Bundesratspräsident (Art. 52 II) zur Einberufung verpflichtet. Die → Bundesversammlung wird vom Bundestagspräsidenten einberufen (Art. 54 IV).

Einbringung von Gesetzesvorlagen → Gesetzesvorlagen

Einbürgerung ist der hoheitliche Akt, durch den ein Ausländer die inländische → Staatsangehörigkeit erwirbt. Abweichend von der Regel, wonach die an gesetzliche Mindestvoraussetzungen gebundene Einbürgerung im Ermessen der Behörde liegt, haben frühere deutsche Staatsangehörige, die während des → Dritten Reiches Opfer einer → Ausbürgerung wurden, einen Rechtsanspruch auf Wiedereinbürgerung (Art. 116 II).

Einfache Mehrheit → Beschlußfassungen des Bundestages → Mehrheiten

„Einfaches Recht", im juristischen Sprachgebrauch ein Sammelbegriff für Rechtsnormen unterhalb des → Verfassungsrechts.

Eingriffsverwaltung erfüllt ihre hoheitlichen Aufgaben – im Unterschied zur Leistungsverwaltung mit ihren sozialstaatlichen Gewährungen – durch Eingriffe in → Freiheit und → Eigentum. Diese Art des Verwaltungshandelns steht im → Rechtsstaat unter dem → Vorbehalt des Gesetzes. Im übrigen gelten für die Eingriffsverwaltung besonders das → Gesetzmäßigkeitsprinzip, das → Recht auf Gehör, das → Willkürverbot und der → Verhältnismäßigkeitsgrundsatz.

Einheit der Verfassung ist eine Maxime der → Verfassungsauslegung. Dieser Interpretationsgesichtspunkt soll helfen, gewisse Spannungslagen, die aus vermeintlich gegenläufigen Normen und Prinzipien des GG herausgelesen werden, zu einem verfassungsimmanenten Ausgleich zu bringen. Beispiele für solche „Gegensätze" sind die harmonisierungsbedürftigen GG-Artikel 38 Abs. 1 (→ Freies Mandat) und Art. 21 (→ parteienstaatliche Demokratie) oder Art. 6 Abs. 2 (→ Elternrecht) und Art. 7 Abs. 1 (staatliche → Schulaufsicht). Nach dem Grundsatz der

Einheit der Verfassung dürfen die einzelnen GG-Bestimmungen nicht isoliert betrachtet und allein aus ihrem jeweiligen Wortlaut heraus interpretiert werden. Vielmehr müssen alle Verfassungsrechtsnormen so angewendet werden, daß sie mit den grundlegenden Prinzipien des GG in Einklang bleiben. Da die Verfassung die rechtliche Grundordnung des gesamten politischen, gesellschaftlichen und individuellen Lebens im Staate ist, wird ihre einheitliche Auslegung zum vorrangigen Interpretationsprinzip (BVerfGE 19, S. 220). Mit der Sinnermittlung der „inneren Harmonie des Verfassungswerkes" (BVerfGE 6, S. 361) hängt die Auslegungsrichtlinie konkreter Konkordanz der Verfassungsrechtsgüter aufs engste zusammen.

Einheit und Freiheit Deutschlands wurde von den Deutschen in den „alten" und „neuen" Bundesländern in freier Selbstbestimmung vollendet (GG-Präambel). Durch den → Beitritt der → DDR zur → Bundesrepublik Deutschland und den Abschluß des → Einigungsvertrages hat sich das nach dem Zweiten Weltkrieg (1939–1945) von den Siegermächten geteilte Deutschland territorial wiedervereinigt, soweit es außenpolitisch möglich war.

Einheitlichkeit der Lebensverhältnisse über das Gebiet eines Landes hinaus ist eine spezielle Erscheinungsform der Rechts- oder Wirtschaftseinheit, deren Wahrung den Bund im Bereich der → konkurrierenden Gesetzgebung zu legislativem Handeln befugt (Art. 72 II Nr. 3). Ob insoweit das vom GG geforderte Bedürfnis nach bundesgesetzlicher Regelung besteht, entscheidet der Bundesgesetzgeber nach seinem Ermessen. Die Wahrung der Einheitlichkeit der Lebensverhältnisse, ursprünglich wohl eher als Hemmung gesamtstaatlicher Gesetzgebungsaktivitäten gedacht, hat sich in der Verfassungspraxis mehr und mehr zum Motor einschlägiger Vereinheitlichungen entwickelt. Diese im → Sozialstaatsgrundsatz wurzelnde unitarische Tendenz des heutigen → Bundesstaates geht zu Lasten der → Eigenstaatlichkeit der Länder.

Einheitlichkeit der Rechtsprechung ist eine Verfassungsaufgabe, zu deren Erfüllung ein Gemeinsamer Senat der → obersten Gerichtshöfe des Bundes zu bilden ist (Art. 95 III). Dieser Gemeinsame Senat, der bisher nur relativ selten tätig wurde, ist zuständig, wenn ein oberster Gerichtshof in einer Rechtsfrage von der Entscheidung eines anderen obersten Gerichtshofs oder des Gemeinsamen Senates abweichen will. Seine Entscheidung der vorgelegten Frage ist für das erkennende Gericht bindend. Der Gemeinsame Senat besteht aus den Präsidenten der obersten Gerichtshöfe, den Vorsitzenden der beteiligten Senate und je einem weiteren Richter dieser Spruchkörper. Abgesehen von jener die einzelnen Fachgerichtsbarkeiten übergreifenden Aufgabe ist es Sache der obersten Bundesgerichte, in ihrem Jurisdiktionsbereich eine bundeseinheitliche Rechtsprechung zu wahren.

Einigungsvertrag, offizielle Bezeichnung des → völkerrechtlichen Abkommens zwischen der → Bundesrepublik Deutschland und der ehemaligen → Deutschen Demokratischen Republik über die Herstellung der Einheit Deutschlands. Durch diesen am 31. August 1990 in Berlin unterzeichneten Vertrag wurde, in Verbindung mit dem → Beitritt der DDR zur Bundesrepublik, das geteilte Deutschland mit Wirkung vom 3. Oktober 1990 im Rahmen des Staatsgebietes der vertragschließenden Teile wiedervereinigt. Damit erweiterte sich der Kreis der → Bundesländer um Brandenburg, Mecklenburg-Vorpommern, Sachsen, Sachsen-Anhalt und Thüringen. Wie im Einigungsvertrag vorgesehen, wurde das Grundgesetz in verschiedenen Punkten, ohne die bewährten Verfassungsfundamente zu berühren, der neuen staatsrechtlichen Lage angepaßt. So insbesondere durch eine Neufassung der → Präambel, eine Neufestsetzung der Zahl der Landesstimmen im → Bundesrat und eine Übergangsregelung für die Rechtsordnung im Beitrittsgebiet (Art. 143). Für künftige → Verfassungsänderungen empfehlen die Regierungen der beiden Vertragsparteien den gesetzgebenden Körperschaften des vereinten Deutschlands, sich innerhalb von zwei Jahren mit den durch die deutsche Einigung aufgeworfenen Fragen zur Änderung oder Ergänzung des GG zu befassen. Folgende Themen werden besonders erwähnt: das Verhältnis zwischen Bund und Ländern; die Möglichkeit einer Neugliederung für den Raum Berlin/Brandenburg durch Vereinbarung der beteiligten Länder abweichend von den Vorschriften des Art. 29 GG; Überlegungen zur Aufnahme von Staatszielbestimmungen in das Grundgesetz; die Anwendung des Art. 146 GG einschließlich der Frage einer Volksabstimmung (Art. 5 des Einigungsvertrages).

Einkommensteuer ist eine direkte → Steuer, die ohne Rücksicht auf → Staatsangehörigkeit und Geschäftsfähigkeit die Nettoeinkünfte natürlicher Personen aus gesetzlich festgelegten Einkunftsarten erfaßt. Je nachdem, ob der Steuerschuldner im Inland einen Wohnsitz oder gewöhnlichen Aufenthalt hat oder nicht, unterscheidet das Einkommensteuergesetz zwischen unbeschränkter und beschränkter Steuerpflicht: bei ersterer ist das weltweit erzielte Einkommen, bei letzterer sind nur bestimmte inländische Einkünfte Steuerobjekt. Die Einkommensteuer ist eine → Gemeinschaftssteuer, über die dem Bunde die → konkurrierende Gesetzgebung zusteht (Art. 105 III).

Einnahmen des Bundes: Alle Einnahmen und Ausgaben des Bundes sind in den → Haushaltsplan einzustellen (Art. 110 I), der durch das → Haushaltsgesetz festgestellt wird (Art. 110 II).

Einrichtungen → Zwischenstaatliche Einrichtungen

Einrichtungsgarantie → Institutionelle Garantie

Einschränkung von Grundrechten → Grundrechtsbeschränkungen → Gesetzesvorbehalt

Einspruchsgesetze sind, im Unterschied zu sogenannten → Zustimmungsgesetzen, solche Bundesgesetze, bei denen sich der → Bundestag über den durch Einspruch ausgedrückten Widerstand des → Bundesrates mittels einer erneuten → Beschlußfassung hinwegsetzen kann. Ob es sich jeweils um ein Zustimmungs- oder ein bloßes Einspruchsgesetz handelt, ergibt sich nicht aus einer allgemeinen Verfassungsformel, sondern ist von Fall zu Fall den verstreuten grundgesetzlichen Bestimmungen zu entnehmen. Anders als bei Zustimmungsgesetzen, die ohne oder gegen den Willen des Bundesrates nicht → zustande kommen können, ist bei Einspruchsgesetzen stets die vorherige Anrufung des → Vermittlungsausschusses vorgeschrieben. Wird der Einspruch mit der Mehrheit der Stimmen des Bundesrates beschlossen, so kann er durch Mehrheitsbeschluß der Bundestagsmitglieder zurückgewiesen werden. Bei Einspruch mit Zweidrittelmehrheit bedarf die Zurückweisung durch den Bundestag einer entsprechenden qualifizierten Mehrheit (Art. 77 II–IV).

Einstweilige Anordnungen kann das → Bundesverfassungsgericht – unter Umständen schon vor Anhängigkeit eines Verfahrens – auf Antrag oder von Amts wegen erlassen, um einen Zustand vorläufig zu regeln, wenn dies zur Abwehr schwerer Nachteile, zur Verhinderung drohender Gewalt oder aus einem anderen wichtigen Grund zum gemeinen Wohle dringend geboten ist. Bei dieser vom Bundesverfassungsgerichtsgesetz eingeräumten Befugnis muß das Gericht nach strengem Maßstab gegeneinander abwägen: einerseits die Folgen, die eintreten würden, wenn eine einstweilige Anordnung nicht erginge und die Verfassungsbeschwerde Erfolg hätte, andererseits die Nachteile, die entstünden, wenn die begehrte einstweilige Anordnung erlassen würde und die Verfassungsbeschwerde in der Hauptsache nicht begründet wäre (BVerfGE 34, S. 342 f.).

Einwanderung, der auf dauernden Aufenthalt im Inland gerichtete Zuzug von → Ausländern, ist Gegenstand der → ausschließlichen Gesetzgebung des Bundes (Art. 73 Nr. 3). Von der Einwanderung zu unterscheiden ist die Zuflucht politisch Verfolgter, für die das → Asylrecht des GG gilt.

Einzelfallgerechtigkeit, ein Aspekt der → Gerechtigkeit, der mit der ebenfalls → rechtsstaatlichen Forderung nach → Rechtssicherheit in Konflikt geraten kann. Ein Beispiel ist die gesetzliche Regelung der Frage, welche Wirkung die verfassungsgerichtliche Nichtigerklärung einer Rechtsnorm für die nicht mehr anfechtbaren Hoheitsakte hat, die auf dieser Rechtsnorm beruhen. Hier verlangt die Rechtssicherheit, wozu auch die Rechtsbeständigkeit → rechtskräftiger Entscheidungen gehört, notwendigerweise etwas anderes als die Forderung nach Gerechtigkeit im konkreten Fall. Da beide widerstreitenden Grundsätze Verfassungsrang haben, muß der Gesetzgeber entscheiden, welchem der beiden Prinzipien er den Vorzug geben will. Wenn er sich zu Lasten der Einzelfallgerechtigkeit für die Rechtssicherheit ausspricht, hat er hierdurch das GG nicht verletzt (BVerfGE 7, S. 196).

Einzelfallgesetze sind im Bereich des → Gesetzesvorbehalts von der Verfassung ausdrücklich verboten: Soweit ein → Grundrecht durch → Gesetz oder auf Grund eines Gesetzes eingeschränkt werden kann, muß das Gesetz allgemein und nicht nur für den Einzelfall gelten (Art. 19 I 1). Dieses Verbot soll sicherstellen, daß zulässige Grundrechtseinschränkungen nur in abstrakt-genereller Form ergehen und nicht, als verkappte Verwaltungsakte, eine bestimmte Person oder Personengruppe konkret-individuell belasten. Im übrigen sind Einzelfallgesetze, die nicht mit → Maßnahmegesetzen verwechselt werden dürfen, verfassungsrechtlich nicht schlechthin unzulässig. Auch ein einzelner Fall, namentlich im Bereich der Wirtschafts- und Sozialordnung, kann einer gesetzlichen Regelung zugänglich sein, ohne daß der Gesetzgeber damit in die Funktionen übergriffe, die von der Verfassung der → Exekutive und der → Rechtsprechung vorbehalten sind. Allerdings wird der Erlaß solcher Einzelfallgesetze durch den → allgemeinen Gleichheitssatz beschränkt. Hiernach ist der Gesetzgeber gehindert, aus einer Reihe gleichartiger Sachverhalte einen Einzelfall willkürlich herauszugreifen und zum Gegenstand einer Ausnahmeregelung zu machen. Hingegen kann ein Einzelfallgesetz insbesondere dann verfassungsmäßig sein, wenn es nur einen regelungsbedürftigen Sachverhalt dieser Art gibt und die Normierung dieses singulären Falles von sachlich einleuchtenden Gründen getragen ist (BVerfGE 25, S. 399).

Einzelweisungen der Bundesregierung beim → landeseigenen Vollzug von Bundesrecht sind nur zulässig aufgrund besonderer gesetzlicher Ermächtigung (Art. 84 V). Diese Direktiven, die dem Bund einen verstärkten Einfluß auf die Verwaltung der Länder ermöglichen, bedürfen der Eingrenzung auf spezielle Fälle durch das → Zustimmungsgesetz. Die Einzelweisungsbefugnis kann außer dem Kabinett auch dem zuständigen → Bundesminister verliehen werden.

Elektronische Datenverarbeitung → Datenschutz

Elternrecht ist das natürliche Recht der Eltern – und die zuvörderst ihnen obliegende Pflicht –, sich der Pflege und Erziehung ihrer Kinder anzunehmen; über ihre Betätigung wacht die staatliche Gemeinschaft (Art. 6 II). Diese Verfassungsbestimmung soll in bewußter Absage an die Neigung totalitärer Staaten verhindern, daß den Eltern die Erziehung der Kinder entzogen oder in ihrem Wesensgehalt geschmälert wird. Die Vorschrift enthält nicht lediglich einen Programmsatz oder eine Institutsgarantie, sondern gewährt neben ihrer Bedeutung als Richtlinie ein subjektives → Abwehrrecht gegen unzulässige Eingriffe des Staates in das elterliche Erziehungsrecht und bindet insoweit Gesetzgebung, vollziehende Gewalt und Rechtsprechung als unmittelbar geltendes Recht (BVerfGE 4, S. 57). Freilich unterstellt das GG die

Betätigung dieser elterlichen Erziehungsbefugnis ausdrücklich der „Wacht“ durch den – hier als gut gedachten – Staat (Art. 6 II 2), um gegebenenfalls das Kind gegen schlechte Eltern zu schützen, die sein geistiges oder leibliches Wohl vernachlässigen. Das pflichtgebundene Elternrecht, für die Persönlichkeitsentwicklung des Kindes zu sorgen, erfährt weitere Einschränkungen u. a. im pädagogischen Bereich durch die staatliche → Schulaufsicht und durch die Konkurrenz mit dem Selbstbestimmungsrecht des heranwachsenden Kindes besonders auf dem Gebiet der → Glaubens- und → Bekenntnisfreiheit. Im übrigen gewährleistet das GG, daß Kinder gegen den Willen der Erziehungsberechtigten nur auf Grund eines Gesetzes von der Familie getrennt werden dürfen, wenn die Erziehungsberechtigten versagen oder wenn die Kinder aus anderen Gründen zu verwahrlosen drohen (Art. 6 III). Eine derartige Trennung, die auch bei unverschuldetem Elternversagen zulässig ist, stellt den stärksten Eingriff in das Elternrecht dar und darf nur unter strikter Beachtung des → Verhältnismäßigkeitsgrundsatzes erfolgen (BVerfGE 60, S. 89).

Enklaven → Bundesgebiet

Enquête-Recht ist die Befugnis des → Bundestages, einen → Untersuchungsausschuß einzusetzen. Diese wichtige Kompetenz gehört zum herkömmlichen Verfassungsbestand → parlamentarischer Regierungssysteme. Hiervon zu unterscheiden sind sog. Enquête-Kommissionen, die der Bundestag, ggf. unter Heranziehung außerparlamentarischer Experten, zur Vorbereitung seiner Entscheidungen über umfangreiche und bedeutsame Sachkomplexe einsetzen kann.

Enteignung im Sinne des Verfassungsrechts liegt vor, wenn ein vermögenswertes Recht durch die → öffentliche Gewalt dem Rechtsinhaber entzogen oder in seinem privatnützigen Gehalt wesentlich geschmälert wird. Gemäß der → Eigentumsgarantie des GG ist eine Enteignung nur zum Wohle der Allgemeinheit zulässig (Art. 14 III 1). Die Enteignung darf nur durch Gesetz (Legalenteignung) oder auf Grund eines Gesetzes (Administrativenteignung) erfolgen, das Art und Ausmaß der Entschädigung regelt (Art. 14 III 2). Die Entschädigung ist unter gerechter Abwägung der Interessen der → Allgemeinheit und der Beteiligten zu bestimmen (Art. 14 III 3). Wegen der Höhe der Entschädigung steht im Streitfall der → Rechtsweg vor den → ordentlichen Gerichten offen

(Art. III 4). Demgemäß wandelt sich die grundsätzliche Bestandsgarantie des Privateigentums unter bestimmten verfassungsrechtlichen Voraussetzungen in eine Art Eigentumswertgarantie. Typischer Fall einer gesetzlichen Enteignungsermächtigung ist die Befugung zur hoheitlichen Inanspruchnahme von Privatgrundstücken für Zwecke des öffentlichen Verkehrs oder des Städtebaus. Die im Gedanken des Sonderopfers wurzelnde Enteignung mit Entschädigungspflicht wird flankiert durch → Aufopferungsansprüche aufgrund von Tatbeständen, die sich zu Lasten des Betroffenen wie eine Enteignung auswirken. Eine Enteignung nach Art. 14 Abs. 3 GG steht als Eingriff in den grundrechtlich geschützten Bereich unter dem → rechtsstaatlichen Gebot der → Verhältnismäßigkeit von Mittel und Zweck. Die Enteignung darf nur ultima ratio sein. Erst dann, wenn es keine andere – rechtlich und wirtschaftlich – schonendere Lösung gibt, ist die Enteignung legitim. Solange dem Gemeinwohlinteresse z. B. durch Einräumung beschränkt dinglicher oder obligatorischer Rechte genügt werden kann, ist die Enteignung, ob durch Gesetz oder Verwaltungsakt, nicht im Einklang mit dem GG (BVerfGE 24, S. 405).

Enteignungsgleiche Eingriffe, d. h. hoheitliche Akte, die keine Enteignung im verfassungsförmlichen Sinne sind, die für den Betroffenen aber wie eine Enteignung wirken, können Grundlage eines → Aufopferungsanspruchs sein. Indessen ist der „Enteignete" gehalten, sich zunächst gegen den rechtswidrigen Eingriff mit dem Ziel der Beseitigung im → Verwaltungsrechtsweg zur Wehr zu setzen. Der Bürger hat also kein Wahlrecht, ob er Anfechtungsklage erheben oder unmittelbar Entschädigung verlangen will. Läßt er den Eingriffsakt unanfechtbar werden, so ist die Entschädigungsklage verbraucht (BVerfGE 58, S. 324). In gewissem Sinne enteignungsgleich wirken sich, ohne daß ein rechtswidriger Eingriff durch Verwaltungsakt vorliegt, auch rein tatsächliche Beeinträchtigungen von Eigentümerpositionen aus, z. B. die Schmälerung des Anliegergebrauchs durch Straßenbauarbeiten oder die Geruchsbelästigung durch eine gemeindliche Kläranlage. Sind solche Sonderopfer den Betroffenen nicht entschädigungslos zuzumuten, so kommen → Aufopferungsansprüche in Betracht.

Entfaltung der Persönlichkeit → Freie Entfaltung der Persönlichkeit

Entlassung → Bundesminister

Entlastung der → Bundesregierung aufgrund der vom → Bundesfinanzminister vorzulegenden Haushaltsrechnung (Art. 114 I) erfolgt durch Beschlüsse von → Bundestag und → Bundesrat in Wahrnehmung der den gesetzgebenden Körperschaften zustehenden Kontrollbefugnis.

Entnazifizierung war, außer Entmilitarisierung und Demokratisierung, ein im Potsdamer Abkommen von 1945 festgelegtes Ziel der Besatzungspolitik gegenüber dem besiegten Deutschland. Die zur „Befreiung des deutschen Volkes vom Nationalsozialismus und Militarismus" erlassenen Rechtsvorschriften der Nachkriegszeit werden von den Bestimmungen des GG nicht berührt (Art. 139). Zur Durchführung der Entnazifizierung von Einzelpersonen waren Spruchkammern eingerichtet, die durch Bescheid je nach Ermittlungsergebnis in Hauptschuldige, Belastete, Minderbelastete, Mitläufer und Entlastete einstuften. Die „Befreiungsvorschriften" unterlagen nicht der Nachprüfung durch das BVerfG; Eingriffe aufgrund jener Gesetze konnten mit der Verfassungsbeschwerde nicht angefochten werden (BVerfGE 1, S. 7).

Entschädigung → Enteignung → Aufopferungsansprüche → Sozialisierung

Entschließungen sind politische → Beschlußfassungen des → Bundestages außerhalb des → Gesetzgebungsverfahrens.

Erbrecht als Schutzgut verfassungsrechtlicher Gewährleistung steht sachlich und textlich in engem Zusammenhang mit der → Eigentumsgarantie (Art. 14 I 1). Das Erbrecht sichert dem Eigentümer die Befugnis, über seine vermögenswerten Rechte durch letztwillige Verfügungen grundsätzlich frei zu disponieren und schließt den Staat von übermäßigen Zugriffen auf das Nachlaßvermögen aus. Das GG schützt das überkommene Institut privater Erbfolge und damit auch die Möglichkeit, Familienvermögen zu bilden und über Generationen zu erhalten. Steuer- und gesellschaftspolitische Umverteilungsmaßnahmen haben besonders auch die grundgesetzliche Erbrechtsgarantie zu beachten. Zwar werden Inhalt und Schranken wie beim Eigentumsgrundrecht durch die Gesetze bestimmt (Art. 14 I 2), doch darf das Erbgrundrecht in keinem Fall in seinem Wesensgehalt angetastet werden (Art. 19 II).

Erbschaftssteuer ist eine → Steuer auf unentgeltliche Vermögenszugänge durch Erwerb von Todes wegen und – zur Vermeidung von Steuerumgehungen – durch Schenkungen unter Lebenden. Ähnlich wie bei der → Einkommensteuer besteht unbeschränkte Steuerpflicht für Inländer, für Ausländer nur eine inlandsbezogene beschränkte Steuerpflicht. Der Ertrag aus der bundesgesetzlich einheitlich geregelten Erbschaftssteuer fließt den Ländern zu (Art. 106 II Nr. 2).

Erdrosselungssteuer im Sinne eines verfassungswidrigen Formmißbrauchs liegt vor, wenn ein Steuergesetz dem ihm begrifflich zukommenden Zweck, Einnahmen zu erzielen, geradezu zuwiderhandelt, indem es ersichtlich darauf ausgeht, durch die Höhe der Belastung die Erfüllung des Steuertatbestandes praktisch unmöglich zu machen, also insoweit eine „erdrosselnde" Wirkung auszuüben (BVerfGE 16, S. 161). In diesem Falle wäre zugleich ein Verstoß gegen das rechtsstaatliche → Übermaßverbot gegeben (BVerfGE 31, S. 23).

Erfindungsgeheimnis → Ausschluß der Öffentlichkeit

Erfolgswert → Gleichheit der Wahl

Ergänzungsabgaben zur → Einkommensteuer und zur → Körperschaftssteuer können erhoben werden, wenn sie zur Deckung eines zusätzlichen Finanzbedarfs des Bundes erforderlich sind. Das Aufkommen aus diesen Abgaben steht dem Bunde zu (Art. 106 I Nr. 6). Um die Aushöhlung der „ergänzten" Steuern zu vermeiden – ihr Ertrag steht Bund und Ländern gemeinsam zu (Art. 106 III) –, darf die Ergänzungsabgabe einen gewissen Prozentsatz, der jedenfalls mit 3 vom Hundert verfassungsrechtlich noch hinnehmbar ist, nicht überschreiten (BVerfGE 32, S. 340). Der Bundesgesetzgeber muß bei der Einführung einer ihm allein zufließenden Steuer das → bundesstaatliche Finanzausgleichssystem beachten, das Gesamtstaat und Gliedstaaten am nationalen Steueraufkommen sachgerecht beteiligen soll.

Ergänzungszuweisungen sind Geldleistungen aufgrund eines → Zustimmungsgesetzes, die der Bund aus seinen Mitteln im Rahmen des föderativen → Finanzausgleichs leistungsschwachen Ländern zur ergänzenden Deckung ihres allgemeinen Finanzbedarfs gewährt (Art. 107 II 3). Die empfangenen Mittel sind wie echte Steueranteile nicht zweckgebunden. Die vom Gesamtstaat zu leistende Finanzhilfe wird um so mehr zur Pflicht, je tiefer finanzschwache Gliedstaaten unter den Länderdurchschnitt absinken (BVerfGE 72, S. 403).

Erledigung des Amtes des → Bundeskanzlers beendet auch das Amt eines → Bundesministers (Art. 69 II). Erledigungsgründe sind, außer dem Zusammentritt eines neuen → Bundestages, u. a. Tod des Kanzlers, Rücktritt oder Entlassung nach → Kanzlersturz. Auf Ersuchen des → Bundespräsidenten sind Kanzler und Minister verpflichtet, bis zur Ernennung eines Nachfolgers das erledigte Amt geschäftsführend weiter zu versehen (Art. 69 III).

Ermächtigung → Rechtsverordnungen

„Ermächtigungsgesetz“, das kurz nach der Ernennung Hitlers zum Reichskanzler im Frühjahr 1933 vom Reichstag mit verfassungsdurchbrechender Mehrheit beschlossene „Gesetz zur Behebung der Not von Volk und Reich“. Auf dieser Grundlage konnten Reichsgesetze auch durch die Regierung verabschiedet werden, die formell weiterbestehende → Weimarer Reichsverfassung wurde praktisch außer Kraft gesetzt. Das zunächst befristete, mehrfach prolongierte „Ermächtigungsgesetz“ galt während der ganzen Zeit des → Dritten Reiches, zuletzt verlängert durch Führererlaß.

Ermessensentscheidungen der → Verwaltung sind hoheitliche Akte, bei denen die Behörde kraft gesetzlicher Ermächtigung – ausgedrückt durch Wörter wie „kann“ oder „darf“ – einen gewissen Spielraum hat, ob und wie sie entscheiden will. Auch diese Art des Verwaltungshandelns unterliegt im → Rechtsstaat des GG der Prüfung durch die → Verwaltungsgerichte, u. a. an den verfassungsrechtlichen Maßstäben der → Gleichheit, der → Verhältnismäßigkeit und des → Übermaßverbotes. Ferner wird geprüft, ob die Behörde ihr Ermessen entsprechend dem besonderen Zweck der Ermächtigung ausgeübt und die gesetzlichen Grenzen des Ermessens eingehalten hat. Vom Verwaltungsermessen ist die → Gestaltungsfreiheit des Gesetzgebers zu unterscheiden.

Ernennung von Amtsträgern auf Bundesebene ist Sache des → Bundespräsidenten. So ernennt das Staatsoberhaupt namentlich den gewählten → Bundeskanzler, die vom Kanzler vorgeschlagenen → Bundesminister sowie die gewählten → Bundesverfassungsrichter und → Bundesrichter. Ferner ernennt der Präsident, soweit gesetzlich nichts anderes bestimmt ist, die sonstigen Richter im Bundesdienst, die Bundesbeamten, die Offiziere und Unteroffiziere (Art. 60 I). Unbeschadet seiner formellen Ernennungsbefugnis hat der Bundespräsident kein personalpolitisches Mitwirkungsrecht insbesondere bei der Berufung oberster Amtsträger in Exekutive und Judikative. Aber auch sonst beschränkt sich seine Prüfungs- und Ablehnungskompetenz grundsätzlich auf die Einhaltung der prozeduralen Ernennungsvoraussetzungen.

Ersatzdienst ist ein waffenloser Dienst, zu dem → Kriegsdienstverweigerer herangezogen werden können; die Dauer des Ersatzdienstes darf die Dauer des → Wehrdienstes nicht überschreiten (Art. 12 a II). Der verfassungsrechtlich vorgesehene zivile Ersatzdienst ist keine im Belieben des → Wehrpflichtigen stehende Alternative, sondern nur denjenigen vorbehalten, die anerkanntermaßen aus Gewissensgründen (Art. 4 III) den Dienst mit der Waffe verweigern (BVerfGE 48, S. 127 ff.). Im gesetzlich geregelten Zivildienst, der die Freiheit der Gewissensentscheidung nicht beeinträchtigen darf, obliegen den Kriegsdienstverweigerern insbesondere soziale Aufgaben im Interesse des → Allgemeinwohls.

Ersatzschulen im Sinne des GG (Art. 7 IV und V) sind private Schulen, die als Ersatz für öffentliche Schulen staatlicher Genehmigung bedürfen und den Landesgesetzen unterstehen. Die verfassungsrechtlichen Voraussetzungen des Grundrechts der Privatschulfreiheit sollen gewährleisten, daß der schulische Standard gegenüber dem des öffentlichen Sektors nicht zurücksteht. Hintergrund ist die deutsche Bildungstradition maßgebender öffentlicher Anstalten, während z. B. im US-amerikanischen Schulsystem bis hinauf zu den Elite-Universitäten (Harvard, Yale, Princeton usw.) private Bildungsstätten herkömmlicherweise als besser gelten.

Erschließungsrecht → Bodenrecht

Ertragshoheit hinsichtlich des nationalen Steueraufkommens ist in der → Finanzverfassung des GG zwischen → Bund und → Ländern aufgeteilt.

Erziehung → Elternrecht

Europa → Vereintes Europa

Europäische Gemeinschaften sind → zwischenstaatliche Einrichtungen im Sinne des Art. 24 Abs. 1 GG, auf die der Bund durch → Gesetz → Hoheitsrechte übertragen kann. Diese Befugnis hängt eng zusammen mit der GG-Präambel, wonach das deutsche Volk von dem Willen beseelt ist, als gleichberechtigtes Glied in einem → vereinten Europa dem Frieden der Welt zu dienen. Infolge der internationalen Blockbildung nach dem Zweiten Weltkrieg blieben die Bemühungen um einen supranationalen Zusammenschluß auf westeuropäische Staaten begrenzt. Da eine umfassende → bundesstaatliche Vereinigung in absehbarer Zeit nicht erreichbar schien, tat man erste Schritte auf ein vereintes Europa hin durch Schaffung überstaatlicher Gemeinschaften namentlich im wirtschaftlichen Bereich. Dieser Einigungsprozeß Westeuropas begann im Jahre 1951 mit der Gründung der Europäischen Gemeinschaft für Kohle und Stahl (Montanunion). Durch die Römischen Verträge von 1957 wurden die → Europäische Wirtschaftsgemeinschaft und die Europäische Atomgemeinschaft geschaffen. Gründungsmitglieder der drei Europäischen Gemeinschaften – sie wurden später durch einen gemeinsamen Rat, eine gemeinsame Kommission und ein unmittelbar gewähltes Europäisches Parlament weiterentwickelt – waren Frankreich, Italien, Belgien, Luxemburg, die Niederlande und die Bundesrepublik Deutschland. Später traten hinzu Großbritannien, Irland und Dänemark (1973), Griechenland (1981), Portugal und Spanien (1986).

Europäische Gemeinschaftsabgaben („Abgaben im Rahmen der Europäischen Gemeinschaften") werden durch → Bundesfinanzbehörden verwaltet (Art. 108 I 1), das Aufkommen steht dem Bunde zu (Art. 106 I Nr. 7). Insbesondere die → Europäische Wirtschaftsgemeinschaft nimmt nach dem Gründungsvertrag das Recht in Anspruch, innerstaatliche Abgaben zur Marktordnung einzuführen.

Europäische Menschenrechtskonvention, ein → völkerrechtlicher Vertrag von 1950 mit späteren Zusatzprotokollen, hat nach Ratifikation (Art. 59 II) innerstaatlich nur den Rang eines Bundesgesetzes. Die dort verbürgten Grundfreiheiten sind keine Grundrechte im Verfassungssinn, können folglich nicht durch → Verfassungsbeschwerde geltend gemacht werden. Indessen kann jeder, der sich in einem der von der Konvention geschützten Rechte verletzt fühlt, nach Erschöpfung des innerstaatlichen → Rechtswegs die Europäische Kommission für Menschenrechte anrufen; in letzter Instanz entscheidet der Europäische Gerichtshof für Menschenrechte in Straßburg.

Europäische Wirtschaftsgemeinschaft, die für den Bürger wohl wichtigste der drei → Europäischen Gemeinschaften. Die Schaffung eines gemeinsamen Marktes im Gebiet der Mitgliedstaaten bezweckt folgende Freiheiten: Freier Warenverkehr, berufliche Freizügigkeit, freier Dienstleistungsverkehr und freier Kapitalverkehr. Dem freien Warenverkehr dienen ein gemeinsamer Außenzoll, Abbau der Binnenzölle, Aufhebung mengenmäßiger Beschränkungen beim Im- und Export, Abschaffung staatlicher Handelsmonopole und Angleichung der nationalen Gesetzgebung, besonders auf dem Gebiet des Wirtschafts- und Steuerrechts. Die Wirtschafts- und Zollunion soll durch eine gemeinsame Handelspolitik gegenüber Drittstaaten gestützt werden. Die Europäische Wirtschaftsgemeinschaft verfügt über eigene Organe mit politischen Aufgaben und rechtlichen Kompetenzen. Politisch führend ist der Ministerrat, dessen Mitglieder gegenüber ihren nationalen Parlamenten verantwortlich sind. Er bildet zusammen mit der Kommission das Machtzentrum der Gemeinschaft. Die Mitglieder der Kommission, der Spitze einer großen supranationalen Bürokratie, werden von den Regierungen der Mitgliedstaaten einvernehmlich für eine vierjährige Amtszeit bestellt. Sie sind der Versammlung, dem Europäischen Parlament, verantwortlich, das bestimmte Beratungs- und Kontrollbefugnisse, jedoch kein Rechtsetzungsrecht hat. Die rechtsprechende Gewalt im Rahmen der Gemeinschaftsverträge ist dem → Europäischen Gerichtshof anvertraut.

Europäischer Gerichtshof, ein aus elf Richtern bestehender Spruchkörper mit Sitz in Luxemburg, der über die Auslegung und Anwendung des → Europäischen Gemeinschaftsrechts entscheidet. Die Richter werden von den Regierungen der Mitgliedstaaten einvernehmlich für eine sechsjährige Amtszeit ernannt; gleiches gilt für die fünf Generalanwälte, die zur Unterstützung der Richter berufen sind. Der Europäische Gerichtshof ist in letzter Instanz hauptsächlich zuständig für Klagen von Mitgliedstaaten gegen die Kommission oder den Rat und für Klagen der Kommission gegen einen Mitgliedstaat, ferner auch für Klagen natürlicher und juristischer Personen, die sich durch Entscheidungen und Verordnungen der Gemeinschaftsorgane beschwert fühlen. Im Vorabentscheidungsverfahren kann der Gerichtshof von nationalen Gerichten angerufen werden, wenn es in einem anhängigen Verfahren auf die Auslegung der europäischen Verträge oder von Rechtsakten der Gemeinschaftsorgane ankommt.

Europäisches Gemeinschaftsrecht ist weder → internationales noch nationales Recht, sondern ein eigenartiger Bestand supranationaler Normen, die in den Gründungsverträgen der → Europäischen Gemeinschaften enthalten sind (primäres Gemeinschaftsrecht) oder von den Rechtssetzungsorganen der Gemeinschaft aufgrund der Verträge erlassen wurden (sekundäres Gemeinschaftsrecht). Zum Erlaß von Rechtsvorschriften, besonders in Form von Verordnungen, sind der Rat und die Kommission befugt, nicht aber das Parlament. Die Verordnungen sind allgemeinverbindlich und gelten unmittelbar in jedem Mitgliedstaat. Prüfungsmaßstab für ihre Gültigkeit sind allein die primären Verträge, die eine Art Verfassung der Gemeinschaften bilden. Die europäischen Verordnungen können, da sie keine Akte der deutschen → öffentlichen Gewalt sind, mit der → Verfassungsbeschwerde nicht unmittelbar angegriffen werden. Dabei ist es ohne Bedeutung, daß die europäische öffentliche Gewalt nur durch Mitwirkung der deutschen Staatsgewalt aufgrund der Ermächtigung des Art. 24 Abs. 1 entstehen konnte (BVerfGE 22, S. 297).

Europäisches Gemeinschaftsrecht und Grundgesetz eröffnen in ihrem wechselseitigen Verhältnis eine rechtsgeschichtlich völlig neue Dimension. Das vom klassischen → Völkerrecht verschiedene Gemeinschaftsrecht verdrängt in seinem gegenständlichen Anwendungsbereich das nationale Recht. Die vom GG legitimierte supranationale Hoheitsgewalt führt zu einer Relativierung des grundsätzlichen Primats des → Verfassungsrechts. Der einzelstaatsübergreifende Zweck der Europäischen Gemeinschaften erfordert den prinzipiellen Vorrang rechtsgültigen Gemeinschaftsrechts gegenüber kollidierenden Bestimmungen des nationalen Rechts. Dies gilt, von umstrittenen Ausnahmen abgesehen, auch gegenüber dem Verfassungsrecht der Mitgliedstaaten. Aus deutscher Sicht geht es hauptsächlich um das Problem, ob der durch die Ratio des Art. 24 Abs. 1 GG begründete Anwendungsvorrang des Gemeinschaftsrechts namentlich gegenüber den → Grundrechten durchgreift. Das BVerfG hatte zunächst entschieden, Art. 24 Abs. 1 gestatte nicht vorbehaltlos, ein verfassungsrechtliches Essentiale wie den Grundrechtsteil zu relativieren, zumal das Europäische Gemeinschaftsrecht noch eines kodifizierten Grundrechtskataloges entbehre (E 37, S. 279 ff.). Nachdem spätere Entscheidungen die Frage offenließen, hat das Verfassungsgericht schließlich seinen früheren Vorbehalt fallen lassen mit der Begründung, daß mittlerweile insbesondere der → Europäische Gerichtshof einen Grundrechtsschutz gewährleistet, der demjenigen des GG im wesentlichen entspricht. Demgemäß wird Gemeinschaftsrecht nicht mehr vom BVerfG am Maßstab der GG-Grundrechte überprüft (E 73, S. 381 ff.).

Europarecht → Europäisches Gemeinschaftsrecht

Ewigkeitsklausel → Unantastbarkeitsgarantien

Exekutive → Regierung → Verwaltung → Vollziehende Gewalt

Exterritorialität → Bundesgebiet

Extremistische Parteien, welche die → freiheitliche demokratische Grundordnung aktiv bekämpfen, können durch verfassungsgerichtliches Verbot aus dem politischen Prozeß ausgeschaltet werden (Art. 21 II). Hintergrund dieser → Parteiverbots-Bestimmung ist der Untergang der → Weimarer Republik im Strudel totalitärer Bewegungen. Die herkömmliche Liberalität auch gegenüber illiberalen Kräften hatte für den wehrlosen Verfassungsstaat eine selbstmörderische Konsequenz. Zur Sicherung der Freiheit vor der „Machtergreifung“ durch extremistische Parteien gleich welcher Couleur ist im GG das Prinzip der → streitbaren Demokratie verankert: die verfaßte Freiheit soll nicht den Feinden der Freiheit ausgeliefert werden.

F

Faires Verfahren ist für alle Prozeßarten verfassungsrechtlich verbürgt. Der Anspruch auf Fairneß ergibt sich aus den betroffenen Einzelgrundrechten, im übrigen aus dem → Rechtsstaatsprinzip in Verbindung mit der → allgemeinen Handlungsfreiheit. Das Gebot fairen Verfahrens gilt insbesondere für den Strafprozeß mit seinen potentiell einschneidenden Folgen für den Betroffenen. Diesem muß die Möglichkeit gegeben werden, zur Wahrung seiner Rechte auf den Gang des Verfahrens Einfluß zu nehmen, eventuell durch Beiordnung eines Pflichtverteidigers auf Staatskosten (BVerfGE 46, S. 210).

Fakultäten und Universitäten als Institutionen, denen Wissenschaft, Forschung und Lehre vornehmlich anvertraut sind, besitzen – ohne Rücksicht auf ihre sonstige Rechtsfähigkeit – Grundrechtsfähigkeit für die Freiheitsansprüche aus Art. 5 Abs. 3 GG (BVerfGE 15, S. 262).

Familie → Ehe und Familie

Feiertage → Sonn- und Feiertage

Fernmeldegeheimnis, wie das → Brief- und das → Postgeheimnis vom GG als grundsätzlich unverletzlich geschützt (Art. 10 I). Hier wie dort handelt es sich um eine Grundrechtsgarantie zur Abschirmung der Privatsphäre. Vom Fernmeldegeheimnis werden außer dem Fernsprech-, Telegramm- und Fernschreibverkehr auch die neueren Formen der Telekommunikation erfaßt. Betriebsbedingte Kenntnisnahmen durch Fernmeldebedienstete, die freilich der Pflicht zur Amtsverschwiegenheit unterliegen, fallen nicht unter den grundrechtlichen

Schutz. Das Fernmeldegeheimnis schützt den gesamten einschlägigen privaten und geschäftlichen Nachrichtenverkehr vor Eingriffen nicht nur der Postanstalten, sondern auch anderer Träger öffentlicher Gewalt einschließlich der Rechtspflege. Insoweit ist z. B. das Abhören von Telefongesprächen oder deren Speicherung auf Tonbändern verboten. Nicht nur der Inhalt der Telekommunikation ist grundrechtlich geschützt, sondern auch die näheren Umstände: ob und wann zwischen wem ein Fernmeldeverkehr stattgefunden hat oder versucht worden ist (BVerfGE 67, S. 171 f.). Indessen gibt es einen → Gesetzesvorbehalt (Art. 10 II 1). Demgemäß wurde das Grundrecht des Fernmelde-, Brief- und Postgeheimnisses aus bestimmten Gründen namentlich für Zwecke des Strafprozesses beschränkt. Der Gesetzesvorbehalt ist später zum Schutz der → freiheitlichen demokratischen Grundordnung oder des → Bestandes oder der Sicherung des Bundes oder eines Landes erweitert worden (Art. 10 II 2). In diesen Fällen ist für den Betroffenen statt des → Rechtsweges ausnahmsweise das Verfahren der → Abhörkontrolle vom GG vorgesehen.

Fernmeldewesen mitsamt dem sonstigen Postwesen wird in → bundeseigener Verwaltung geführt (Art. 87 I) und unterliegt der → ausschließlichen Gesetzgebung des Bundes (Art. 73 Nr. 7). Der Fernmeldebereich im Sinne dieser Vorschrift umfaßt nicht den Rundfunk als Ganzes, sondern nur das sendetechnische Gebiet mit Ausnahme der sog. Studiotechnik (BVerfGE 12, S. 225 f.). Zum Fernmeldewesen gehören, soweit diese Dinge überhaupt einer gesetzlichen Regelung zugänglich sind, sämtliche technischen Voraussetzungen, die für einen geordneten Betriebsablauf der Rundfunksender und des Empfangs der Sendungen erforderlich sind, z. B. Zuteilung der Wellenbereiche, Bestimmung von Standort und Sendestärke der Sender, Überwachung der Frequenzen und Einrichtung eines Stördienstes. Zu Vorschriften über die innere Organisation der Veranstalter von Rundfunksendungen ist der Bund nicht befugt. Dem „Fernmeldewesen“ unterfällt auch eine neue Technik wie die digitale Nachrichtenübertragung (BVerfGE 46, S. 120).

Fernsehfreiheit → Rundfunkfreiheit

Fernsprechverkehr → Fernmeldegeheimnis

Fernverkehr → Bundesstraßen des Fernverkehrs

Festnahmen → Freiheit der Person → Immunität

Feuerwehrdienst → Dienstleistungspflichten

Filmfreiheit ist neben der → Rundfunkfreiheit als eine Form der → Berichterstattungsfreiheit vom GG ausdrücklich garantiert (Art. 5 I 2). Dieses Grundrecht schützt die privatwirtschaftliche Sphäre der Produktion, des Verleihs und der Vorführung von Spiel-, Dokumentar- und anderen Filmen gegen hoheitliche Eingriffe jeder Art. Eine → Zensur findet nicht statt (Art. 5 I 3). Spielfilme künstlerischen Charakters genießen außerdem den Schutz der → Kunstfreiheit (Art. 5 III). Wie die anderen Grundrechte aus Art. 5 I GG findet auch die Filmfreiheit ihre verfassungsrechtliche Schranke in den → allgemeinen Gesetzen, in den gesetzlichen Bestimmungen zum → Jugendschutz und in dem Recht der persönlichen → Ehre (Art. 5 II).

Finanzausgleich, ein Bestandteil der → Finanzverfassung des grundgesetzlichen → Bundesstaates. Zusätzlich zur allgemeinen Verteilung des nationalen → Steueraufkommens zwischen Gesamtstaat und Gliedstaaten gibt es einen Ausgleich zwischen finanzschwachen und finanzstarken Ländern (→ horizontaler Finanzausgleich). Hinzukommen unter Umständen → Ergänzungszuweisungen des Bundes (vertikaler Finanzausgleich). Von diesen mit dem Prinzip der → Bundestreue verknüpften Verfassungsvorschriften ist der → kommunale Finanzausgleich zu unterscheiden.

Finanzbehörden → Bundesfinanzbehörden → Landesfinanzbehörden

Finanzgerichtsbarkeit, die → rechtsprechende Gewalt besonders auf dem Gebiet des Steuerrechts. Ihre prozessuale und organisatorische Ausgestaltung ist der → ausschließlichen, nicht an die Zustimmung des → Bundesrates geknüpften Gesetzgebungskompetenz des Bundes zugewiesen (Art. 108 VI). Das hierauf beruhende, von der Verwaltungsgerichtsordnung wesentlich beeinflußte Steuerprozeßrecht wird in erster Instanz durch Gerichte der Länder angewendet. An der Spitze der gesamten Finanzgerichtsbarkeit steht der → Bundesfinanzhof als ein oberster Gerichtshof des Bundes (Art. 95 I).

Finanzhilfen des Bundes an die Länder für besonders bedeutsame Investitionen der Länder und Gemeinden sind nur zulässig, wenn ihre Gewährung zur Abwehr einer Störung des gesamtwirtschaftlichen Gleichgewichts oder zum Ausgleich unterschiedlicher Wirtschaftskraft im Bundesgebiet oder zur Förderung des wirtschaftlichen Wachstums erforderlich ist. Das Nähere wird durch → Zustimmungsgesetz oder aufgrund des → Haushaltsgesetzes des Bundes durch → Verwaltungsvereinbarung geregelt (Art. 104 a IV). Eine rechtlich nicht begrenzte Finanzierungszuständigkeit des Bundes bei Länderaufgaben eröffnet dem Gesamtstaat mächtige Einwirkungsmöglichkeiten auf die Gliedstaaten, wodurch die → bundesstaatliche Verteilung der → Gesetzgebungs-, → Verwaltungs- und → Steuerertragskompetenzen sowie die → Eigenstaatlichkeit der Länder berührt werden. Die genannten investiven Bundeszuschüsse dürfen daher nur eine Ausnahme sein; der eigenverantwortliche Einsatz der Bundesmittel durch die Länder muß gewährleistet bleiben. Die besondere Finanzierungsbefugnis des Bundes aus Art. 104 a Abs. 4 GG ist kein Instrument der Investitionssteuerung zur Durchsetzung allgemeiner wirtschafts-, währungs-, raumordnungs- oder strukturpolitischer Ziele des Bundes in den Ländern (BVerfGE 39, S. 107 ff.).

Finanzhoheit → Finanzverfassung

Finanzminister → Bundesfinanzminister

Finanzmonopole unterliegen der → ausschließlichen Gesetzgebung des Bundes (Art. 105 I), sie werden von → Bundesfinanzbehörden verwaltet (Art. 108 I) und ihr Ertrag steht dem Bunde zu (Art. 106 I). Im Unterschied zum Verwaltungsmonopol versteht man unter einem Finanzmonopol das ausschließliche Recht des Staates, bestimmte Waren oder Leistungen auf den Markt zu bringen, und zwar aus dem hauptsächlichen Grund der Einnahmeerzielung für die öffentliche Hand. Von den beiden Finanzmonopolen, die das GG vorfand, ist das Zündwarenmonopol inzwischen abgeschafft und das Branntweinmonopol finanziell bedeutungslos geworden.

Finanzplanung gehört – neben der Festlegung von für Bund und Länder gemeinsam geltenden Grundsätzen des → Haushaltsrechts und der konjunkturgerechten → Haushaltswirtschaft – zu den Voraussetzungen einer modernen Wirtschafts- und Finanzpolitik. Die verfassungsrechtliche Grundlage hierfür gibt Art. 109 Abs. 3 GG. Die im Interesse der mehrjährigen Finanzplanung vorgesehene → Grundsatzgesetzgebungskompetenz des Bundes soll eine über die jeweilige Haushaltsperiode hinausweisende Steuerung der öffentlichen Haushaltswirtschaften unter Berücksichtigung der mutmaßlichen gesamtwirtschaftlichen Entwicklung ermöglichen. Gemeinsam geltende Finanzplanungsgrundsätze wurden insbesondere durch das → Stabilitätsgesetz aufgestellt. Der vom → Bundesfinanzminister jährlich auf den neuesten Stand zu bringende, vom Bundeskabinett zu beschließende und den gesetzgebenden Körperschaften mit dem Entwurf des → Haushaltsgesetzes vorzulegende Finanzplan ist eine Art Regierungsprogramm in Zahlen. Es enthält für einen mehrjährigen Zeitraum die voraussichtlichen Ausgaben und Deckungsmöglichkeiten im Blick auf die zu erwartende gesamtwirtschaftliche Leistungskraft.

Finanzreform → Bundesstaat

Finanzverfassung ist die Gesamtheit der Verfassungsnormen, die das finanzwirksame Staatshandeln bestimmen. Wegen der grundlegenden Bedeutung des „Finanzwesens" namentlich für den → Bundesstaat hat das GG, abweichend von seinem sonstigen System, die Hauptvorschriften dieses Sachbereichs in einem besonderen Kapitel zusammengefaßt (Abschnitt X: Art. 104a–115). Schon in den Beratungen des → Parlamentarischen Rates war dieser Teil der Verfassung ein Gegenstand langwieriger und kontroverser Erörterungen; insbesondere die Fragen der → Steueraufkommensverteilung und des → Finanzausgleichs sind bis heute ein verfassungspolitisches Dauerthema geblieben. Im Rahmen der föderalen Finanzordnung als Nervus rerum moderner Staatstätigkeit waren zwischen Gesamtstaat und Gliedstaaten vor allem die legislativen, exekutiven und judikativen Zuständigkeiten der → Steuergewalt zu regeln. Im Normsetzungsbereich unterscheidet das GG zwischen ausschließlicher und konkurrierender → Steuergesetzgebungskompetenz. Der administrativen Machtverteilung zwischen Gesamtstaat und Gliedstaaten dient die Zuordnung der → Steuerverwaltung auf → Bundesfinanzbehörden und → Landesfinanzbehörden, welch letztere teils in Form der → Bundesauftragsverwaltung tätig werden. Die Steuerrechtsprechung ist der → Finanzgerichtsbarkeit anvertraut. Da die Leistungsfähigkeit namentlich des → Sozialstaats entscheidend von seinem Finanzpotential abhängt, haben die verfassungsrechtliche Verteilung des → Steueraufkommens zwischen Bund und Ländern sowie der ergänzende → Finanzausgleich ein evidentes Gewicht. Neben dieser sog. Steuerverfassung enthält die Finanzverfassung des GG auch grundlegende Vorschriften über die Verteilung der staatlichen Ausgabelasten (Art. 104 a), über → Finanzhilfen des Bundes an die Länder, über → Haushaltsgrundsätze im Bundesstaat, über → Haushaltsplan und → Haushaltswirtschaft des Bundes, über → Rechnungslegung und → Rechnungsprüfung, über → Kreditaufnahmen und → Bürgschaftsübernahmen. Die Finanzverfassung der → Bundesrepublik Deutschland gilt für die Länder der früheren → DDR während einer Übergangszeit in der durch Art. 7 des → Einigungsvertrages modifizierten Form.

Finanzverwaltung, insbesondere die Verwaltung von → Steuern und → Zöllen, ist durch die → bundesstaatliche Kompetenzenordnung auf → Bundesfinanzbehörden und → Landesfinanzbehörden verteilt.

Finanzwesen → Finanzverfassung

Fiskalgeltung der Grundrechte betrifft die – von der → Drittwirkungsproblematik zu unterscheidende – Frage, ob die öffentliche Hand auch dann an die → Grundrechte gebunden ist, wenn sie nicht hoheitlich, sondern nur fiskalisch handelt. Fiskus in diesem Sinne ist der Staat als privatrechtliches Subjekt erwerbswirtschaftlicher Aktivitäten oder reiner Hilfsgeschäfte hoheitlichen Handelns wie etwa beim Kauf von Büroeinrichtungen, Dienstwagen, Heizöl usw. Keine fiskalische Tätigkeit solcher Art ist die öffentliche Verwaltung, die in privatrechtlichen Formen Aufgaben der modernen → Daseinsvorsorge erfüllt, z. B. durch den Betrieb von Elektrizitäts-, Gas- und Wasserwerken. Im schlichten Fiskalbereich handelt der Staat nicht einseitig kraft seiner Hoheitsmacht oder seiner → sozialstaatlichen Fürsorgepflicht, sondern wie ein privates Rechtssubjekt durch Vertrag im Rahmen der → allgemeinen Handlungsfreiheit. Ein Rechtsschutzbedürfnis für die Fiskalgeltung der Grundrechte besteht nicht, weil der Einzelne hier mit der öffentlichen Hand wie mit einer Privatperson in Geschäftsbeziehungen tritt. Mit diesem grundrechtsfreien Fiskalbereich nicht zu verwechseln ist ein gewisser Pseudo-Privatbereich der öffentlichen Hand: Diese kann sich aus ihrer Grundrechtsbindung nicht durch eine „Flucht ins Privatrecht“

lösen, indem sie etwa die Erfüllung öffentlicher Aufgaben auf private Rechtssubjekte überträgt.

Fiskus → Fiskalgeltung der Grundrechte

Flächennutzungsplan → Bauleitplanung

Flagge → Bundesfarben

Flüchtlinge und Vertriebene → Deutsche

Föderalismus (lat. ‚foedus' = Bund, Bündnis, Vertrag) als politischer Leitbegriff bestimmter Staatsstrukturvorstellungen ist in der deutschen Verfassungsgeschichte viel älter als die demokratische Idee. Bereits das Alte Reich (911–1806), der Norddeutsche Bund (1866–70) und das Kaiserreich (1871–1918) waren, wenngleich in recht unterschiedlicher Ausformung, bundesstaatlich aufgebaut, ehe die → Weimarer Verfassung von 1919 einen demokratischen → Bundesstaat in Deutschland konstituierte. Eine nichtföderale Staatenverbindung bildete der Deutsche Bund (1815–1866), der in der Schlußakte des Wiener Kongresses als → völkerrechtlicher Verein der souveränen deutschen Fürsten und Städte bezeichnet wurde. (→ Kooperativer Föderalismus)

Folgenbeseitigungsanspruch ist ein aus dem → Rechtsstaatsprinzip der → Gesetzmäßigkeit der Verwaltung abgeleiteter Anspruch des Einzelnen gegen eine → juristische Person des öffentlichen Rechts, insbesondere die nachteiligen tatsächlichen Folgen eines rechtswidrigen hoheitlichen Handelns zu beseitigen und den früheren Zustand wiederherzustellen. Der Folgenbeseitigungsanspruch richtet sich auf Entfernung einer Beeinträchtigung, nicht auf Ersatz wie z. B. der → Staatshaftungsanspruch.

Forschungsförderung, d. h. die Förderung von Einrichtungen und Vorhaben der wissenschaftlichen Forschung von überregionaler Bedeutung, ist eine → Gemeinschaftsaufgabe, bei der Bund und Länder aufgrund von Vereinbarungen, die auch die Kostenverteilung regeln, zusammenwirken können (Art. 91 b). Vor Einfügung dieser Vorschrift in das GG mochte es wegen der → Kulturhoheit der Länder zweifelhaft sein, ob die Förderung einschlägiger Institutionen – wie etwa der

Deutschen Forschungsgemeinschaft, des Wissenschaftsrates und der Max-Planck-Gesellschaft – von einer ungeschriebenen Bundeskompetenz gedeckt war.

Forschungsfreiheit → Wissenschaftsfreiheit

Forstwirtschaft, soweit es sich um die Förderung der einschlägigen Erzeugung sowie um die Ein- und Ausfuhr forstwirtschaftlicher Erzeugnisse handelt, ist Gegenstand der → konkurrierenden Gesetzgebung (Art. 74 Nr. 17).

Fortgeltung früheren Rechts → Vorkonstitutionelles Recht

Fraktion → Parlamentsfraktion

Fraktionszwang widerspricht dem verfassungsrechtlich gewährleisteten → freien Mandat (Art. 38 I 2). Unzulässig sind daher Sanktionen gegen einen abweichenden parlamentarischen Parteifreund, die den Bestand oder die Wahrnehmung seines Mandates beeinträchtigen. Hiervon zu unterscheiden sind die legitimen Bemühungen der Fraktionsführung, auf die Meinungsbildung der politisch befreundeten Abgeordneten argumentativ einzuwirken.

Frauen → Gleichberechtigungsgrundsatz

Freie Berufe → Ärzte → Rechtsanwälte

Freie Entfaltung der Persönlichkeit → Allgemeine Handlungsfreiheit

Freies Mandat, ein Rechtsprinzip der vom GG verfaßten repräsentativen → Demokratie. Die → Bundestagsabgeordneten sind Vertreter des ganzen Volkes, an Aufträge und Weisungen nicht gebunden und nur ihrem Gewissen unterworfen (Art. 38 I 2). Diese einer freiheitlichen Verfassungstradition entsprechende Grundsatznorm steht in einem gewissen Spannungsverhältnis zu der neuartigen GG-Bestimmung, daß die → Parteien bei der politischen Willensbildung des Volkes mitwirken (Art. 21 I). Das verfassungsrechtlich gewährleistete Institut der freien Repräsentation läßt keinen Raum für ein sog. imperatives Mandat, das den Volksvertreter wie einen Befehlsempfänger an Aufträge der Wählerschaft bindet. Ist der Abgeordnete einmal gewählt, so hat er von Verfassungs wegen die Rechte eines weisungsfreien Repräsentanten des Gesamtvolks. Diesem Freiheitsstatus entspricht es, daß der nur seinem Gewissen verpflichtete Abgeordnete während der Dauer des Mandates von der Wählerschaft nicht durch Mißtrauensvotum oder in anderer Weise abberufen werden kann. Um des Wohles der Gesamtheit und der Würde des Parlamentes willen genießt der freie Abgeordnete seinen Status der Unabhängigkeit in jeder Richtung: gegenüber dem Wahlvolk, den Interessengruppen, dem Staatsapparat und nicht zuletzt gegenüber seiner Partei. Die strikte Sphärentrennung zwischen politischer Parteizugehörigkeit und parlamentarischer Rechtsstellung gründet im Verfassungsprinzip des freien Mandats. Daraus folgt insbesondere, daß Parteiaustritt, Parteiausschluß oder Parteiwechsel eines Bundestagsabgeordneten seinen Status als Mandatsträger nicht berühren. Demgemäß sind auch Vereinbarungen oder Blankoverzichte hinsichtlich der Mandatsniederlegung rechtsunwirksam. Desgleichen widerspricht der sog. → Fraktionszwang dem Prinzip des freien Mandats.

Freiheit, ein → rechtsstaatliches Grundanliegen, hängt mit der Verfassungsgarantie der → Menschenwürde aufs engste zusammen. Freiheit ist eine unverzichtbare Bedingung humanen Daseins in Privatheit und Politik. Nach dem Untergang der → Weimarer Republik in der Tyrannis des → Dritten Reiches hat der Schutz der autonomen Sphäre des Einzelnen in den → Freiheitsgrundrechten des GG ein neues normatives Fundament erhalten. Die umfassende Entfaltungsmöglichkeit des Individuums ist ein Essentiale der verfaßten Rechtsstaatlichkeit mit ihren Garantien der Selbstverwirklichung des Menschen, eines Uranliegens abendländischer Kultur. Indessen ist, wie sich aus der Gesamtsicht der Grundrechte ergibt, die konstituierte Freiheit nicht schrankenlos. Dem entspricht das → Menschenbild des GG, das bei aller Freiheitlichkeit den Einzelnen nicht als selbstherrliches Individuum zeigt, sondern als eine in der Gemeinschaft stehende und ihr mannigfach verpflichtete eigenwertige Person (BVerfGE 33, S. 10). Das ewige Spannungsverhältnis zwischen Individuum und Gemeinschaft hat das GG im Sinne der Gemeinschaftsgebundenheit des freien Einzelnen entschieden. Der Gesetzgeber darf daher zur Förderung des sozialen Zusammenlebens die individuelle → Handlungsfreiheit einschränken, sofern nur der Eigenraum der Persönlichkeit gewahrt bleibt.

Freiheit Deutschlands → Einheit und Freiheit Deutschlands

Freiheit der Person ist ein Grundrecht von langer → rechtsstaatlicher Tradition. Habeas-Corpus-Freiheitsrechte lassen sich über die Bill of Rights zurückverfolgen bis zur Magna Charta Libertatum von 1215. Das GG garantiert – außer dem → Recht auf Leben und dem → Recht auf körperliche Unversehrtheit – für jedermann: Die Freiheit der Person ist unverletzlich (Art. 2 II 2). Freiheit der Person ist das → Menschenrecht auf körperliche Bewegungsfreiheit, in das der Staat nur aufgrund eines Gesetzes eingreifen darf (Art. 2 II 3). Wegen des hohen Ranges dieses Grundrechts als Basis menschlicher Entfaltungsmöglichkeiten (BVerfGE 35, S. 190) ist der Gesetzesvorbehalt namentlich für → Freiheitsentziehungen mit zusätzlichen verfassungsrechtlichen Garantien versehen (Art. 104). Wie bei allen Eingriffen von hoheitlicher Hand in die Freiheit des Einzelnen, ist stets die → Wesensgehaltsgarantie, der → Verhältnismäßigkeitsgrundsatz und das → Übermaßverbot zu beachten.

Freiheit der Wahl → Wahlrechtsgrundsätze

Freiheit und Gleichheit, zwei grundrechtliche Gewährleistungen, stehen in einem Spannungsverhältnis, das insbesondere dem richterlichen Verfassungsinterpreten zur Erreichung praktischer Konkordanz schwierige Entscheidungen abverlangt. Zum Urgegensatz beider Prinzipien sagt Goethe: „Gesetzgeber oder Revolutionärs, die Gleichsein und Freiheit zugleich versprechen, sind Phantasten oder Charlatans."

Freiheitliche demokratische Grundordnung, ein komplexer Verfassungsbegriff, den das GG ohne nähere Definition an verschiedenen wichtigen Stellen gebraucht. So knüpft es den Tatbestand der → Grundrechtsverwirkung daran, daß jemand bestimmte Grundrechte zum Kampf gegen die freiheitliche demokratische Grundordnung mißbraucht (Art. 18). → Parteiverbot droht → politischen Parteien, die darauf ausgehen, die freiheitliche demokratische Grundordnung zu beeinträchtigen oder zu beseitigen (Art. 21 II). Sonderkompetenzen für den Fall des sog. → inneren Notstandes dienen der Abwehr einer drohenden Gefahr für die freiheitliche demokratische Grundordnung des Bundes oder eines Landes (Art. 91). Ferner ist der Schutz der freiheitlichen demokratischen Grundordnung ein Rechtfertigungsgrund für die Beschränkung der → Freizügigkeit (Art. 11 II) und für das

Verfahren der → Abhörkontrolle (Art. 10 II). Schließlich begründet er besondere militärische Befugnisse der Bundesregierung (Art. 87 a IV) und die → ausschließliche Gesetzgebungszuständigkeit des Bundes für den → Verfassungsschutz (Art. 73 Nr. 10 b). All diese Verfassungsbestimmungen sind nur verständlich vor dem historischen Hintergrund des GG, dessen Väter aus dem Untergang der → Weimarer Republik gelernt hatten, daß Liberalität gegenüber den Feinden der Freiheit für den Verfassungsstaat tödliche Konsequenzen hat. In bewußter Abwehr von wertrelativistischer Duldsamkeit und wehrlosem Neutralismus, was der → Weimarer Reichsverfassung zum Verhängnis geworden war, hat sich das Grundgesetz für das Prinzip einer → streitbaren Demokratie entschieden. Demgemäß soll sich der freiheitlich demokratisch verfaßte Staat zur Wehr setzen können, wenn Einzelne oder politische Gruppen seine Grundlagen aktiv bekämpfen. Die von dem Schlüsselbegriff der freiheitlichen demokratischen Grundordnung erfaßten Prinzipien stimmen in ihrem Kern mit den Grundsätzen überein, die kraft der sog. → Ewigkeitsklausel jeder → Verfassungsänderung entzogen sind. Nach der wohlbegründeten Definition des BVerfG im SRP-Urteil (E2, S. 12 f.), die das KPD-Urteil ausdrücklich bestätigt hat (E5, S.140), ist die freiheitliche demokratische Grundordnung eine Staatsverfassung, die unter Ausschluß jeglicher Gewalt- und Willkürherrschaft eine rechtsstaatliche Ordnung auf der Grundlage der Selbstbestimmung des Volkes nach dem Willen der jeweiligen Mehrheit in Freiheit und Gleichheit darstellt. Zu den wesentlichen Prinzipien dieser Ordnung gehören mindestens: die Achtung vor den im Grundgesetz garantierten → Menschenrechten, zuvörderst vor dem → Recht auf Leben und → freie Entfaltung der Persönlichkeit; ferner die → Volksouveränität, die → Gewaltenteilung, die Verantwortlichkeit der → Regierung, die → Gesetzmäßigkeit der → Verwaltung, die → Unabhängigkeit der Gerichte, das → Mehrparteienprinzip und die → Chancengleichheit für alle → politischen Parteien mit dem Recht auf verfassungsmäßige Bildung und Ausübung einer → Opposition.

Freiheitsentziehung, d. h. die hoheitliche Beeinträchtigung der körperlichen Bewegungsfreiheit einer Person durch Festhalten an einem bestimmten Ort, ist durch grundsätzliche Garantien zugunsten des Betroffenen rechtsstaatlich normiert (Art. 104 II–IV). Auch weniger schwere Eingriffe in die → Freiheit der Person sind nur zulässig aufgrund eines förmlichen Gesetzes und unter Beachtung der darin vorgeschriebenen Formen (Art. 104 I). Diesem → Gesetzesvorbehalt genügen nur Rechtsformen, die im verfassungsmäßigen Gesetzgebungsverfahren zustande gekommen sind; eine → Rechtsverordnung ist kein „förmliches Gesetz". Daß Eingriffe in die persönliche Freiheit unter dem → Vorbehalt des Gesetzes stehen, folgt bereits aus einem ungeschriebenen → Rechtsstaatsgebot. Die Habeas-Corpus-Garantien des Art. 104 GG enthalten eine ausdrückliche Verbürgung jenes Prinzips und gewähren zugleich eine grundrechtsähnliche Position, die der Betroffene durch → Verfassungsbeschwerde geltend machen kann. Förmliche Gesetze, die zur Freiheitsbeschränkung oder gar zur Freiheitsentziehung ermächtigen, sind nur zum Schutz eines wichtigen Gemeinschaftsgutes legitim, auch müssen sie die zulässigen Freiheitseingriffe in berechenbarer und kontrollierbarer Weise regeln (BVerfGE 29, S. 196). Im konkreten Fall hat nur der → Richter über die Zulässigkeit und Fortdauer einer Freiheitsentziehung zu entscheiden. Bei jeder nicht auf richterlicher Anordnung beruhenden Freiheitsentziehung ist unverzüglich die richterliche Entscheidung herbeizuführen. Die Polizei darf aus eigener Machtvollkommenheit niemanden länger als bis zum Ende des Tages nach dem Ergreifen in Gewahrsam halten (Art. 104 II). Nähere Regelungen enthält das Gesetz über das gerichtliche Verfahren bei Freiheitsentziehungen: mit Vorschriften zur Unterbringung einer Person gegen ihren Willen oder im Zustande der Willenlosigkeit in einer Justizvollzugsanstalt, einem Haftraum, einer abgeschlossenen Verwahranstalt, einer abgeschlossenen Anstalt der Fürsorge oder einer abgeschlossenen Krankenanstalt. Außerdem regeln Polizeigesetze und die Strafprozeßordnung die Voraussetzungen, unter denen die persönliche Bewegungsfreiheit im Interesse der Gefahrenabwehr oder der Strafverfolgung beeinträchtigt werden kann. Das Grundgesetz hat im übrigen noch folgende Garantien zugunsten betroffener Personen festgelegt: Jeder, der wegen des Verdachts einer strafbaren Handlung vorläufig festgenommen wird, ist spätestens am Tage nach der Festnahme dem Richter vorzuführen. Dieser hat ihm die Gründe der Festnahme mitzuteilen, ihn zu vernehmen und ihm Gelegenheit zu Einwendungen zu geben. Der Richter ist verpflichtet, unverzüglich entweder einen mit Gründen versehenen schriftlichen Haftbefehl zu erlassen oder die Freilassung des Vorgeführten anzuordnen (Art. 104 III). Schließlich bestimmt das GG, daß von jeder richterlichen Entscheidung über die Anordnung oder Fortdauer einer Freiheitsentziehung unverzüglich ein Angehöriger des Festgehaltenen oder eine Person seines Vertrauens zu benachrichtigen ist (Art. 104 IV). Diese Vorschrift will verhindern, daß ein Mensch spurlos verschwindet, wie es in nichtrechtsstaatlichen Herrschaftssystemen leider immer wieder geschieht.

Freiheitsgrundrechte bilden – neben → Gleichheitsgrundrechten und → justiziellen Grundrechten – den Schwerpunkt der vom GG verbürgten → Grundrechte, an deren Spitze die Garantie der → Menschenwürde steht. Diese Grundrechte mit ihren Wurzeln in unverletzlichen und unveräußerlichen → Menschenrechten (Art. 1 II) schützen bestimmte Freiheitssphären, die nach historischer Erfahrung besonders gefährdet sind, durch spezielle Normen, deren inhaltliche Konkretisierung letztlich dem → Bundesverfassungsgericht obliegt. Folgende ausdrückliche Freiheitsgarantien seien hier hervorgehoben: → Allgemeine Handlungsfreiheit (Art. 2 I), → Recht auf Leben (Art. 2 II 1), → Recht auf körperliche Unversehrtheit (Art. 2 II 1), → Freiheit der Person (Art. 2 II 2), → Glaubensfreiheit (Art. 4 I), → Gewissensfreiheit (Art. 4 I), → Bekenntnisfreiheit (Art. 4 I), → Religionsausübungsfreiheit (Art. 4 II), → Meinungsfreiheit (Art. 5 I 1), → Informationsfreiheit (Art. 5 I 1), → Pressefreiheit (Art. 5 I 2), → Berichterstattungsfreiheit (Art. 5 I 2), → Rundfunkfreiheit (Art. 5 I 2), → Filmfreiheit (Art. 5 I 2), → Kunstfreiheit (Art. 5 III), → Wissenschaftsfreiheit (Art. 5 III), → Lehrfreiheit (Art. 5 III), → Versammlungsfreiheit (Art. 8 I), → Demonstrationsfreiheit (Art. 8 II), → Vereinigungsfreiheit (Art. 9 I), → Koalitionsfreiheit (Art. 9 III), → Briefgeheimnis (Art. 10 I), → Postgeheimnis (Art. 10 I), → Fernmeldegeheimnis (Art. 10 I), → Freizügigkeit (Art. 11 I), → Berufsfreiheit (Art. 12 I), → Unverletzlichkeit der Wohnung (Art. 13 I), → Eigentums- und Erbrechtsgarantie (Art. 14), → Parteifreiheit (Art. 21 I 2), → Wahlfreiheit (Art. 38 I) und → Religionsgesellschaftsfreiheit (Art. 140).

Freiheitsstrafen bestehen im zeitweiligen oder lebenslänglichen Entzug der körperlichen Bewegungsfreiheit. Sie werden aufgrund strafgerichtlicher Verurteilung in einer Justizvollzugsanstalt vollstreckt, wobei es die frühere Unterscheidung nach Zuchthaus, Gefängnis, Einschließung und Haft nicht mehr gibt. Soweit der Zweck des richtig verstandenen Strafvollzug es erfordert, muß der Strafgefangene auch weitere grundrechtsbeschränkende Maßnahmen hinnehmen, z. B. das Verbot des Bezugs bestimmter Presseerzeugnisse (BVerfGE 40, S. 284 f.). Die lebenslange Freiheitsstrafe für Mord, die den Täter streng genommen für immer aus der Gesellschaft der freien Bürger ausschließen soll, ist mit dem GG nur unter bestimmten Voraussetzungen vereinbar. Insbesondere muß dem zu „lebenslänglich" Verurteilten eine Chance verbleiben, je wieder der Freiheit teilhaftig zu werden, wobei die Möglichkeit einer → Begnadigung allein nicht genügt. Vielmehr gebietet das → Rechtsstaatsprinzip eine gesetzliche Regelung darüber, unter welchen Voraussetzungen und in welchem Verfahren die Vollstreckung einer lebenslangen Freiheitsstrafe ausgesetzt werden kann (BVerfGE 45, S. 187).

Freizügigkeit ist ein → Bürgerrecht, das allen → Deutschen im ganzen → Bundesgebiet zusteht (Art. 11). Das Grundrecht gewährt die Befugnis, sich aus beliebigen persönlichen, wirtschaftlichen oder sonstigen Gründen an jedem beliebigen Ort innerhalb des Staatsgebietes dauernd oder vorübergehend niederzulassen. In den Schutzbereich des freien Zugs fallen nicht die → Ausreisefreiheit und die → Auswanderungsfreiheit, die indessen von der allgemeinen Handlungsfreiheit gedeckt sind (BVerfGE 6, S. 34 f.). Eine weitergehende Freizügigkeit nach → europäischem Gemeinschaftsrecht genießen Staatsangehörige von EWG-Mitgliedstaaten mit ihren Rechten auf Einreise, Aufenthalt und Niederlassung im Gemeinschaftsgebiet. Die den Deutschen verfassungsrechtlich garantierte Freizügigkeit darf nur durch Gesetz oder aufgrund eines Gesetzes und nur für bestimmte Fälle, die das GG benannt hat, eingeschränkt werden (Art. 11 II).

Fremdenrecht, die Gesamtheit der für → Ausländer geltenden inländischen Rechtsnormen, ist vom Grundgesetz durch → Menschenrechte fundamentiert, während in älteren Zeiten der Fremde vielfach rechtlos war. Indessen hat der Gesetzgeber wegen der verfassungsrechtlichen Unterscheidung zwischen → Menschenrechten und → Bürgerrechten gegenüber Ausländern eine größere Gestaltungsfreiheit als gegenüber → Deutschen. Auch im Hinblick auf den menschenrechtlichen → Gleichheitssatz darf er differenzieren zwischen Personen mit und ohne deutsche → Staatsangehörigkeit. Das demokratische → Wahlrecht z. B. bleibt dem Ausländer versagt, solange er nicht deutscher Staatsangehöriger ist. Eine Gleichbehandlung von inländischen Staatsangehörigen und Fremden wird auch vom → Völkerrecht nicht gefordert; übrigens gehen die vom GG den Ausländern zugestandenen Grundrechte wesentlich über den völkerrechtlichen Mindeststandard hinaus. Einzelheiten des Ausländerrechts – wie Einreise, Aufenthalt, Ausweisung, Abschiebung und Asyl – regelt vor allem das Ausländergesetz. Zwar können sich auch Fremde auf die → allgemeine Handlungsfreiheit berufen, jedoch nur im Rahmen der → verfassungsmäßigen Ordnung. Demgemäß ist der Gesetzgeber grundsätzlich zu Vorschriften etwa über Aufenthalt und Ausweisung von Fremden befugt. Dabei hat er das → Rechtsstaatsprinzip zu beachten, insbesondere den → Verhältnismäßigkeitsgrundsatz (BVerfGE 35, S. 400).

Frieden der Welt → Präambel → Menschenrechte

Friedensgerichte anstelle der → ordentlichen Gerichtbarkeit, wie sie auf kommunaler Ebene in Baden-Württemberg eingerichtet waren, widersprachen der grundgesetzlichen Bestimmung, daß die → rechtsprechende Gewalt den → Richtern anvertraut ist (Art. 92). Sie verletzten das Recht auf den → gesetzlichen Richter (BVerfGE 10, S. 213).

Friedensregelungen durch völkerrechtliche Verträge → Verfassungsänderung

Friedensschluß erfordert, im Unterschied zur Feststellung und Beendigung des → Verteidigungsfalles, eine Entscheidung durch Bundesgesetz (Art. 115 l III).

Friedenswahrung → Kollektives Sicherheitssystem

Friedliche Ordnung in Europa → Hoheitsrechtsbeschränkung

Friedliche Versammlung → Demonstrationsfreiheit → Versammlungsfreiheit

Friedliches Zusammenleben der Völker → Verbot des Angriffskriegs

Fundamentale Verfassungsgrundsätze sind insbesondere die grundgesetzlichen Prinzipien der → Republik, der → Demokratie, des → Rechtsstaats, des → Sozialstaats und des → Bundesstaats. Ferner auch der Kernbereich der → Grundrechte sowie die Bestimmungen über das erschwerte Verfahren der → Verfassungsänderung und über die dem verfassungsändernden Gesetzgeber schlechthin entzogenen Grundsätze (→ Unantastbarkeitsgarantie).

Fürsorge → Sozialhilfe

G

Garantien → Bundesbürgschaften → Institutionelle Garantien

Gebiet → Bundesgebiet → Reichsgebiet

Gebietsänderungen durch Verschiebung der Außengrenzen des → Bundesgebietes unterliegen der → ausschließlichen Gesetzgebung des Bundes (Art. 73 Nr. 1), entsprechende → völkerrechtliche Verträge bedürfen der Zustimmung der gesetzgebenden Körperschaften (Art. 59 II). Das von der Gebietsänderung betroffene → Bundesland ist vor dem Abschluß des internationalen Vertrages rechtzeitig zu hören (Art. 32 II). Für die interne → Neugliederung des Bundesgebietes hat das GG besondere Bestimmungen getroffen (Art. 29).

Gebietskörperschaften sind → juristische Personen des öffentlichen Rechts mit eigener Hoheitsmacht über die → Bewohner ihres Gebietes. Beispiele: → Bund und Länder, → Gemeinden und → Landkreise.

Gebühren werden, im Unterschied zu → Steuern, als Entgelt für die Inanspruchnahme öffentlicher Verwaltungseinrichtungen geschuldet, z. B. die Post- und Fernmeldegebühren. Ihre Bemessung richtet sich nach dem Äquivalenzprinzip.

Gefahrenabwehr im polizei- und sicherheitsrechtlichen Sinn ist eine Staatsaufgabe, deren gesetzliche Regelung den → Ländern zusteht.

Gegendarstellungsrecht, ein aus der grundgesetzlichen Gewährleistung des → allgemeinen Persönlichkeitsrechts abgeleiteter Anspruch im Interesse der Selbstbestimmung des Einzelnen über die öffentliche Darstellung seiner Person. Unter den Gegebenheiten der modernen Massenkommunikation soll das Recht auf Gegendarstellung dem Betroffenen ein Mittel an die Hand geben, sich gegen einschlägige Verletzungen seiner Individualsphäre zu wehren. Derjenige, dessen Angelegenheiten in den Medien erörtert werden, kann kraft seines Schutzrechtes verlangen, an gleicher Stelle, mit der gleichen Publizität und vor demselben Forum mit einer eigenen Darstellung zu Wort zu kommen. Durch dieses Verteidigungsmittel vermag er sich unverzüglich und damit besonders wirksam zu schützen, während etwa daneben bestehende zivil- und strafrechtliche Formen des Persönlichkeitsschutzes meist erst zu einem Zeitpunkt effektiv werden, wenn der inkriminierte Vorgang in der Öffentlichkeit schon wieder vergessen ist. Würde man der von einer Darstellung in den Medien betroffenen Person den Rechtsanspruch auf Gegendarstellung versagen, so wäre sie zum bloßen Objekt öffentlicher Erörterung degradiert. Auch die verfahrensmäßige Ausgestaltung des Gegendarstellungsanspruches muß sich an den Maßstäben des verfassungsrechtlich geschützten allgemeinen Persönlichkeitsrechts orientieren (BVerfGE 63, S. 142 f.).

Gegenzeichnung im verfassungsrechtlichen Sinne bedeutet die Übernahme der politischen Verantwortung durch die → Bundesregierung für Handlungen des → Bundespräsidenten. Anordnungen und Verfügungen des Bundespräsidenten bedürfen zu ihrer Gültigkeit der Gegenzeichnung durch den → Bundeskanzler oder den zuständigen → Bundesminister. Dies gilt nicht für die Ernennung und Entlassung des Bundeskanzlers, für die → Bundestagsauflösung und für das Ersuchen an Regierungsmitglieder, nach Erledigung des Amtes die Geschäfte bis zur Ernennung eines Nachfolgers weiterzuführen (Art. 58). Wenn demnach grundsätzlich alle Akte des Staatsoberhauptes der Gegenzeichnung, d. h. der Billigung des Kanzlers oder des Ressortministers bedürfen, so zeigt sich hier deutlich die vom GG gewollte Bindung des Präsidenten an die Politik der Regierung. Es entspricht dem Sinn und Zweck des geltenden Verfassungssystems, daß der Bundespräsident als parlamentarisch verantwortungsfreies Staatsorgan nicht Träger einer eigenständigen politischen Entscheidung sein kann. Die Gegenzeichnung wurde im konstitutionell-monarchischen Staatsrecht entwickelt und diente damals einer Harmonisierung der Vorstellung von der Unantastbarkeit des Königs mit der rechtsstaatlichen Forderung nach umfassender Verantwortlichkeit der Staatsgewalt. Nicht nur Anordnungen und Verfügungen rechtsförmlicher Art bedürfen der Gegenzeichnung nach Art. 58 GG. Da das Staatsoberhaupt in keinerlei Gegensatz zur demokratisch verantwortlichen Regierung geraten soll, sind alle politisch bedeutsamen Präsidialakte mit dem Kanzler oder dem zuständigen Kabinettsmitglied abzustimmen. Zu den einschlägigen, einer „Gegenzeichnung" bedürftigen Handlungen können auch Reden, Vorträge, Aufsätze, Interviews und offizielle Essen des Bundespräsidenten gehören.

Geheimdiplomatie → Außenpolitik

Geheime Wahl → Wahlrechtsgrundsätze

Geheimnis → Briefgeheimnis → Fernmeldegeheimnis → Postgeheimnis

Geheimsphäre → Allgemeines Persönlichkeitsrecht → Aussageverweigerungsrecht

Gehör → Anhörung → Rechtliches Gehör

Geiselnahmen mit der erpresserischen Forderung der Entführer, inhaftierte Beschuldigte oder Straftäter im Austausch gegen den Entführten freizulassen, sind von den zuständigen staatlichen Stellen nach ihrem pflichtgemäßen, verfassungsrechtlich nicht in bestimmter Weise determinierten Ermessen zu behandeln. Entscheiden sich die Verantwortlichen zum Schutze des Lebens der Geisel für die Freilassung der Häftlinge, so bleiben sie von Verfassungs wegen gehalten, alle zumutbaren Anstrengungen zur Wiederergreifung der freigepreßten Personen und zur Fortsetzung des Straf- oder Strafvollstreckungsverfahrens zu unternehmen (BVerfGE 46, S. 223 f.).

Geldleistungsgesetze → Bundesausgaben

Geldleistungspflichten → Abgaben → Steuern

Geldstrafen setzen, nicht anders wie → Freiheitsstrafen, Schuld des Täters voraus. Der Grundsatz „nulla poena sine culpa“ hat Verfassungsrang (BVerfGE 20, S. 323).

Geldumlauf → Bundesbank

Geldwesen → Währungswesen

Gemeinden sind zum Staatsbereich der → Länder gehörende → Gebietskörperschaften mit weitgehendem Selbstverwaltungsrecht. Die Grundstrukturen des politischen und administrativen Lebens auf kommunaler Ebene werden von der Bundesverfassung garantiert. Wie in den Ländern und → Kreisen muß auch in den Gemeinden das Volk eine Vertretung haben, die aus → allgemeinen, → unmittelbaren, → freien, → gleichen und → geheimen Wahlen hervorgegangen ist. An die Stelle einer gewählten Körperschaft kann die Gemeindeversammlung treten (Art. 28 I 2 u. 3). Den Gemeinden muß das Recht gewährleistet sein, alle Angelegenheiten der örtlichen Gemeinschaft im Rahmen der Gesetze in eigener Verantwortung zu regeln (Art. 28 II 1). Diese → institutionelle Garantie der gemeindlichen Selbstverwaltung in ihrer überkommenen Eigenart ist bindend für die Staatsgewalt in → Bund und Ländern. Insbesondere die Gesetzgeber haben den verfassungsrechtlich geschützten kommunalen Hoheitsbereich zu achten und zu fördern. Freilich sichert das GG nicht den Fortbestand der bei seinem Inkrafttreten vorhandenen Gemeinden: Durch Gesetz können in verfassungskonformer Weise einzelne Gemeinden aufgelöst, mit anderen vereinigt oder in ihren Gebietsgrenzen verändert werden. Zwar ist die kommunale Selbstverwaltung nur „im Rahmen der Gesetze“ garantiert, doch würde es der Bedeutung dieser verfassungsrechtlichen Gewährleistung nicht gerecht, ihre sachliche Reichweite im Einzelfall der beliebigen Entscheidung des Gesetzgebers anheimzustellen. Insbesondere Gemeinden, denen durch Gesetz ein Sonderopfer im Verhältnis zu anderen Gemeinden auferlegt wird, können sich mittels der → Verfassungsbeschwerde zur Wehr setzen. Eingriffe des Bundes oder der Länder in den von Art. 28 Abs. 2 GG geschützten Bereich haben vor allem auch den → Verhältnismäßigkeitsgrundsatz und das → Willkürverbot zu beachten (BVerfGE 56, S. 313).

Gemeindesteuern im Sinne einer mindestens anteiligen → Steuerertragshoheit der Kommunen sind insbesondere die → Gemeinschaftssteuern (Art. 106 III, V und VII) sowie die → Realsteuern und die örtlichen → Verbrauch- und Aufwandsteuern (Art. 106 VI).

Gemeindeverbände haben im Rahmen ihres gesetzlichen Aufgabenbereichs nach Maßgabe der Gesetze das Recht der → Selbstverwaltung (Art. 28 II 2). Die hier angesprochenen → juristischen Personen des öffentlichen Rechts sind → Gebietskörperschaften, angesiedelt zwischen den Kommunen und den → Ländern. Im Unterschied zu den → Gemeinden fehlt ihnen die grundsätzliche Allzuständigkeit in ihrem Hoheitsgebiet (BVerfGE 21, S. 128 f.). Gemeindeverbände – je nach Landesrecht z. B. Kreise, Bezirke, Landschaftsverbände, Ämter und Samtgemeinden – dienen der Erfüllung öffentlicher Aufgaben, die übergemeindliche Kompetenz und Leistungskraft erfordern. Das GG weist ihnen bestimmte Steuererträge zu (Art. 106), doch finanziell fällt stärker ins Gewicht die sog. Kreisumlage der Gemeinden gemäß → Landesrecht.

Gemeindeverfassung kann je nach → Landesrecht unterschiedlich gestaltet sein. Sie muß aber von Bundesverfassungs wegen, wenn keine Gemeindeversammlung besteht, eine Volksvertretung vorsehen, die aus → allgemeinen, → unmittelbaren, → freien, → gleichen und → geheimen Wahlen hervorgeht (Art. 28 I 2).

Gemeineigentum → Sozialisierung

Gemeine Gefahr, ein Rechtfertigungsgrund für unmittelbare Eingriffe in das Grundrecht der → Unverletzlichkeit der Wohnung (Art. 13 III). Derartige (allgemeine) Gefahrensituationen sind z. B. gegeben bei Überschwemmungen, Feuerkatastrophen und Explosionsunglücken, von denen unbestimmt viele Menschen oder Sachgüter betroffen werden.

Gemeinsamer Ausschuß, eine Art Notparlament der → Bundesrepublik im → Verteidigungsfall. Diesem besonderen Verfassungsorgan sind für den Kriegsfall unter bestimmten Voraussetzungen die Kompetenzen von → Bundestag und → Bundesrat einheitlich übertragen (Art. 115 e I). Allerdings darf das GG durch ein Gesetz des Gemeinsamen

Ausschusses weder geändert noch ganz oder teilweise außer Kraft oder außer Anwendung gesetzt werden (Art. 115 e II). Der bereits im Frieden von der → Bundesregierung über ihre Planungen für den Verteidigungsfall zu unterrichtende Gemeinsame Ausschuß besteht zu zwei Dritteln aus → Bundestagsabgeordneten, zu einem Drittel aus Bundesratsmitgliedern. Jedes → Bundesland wird durch ein von ihm bestelltes, in dieser Mission nicht an Weisungen gebundenes Bundesratsmitglied vertreten. Die vom Bundestag nach dem Stärkeverhältnis der → Fraktionen bestimmten Ausschußmitglieder dürfen nicht der Bundesregierung angehören (Art. 53 a).

Gemeinsamer Markt → Europäische Wirtschaftsgemeinschaft

Gemeinsamer Senat der → obersten Gerichtshöfe des Bundes ist ein vom GG zur Wahrung der → Einheitlichkeit der Rechtsprechung vorgesehener Spruchkörper (Art. 95 III).

Gemeinschaftsaufgaben sind bestimmte Staatsaufgaben der Länder, bei deren Erfüllung der Bund mitwirkt, wenn diese Aufgaben für die Gesamtheit bedeutsam sind und die Mitwirkung des Bundes zur Verbesserung der Lebensverhältnisse erforderlich ist (Art. 91 a). Diese Form bundesstaatlicher Kooperation wird vom GG auf folgende Gebiete begrenzt: Ausbau und Neubau von Hochschulen einschließlich der Hochschulkliniken; Verbesserung der regionalen Wirtschaftsstruktur; Verbesserung der Agrarstruktur und des Küstenschutzes (Art. 91 a I Nr. 1–3). Die Besonderheit dieses durch das Finanzreformgesetz von 1969 eingeführten verfassungsrechtlichen Instituts liegt in der ausdrücklichen Überwindung einer starren Kompetenztrennung bei der Verteilung staatlicher Aufgaben und Finanzlasten zwischen → Bund und Ländern. Dahinter stand die Überzeugung, daß über den ungeschriebenen Grundsatz der → Bundestreue hinaus für eine erfolgreiche Wirksamkeit des → Bundesstaates unter modernen Bedingungen neue Formen eines → kooperativen Föderalismus erforderlich sind. Die nähere Bestimmung jener Gemeinschaftsaufgaben, die Grundsätze für ihre Erfüllung sowie Vorschriften über das Verfahren und eine gemeinsame Rahmenplanung hat das GG dem Gesetzgeber überlassen (Art. 91 a II und III). Die Richtlinien der Kostenverteilung zwischen Gesamtstaat und Gliedstaaten sind von der Verfassung festgelegt (Art. 91 a IV). Ein anderes Gebiet von Gemeinschaftsaufgaben ist das vertragliche

Gemeinschaftsrecht

Zusammenwirken des Bundes und der Länder bei der → Bildungsplanung und der wissenschaftlichen → Forschungsförderung. Auch die Aufteilung der Kosten wird hier durch Vereinbarung geregelt (Art. 91 b).

Gemeinschaftsrecht → Europäisches Gemeinschaftsrecht → Europäisches Gemeinschaftsrecht und Grundgesetz

Gemeinschaftsschulen → Bekenntnisschulen

Gemeinschaftssteuern, ein vom GG bei der → Steueraufkommensverteilung gebrauchter Begriff (Art. 106 III). Er umfaßt die → Einkommensteuer, die → Körperschaftssteuer und die → Umsatzsteuer, deren Ertrag dem Bund und den Ländern gemeinsam zusteht, soweit das Aufkommen der Einkommensteuer nicht anteilig den Gemeinden zugewiesen ist (Art. 106 V). Während sonst die schwierigen Fragen der sog. Steuerertragshoheit im Prinzip so behandelt werden, daß das GG für bestimmte Steuerarten jeweils dem Bund oder den Ländern das Aufkommen allein zuteilt (Trennsystem), beteiligt es an den „großen" Steuern den Bund und die Länder gemeinsam (Verbundsystem); hinzutreten die Vorschriften über den → Finanzausgleich. Von besonderer Bedeutung für die föderale Finanzordnung sind die Bestimmungen über die Gemeinschaftssteuern, da sie mehr als zwei Drittel des gesamten Steueraufkommens erbringen. Während das GG bei der Einkommen- und Körperschaftssteuer die paritätische Ertragsbeteiligung von Bund und Ländern selbst festgelegt hat, ist die – aus naheliegenden Gründen ständig umstrittene – Beteiligung am Umsatzsteuerertrag dem Bundesgesetzgeber mit Zustimmung des → Bundesrates überlassen, wobei bestimmte Direktiven der Verfassung zu beachten sind (Art. 106 III und IV).

Gemeinwirtschaft → Sozialisierung

Gemeinwohl → Allgemeinwohl

Gerechtigkeit ist ein ideales Ziel der → gesetzgebenden und → rechtsprechenden Gewalt im → Rechtsstaat des GG. Da die Idee der Gerechtigkeit nicht unmittelbar zu verwirklichen und überdies ihr Inhalt für die unterschiedlichsten philosophischen Deutungen offen ist, kann aus praktischen Gründen der Gerechtigkeitsgehalt von staatlichen Rechtsakten kaum anders als an grundlegenden Verfassungsnormen gemessen werden. Insbesondere mit den → Grundrechtsgarantien und den materialen Rechtsstaatsprinzipien hat das GG bindende Gerechtigkeitsmaßstäbe für den Gesetzgeber aufgestellt. Indessen ist nicht nur Rechtsrichtigkeit, sondern auch Rechtssicherheit ein Gebot geltender Rechtsstaatlichkeit. Beide Forderungen können miteinander in Konflikt geraten. Dann muß sich der Gesetzgeber entscheiden, welchem der beiden Aspekte er den Vorzug geben will. Geschieht dies in willkürfreier Weise, so ist seine Entscheidung verfassungsrechtlich nicht zu beanstanden (BVerfGE 25, S. 290). (→ Steuergerechtigkeit.)

Gerichte sind besondere, von → Legislative und → Exekutive geschiedene Staatsorgane zur Ausübung der → rechtsprechenden Gewalt. Der einheitliche Gerichtsbegriff des GG setzt voraus, daß alle Mitglieder eines Spruchkörpers – Berufsrichter wie Laienrichter – sachlich unabhängig und nur dem Gesetz unterworfen sind. Die berufsrichterlichen Mitglieder müssen grundsätzlich hauptamtlich und planmäßig endgültig angestellt sein; die Heranziehung von Richtern auf Probe oder auf Widerruf ist nur aus zwingenden Gründen, insbesondere zur notwendigen Nachwuchsheranbildung verfassungsrechtlich vertretbar (BVerfGE 4, S. 344 f.). Inwieweit die → Richter rechtsgelehrt oder hauptberuflich tätig sein müssen, überläßt das GG dem Gesetzgeber, der von der Hinzuziehung ehrenamtlicher Laienrichter – z. B. im Schöffengericht, Schwurgericht oder in der Kammer für Handelssachen – seit jeher Gebrauch gemacht hat. Entsprechend dem föderalen Staatsgefüge gibt es Gerichte des Bundes und der Länder (Art. 92), die in verschiedenen Gerichtszweigen und Instanzenzügen judizieren; an der Spitze der einzelnen Gerichtsbarkeiten stehen die → obersten Gerichtshöfe des Bundes (Art. 95).

Gerichte für besondere Sachgebiete können – im Unterschied zu verfassungswidrigen → Ausnahmegerichten – durch Gesetz errichtet werden (Art. 101 II). Zu dieser fachbezogenen Sondergerichtsbarkeit mit abstrakt-generell bestimmten Zuständigkeitsbereichen gehören u. a. die → Verwaltungsgerichtsbarkeit, → Finanzgerichtsbarkeit, → Arbeitsgerichtsbarkeit, → Sozialgerichtsbarkeit, → Patentgerichtsbarkeit, → Wehrstrafgerichtsbarkeit und → Ehrengerichtsbarkeit.

Gerichtlicher Rechtsschutz → Richterlicher Rechtsschutz → Rechtsweggarantie

Gerichtshöfe → Oberste Gerichtshöfe des Bundes

Gerichtsverfassung, d. h. die staatsverfassungsmäßige innere Organisation der → Gerichte, ist Gegenstand der → konkurrierenden Gesetzgebung (Art. 74 Nr. 1).

Gesamtstaat → Bundesstaat

Gesamtwirtschaftliches Gleichgewicht ist ein verfassungsrechtlich vorgegebenes Ziel, das → Bund und Länder bei ihrer → Haushaltswirtschaft zu beachten haben (Art. 109 II). Früher war das staatliche Budgetgebaren primär an der Bedarfsdeckung orientiert, gesamtwirtschaftliche Implikationen wurden kaum bedacht. Die Rücksicht auf das gesamtwirtschaftliche Gleichgewicht wird vom GG auch in anderen Bereichen gefordert, z. B. bei der Gewährung von → Finanzhilfen des Bundes an die Länder (Art. 104 a IV) oder bei Kreditaufnahmen des Bundes (Art. 115 I). Der unbestimmte, für neue wirtschaftswissenschaftliche Erkenntnisse offene Verfassungsbegriff „gesamtwirtschaftliches Gleichgewicht" ist im Stabilitätsgesetz konkretisiert. Danach sind die einschlägigen Maßnahmen so zu treffen, daß sie im Rahmen der marktwirtschaftlichen Ordnung gleichzeitig zur Stabilität des Preisniveaus, zu einem hohen Beschäftigungsstand und außenwirtschaftlichen Gleichgewicht bei stetigem und angemessenem Wirtschaftswachstum beitragen. Ob dieses ‚magische Viereck' im dynamischen Prozeß der Gesamtwirtschaft je optimal zu verwirklichen ist, muß hier dahingestellt bleiben.

Gesandte zu beglaubigen und zu empfangen, ist Sache des → Bundespräsidenten, der den Bund, vorbehaltlich der → Gegenzeichnung, völkerrechtlich vertritt (Art. 59 I). Unter Gesandten versteht das GG alle beim Staatsoberhaupt akkreditierten Missionschefs von Staaten oder → internationalen Organisationen, nicht aber bloße Geschäftsträger oder Leiter von Handelsdelegationen. Die präsidialen Aufgaben des diplomatischen Verkehrs sind großenteils an das Auswärtige Amt delegiert.

Geschäftsführende Regierung als Überbrückung nach → Erledigung des Amtes des → Bundeskanzlers oder eines → Bundesministers bis zur Ernennung eines Nachfolgers ist eine Notwendigkeit der Staatspraxis. Die erforderliche Regierungskontinuität macht das Ersuchen um Weiterführung der Geschäfte (Art. 69 III) nachgerade zur Pflicht des hierfür zuständigen Verfassungsorgans.

Geschäftsgeheimnisse → Ausschluß der Öffentlichkeit

Geschäftsordnungen, insbesondere des → Bundestages und des → Bundesrates in Wahrnehmung der → autonomen Rechte der gesetzgebenden Körperschaften, haben keinen Gesetzesrang, so daß geschäftsordnungswidrig zustande gekommene Parlamentsbeschlüsse gültig sind.

Geschlecht → Diskriminierungsverbote → Besondere Gleichheitssätze → Gleichberechtigungsgrundsatz

Gesellschaft → Daseinsvorsorge

Gesetz → Allgemeine Gesetze → Bundesgesetz → Einspruchgesetze → Einzelfallgesetze → Gesetzesbegriffe

Gesetz und Recht sind bindend für die → vollziehende und die → rechtsprechende Gewalt (Art. 20 III). Mit diesem Verfassungssatz wird ein schlichter Gesetzespositivismus verneint. Vielmehr will das GG bewußt halten, daß → Gesetz und → Recht und → Gerechtigkeit zwar im → Rechtsstaat grundsätzlich harmonieren, daß dies aber nicht notwendigerweise geschieht. Die geschriebenen Gesetze sind immer nur Annäherungen an das Recht in einem idealen Sinn. Auch kann das gesetzte Recht in seinen Regelungen nie ganz lückenlos sein, doch der angerufene → Richter darf sich der Entscheidung des Falles nicht entziehen. Seine notfalls rechtschöpferische Tätigkeit hat sich freizuhalten von jeder willkürlichen Dezision. Sie muß sich vielmehr rational vollziehen nach den Leitprinzipien der Verfassung, den allgemeinen Gerechtigkeitsvorstellungen und der praktischen Vernunft (BVerfGE 34, S. 286 f.).

Gesetzesbegriffe gibt es viele in Philosophie, Rechtsgeschichte und geltendem Recht. Praktisch bedeutsam ist immer noch die überkommene, den Vätern des GG bewußte Unterscheidung von materiellem und formellem Gesetz. Vereinfacht ausgedrückt ist Gesetz im materiellen Sinne jede Rechtsnorm, d. h. jede hoheitlich garantierte, an abstrakte Tatbestände geknüpfte Festlegung von Rechtsfolgen für eine unbestimmte Zahl von Fällen. Diesem weiten Gesetzesbegriff unterfallen außer den allermeisten formellen Gesetzen insbesondere auch → Rechtsverordnungen, → Satzungen und → Gewohnheitsrecht. Gesetz im formellen Sinne ist demgegenüber jeder im verfassungsmäßigen → Gesetzgebungsverfahren zustande gekommene Willensakt des Parlaments, der im → Bundesstaat als → Bundesgesetz oder → Landesgesetz in Erscheinung tritt. Das Wort „Gesetz“ kommt, allein oder in Wortkombinationen, etwa dreihundertmal im Grundgesetz vor. Was damit jeweils gemeint ist, erschließt sich nur der → Verfassungsauslegung, sofern nicht ausnahmsweise von einem „förmlichen“ Gesetz (Art. 104 I 1) oder von der „Form“ eines Bundesgesetzes (Art. 59 II 1) ausdrücklich die Rede ist.

Gesetzesbeschluß ist die → Beschlußfassung des → Bundestages über eine → Gesetzesvorlage im Rahmen des → Gesetzgebungsverfahrens (Art. 77 I 1). Nach ihrer Annahme sind die → Bundesgesetze durch den → Bundestagspräsidenten unverzüglich dem → Bundesrat zuzuleiten. Der Gesetzesbeschluß des Parlaments enthält neben der Festlegung des Gesetzestextes auch den Gesetzesbefehl.

Gesetzesinitiative bezeichnet das verfassungsmäßige Recht, → Gesetzesvorlagen mit der Folge einzubringen, daß die gesetzgebende Versammlung darüber beraten und beschließen muß. Ein plebiszitäres, etwa durch Volksbegehren auszuübendes Initiativrecht ist dem GG fremd. Vielmehr werden Gesetzesvorlagen beim → Bundestage ausschließlich durch die → Bundesregierung, aus der Mitte des Bundestages oder durch den → Bundesrat eingebracht (Art. 76 I). Der Wortlaut „aus der Mitte des Bundestages“ bedeutet nicht, daß dem Parlament als solchem die Gesetzesinitiative zusteht. Vielmehr hat dieses Recht eine Gruppierung von → Bundestagsabgeordneten, deren zahlenmäßige Bestimmung das GG der parlamentarischen → Autonomie überlassen hat (BVerfGE 1, S. 153). Nach der → Geschäftsordnung des Bundestages müssen Gesetzentwürfe aus seiner Mitte von einer → Fraktion oder von fünf von Hundert der Parlamentsmitglieder unterzeichnet sein. Gesetzesvorschläge der Bundesregierung hat das Kabinett als Kollegium zu beschließen; Gesetzesvorlagen des Bundesrates bedürfen eines → Beschlusses mit mindestens der Mehrheit seiner Stimmen (Art. 52 III 1). In der Gesetzgebungspraxis fällt das Initiativrecht der Regierung am stärksten ins Gewicht; Kabinettsvorlagen fußen meist auf einem Referentenentwurf des zuständigen Ressorts.

Gesetzeskraft hat eine Entscheidung des → Bundesverfassungsgerichts im Verfahren der → abstrakten und → konkreten Normenkontrolle, wenn die geprüfte Rechtsform wegen Unvereinbarkeit mit höherrangigem Recht für nichtig erklärt wird. Da diese Entscheidung grundsätzlich ex tunc wirkt, d. h. die betreffende Rechtsnorm von Anfang an nichtig macht, wird allen darauf beruhenden Staatsakten – Rechtsverordnungen, Gerichtsurteilen und Verwaltungsakten – nachträglich die Rechtsgrundlage entzogen. Die hieraus entstehenden Probleme hat das BVerfG-Gesetz in rechtsstaatskonformer Weise zu lösen versucht.

Gesetzesvorbehalt nennt man, im Unterschied zum → Vorbehalt des Gesetzes, insbesondere die verfassungsrechtliche Ermächtigung des → Gesetzgebers zur → Grundrechtsbeschränkung. So kann z. B. die → Versammlungsfreiheit durch Gesetz oder auf Grund eines Gesetzes für Versammlungen unter freiem Himmel beschränkt werden (Art. 8 II).

Gesetzesvorlagen sind schriftliche, meist mit Begründung versehene Textvorschläge, die in Ausübung der → Gesetzesinitiative eingebracht werden.

Gesetzgebende Gewalt ist die verfassungsmäßige Befugnis des → Gesetzgebers zum Erlaß von → Gesetzen.

Gesetzgebende Körperschaften des Bundes sind nach dem GG der → Bundestag und der → Bundesrat.

Gesetzgeber im engeren Sinne ist der → Bundestag, da die Länder durch den → Bundesrat bei der → Gesetzgebung des Bundes lediglich mitwirken (Art. 50). Jedoch setzt das → Zustandekommen eines vom Bundesparlament beschlossenen Gesetzes voraus, daß die verfassungsmäßigen Mitwirkungsrechte der Gliedstaaten gewahrt sind (Art. 78).

Gesetzgebung als die Ausübung der → gesetzgebenden Gewalt hat das GG nach dem rechtsstaatlichen Grundsatz der → Gewaltenteilung den → gesetzgebenden Körperschaften als „besonderen Organen" übertragen (Art. 20 II 2). Die Gesetzgebung ist an die → verfassungsmäßige Ordnung gebunden (Art. 20 III). Durch den Primat der Verfassung wird das → demokratische Mehrheitsprinzip → rechtsstaatlich gemäßigt. Nicht nur die inhaltlichen, sondern auch die kompetenz- und verfahrensrechtlichen Vorschriften des GG sind von der Gesetzgebung zu beachten. Ein Bundesgesetz kann daher nur gültig zustande kommen, wenn der Bund die → Gesetzgebungskompetenz hat und die Bestimmungen des → Gesetzgebungsverfahrens einschließlich der → Ausfertigung und → Verkündung beachtet sind. Erst recht darf der Gesetzesbeschluß nicht gegen materielle Verfassungsgebote verstoßen, z. B. gegen das → Rechtsstaatsprinzip oder gegen → grundrechtliche Garantien. Die Verfassungsmäßigkeit der Gesetzgebung unterliegt dem → richterlichen Prüfungsrecht, in letzter Instanz der Kontrolle des → Bundesverfassungsgerichts.

Gesetzgebungsaufträge finden sich in verschiedenen Vorschriften der Verfassung. So sind z. B. den unehelichen Kindern durch die Gesetzgebung die gleichen Bedingungen für ihre leibliche und seelische Entwicklung und ihre Stellung in der Gesellschaft zu schaffen wie den ehelichen Kindern (Art. 6 V). Oder es wird etwa angeordnet, daß bestimmte verfassungswidrige Handlungen unter Strafe zu stellen sind (Art. 26 I 2). Mitunter sagt das GG auch nur, daß ein Bundesgesetz das Nähere regelt oder bestimmt (Art. 21 III und 38 III). Stets sind solche Verfassungsaufträge für den Gesetzgeber verbindlich; ob sie auch Ansprüche des Einzelnen auf legislatives Tätigwerden begründen, hängt von ihrem jeweiligen Rechtsgehalt ab. Ein Gesetzgebungsauftrag muß unter Umständen auch unmittelbar durch die → Gerichte verwirklicht werden, wenn der → Gesetzgeber ihn nicht binnen angemessener Frist erfüllt (BVerfGE 25, S. 188).

Gesetzgebungskompetenzen im Verhältnis von → Bund und Ländern sind verfassungsrechtlich abgegrenzt. Entsprechendes gilt für die föderale Zuordnung der Staatsfunktionen auf dem Gebiet der → Exekutive und der → Rechtsprechung. Grundlage der einschlägigen GG-Vorschriften ist die Generalklausel, daß die Ausübung der staatlichen Befugnisse und die Erfüllung der staatlichen Aufgaben allein den

Ländern zusteht, wenn nicht die Bundesverfassung eine andere Regelung trifft oder zuläßt (Art. 30 GG). Unbeschadet dieser Zuständigkeitsvermutung zugunsten der Gliedstaaten zeigt jedoch ein Blick ins Grundgesetz, daß im Bereich der Gesetzgebung das Schwergewicht beim Bunde liegt. Zwar gilt auch hier, daß die Gesetzgebungskompetenzen bei den Ländern liegen, soweit das GG nicht dem Bunde Gesetzgebungsbefugnisse verleiht (Art. 70 I). Doch die eindeutige legislative Vormacht des Bundes ergibt eine Durchsicht der grundgesetzlichen Bestimmungen über die → ausschließliche und → konkurrierende Gesetzgebung sowie über die → Rahmengesetzgebung und → Grundsatzgesetzgebung des Bundes. Immerhin gibt es noch Domänen der → Landesgesetzgebung, insbesondere auf dem Gebiet des Polizeirechts, des Schulrechts, des Gemeinderechts und des Rundfunkrechts.

Gesetzgebungsnotstand ist ein – mit dem → Staatsnotstand nicht zu verwechselnder – verfassungsrechtlicher Sondertatbestand für den Fall einer Störung des normalen Zusammenwirkens bestimmter Verfassungsorgane. Das Institut des Gesetzgebungsnotstandes erfordert eine gescheiterte → Vertrauensfrage des → Bundeskanzlers, was nach Art. 68 GG entweder zur → Bundestagsauflösung oder zu einer → Minderheitsregierung führt. Wird der → Bundestag nicht aufgelöst, so kann der → Bundespräsident auf Antrag der → Bundesregierung mit Zustimmung des → Bundesrates für eine → Gesetzesvorlage den Gesetzgebungsnotstand erklären, wenn der Bundestag sie ablehnt, obwohl die Bundesregierung sie als dringlich bezeichnet hat. Das gleiche gilt, wenn eine Gesetzesvorlage abgelehnt worden ist, obwohl der Bundeskanzler mit ihr die Vertrauensfrage verbunden hatte (Art. 81 I). Nach der verfassungsmäßigen Erklärung des Gesetzgebungsnotstandes ändert sich das normale → Gesetzgebungsverfahren: Lehnt der Bundestag die Gesetzesvorlage erneut ab oder nimmt er sie in einer für die Regierung als unannehmbar bezeichneten Fassung an, so gilt das Gesetz als zustande gekommen, soweit der Bundesrat ihm zustimmt. Das gleiche gilt, wenn die Vorlage vom Parlament nicht innerhalb von vier Wochen nach der erneuten Einbringung verabschiedet wird (Art. 81 II). Durch ein in dieser Weise zustande gekommenes Gesetz darf das → Grundgesetz weder geändert noch ganz oder teilweise außer Kraft oder außer Anwendung gesetzt werden (Art. 81 IV). Das auf Minderheitskabinette mit negativer Parlamentsmehrheit zugeschnittene Verfassungsinstitut des Gesetzgebungsnotstandes ist seit Inkrafttreten des GG noch nicht praktisch geworden.

Gesetzgebungsverfahren im weiteren Sinne ist der Inbegriff aller Bestimmungen über das → Zustandekommen, die → Ausfertigung, die → Verkündung und das → Inkrafttreten der vom → Bundestag beschlossenen Gesetze. Das GG befaßt sich nur mit den Zuständigkeiten und Interaktionen der gesetzgebungsbeteiligten Verfassungsorgane und überläßt deren → Geschäftsordnungen die Regelung der Einzelheiten des Verfahrens. Die Behandlung einer → Gesetzesvorlage hängt davon ab, wer die → Gesetzesinitiative ergreift. Demgemäß sind Vorlagen der → Bundesregierung zunächst nicht dem Parlament, sondern dem → Bundesrat zu dessen etwaiger Stellungnahme zuzuleiten (Art. 76 II). Vorlagen des Bundesrates werden dem parlamentarischen Gesetzgeber ebenfalls nicht direkt, sondern durch die Bundesregierung zugeleitet, die hierbei ihre Auffassung darzulegen hat (Art. 76 III). Nur die Vorlagen aus der Mitte des Bundestages gelangen unmittelbar zu parlamentarischer Verhandlung. Der Beschlußfassung des Bundestagsplenums über die Gesetzesvorlage geht eine Beratung in drei Lesungen voraus; dieses geschäftsordnungsmäßige Verfahren ist freilich weder vom GG ausdrücklich vorgeschrieben noch ist es → Verfassungsgewohnheitsrecht noch gehört es zu den unabdingbaren Grundsätzen der demokratischen rechtsstaatlichen Ordnung (BVerfGE 29, S. 234). Die vom Bundestag beschlossenen Gesetze sind durch den → Bundestagspräsidenten unverzüglich dem Bundesrate zuzuleiten (Art. 77 I). Das weitere Gesetzgebungsverfahren, insbesondere auch die Einberufung des → Vermittlungsausschusses, hängt davon ab, ob es sich um ein → Einspruchsgesetz oder um ein → Zustimmungsgesetz handelt. Mit der parlamentarischen Verabschiedung des Gesetzes durch → Beschlußfassung des Bundestages – hierfür genügt, außer vor allem bei → verfassungsändernden Gesetzen, die Mehrheit der abgegebenen Stimmen (Art. 42 II) – ist das Gesetz indes noch nicht → zustandegekommen (Art. 78).

Gesetzlicher Richter, ein Verfassungsbegriff, der in engem Zusammenhang steht mit dem Anspruch auf → rechtliches Gehör und dem Verbot von → Ausnahmegerichten. Niemand darf seinem gesetzlichen Richter entzogen werden (Art. 101 I 2). Dieser herkömmliche Rechtsgrundsatz hat nach der Justizkrise im → Dritten Reich unter der Geltung des GG besondere Bedeutung erlangt. Der verfassungsrechtliche Anspruch des Einzelnen auf den gesetzlichen Richter erfordert, daß der zur Entscheidung eines konkreten Falles berufene → Richter oder richterliche Spruchkörper in abstrakt-genereller Weise vorbestimmt ist, sei es durch Gesetz oder durch Geschäftsverteilungsplan des → Gerichtes. Mit diesem Verfassungsgebot, das objektiv einer integren und vertrauenswürdigen Rechtspflege dient, soll der Gefahr vorgebeugt werden, daß die Justiz sachfremden Einflüssen ausgesetzt wird. Insbesondere soll verhindert werden, daß in einzelnen Fällen durch eine ad hoc vorgenommene Auswahl der Richter das Ergebnis der Gerichtsentscheidung manipuliert wird. Dabei ist es gleichgültig, von welcher Seite die Gefahr einer Manipulation droht. Demgemäß müssen die Regelungen, die der Bestimmung des gesetzlichen Richters dienen, von vornherein so eindeutig wie möglich festlegen, welches Gericht, welcher Spruchkörper und welche Richter zur Entscheidung des Einzelfalles berufen sind (BVerfGE 17, S. 299). Zwar will das GG in erster Linie, wie es historische Erfahrung nahelegt, Eingriffe der → Exekutive in die verfassungsmäßige Ausübung der Gerichtsbarkeit abwehren. Doch richtet sich das Gebot, daß niemand seinem gesetzlichen Richter entzogen werden darf (Art. 101 I 2) auch an den → Gesetzgeber. Demgemäß verstößt es gegen die Verfassung, wenn ein Gesetz Zuständigkeiten, die das GG den Richtern vorbehält – z. B. die Verhängung einer Strafe – an Verwaltungsbehörden überträgt (BVerfGE 22, S. 73).

Gesetzmäßigkeit der Exekutive, ein tragendes Strukturelement der vom GG verfaßten → Rechtsstaatlichkeit. Die → vollziehende Gewalt ist an Gesetz und Recht gebunden (Art. 20 III). Dieses durch die Unantastbarkeitsgarantie jeder → Verfassungsänderung entzogene Gesetzmäßigkeitsprinzip äußert sich insbesondere in den Grundsätzen des → Vorrangs des Gesetzes und des → Vorbehalts des Gesetzes. Mit „Gesetz“ ist hier das unter verfassungsmäßiger Mitwirkung der Volksvertretung zustandegekommene Gesetz gemeint. Der nach offener und eingehender parlamentarischer Erörterung verkündeten Rechtsnorm eignet, so will es eine überkommene Vorstellung, die Würde gerechter Entscheidung, Verläßlichkeit und Freiheitsgarantie. Dieses altliberale Vertrauen in das Parlamentsgesetz hat durch spätere Entwicklungen einen Stoß erhalten, insbesondere bei der „legalen“ Vereinnahmung der → Weimarer Republik durch das totalitäre Regime des → Dritten Reiches. Nach dieser Gesetzesdämmerung und angesichts der Inflation von Gesetzesnormen im heutigen → Sozialstaat ist Skepsis geboten gegenüber dem klassischen Vertrauensvotum: „La loi, en général, est la raison humaine.“

Gestaltungsfreiheit des Gesetzgebers bezeichnet eine Art legislativen Ermessensspielraums im Rahmen des → rechtsstaatlichen Prinzips, daß die Gesetzgebung an die verfassungsmäßige Ordnung gebunden ist (Art. 20 III). Dieser → Vorrang der Verfassung, den zu sichern Sache des → Bundesverfassungsgerichtes ist, legt andererseits der Verfassungsrechtsprechung besondere Zurückhaltung auf, wenn es um die Respektierung verfassungsmäßiger politischer Gestaltungsmöglichkeiten des → Gesetzgebers geht. Die gerichtliche Kompetenz ist auf die strikt verfassungsrechtliche Überprüfung legislativer Staatsakte begrenzt, was auch das BVerfG im Grundsatz wiederholt betont hat. Demgemäß verbleibt dem verfassungsgebundenen Gesetzgeber ein weiter, judikativ nicht zu überprüfender Gestaltungsspielraum. Der verfassungsgerichtlichen Kontrolle unterliegt nur, ob der Gesetzgeber sich in seinen grundgesetzlichen Grenzen gehalten hat, nicht dagegen, ob seine Entscheidung die gerechteste und zweckmäßigste ist (BVerfGE 54, S. 26). Bei verfassungswidriger Unterlassung des Gesetzgebers – wenn z. B. eine gesetzliche Regelung eine Personengruppe unter Verstoß gegen den → Gleichheitssatz benachteiligt – kann das BVerfG grundsätzlich die Gleichheit nicht selber herstellen, indem es jene Personen in die begünstigende Regelung einbezieht (E37, S. 260). Bei Zukunftsprognosen des Gesetzgebers hat das Gericht nur eine beschränkte Prüfungskompetenz (BVerfGE 50, S. 332 f.). Auch ist es nicht seine Aufgabe, dem Gesetzgeber allgemeine legislative Empfehlungen zu geben (BVerfGE 7, S. 442).

Gewährleistungen → Garantien

Gewahrsam → Freiheitsentziehung

Gewalten → Verfassungsgebende Gewalt → Staatsgewalt → Gesetzgebende Gewalt → Vollziehende Gewalt → Rechtsprechende Gewalt → Auswärtige Gewalt → Besonderes Gewaltverhältnis → Öffentliche Gewalt

Gewaltenteilung ist ein klassisches → rechtsstaatliches Verfassungsprinzip und ein Strukturelement der geltenden → freiheitlichen demokratischen Grundordnung. Entsprechend der repräsentativ-mittelbaren → Demokratie, wie sie das GG verfaßt hat, wird die vom → Volke ausgehende → Staatsgewalt durch besondere Organe der → Gesetzgebung, der → vollziehenden Gewalt und der → Rechtsprechung ausgeübt (Art. 20 II). Sinn der „Besonderung“ zentraler hoheitlicher Machtbereiche ist es, daß sich Legislative, Exekutive und Judikative, denen je eigene Staatsfunktionen von der Verfassung zugewiesen sind, wechselseitig kontrollieren und in Schranken halten. Dieses System der Gewaltenteilung dient letztlich der Sicherung individueller Freiheit und soll verhindern, daß „die furchtbare Wucht der Staatsgewalt an einer Stelle vereinigt“ (Otto Mayer) den Bürger trifft. Als Bauprinzip der freiheitlichen demokratischen Grundordnung liegt die Bedeutung der Gewaltenteilung nicht in einer strikt durchgeführten Trennung der Staatsorgane und -funktionen, die ja zugleich auf loyale Kooperation mannigfach angewiesen sind. Angesichts der zahlreichen Gewaltenverschränkungen und -balancierungen würde eine absolute Trennung der Gewalten dem Verfassungsaufbau der → Bundesrepublik Deutschland nicht gerecht (BVerfGE 7, S. 188). Nach allem bezweckt die vom GG bestimmte Gewaltenteilung eine innerstaatliche Machtbalance und -mäßigung zum Schutz der Würde des freien Menschen. Der rechtsstaatliche Wert der Gewaltenteilung wird grundsätzlich auch nicht dadurch gemindert, daß die aus der Monarchie überkommene Entgegensetzung der drei Gewalten unter den Bedingungen der heutigen parlamentarischen Demokratie – wo dieselben politischen Gruppierungen in Regierung und Parlament gleichgerichtet handeln – nur noch begrenzt wirksam ist.

Gewerbefreiheit war, wie die Handelsfreiheit, früher ein selbständiges Grundrecht (Art. 151 III WRV). Unter dem GG wird sie von der → Berufsfreiheit mitumfaßt. Diese Freiheitsverbürgung gilt gleichermaßen für gewerbliche Unternehmer und Arbeitnehmer, weitergehend als der Begriff „Gewerbe“ auch für die Urproduktion in Landwirtschaft und Bergbau.

Gewerbesteuer ist eine → Realsteuer, deren Aufkommen den → Gemeinden zusteht (Art. 106 VI 1). Den Gemeinden ist das Recht einzuräumen, die Hebesätze der Gewerbesteuer im Rahmen der Gesetze festzusetzen (Art. 106 VI 2). Der Hebesatz ist ein auf den einheitlichen, aus Gewerbeertrag und Gewerbekapital gebildeten Steuermeßbetrag angewendeter Vomhundertsatz, der durch Beschluß der Gemeindevertretung festgesetzt wird und im zwischengemeindlichen Vergleich große Unterschiede aufweisen kann. Der Bund hat seine → konkurrierende Gesetzgebungskompetenz (Art. 105 II) ausgeübt und seinen → Gesetzgebungsauftrag erfüllt, den Gemeinden das Hebesatzrecht einzuräumen.

Gewerblicher Rechtsschutz, ein Gegenstand → ausschließlicher Gesetzgebung des Bundes (Art. 73, Nr. 9), umfaßt die Gebiete des Patentrechts, Warenzeichenrechts, Wettbewerbsrechts, Gebrauchsmuster- und Geschmacksmusterrechts.

Gewerkschaften sind der → Koalitionsfreiheit unterfallende Vereinigungen von Arbeitnehmern zur Wahrung ihrer wirtschaftlichen und sozialen Belange vor allem gegenüber den Arbeitgebern. Die überwiegend nach Industrieverbänden (z. B. Metall; Druck und Papier; Bau, Steine, Erden) organisierten Einzelgewerkschaften haben sich großenteils im Deutschen Gewerkschaftsbund zusammengeschlossen.

Gewichte → Maße und Gewichte

Gewissensfreiheit als Grundrecht sichert nicht nur die freie Gewissensbildung (forum internum), sondern auch die freie Gewissensbetätigung. Die Freiheit des Gewissens ist unverletzlich (Art. 4 I). Diese Verfassungsgarantie hängt eng zusammen mit der → Glaubensfreiheit, der → Bekenntnisfreiheit, der → Religionsfreiheit und der → Weltanschauungsfreiheit. Aber auch, wenn sie nicht religiös oder weltanschaulich begründet ist, wird die nach außen hervortretende persönliche Gewissensentscheidung grundrechtlich geschützt. Weder der Staat noch andere Gemeinschaften haben über die Richtigkeit eines auf höchstpersönlicher Überzeugung beruhenden sittlichen Bewußtseins zu rechten, das ein Mensch besonders in Grenzsituationen als zwingende innere Instanz erfährt. So sehr nun das Grundgesetz durch die Gewissensfreiheit den geistig-moralischen Kern der Person und ihre Identität mit sich selbst respektiert, so wenig verträgt auch dieses ohne → Gesetzesvorbehalt verbürgte Grundrecht eine schrankenlose Inanspruchnahme. Aus der Notwendigkeit rechtlich geordneten Zusammenlebens, das ohne gegenseitige Rücksicht der Menschen nicht denkbar ist, können sich verfassungsimmanente Grenzen ergeben. Das Grundrecht der Gewissensfreiheit ist zugleich eine wertentscheidende Grundsatznorm höchsten Ranges, die jede Art von Staatstätigkeit bindet. Das wirkt sich z. B. bei der richterlichen Strafzumessung als ein allgemeines „Wohlwollensgebot“ gegenüber Gewissenstätern aus (BVerfGE 23, S. 134). Eine grundgesetzliche Konkretisierung der Unverletzlichkeit des freien Gewissens ist das Recht auf → Kriegsdienstverweigerung: Niemand darf gegen sein Gewissen zum Kriegsdienst mit der Waffe gezwungen werden (Art. 4 III).

Glauben gehört zu den Merkmalen, derentwegen niemand benachteiligt oder bevorzugt werden darf (Art. 3 III). Im übrigen ist der Glaube durch ein besonderes → Freiheitsgrundrecht geschützt.

Glaubensfreiheit, durch Art. 4 Abs. 1 GG grundrechtlich gewährleistet, umfaßt wie die → Bekenntnisfreiheit nicht nur positive religiöse Überzeugungen, sondern auch irreligiöse und antireligiöse Anschauungen. Das als unverletzlich gewährleistete Grundrecht der Glaubens- und Bekenntnisfreiheit muß, wegen seiner engen Beziehung zum verfassungsrechtlichen Höchstwert der → Menschenwürde, weit ausgelegt werden. Der darin verkörperte Anspruch, von staatlichen Zwängen im Glaubensbereich unbehelligt zu bleiben, rechtfertigt einen Minderheitenschutz auch gegen relativ geringfügige Beeinträchtigungen. Dies gilt namentlich dort, wo die Inanspruchnahme dieses Schutzes nicht mit den Rechten einer Bevölkerungsmehrheit in Ausübung ihrer Glaubensfreiheit kollidiert. Demgemäß kann z. B. der Zwang für jüdische Prozeßbeteiligte, entgegen ihrer eigenen religiösen Überzeugung in einem mit einem Kreuz ausgestatteten Gerichtssaal verhandeln zu müssen, das Grundrecht der Glaubensfreiheit verletzen (BVerfGE 35, S. 376). Zur Glaubensfreiheit gehört auch das Recht jedes Menschen, über seine Zugehörigkeit zu einer Kirche ohne staatliche Einflußnahme allein zu entscheiden. Die Befugnis einer Kirche fernzubleiben, wird von dieser Freiheit ebenso umfaßt wie der Anspruch, sich jederzeit von der kirchlichen Mitgliedschaft mit Wirkung für das staatliche Recht zu lösen (BVerfGE 44, S. 49).

Gleichberechtigung von Mann und Frau ist als Verfassungssatz selbständig verbürgt: Männer und Frauen sind gleichberechtigt (Art. 3 II). Dieses Gebot konkretisiert den → allgemeinen Gleichheitssatz und verbietet besonders auch dem Gesetzgeber, den Geschlechtsunterschied als Grund für differenzierende Regelungen zu wählen. Nicht verfassungswidrig sind indessen Differenzierungen zwischen den Geschlechtern, die mit Rücksicht auf die biologischen und funktionalen

Unterschiede von Mann und Frau nach der Natur des jeweiligen Lebensverhältnisses vorgenommen werden (BVerfGE 52, S. 374). So ist es z. B. keine Verletzung des Gleichberechtigungsgrundsatzes, daß Mütter, die Anspruch auf die Fürsorge der Gemeinschaft haben (Art. 6 IV), einen arbeitsrechtlichen Mutterschutz genießen oder daß Frauen vom Kriegsdienst mit der Waffe ausnahmslos befreit sind (Art. 12 a IV 2). Da der Gleichberechtigungssatz auch den Mann vor Benachteiligungen schützt, dürfen biologische und funktionale Unterschiede zwischen den Geschlechtern nur dann zu einer Verschiedenbehandlung in der Rechtsordnung führen, wenn jene Unterschiede das zu ordnende Lebensverhältnis so grundlegend prägen, daß im übrigen gleiche Elemente daneben vollkommen zurücktreten. Daher war z. B. die Schlechterstellung des Witwers gegenüber der Witwe im Rentenversicherungsrecht verfassungswidrig (BVerfGE 31, S. 4). Andererseits wurde judiziert, daß bestimmte biologische Verschiedenheiten für das Gebiet der Homosexualität eine unterschiedliche strafgesetzliche Behandlung der Geschlechter rechtfertigen (BVerfGE 6, S. 422 f.). Mit dem Gleichberechtigungssatz geht das GG erheblich über die → WRV hinaus, die Männern und Frauen lediglich grundsätzlich dieselben staatsbürgerlichen Rechte und Pflichten zugestand (Art. 109 II WRV). Dagegen sichert das geltende Verfassungsrecht, mit den vorgenannten Einschränkungen, den Geschlechtern umfassende Gleichstellung zu auf allen Gebieten des → öffentlichen und → privaten Rechts.

Gleichgewicht → Gesamtwirtschaftliches Gleichgewicht

Gleichheit → Allgemeiner Gleichheitssatz → Besondere Gleichheitssätze → Chancengleichheit → Wahlrechtsgrundsätze

Gleichheitsgrundrechte sind, im Unterschied namentlich zu → Freiheitsgrundrechten, vom GG dort gewährleistet, wo der → Allgemeine Gleichheitssatz oder → Besondere Gleichheitssätze dem Einzelnen oder Gruppen von Einzelnen subjektive Rechte einräumen, die sich gegen Benachteiligungen oder Bevorzugungen durch die → Staatsgewalt richten.

Gliedstaaten → Bundesländer

Gnadenentscheidungen → Begnadigungsrecht

Gottesanrufung, soweit sie im GG vorgesehen ist, unterscheidet sich wesentlich von der „invocatio dei“ der Monarchie, die ihre Herrschaft von Gottes Gnaden gerechtfertigt sah. Zwar beginnt die → Präambel des GG – in verständlicher Reaktion auf die antikirchliche Politik des → Dritten Reiches – mit den Worten „Im Bewußtsein seiner Verantwortung vor Gott und den Menschen“. Gleichwohl ist die → Bundesrepublik Deutschland nicht als ein christlich-konfessioneller Staat verfaßt. Einer solchen Annahme widersprechen nicht zuletzt die Grundrechte der → Glaubens- und → Gewissensfreiheit. Auch können die Eide, die beim Amtsantritt namentlich des → Bundespräsidenten und des → Bundeskanzlers zu leisten sind, ohne die religiöse Beteuerung „So wahr mir Gott helfe“ abgelegt werden (Art. 56).

Gottesdienst → Seelsorge

Grenzflüsse → Bundesgebiet

Grenzschutz → Bundesgrenzschutz

Grundgesetz, die → Verfassung der → Bundesrepublik Deutschland. Entstehungsgeschichtlicher Hintergrund dieser Staatsverfassung ist das Scheitern der → Weimarer Republik und der Untergang des → Dritten Reiches. Nachdem feststand, daß die alliierten Siegermächte infolge der zunehmenden Ost-West-Spannung zu einer gemeinsamen Politik in der deutschen Frage nicht mehr fähig waren, ging man daran, für den westlichen Bereich des zweigeteilten Deutschland in Gestalt des Grundgesetzes eine → republikanische, → demokratische, → rechtsstaatliche und → soziale Bundesverfassung zu schaffen. Ermächtigt von den westalliierten Militärgouverneuren berief die Ministerpräsidenten-Konferenz der elf westdeutschen Länder zur Vorbereitung eines Verfassungsentwurfs zunächst einen Sachverständigen-Ausschuß ein, den sog. Herrenchiemseer Verfassungskonvent. Er formulierte eine vollständige Textvorlage mit vielen Alternativen, die dem Parlamentarischen Rat als Arbeitsgrundlage diente. In diesem Gremium, das von September 1948 bis Mai 1949 in Bonn tagte, fielen die eigentlichen verfassungspolitischen Entscheidungen. Der Parlamentarische Rat setzte sich zusammen aus 65 gewählten Repräsentanten der elf westdeutschen Landtage; den Vorsitz führte der spätere Bundeskanzler Konrad Adenauer. Nach schwierigen Beratungen, in denen die Verfassungsväter mit den Vorschlägen des Herrenchiemseer Konvents durchaus selbständig verfuhren, wurde das Grundgesetz schließlich vom Parlamentarischen Rat angenommen, und zwar mit der großen Mehrheit von 53 zu 12 Stimmen. Die Militärgouverneure erteilten bereits wenige Tage später ihre Genehmigung, wenngleich mit Vorbehalten zu etlichen Artikeln des GG. Zur Ratifizierung bedurfte das GG – nach dem Muster der nordamerikanischen Verfassung von 1787 – der Annahme durch die Volksvertretungen in mindestens zwei Dritteln der westdeutschen Länder (Art. 144 I). Dabei stimmten 10 von 11 Landtagen mit Ja; nur Bayern lehnte das GG als zu wenig föderalistisch ab, bejahte aber gleichzeitig die Zugehörigkeit des Landes zum Bund. Das dergestalt zustande gekommene Grundgesetz wurde am 23. Mai verkündet und trat am 24. Mai 1949 in Kraft (Art. 145). Mit der Bezeichnung „Grundgesetz“ wollte man ursprünglich angesichts der ungelösten deutschen Frage den vorläufigen Charakter dieses Verfassungswerkes bewußt halten. Indessen wurde schon im Parlamentarischen Rat hervorgehoben, die neue Verfassung sei „provisorisch“ lediglich in einem geographischen Sinne, da das GG bis zur Wiedervereinigung nur für einen Teil Deutschlands gelten könne, in seiner freiheitlichen Struktur dagegen sei das Verfassungswerk auf Dauer angelegt. Demgemäß betonte die alte GG-Präambel den Willen des deutschen Volkes, seine nationale und staatliche Einheit zu wahren und durch das GG dem staatlichen Leben für eine Übergangszeit eine neue Ordnung zu geben. Dabei habe das Volk in den damaligen Bundesländern auch für jene Deutschen gehandelt, denen mitzuwirken versagt war. Dementsprechend bestimmte der durch den → Einigungsvertrag erledigte frühere Art. 23 GG, daß das Grundgesetz „zunächst“ im Gebiete der alten Bundesländer gelte und fuhr fort: „In anderen Teilen Deutschlands ist es nach deren Beitritt in Kraft zu setzen.“ Dies ist, nach dem → Beitritt der ehemaligen DDR, für das Gebiet der neuen Bundesländer geschehen. Seit der Vollendung der → Einheit und Freiheit Deutschlands gilt das GG, wie auch die neugefaßte → Präambel feststellt, mit voller Legitimität für das gesamte deutsche Volk, das sich kraft seiner → verfassungsgebenden Gewalt dieses Grundgesetz gegeben hat.

Grundordnung → Freiheitliche demokratische Grundordnung

Grundrechte, wie sie das GG besonders im Grundrechtsteil der Verfassung normiert hat (Art. 1–19), binden die → Gesetzgebung, die → vollziehende Gewalt und die → Rechtsprechung als unmittelbar geltendes Recht (Art. 1 III). Diese normative Höchstrangigkeit im geltenden → Rechtsstaat, basierend auf den Prinzipien der → Menschenwürde, der → Freiheit und der → Gleichheit, steht vor dem rechtsgeschichtlichen Hintergrund einer oft krisenhaften Entwicklung der Grundrechtsidee, traurig gekrönt durch die Jahrhundert-Katastrophen des → Dritten Reiches und der → DDR. Erst nach schweren Kämpfen mit der absolutistischen Monarchie war es gelungen, Rechtsgarantien eines von der Obrigkeit zu respektierenden Raumes persönlicher Autonomie und Freiheit zu erringen. Bedeutsame geschichtliche Dokumente der stets von Rückschlägen bedrohten Durchsetzung der Grundrechtsidee sind die englische „Bill of rights" von 1689, die nordamerikanische „Bill of rights" von 1776 und die „Declaration des droits de l'homme et du citoyen" der Französischen Revolution von 1789. Besonders die „Declaration" hat in den europäischen Staaten die Vorstellung von subjektiven öffentlichen Rechten des Individuums gefördert. Indessen waren Nationalstaat und Volksvertretung die politischen Ziele, die von der deutschen konstitutionellen Bewegung nach den Freiheitskriegen vornehmlich angestrebt wurden. Nachhaltige Impulse empfing die Grundrechtsidee in Deutschland durch die – politisch gescheiterte – Paulskirchenverfassung von 1849. Die dort formulierte Verbürgung von „Grundrechten des deutschen Volkes" richtete sich insbesondere auf eine Überwindung des absolutistischen Polizeistaates zugunsten rechtsstaatlicher Freiheit. Anders als die Paulskirchenverfassung entfaltete die vom belgischen Recht beeinflußte preußische Verfassungsurkunde von 1850 nicht nur politisch-intellektuelle, sondern auch positiv-staatsrechtliche Wirkungen durch ihren Grundrechtskatalog. Doch fehlte diesen Grundrechtsverbürgungen noch die erhöhte normative Geltung, die den Fundamentalrechten vom Grundgesetz beigelegt ist. Bezeichnend für die Geltungsschwäche jener konstitutionellen Verfassung ist auch, daß ein richterliches Prüfungsrecht der materiellen Verfassungsmäßigkeit von Gesetzen nach herrschender Staatsrechtslehre nicht anerkannt wurde. Dies wirkte weiter bis in das Verfassungsrecht der → Weimarer Republik. Zwar hat das Reichsgericht die Grundrechte der → WRV als „Heiligtum des deutschen Volkes" bezeichnet, gleichwohl wurden grundrechtliche Verfassungsbestimmungen in Wissenschaft und Praxis überwiegend nur als rechtsunverbindliche Programmsätze behandelt, die richterlicher Kontrolle entzogen waren. Erst die totalitäre Überwältigung der individuellen Freiheit durch das NS-Regime schuf die existentielle Voraussetzung für eine juristische Neukonzeption der Grundrechte in Deutschland. Gegenüber der in der Paulskirchentradition stehenden Weimarer Reichsverfassung haben die vom Grundgesetz normierten Grundrechte eine besondere Dimension: Sie genießen Vorrang vor allen Akten der konstituierten Staatsgewalt (Art. 1 III). Auch im äußeren Aufbau des GG wird mit der Voranstellung des Grundrechtsteiles der Vorrang des Menschen und seiner Würde gegenüber der Macht des Staates betont (BVerfGE 7, S. 205). Der allgemeine → Vorrang der Verfassung (Art. 20 III) ist für die Grundrechte in Art. 1 Abs. 3 GG nochmals hervorgehoben. Das Grundgesetz hat die entscheidenden → Freiheits- und → Gleichheitsgrundrechte aus ihrer früheren Schwäche bloß feierlicher Proklamationen und unverbindlicher Programmsätze verwandelt zu umfassend verpflichtenden, selbst den demokratischen Gesetzgeber bändigenden Verfassungsnormen. Auch außerhalb des Grundrechtsabschnittes (Art. 1–19) können solche fundamentalen Rechte verankert sein; dies zeigen z. B. die Bestimmungen über die → staatsbürgerliche Gleichstellung aller Deutschen (Art. 33 I–III), die → Wahlrechtsgrundsätze (Art. 38 I) und die → justiziellen Grundrechte (Art. 101 I, 103 und 104). Der im deutschen Verfassungsrecht neuartige Vorrang der Grundrechte ist institutionell gesichert durch ein ausgebautes richterliches Kontrollsystem, insbesondere durch die allgemeine → Rechtsweggarantie (Art. 19 IV) und durch die jedermann verbürgte → Verfassungsbeschwerde (Art. 93 Nr. 4 a). Indessen erschöpft sich der normative Gehalt der geltenden Grundrechte nicht in ihrer primär wichtigen Funktion als individuelle Abwehrrechte gegen die Staatsgewalt. Diese einklagbaren subjektiv-öffentlichen Rechtspositionen werden verstärkt durch die objektive Bedeutung der Grundrechte als Leitprinzipien der gesamten Rechtsordnung. So gesehen sind die Grundrechte nicht nur Schranken, sondern auch Direktiven für Gesetzgebung, Exekutive und rechtsprechende Gewalt.

Grundrechtsbeschränkungen kommen namentlich in zwei Formen vor: durch → verfassungsänderndes Gesetz oder durch einfaches → Gesetz, letzteres sofern das betreffende Grundrecht unter → Gesetzesvorbehalt steht. Insbesondere die → Freiheitsgrundrechte des GG sind nicht durchgängig absolut und unabänderlich gewährleistet. Wie sich vielmehr aus ihrem Wortlaut und System ergibt, ist eine Reihe der grundrechtlich geschützten Individualinteressen, unter jeweils verschiedenen Voraussetzungen, offen für einschränkende Modifikation. Ganz allgemein gilt es zu unterscheiden, ob bestimmte Grundrechte schlechthin unantastbar oder nur durch den → Verfassungsgesetzgeber abänderbar oder auch durch „einfaches" Gesetz beschränkbar sind. Schlechthin unabänderlich sind die von der → Ewigkeitsgarantie geschützten Verfassungsprinzipien (Art. 79 III). Diese Schranke selbst für den verfassungsändernden Gesetzgeber soll verhindern, daß das GG in seiner Substanz auf formal-legalistischem Wege zu totalitären Zwecken ausgehöhlt wird (BVerfGE 30, S. 24). Zu den unantastbaren Grundsätzen, die von keiner Verfassungsänderung berührt werden dürfen, gehören namentlich der Primat der → Menschenwürde (Art. 1 I) und die Grundrechtsbindung aller Staatsgewalt (Art. 1 III). Außerhalb dieser Unantastbarkeitsgarantie stehen die Grundrechte zur Disposition des verfassungsändernden Gesetzgebers. Seit Inkrafttreten des GG kam es in der Tat zu mehreren Verfassungsänderungen auch im Grundrechtsteil, wobei freilich jene unantastbaren „Grundsätze" nicht „berührt" wurden. Im übrigen ergibt sich aus der Bindung des Gesetzgebers an die → Grundrechte (Art. 1 III), daß dieser nur kraft einer verfassungsgesetzlichen Ermächtigung in den grundrechtlich geschützten Bereich eingreifen darf. Dabei sind insbesondere zwei Fallgruppen zu unterscheiden. Soweit einzelne Grundrechte mit einem → Gesetzesvorbehalt versehen sind, ist ihre Einschränkung nur erlaubt, wenn die spezifischen Tatbestandsmerkmale der Vorbehaltsklausel erfüllt sind. Fehlt ein derartiger Gesetzesvorbehalt – so z. B. bei der → Glaubens-, → Bekenntnis- und → Gewissensfreiheit (Art. 4 I), bei der Freiheit von → Wissenschaft und → Kunst (Art. 5 III) oder bei der Freiheit der → Berufswahl (Art. 12 I) –, so bedeutet dies jedoch nicht, daß insoweit eine schrankenlose Grundrechtsausübung verfassungsgemäß wäre. Ein sozusagen absolutistischer Grundrechtsgebrauch würde die Rechtsgemeinschaft letztlich in ein Chaos verwandeln. Gegen einen derartigen Mißbrauch gerichtete Gesetze sind – im Rahmen des Erforderlichen, Geeigneten und Verhältnismäßigen – in Wahrheit keine Grundrechtsbeschränkung. Aber auch verfassungsrechtlich zulässige Grundrechtsbegrenzungen durch den einfachen Gesetzgeber sind an bestimmte Standards gebunden. So muß das grundrechtseinschränkende Gesetz allgemein und nicht nur für den Einzelfall gelten (Art. 19 I 1). Dieses ausdrückliche Verbot von → Einzelfallgesetzen folgt bereits aus dem → allgemeinen Gleichheitssatz. Ferner muß das grundrechtseinschränkende Gesetz – diese Kautel hat eine Warnfunktion für den Gesetzgeber und dient zugleich der Rechtssicherheit – das betroffene Grundrecht unter Angabe des GG-Artikels nennen (Art. 19 I 2). Noch wichtiger als diese formellen Gebote ist das Verbot einer substantiellen Aushöhlung der Grundrechtsordnung: In keinem Falle zulässiger Beschränkung darf ein Grundrecht in seinem → Wesensgehalt angetastet werden (Art. 19 II).

Grundrechtsfähigkeit ist, analog der allgemeinen Rechtsfähigkeit, die Fähigkeit einer Person, Träger von → Grundrechten zu sein. Im Unterschied zur Einteilung der Grundrechte in → Menschenrechte und → Bürgerrechte geht es bei der Grundrechtsfähigkeit vornehmlich um die Frage, ob außer natürlichen Personen auch sonstige Rechtsgebilde als Grundrechtsträger anzuerkennen sind. Historisch betrachtet kommen natürliche Personen, seien es Staatsbürger oder Menschen überhaupt, als Grundrechtsinhaber primär in Betracht. Das GG ist, wegen der großen Bedeutung des Zusammenschlusses von Einzelnen in der modernen Gruppengesellschaft, erheblich weiter gegangen. Demgemäß gelten die Grundrechte auch für → inländische juristische Personen, soweit sie ihrem Wesen nach auf diese anwendbar sind (Art. 19 III). Dies ist anerkanntermaßen der Fall für eine ganze Reihe von Grundrechten, u. a. für die → allgemeine Handlungsfreiheit (BVerfGE 10, S. 99), den → allgemeinen Gleichheitssatz (BVerfGE 4, S. 12), die → Koalitionsfreiheit (BVerfGE 4, S. 101), die → Unverletzlichkeit der Wohnung (BVerfGE 42, S. 219) und die → Eigentumsfreiheit (BVerfGE 4, S. 12). Der erweiterte subjektive Anwendungsbereich der Grundrechte gilt jedoch im Prinzip nur für inländische juristische Personen des privaten Rechts. Eine Ausdehnung des Grundrechtsschutzes auch auf → juristische Personen des öffentlichen Rechts, also auf typische Grundrechtsadressaten, kommt allenfalls ausnahmsweise in Betracht. So können z. B. → Gemeinden grundrechtsfähig sein in Wahrnehmung ihres verfassungsmäßigen → Selbstverwaltungsrechts. Gleiches gilt für → Kirchen und → wissenschaftliche Hochschulen als Träger verfassungsrechtlicher Freiheitspositionen.

Grundrechtskollisionen entstehen, wenn → Grundrechte verschiedener → Grundrechtsträger bei der Ausübung einander widerstreiten, z. B. die → Kunstfreiheit einer Person mit dem → allgemeinen Persönlichkeitsrecht einer anderen. In solchen Fällen ist eine Güterabwägung vorzunehmen und zu prüfen, welches der kollidierenden Schutzgüter nach Lage der Dinge größeres Gewicht hat. Dabei sollte möglichst keines der widerstreitenden Grundrechte völlig verdrängt, sondern ein Ausgleich gefunden werden, der zu größtmöglicher Wirksamkeit der Grundrechtsordnung führt (BVerfGE 30, S. 195).

Grundrechtskonkurrenzen, d. h. die Anwendbarkeit mehrerer Grundrechtsnormen – einer weiteren und einer engeren – auf denselben Sachverhalt, sind nach einer allgemeinen Rechtsregel aufzulösen (BVerfGE 13, S. 296). Danach geht die spezielle der generellen Grundrechtsverbürgung vor. Demgemäß treten allgemeine Verfassungsgarantien – wie etwa die → Menschenwürde, die → allgemeine Handlungsfreiheit oder der → allgemeine Gleichheitssatz – hinter besonderen Grundrechten – z. B. der → Meinungsfreiheit, der → Versammlungsfreiheit oder dem → Gleichberechtigungssatz – bei der Rechtsanwendung zurück. Von solchen Grundrechtskonkurrenzen zu unterscheiden sind die Fälle einer → Grundrechtskollision.

Grundrechtsträger → Grundrechtsfähigkeit

Grundrechtsverwirkung bedeutet, daß sich ein Grundrechtsträger auf ein von ihm mißbrauchtes Grundrecht nicht mehr berufen kann. Über die Verwirkung entscheidet allein das BVerfG, das freilich die ganz seltenen einschlägigen Anträge der → Bundesregierung jedesmal zurückgewiesen hat. Der Verwirkungstatbestand setzt voraus, daß jemand die Freiheit der → Meinungsäußerung, die → Pressefreiheit, die → Lehrfreiheit, die → Versammlungsfreiheit, die → Vereinigungsfreiheit, das → Brief-, → Post- und → Fernmeldegeheimnis, das → Eigentum oder das → Asylrecht zum Kampfe gegen die → freiheitliche demokratische Grundordnung mißbraucht (Art. 18). Diese Bestimmung ist Ausdruck der vom GG verfaßten → streitbaren Demokratie. Grundrechtliche Freiheiten sollen nicht dazu benutzt werden können, um die freiheitlichen Grundlagen der → Verfassung zu beseitigen. Doch gilt es in diesem Problemfeld zu unterscheiden zwischen legitimer, grundrechtlich geschützter → Opposition und verfassungsfeindlichen Aktivitäten unter dem Deckmantel der Legalität. Aber auch ein Mißbrauch des Mißbrauchstatbestandes ist nicht undenkbar, z. B. die Ausschaltung unbequemer Opponenten durch ihre Erklärung zu Verfassungsfeinden. Nicht zuletzt deswegen hat das GG den Ausspruch der Grundrechtsverwirkung dem BVerfG vorbehalten (Art. 18 Satz 2).

Grundrechtsverzicht, d. h. die Aufgabe einzelner oder aller verfassungsrechtlich geschützten Positionen, steht nicht zur Disposition des → Grundrechtsträgers. Indessen ist es ihm unbenommen, freiwillig von bestimmten grundrechtsfundierten Befugnissen keinen Gebrauch zu machen.

Grundsatzgesetzgebung des Bundes ist, wie die → Rahmengesetzgebung, eine spezielle Erscheinungsform der → konkurrierenden Gesetzgebung. Durch → Bundesgesetz, das der Zustimmung des → Bundesrates bedarf, können für → Bund und Länder gemeinsam geltende Grundsätze für das → Haushaltsrecht, für eine konjunkturgerechte → Haushaltswirtschaft und für eine mehrjährige → Finanzplanung aufgestellt werden (Art. 109 III). Diese Ermächtigung bedeutet eine Einschränkung des Prinzips, daß Bund und Länder in ihrer Haushaltswirtschaft selbständig und voneinander unabhängig sind (Art. 109 I). Die grundsätzlichen Vorschriften, die der Bundesgesetzgeber erlassen kann, dürfen nicht erschöpfend sein, damit den Ländern noch ein selbständiger Regelungsspielraum verbleibt.

Grundsteuer wird auf Grundstücke und grundstücksgleiche Rechte (z. B. Wohnungseigentum, Erbbaurecht) erhoben. Sie ist – wie die → Gewerbesteuer – eine → Realsteuer, deren Aufkommen den → Gemeinden zusteht (Art. 106 VI).

Grund und Boden → Sozialisierung

Güterabwägung → Grundrechtskollisionen → Verhältnismäßigkeitsgrundsatz → Berichterstattungsfreiheit → Beschlagnahmen

H

Habeas Corpus → Freiheit der Person → Freiheitsentziehung

Haftbefehl → Freiheitsentziehung

Haftpflicht → Staatshaftung

Handelsdelegationen → Gesandte

Handelsflotte → Kauffahrteischiffe

Handelsfreiheit → Gewerbefreiheit

Handelssachen → Gerichte

Handels- und Schiffahrtsverträge sind Gegenstände der → ausschließlichen Gesetzgebung des Bundes (Art. 73 Nr. 5). Dieses Sachgebiet umfaßt die gesamten bilateralen oder multilateralen Handelsbeziehungen mit auswärtigen Staaten (Warenverkehr, Zahlungsabkommen, Meistbegünstigungsklauseln usw.) sowie den Zugang zu fremden Häfen, das Niederlassungsrecht und den Rechtsschutz von Inländern im Ausland.

Handlungsfreiheit → Allgemeine Handlungsfreiheit

Handwerkliche Befähigungsnachweise als gesetzlich erforderte Zulassungsvoraussetzungen für die selbständige Ausübung eines Handwerks verstoßen nicht gegen das Grundrecht der → Berufsfreiheit, sofern sie dem Schutz wichtiger Gemeinschaftsgüter dienen. Den Anschauungen des → Gesetzgebers, welche Gemeinschaftsinteressen schutzwürdig sind, darf das BVerfG die Anerkennung nur versagen, wenn sie offenbar fehlsam oder mit der Wertordnung des GG unvereinbar sind (BVerfGE 13, S. 106 f.).

Hauptstadt → Bundeshauptstadt → Berlin

Hauptzollämter → Bundesfinanzbehörden

Haushaltsgesetz ist der spezielle Parlamentsbeschluß, durch den der → Haushaltsplan für ein oder mehrere Rechnungsjahre festgestellt wird (Art. 110 II). Während an der Aufstellung des Haushaltsplanes etliche Verfassungsorgane beteiligt sind, liegt die Kompetenz zu seiner verbindlichen Feststellung allein bei der Legislative. Mit diesem staatsleitenden Akt in Gesetzesform werden für alle grundlegenden politischen Entscheidungen des Etatzeitraums die finanziellen Weichen gestellt (BVerfGE 45, S. 32). Durch das Haushaltsgesetz, für das ein → „Bepakkungsverbot" gilt, wird die → Exekutive ermächtigt, Ausgaben zu leisten und Verpflichtungen einzugehen. Das → Budgetrecht des Gesetzgebers zeigt sich auch darin, daß → Bundestag und → Bundesrat befugt sind, den Haushaltsvollzug der → Bundesregierung zu kontrollieren (Art. 114). Für den Fall, daß das Haushaltsgesetz ausnahmsweise nicht rechtzeitig verabschiedet werden kann, sind der vorläufigen Haushaltsführung der Regierung enge verfassungsrechtliche Grenzen gesetzt (Art. 111). Die im Haushaltsgesetz festgestellten Ansätze dürfen bei den → Bundesausgaben grundsätzlich nicht überschritten werden; erforderlichenfalls hat die Regierung eine Änderungsvorlage einzubringen, über die als Nachtragshaushalt vom Gesetzgeber gesondert zu entscheiden ist (Art. 110 III). Nur für Fälle eines unvorhergesehenen und unabweisbaren Bedürfnisses besteht ein Notbewilligungsrecht des → Bundesfinanzministers. Dessen Kompetenz, überplanmäßigen und außerplanmäßigen Ausgaben zuzustimmen (Art. 112) darf die Grundsatzentscheidung des GG nicht beeinträchtigen, die den parlamentarischen Gesetzgeber zum Herrn des Budgets gemacht hat.

Haushaltsplan, die nach geltendem → Haushaltsrecht aufgestellte, vom → Haushaltsgesetz festzustellende Gesamtübersicht aller Einnahmen und Ausgaben des Bundes für eine bestimmte Rechnungsperiode

(Art. 110 I). Dieses Zahlenwerk ist ein Dokument der Vielfalt und Fülle heutiger Staatsaufgaben. Insbesondere auf den finanzwirksamen Gebieten der Sozial- und Wirtschaftspolitik stellt die Vollendung der → Einheit Deutschlands den Staatshaushalt vor historisch beispiellose Herausforderungen. Der Haushaltsplan, eine Anlage zum verabschiedeten Haushaltsgesetz, enthält alle voraussichtlichen Einnahmen, Ausgaben und Verpflichtungsermächtigungen eines Haushaltsjahres. In den Einzelplänen der Ressorts sind bestimmte Beträge für spezifizierte Zwecke veranschlagt. Die Prüfung der verschiedenen Voranschläge und die Erstellung des Haushaltsplan-Entwurfs ist Sache des → Bundesfinanzministers, der bei der abschließenden Beschlußfassung der → Bundesregierung ein Widerspruchsrecht hat.

Haushaltsrecht des Bundes und der Länder ist eine Materie, die der → Grundsatzgesetzgebung des Bundes unterliegt (Art. 109 III). Einschlägige Richtlinien hat das Haushaltsgrundsätzegesetz aufgestellt.

Haushaltswirtschaft hat im modernen → Sozial- und Steuerstaat auch wichtige wirtschaftssteuernde Funktionen. Demgemäß sind → Bund und Länder verpflichtet, bei der Handhabung ihrer Budgets den Erfordernissen des → gesamtwirtschaftlichen Gleichgewichts Rechnung zu tragen (Art. 109 II). Neben monetären Mitteln der Globalsteuerung kann die Haushaltswirtschaft z. B. Nachfrageschwächen mit vermehrten Staatsausgaben oder überhitzter Nachfrage mit Ausgabenreduktion begegnen. Zur Festlegung gemeinsamer Grundsätze für eine konjunkturgerechte Haushaltswirtschaft des Bundes und der Länder gibt das GG dem Bund eine Gesetzgebungskompetenz (Art. 109 III), die im sog. Stabilitätsgesetz ihren Niederschlag gefunden hat.

Hausrecht → Bundestagspräsident

Haus(durch)suchung → Unverletzlichkeit der Wohnung

Hebesätze → Gewerbesteuer

Heiliger Stuhl → Auswärtige Angelegenheiten → Konkordate

Heimat und Herkunft

Heimat und Herkunft sind Merkmale, derentwegen niemand benachteiligt oder bevorzugt werden darf (Art. 3 III). Heimat im Sinne dieses → besonderen Gleichheitssatzes ist die örtliche Herkunft eines Menschen, erworben durch Geburt oder Ansässigkeit. Indessen wird der gegenwärtige Wohnsitz oder gewöhnliche Aufenthalt als Anknüpfungspunkt für gesetzliche Differenzierungen nicht ausgeschlossen (BVerfGE 48, S. 287). Durch das Diskriminierungsverbot nach der „Heimat" sollten insbesondere die berechtigten Interessen der Flüchtlinge und Vertriebenen geschützt werden. Im Unterschied zur geographischen Anknüpfung des Heimatbegriffs bedeutet „Herkunft" in diesem verfassungsrechtlichen Zusammenhang die von den Vorfahren abgeleitete soziale Verwurzelung einer Person, nicht dagegen die in den eigenen Lebensumständen begründete Zugehörigkeit zu einer bestimmten Gesellschaftsschicht (BVerfGE 9, S. 129).

Heimatstaat → Auslieferung

Hergebrachte Grundsätze → Berufsbeamtentum

Herkunft → Heimat und Herkunft

Herrenchiemseer Verfassungskonvent → Grundgesetz

Hochschulbau → Gemeinschaftsaufgaben

Hochschulen → Universitäten → Fakultäten → Wissenschaftsfreiheit → Lehrfreiheit → Numerus clausus → Forschungsförderung

Hochschulkliniken → Gemeinschaftsaufgaben

Hochschullehrer sind akademische Forscher und Lehrer, die aufgrund der Habilitation oder eines gleichwertigen Qualifikationsbeweises mit der selbständigen Vertretung eines wissenschaftlichen Faches in Forschung und Lehre betraut sind (BVerfGE 56, S. 208). Die verfassungsrechtliche Gewährleistung der → Forschungsfreiheit und → Lehrfreiheit verleiht den deutschen Hochschullehrern über die allgemeine beamtenrechtliche Regelung hinaus eine weitgehende Unabhängigkeit bei der Ausübung ihres Berufs (BVerfGE 3, S. 151).

Hoheitsrechtliche Befugnisse sind zur Ausübung als ständige Aufgabe in der Regel nur solchen Angehörigen des öffentlichen Dienstes zu übertragen, die in einem öffentlich-rechtlichen Dienst- und Treueverhältnis stehen (Art. 33 IV). Mit der hier umschriebenen Personengruppe sind die → Berufsbeamten und die (Berufs-) → Richter gemeint. Zu den hoheitsrechtlichen Befugnissen gehören im Bereich der → Exekutive außer der Eingriffsverwaltung (Polizei, Steuer usw.) auch die Funktionen der → auswärtigen Gewalt.

Hoheitsrechtsbeschränkung → Kollektive Sicherheitssysteme

Hoheitsrechtsübertragung → Zwischenstaatliche Einrichtungen

Homogenität der Verfassungen von → Bund und Ländern in den grundlegenden Prinzipien ist eine Bedingung der Funktionsfähigkeit des → Bundesstaates. Unbeschadet der je eigenen → verfassungsgebenden Gewalt bestimmt daher das GG, daß die verfassungsmäßige Ordnung in den Ländern den Grundsätzen des → republikanischen, → demokratischen und → sozialen → Rechtsstaates im Sinne des Grundgesetzes entsprechen muß (Art. 28 I). Grundgesetzwidrig und daher nichtig wäre z. B. die landesverfassungsrechtliche Einführung einer Monarchie (da nicht republikanisch), einer „Volksdemokratie" (da nicht freiheitlich-demokratisch) oder die Abschaffung der → richterlichen Kontrolle von Verwaltungsakten (da nicht rechtsstaatlich). Die Homogenitätspflicht des Landesverfassungsgebers wird vom Bunde gewährleistet (Art. 28 III); dieser Garantenstatus ist in der bisherigen Geschichte der → Bundesrepublik Deutschland noch nicht praktisch geworden.

Hörfunk → Berichterstattungsfreiheit

Horizontaler Finanzausgleich, ein Teilkomplex der → Finanzverfassung im → Bundesstaat des GG. Hierbei handelt es sich um ein verfassungsrechtliches Korrektiv zwischen finanzstarken und finanzschwachen → Ländern. Durch Bundesgesetz ist sicherzustellen, daß die unterschiedliche Finanzkraft der Länder angemessen ausgeglichen wird, wobei die Finanzkraft und der Finanzbedarf der → Gemeinden (Gemeindeverbände) zu berücksichtigen sind (Art. 107 II 1). Der dem Gesetzgeber aufgetragene Ausgleich zwischen „reichen" und „armen"

Ländern dient dem bündischen Prinzip des Füreinander-Einstehens der Gliedstaaten (BVerfGE 72, S. 386). Die Voraussetzungen für die Ansprüche der ausgleichsberechtigten Länder und für die Verbindlichkeiten der ausgleichspflichtigen Länder sowie die Maßstäbe für die Höhe der Ausgleichsleistungen sind in dem Bundesgesetz zu bestimmen (Art. 107 II 2). Wichtiges, aber nicht alleiniges Indiz für die Finanzkraft der Länder ist ihre in Art. 107 Abs. 1 GG geregelte Steuerkraft; auch sonstige, betragsmäßig ins Gewicht fallende Einnahmen der Gliedstaaten hat der Finanzausgleichsgesetzgeber zu berücksichtigen. Der verfassungsrechtlich vorgeschriebene „angemessene" Finanzausgleich soll kein totaler sein, weil so etwas eine bundesstaatswidrige Nivellierung bewirken könnte (BVerfGE 1, S. 131). Nach dem → Einigungsvertrag (Art. 7 III) findet für eine Übergangszeit ein gesamtdeutscher horizontaler → Finanzausgleich zwischen den alten und neuen Bundesländern nicht statt. Dafür erhalten die neuen Länder besondere Finanzleistungen aus dem im → Einigungsvertrag vorgesehenen (Art. 7 V) Fonds „Deutsche Einheit".

Humanität → Menschenwürde

„Hüter der Verfassung" zu sein, wie es dem Reichspräsidenten der → Weimarer Republik zukam, ist nach dem GG nicht Aufgabe des → Bundespräsidenten. Vielmehr wird die strikte Wahrung der Verfassung seitens aller Staatsorgane in letzter Instanz vom → Bundesverfassungsgericht gewährleistet. Diese in der deutschen Staatsrechtsgeschichte neuartige Institution wurde als „Hüter der Verfassung" eigens konstituiert.

I

Immanente Schranken → Grundrechtsbeschränkungen

Immunität des → Bundestagsabgeordneten ist ein verfassungsrechtliches Institut, das sich geschichtlich aus dem Kampf des frühen Parlamentarismus gegen die Allmacht der Krone erklärt. Demgemäß darf ein Abgeordneter wegen einer mit Strafe bedrohten Handlung nur mit Genehmigung des → Bundestages zur Verantwortung gezogen oder verhaftet werden, es sei denn, daß er bei Begehung der Tat oder im Laufe des folgenden Tages festgenommen wird (Art. 46 II). Dieser Schutz vor Strafverfolgung gilt entsprechend für andere Beeinträchtigungen der persönlichen Freiheit des Parlamentsmitglieds (Art. 46 III und IV). Die Vorrechte gelten nur für die Dauer des Mandates, beziehen sich aber hauptsächlich auf Handlungen außerhalb der parlamentarischen Sphäre. Während die → Indemnität vor allem der Freiheit der Parlamentsdiskussion dient, bezweckt die überlieferte Immunität in erster Linie die Erhaltung der personellen Funktionsfähigkeit des Parlaments. Die innere Berechtigung namentlich der Immunität wird heute nicht mehr allgemein anerkannt, zumindest die traditionelle Begründung dieses Abgeordnetenprivilegs ist fragwürdig geworden. Denn anders als in der Zeit der konstitutionellen Monarchie steht die Volksvertretung jetzt nicht mehr geschlossen einer Exekutive aus eigenem Rechte gegenüber. Die neuen Gegenmächte in der parlamentarischen Demokratie sind vielmehr die Regierung mit den sie tragenden → Fraktionen einerseits und die parlamentarische → Opposition andererseits. Sieht man in der Immunität eher ein Vorrecht des Parlamentes und nicht des einzelnen Parlamentsmitglieds, so kann ein Bundestagsabgeordneter weder darauf verzichten noch beanspruchen, daß seine Immunität nicht aufgehoben wird.

Imperatives Mandat

Imperatives Mandat, das den Volksvertreter wie einen Befehlsempfänger an Aufträge und Weisungen der Wählerschaft bindet, verstößt gegen das grundgesetzliche Prinzip des → freien Mandats.

„Implied powers“, ein dem US-amerikanischen Verfassungsrecht entlehnter, in der deutschen Staatsrechtslehre gelegentlich verwendeter Begriff bei der Frage, ob es ungeschriebene → Bundeskompetenzen namentlich im Gesetzgebungsbereich gibt. Angesichts der grundgesetzlichen Zuständigkeitsvermutung zugunsten der Länder – weder die Bismarck'sche noch die → Weimarer Reichsverfassung kannten eine Generalklausel wie Art. 30 GG – sind allenfalls solche unbenannten Befugnisse des Gesamtstaates anzunehmen, die den im Verfassungstext benannten notwendigerweise innewohnen, was durch eine föderalbehutsame → Verfassungsauslegung zu ermitteln ist. Hierher gehören auch Fälle einer ungeschriebenen Bundeskompetenz unter den Gesichtspunkten der „Natur der Sache“ (BVerfGE 26, S. 257), des „Sachzusammenhangs“ (BVerfGE 26, S. 300) und der „Annexkompetenz“ (BVerfGE 8, S. 149 f.). Dabei ist im Zweifel, mit Rücksicht auf die dem geltenden → Bundesstaatsprinzip entsprechende strikte Auslegung der Kompetenzvorschriften, eine Gesetzgebungszuständigkeit des Gesamtstaates zu verneinen.

Indemnität, eine von der → Immunität zu unterscheidende verfassungsrechtliche Gewährleistung. Danach darf ein → Bundestagsabgeordneter zu keiner Zeit wegen seiner Abstimmung oder wegen einer Äußerung, die er im → Bundestage oder in einem → Bundestagsausschuß getan hat, gerichtlich oder dienstlich verfolgt oder sonst außerhalb des Bundestages zur Verantwortung gezogen werden. Dies gilt nicht für verleumderische Beleidigungen (Art. 46 I). Die hier normierte – auf parlamentarische Handlungen beschränkte, doch durch das Ende des → Mandates nicht begrenzte – Exemtion des Abgeordneten bewirkt gleichermaßen eine Freistellung von strafrechtlicher, zivilrechtlicher, polizeirechtlicher und disziplinarrechtlicher Verantwortung. Die Indemnität steht weder zur Disposition des Parlamentariers noch der des Parlaments, sie ist unaufhebbar und unverzichtbar. Unter den Schutz dieser Verantwortungsfreiheit im Dienste ungehinderter parlamentarischer Erörterung fällt namentlich jede Tatsachenbehauptung und Meinungsäußerung in Plenum, Ausschüssen und → Fraktionen (nicht dagegen in Parteigremien, Wahlveranstaltungen, Pressekonferenzen usw.) mit Ausnahme verleumderischer Beleidigungen. Eine solche liegt vor, wenn jemand wider besseres Wissen eine unwahre Tatsache behauptet oder verbreitet, die einen anderen Menschen verächtlich zu machen oder in der öffentlichen Meinung herabzuwürdigen geeignet ist.

Individualgesetze → Einzelfallgesetze

Individualrechtsschutz → Rechtsweggarantie → Verfassungsbeschwerde

Individuelle Freiheit → Freiheitsgrundrechte → Rechtsstaat

Industriegesellschaft → Daseinsvorsorge

Informationelle Selbstbestimmung, eine grundrechtliche Befugnis des Einzelnen, hergeleitet aus dem → allgemeinen Persönlichkeitsrecht im Hinblick auf den → Datenschutz. Danach ist der Einzelne grundsätzlich berechtigt, über die Preisgabe und Verwendung seiner persönlichen Daten selbst zu bestimmen, soweit nicht überwiegende Interessen des → Allgemeinwohls entgegenstehen (BVerfGE 65, S. 41 f.). Dieses Individualrecht ist besonders schutzbedürftig unter den neuartigen Bedingungen der automatischen Datenverarbeitung. Die Gefährdung der Persönlichkeitssphäre kommt vor allem daher, daß bei Entscheidungsvorgängen nicht mehr wie früher auf manuell zusammengestellte Karteien und Akten zurückgegriffen werden muß, sondern daß mittels moderner Datenverarbeitungstechniken die Einzelangaben über Personen unbegrenzt speicherbar sind und jederzeit ohne Rücksicht auf Entfernungen in Sekundenschnelle abgerufen werden können. Zudem ist es möglich, die Daten durch integrierte Informationssysteme mit anderen Datensammlungen zu einem mehr oder weniger vollständigen Persönlichkeitsbild zusammenzufügen, ohne daß der Betroffene dessen Richtigkeit und Verwendung zu kontrollieren vermag. Dies jedoch steht im Widerspruch zum Prinzip der individuellen Selbstbestimmung. Auch unter den Bedingungen fortschreitender Datenverarbeitungstechnologien muß der Einzelne grundsätzlich frei entscheiden können, wann und innerhalb welcher Grenzen persönliche Lebenssachverhalte offenbart werden. In seinem Recht, aus eigener Selbstbestimmung zu planen und zu handeln, ist er auch beeinträchtigt, wenn er nicht mehr übersehen kann, wer was wann und bei welcher Gelegenheit über ihn weiß und ob persönliche Daten als Information dauerhaft gespeichert und abrufbar sind. Unbeschadet der grundlegenden Bedeutung der informationellen Selbstbestimmung für die Entfaltung des Individuums und des freiheitlichen demokratischen Gemeinwesens ist auch dieses Recht von der Verfassung nicht schrankenlos gewährleistet. Als in der sozialen Gemeinschaft stehende Persönlichkeit muß der Einzelne Beschränkungen seiner Selbstbestimmung im überwiegenden Allgemeininteresse hinnehmen (BVerfGE 65, S. 43 f.). Solche Eingrenzungen bedürfen aber einer hinreichend bestimmten gesetzlichen Grundlage, wobei der Gesetzgeber auch besondere verfahrensrechtliche Schutzvorkehrungen zu treffen und nicht zuletzt den → Verhältnismäßigkeitsgrundsatz zu beachten hat. Dieser verfassungsrechtlichen Pflicht suchen die Datenschutzgesetze des Bundes und der Länder zu genügen.

Informationsfreiheit ist ein sachlich notwendiges Korrelat zur → Meinungsfreiheit. Jeder hat das Recht, sich aus allgemein zugänglichen Quellen ungehindert zu unterrichten (Art. 5 I 1). Dieses in früheren deutschen Verfassungen nicht verbriefte Grundrecht ist eine Antwort des GG auf die Unterdrückung freier Informationsmöglichkeiten im → Dritten Reich. Die Informationsfreiheit hat eine individualrechtliche Komponente und ist zugleich wesentliche Bedingung für die Entfaltung der → freiheitlichen demokratischen Grundordnung. Nur der informierte Staatsbürger vermag seine politischen Mitwirkungsrechte angemessen wahrzunehmen und die → Medienfreiheit trägt dazu bei, ihm durch möglichst umfassende Informationen die Meinungsbildung und politische Entscheidungsfindung zu erleichtern (BVerfGE 27, S. 81). Von der Verfassung garantiert ist nur das Recht der Unterrichtung aus „allgemein zugänglichen Quellen“, also insbesondere aus Presse, Rundfunk und Fernsehen. Nicht allgemein zugänglich sind z. B. Postsendungen an bestimmte Personen oder interne Behördenvorgänge. Allerdings sind staatliche Stellen mit Rücksicht auf die demokratische Publizität nicht befugt, Auskünfte an Presse und Rundfunk generell zu verbieten.

Initiativrecht → Gesetzesinitiative

Inkompatibilität, die Unvereinbarkeit verschiedener Ämter oder Tätigkeiten in derselben Hand, ist ein verfassungsrechtliches Institut im Dienste teils der → Gewaltenteilung, teils der integren Amtsausübung. Kraft grundgesetzlicher Anordnung darf z. B. der → Bundespräsident weder der → Regierung noch einer → gesetzgebenden Körperschaft des Bundes oder eines Landes angehören (Art. 55 I). Ferner darf er kein anderes besoldetes Amt, kein Gewerbe und keinen Beruf ausüben und weder der Leitung noch dem Aufsichtsrate eines auf Erwerb gerichteten Unternehmens angehören (Art. 55 II). Ein → Bundesverfassungsrichter darf weder dem → Bundestage, dem → Bundesrate, der → Bundesregierung noch entsprechenden Organen eines Landes angehören (Art. 94 I 3). Dagegen dürfen der → Bundeskanzler und die → Bundesminister, wie es dem → parlamentarischen Regierungssystem entspricht, → Bundestagsabgeordnete sein. Es ist ihnen aber verboten, ein anderes besoldetes Amt, ein Gewerbe oder einen Beruf auszuüben; dem Aufsichtsrat eines Erwerbsunternehmens dürfen sie nur mit Zustimmung des Bundestages angehören (Art. 66). Im übrigen ist z. B. für → Beamte wegen der parlamentarischen Inkompatibilität vorgesehen, daß ihre Wählbarkeit gesetzlich beschränkt werden kann. Demgemäß bestimmt das Abgeordnetengesetz zur Wahrung des Gewaltenteilungsprinzips, daß für die Dauer der Mitgliedschaft im Bundestag die Rechte aus dem Beamtenverhältnis ruhen.

Inkrafttreten des GG → Grundgesetz

Inkrafttreten von Bundesrecht im Anschluß an die → Verkündung im → Bundesgesetzblatt ist Teil der normativen Regelung (BVerfGE 45, S. 326). Jedes → Gesetz und jede → Rechtsverordnung soll auch den Tag des Inkrafttretens bestimmen (Art. 82 II 1). Fehlt eine solche Bestimmung, so tritt das Gesetz oder die Rechtsverordnung mit dem vierzehnten Tage nach Ablauf des Tages in Kraft, an dem das betreffende Bundesgesetzblatt ausgegeben worden ist. Das Ausgabedatum im Kopf der einschlägigen Nr. des BGBl. hat die widerlegbare Vermutung der Richtigkeit für sich. In aller Regel wird freilich vom Normgeber ein bestimmter Zeitpunkt des Inkrafttretens festgelegt.

Inländische juristische Personen können → Grundrechtsträger sein, soweit die → Grundrechte ihrem Wesen nach auf diese anwendbar sind (Art. 19 III). Dabei ist zu unterscheiden zwischen → juristischen Personen des öffentlichen und solchen des privaten Rechts. Letztere erfüllen das Kriterium wesensmäßiger Anwendbarkeit namentlich dann, wenn ihre Gründung und Betätigung ein Ausdruck der freien Entfaltung natürlicher Personen ist. Dagegen sind die Grundrechte auf juristische Personen des öffentlichen Rechts, soweit diese öffentliche Aufgaben erfüllen, grundsätzlich nicht anwendbar. Deshalb kann z. B. die zu einer Entschädigung verpflichtete öffentliche Hand nicht mit der → Verfassungsbeschwerde geltend machen, eine → Enteignung habe nicht vorgelegen (BVerfGE 45, S. 63 f.). Ausnahmsweise sind auch juristische Personen des öffentlichen Rechts → grundrechtsfähig, so etwa beim Recht auf den → gesetzlichen Richter und auf → rechtliches Gehör. Ferner können sich z. B. Universitäten und Fakultäten auf die → Wissenschaftsfreiheit, Rundfunkanstalten auf die → Berichterstattungsfreiheit, Kirchen auf die → Glaubens-, → Bekenntnis- und → Religionsfreiheit berufen. Immer aber ist Voraussetzung, daß es sich um eine inländische juristische Person handelt (Art. 19 III). Diese muß im Inland radiziert sein, d. h. hier ihren effektiven Verwaltungsmittelpunkt haben. Inland ist, in analoger Anwendung des Art. 116 I GG, das Gebiet des Deutschen Reiches nach dem Stande vom 31. Dezember 1937.

Innerer Notstand, ein verfassungsrechtlicher Oberbegriff, dem so verschiedene Tatbestände unterfallen wie Naturkatastrophen, besonders schwere Unglücksfälle und drohende Gefahren für den → Bestand oder die → freiheitliche demokratische Grundordnung des Bundes oder eines Landes. In all diesen Fällen ist – anders als beim äußeren Notstand des → Verteidigungsfalles oder des → Spannungsfalles – eine förmliche Feststellung und Verkündung vom GG nicht vorgesehen. Zur Hilfe bei einer Naturkatastrophe oder bei einem besonders schweren Unglücksfall kann ein Land Polizeikräfte anderer Länder, Kräfte und Einrichtungen anderer Verwaltungen sowie des → Bundesgrenzschutzes und der → Streitkräfte anfordern (Art. 35 II 2). Gefährdet die Naturkatastrophe oder der Unglücksfall das Gebiet mehr als eines Landes, so kann die → Bundesregierung, soweit es zur wirksamen Bekämpfung erforderlich ist, den → Landesregierungen die Weisung erteilen, Polizeikräfte anderen Ländern zur Verfügung zu stellen, sowie Einheiten des Bundesgrenzschutzes und der Streitkräfte zur Unterstützung der Polizeikräfte einsetzen. Derartige Maßnahmen der Bundesregierung sind allerdings jederzeit auf Verlangen des → Bundesrates, im übrigen nach Beseitigung der Gefahr unverzüglich aufzuheben (Art. 35 III). Neben dieser, im grundgesetzlichen Kontext der → Amtshilfe geregelten Fallgruppe stehen verfassungsrechtliche Notstandstatbestände anderer Art. Zu der – primär den Ländern obliegenden – Abwehr einer drohenden Gefahr für den → Bestand oder die → freiheitliche demokratische Grundordnung des Bundes oder eines Landes kann ein Land Polizeikräfte anderer Länder sowie Kräfte und Einrichtungen anderer Verwaltungen und des Bundesgrenzschutzes anfordern (Art. 91 I). Ist das Land, in dem die Gefahr droht, nicht selbst zu deren Bekämpfung bereit oder in der Lage, so kann die Bundesregierung die Polizei in diesem Lande und die Polizeikräfte anderer Länder ihren Weisungen unterstellen sowie Einheiten des Bundesgrenzschutzes einsetzen; die Bundesregierung muß freilich auch in diesen Fällen ihre Anordnung jederzeit auf Verlangen des Bundesrates aufheben (Art. 91 II). Reichen unter den vorgenannten Voraussetzungen die Kräfte der Polizei und des Bundesgrenzschutzes nicht aus, um der Gefahrenlage Herr zu werden, so kann die Bundesregierung unterstützungshalber Streitkräfte einsetzen, um zivile Objekte zu schützen sowie um organisierte und militärisch bewaffnete Aufständische zu bekämpfen. Der Einsatz von Streitkräften ist einzustellen, wenn der → Bundestag oder der Bundesrat es verlangen (Art. 87 a IV).

Institutionelle Garantien sind verfassungsrechtliche Gewährleistungen bestimmter öffentlich-rechtlicher Institutionen in ihrer überkommenen Kernstruktur, z. B. des → Berufsbeamtentums und der → kommunalen Selbstverwaltung.

Institutsgarantien schützen verfassungskräftig wichtige privatrechtliche Einrichtungen der Sozialordnung, z. B. die → Ehe, das → Eigentum und → Erbrecht.

Interesse der Allgemeinheit → Allgemeinwohl

Interessengruppen → Organisierte Interessen

Internationale Organisationen → Zwischenstaatliche Einrichtungen

Internationale Schiedsgerichtsbarkeit ist, nach der Definition des Haager Abkommens von 1907, die Erledigung von Streitigkeiten zwischen den Staaten durch Richter ihrer Wahl aufgrund der Achtung vor dem Recht. Das GG verpflichtet den Bund, Vereinbarungen über eine allgemeine, umfassende und obligatorische internationale Schiedsgerichtsbarkeit beizutreten (Art. 24 III). Zwar gibt es auf zwischenstaatlicher Ebene eine große Zahl vor allem bilateraler Schiedsverträge oder -klauseln. Doch fehlt es bisher an Vereinbarungen über eine allgemeine (d. h. die weit überwiegende Mehrheit der Staaten einbindende), umfassende (d. h. keine mögliche Streitmaterie ausschließende) und obligatorische (d. h. die vertragsschließenden Staaten ipso iure dem Schiedsspruch unterwerfende) internationale Schiedsgerichtsbarkeit. Nicht einmal der kraft UNO-Satzung errichtete Internationale Gerichtshof mit Sitz in Den Haag ist im vorstehenden Sinne eine umfassende und obligatorische Instanz der Streitbeilegung.

Internationale Verbrechensbekämpfung ist Gegenstand der → ausschließlichen Gesetzgebung des Bundes (Art. 73 Nr. 10). Zu diesem Regelungsgebiet gehört sowohl die Strafverfolgung durch deutsche Behörden im Ausland als auch die deutsche → Amtshilfe auf Ersuchen ausländischer Strafverfolgungsbehörden.

Internationale Verträge → Völkerrechtliche Verträge → Auswärtige Gewalt

Internationales Recht → Völkerrecht

Interpellation ist das traditionelle, in den grundgesetzlichen Bestimmungen über → Zitierbefugnis und → Anhörung mitenthaltene Recht des → Bundestages und seiner Ausschüsse, den anwesenden Mitgliedern der → Bundesregierung Fragen zu stellen. Ob und wie die Fragen beantwortet und verlangte Auskünfte erteilt werden, ist politische Ermessenssache des interpellierten Kabinettmitglieds, aus dessen Verhalten Parlament und öffentliche Meinung ihre Rückschlüsse ziehen können. Einzelheiten zum Interpellationsrecht – z. B. Große Anfragen, Kleine Anfragen und Aktuelle Stunde – sind in der → Geschäftsordnung des Bundestages geregelt.

Interpretation → Verfassungsauslegung

Intimsphäre → Allgemeines Persönlichkeitsrecht

Investitionen → Finanzhilfen

J

„Judicial self-restraint“, richterliche Selbstbeschränkung, ein der US-amerikanischen Rechtsprechung entlehnter Grundsatz, den sich das BVerfG erklärtermaßen zu eigen gemacht hat. Das Gericht versteht darunter – unbeschadet der Bereitschaft zur vollen Ausschöpfung seiner Kompetenzen namentlich auch im Bereich der → Normenkontrolle – den Verzicht, „Politik zu treiben“, d. h. in den verfassungsmäßigen Raum freier politischer Gestaltung von Parlament und Regierung einzugreifen (BVerfGE 36, S. 14). Ob mit der amerikanischen Maxime des „judicial self-restraint“ für das deutsche Verfassungsrecht viel gewonnen ist, erscheint zweifelhaft. Die Formel geht zurück auf das Sondervotum von Bundesrichter Stone zur Entscheidung United States vs. Butler, die den wirtschafts- und sozialpolitisch wichtigen Agricultural Adjustment Act von 1933 für verfassungswidrig erklärte. Dort heißt es, daß „the only check upon our own (judicial) exercise of power is our own sense of self-restraint“. Dieser „sense of self-restraint“ hängt nun aufs engste zusammen mit der grundsätzlichen Zurückhaltung des US-Supreme Court gegenüber der Entscheidung von Verfassungsfragen überhaupt („... to avoid the constitutional issue“). Dies hinwiederum ist bedingt durch die eigentümliche, sich von der Aufgabe des BVerfG grundlegend unterscheidende Stellung des Supreme Court im Gefüge der rechtsprechenden Gewalt. Denn dieser Gerichtshof wurde nicht, wie das BVerfG, speziell als Hüter der Verfassung errichtet. Er ist vielmehr oberste Instanz der gesamten rechtsprechenden Gewalt der Vereinigten Staaten und als „Superrevisionsgericht“ hat er das – im Text der US-Bundesverfassung weder vorgesehene noch ausgeschlossene – richterliche Prüfungsrecht der Verfassungsmäßigkeit von Gesetzen durch Auslegung begründet und in ständiger Rechtsprechung aufrechterhalten. Im Unterschied zum BVerfG judiziert der US-Supreme Court weder in → abstrakten noch in → konkreten Normenkontrollverfahren noch kann er mit der → Verfassungsbeschwerde angerufen werden. Seine punktuelle Verfassungsrechtsprechung – sie weist ihn besonders als Garanten der Bill of Rights, von Due Process und Equal Protection aus – ist vielmehr eingebunden in die höchstrichterliche Entscheidung von Revisionsverfahren des „einfachen" privaten und öffentlichen Rechts (sog. „cases" und „controversies"), bei denen er die Verfassungsmäßigkeit von Gesetzen nur als Vorfrage prüft. Nach allem erscheint die Übernahme der Formel vom „judicial self-restraint" in den anders gearteten deutschen Verfassungsprozeß nicht unbedenklich. Skepsis ist auch geboten gegenüber der in diesem Zusammenhang nicht selten beschworenen „Political question"-Doktrin, da mit diesem Begriff in seiner schillernden Bedeutung eine klare Trennung von rechtlichen und politischen Fragen selbst amerikanischen Juristen meistens mißlingt.

Judikative → Rechtsprechende Gewalt

Jugendarbeitsschutz → Arbeitsrecht

Jugendgerichte → Gerichte für besondere Sachgebiete

Jugendschutzbestimmungen bilden, neben → allgemeinen Gesetzen und dem Recht der persönlichen → Ehre, eine Schranke für die Grundrechte der → Meinungsfreiheit, der → Informationsfreiheit, der → Pressefreiheit, der → Rundfunkfreiheit und der → Filmfreiheit (Art. 5 II). Demgemäß ist z. B. ein Gesetz, das zum Schutz der heranwachsenden Jugend die Verbreitung von offenkundig sittlich gefährdenden Schriften verbietet, mit dem Grundgesetz vereinbar (BVerfGE 30, S. 346 f.). Einschlägige Gefahren drohen insbesondere von Druck-, Ton- und Bilderzeugnissen, die Gewalttätigkeiten oder Verbrechen glorifizieren, Rassenhaß provozieren, den Krieg verherrlichen oder sexuelle Vorgänge in grob schamverletzender Weise darstellen und deshalb bei Kindern und Jugendlichen zu gravierenden, nur schwer oder überhaupt nicht mehr korrigierbaren Fehlentwicklungen führen können. Jedoch müssen gesetzliche Bestimmungen zum Schutze der heranwachsenden Jugend stets die grundlegende Bedeutung der Meinungs-, Presse-, Rundfunk- und Filmfreiheit für die vom GG verfaßte

Staatsordnung beachten und namentlich das → Verhältnismäßigkeitsprinzip wahren. Dabei hat der → Gesetzgeber eine sorgsame → Güterabwägung vorzunehmen zwischen den Forderungen nach umfassender Verwirklichung der → Freiheitsgrundrechte einerseits und dem verfassungskräftigen Wert des Jugendschutzes andererseits.

Junktimklausel ist die grundgesetzliche Bestimmung, daß ein Gesetz, durch das oder aufgrund dessen eine → Enteignung erfolgt, zugleich (iunctim) Art und Ausmaß der → Entschädigung regeln muß (Art. 14 III 2). Dieses Junktim von Enteignung und Entschädigungsregelung hat einen doppelten Zweck. Einmal dient es der Grundrechtssicherung, indem es auf ein → rechtstaatlich geordnetes Verfahren hinwirkt und damit einer Verletzung der → Eigentumsgarantie vorbeugt. Zum anderen will jene Verknüpfung den → Gesetzgeber zu der Prüfung anhalten, ob der zu regelnde Sachverhalt die Voraussetzungen des Enteignungstatbestandes (Art. 14 III) erfüllt und gemahnen, daß gegebenenfalls eine die öffentlichen Haushalte belastende Entschädigung zu leisten ist. Zugleich soll verhindert werden, daß unter dem Deckmantel von Inhaltsbestimmungen des Eigentums unzulässige Enteignungsvorschriften erlassen werden. Die unlösbare Verknüpfung aller verfassungsrechtlichen Enteignungserfordernisse macht die Gesamtregelung grundgesetzwidrig, wenn sie auch nur in einem Punkte nicht im Einklang mit der Verfassung ist (BVerfGE 46, S. 287).

Juristische Personen sind rechtlich verselbständigte Zusammenfassungen von natürlichen Personen (Menschen) oder Sachen, die unabhängig vom Mitgliederbestand usw. Rechtssubjekte, d. h. Träger von Rechten und Pflichten sind. → Inländische juristische Personen können → grundrechtsfähig sein. Im übrigen ist zu unterscheiden zwischen juristischen Personen des Privatrechts (z. B. rechtsfähigen Vereinen, Stiftungen, Aktiengesellschaften) und → juristischen Personen des öffentlichen Rechts.

Juristische Personen des öffentlichen Rechts, ein Oberbegriff für → Körperschaften, → Anstalten und Stiftungen des → öffentlichen Rechts.

Justiz → Gerichte → Gerichtlicher Rechtsschutz

Justizfreie Hoheitsakte im Sinne von Regierungs- und Verwaltungsakten, die trotz individueller Beschwer, sich einer gerichtlichen Kontrolle entziehen, sind unter der Geltung des GG nicht mehr anzuerkennen. Denn jeder Person, die durch die → öffentliche Gewalt in ihren Rechten verletzt wird, steht der → Rechtsweg offen (Art. 19 IV). Dies gilt auch für den Widerruf eines Gnadenerweises, wiewohl der Betroffene keinen Anspruch auf → Begnadigung hat (BVerfGE 30, S. 111).

Justizielle Grundrechte dienen der gerichtsförmigen Sicherung namentlich der → Freiheits- und der → Gleichheitsgrundrechte des GG. Wichtig sind vor allem die Verbürgungen der → Rechtsweggarantie, des → gesetzlichen Richters, der → richterlichen Unabhängigkeit, des → rechtlichen Gehörs und der Unzulässigkeit von → Ausnahmegerichten. In diesen Zusammenhang gehören auch die → rechtsstaatlichen Gewährleistungen bei → Freiheitsentziehungen und nicht zuletzt die grundgesetzlich verbriefte → Verfassungsbeschwerde, die jedermann mit der Behauptung erheben kann, durch die → öffentliche Gewalt in einem seiner → Grundrechte oder in bestimmten grundrechtsgleichen Rechten verletzt zu sein.

Justizverweigerung, etwa durch Nichterledigung einer bei Gericht anhängigen Sache, kann gegen den Verfassungssatz verstoßen, daß niemand seinem → gesetzlichen Richter entzogen werden darf.

Justizvollzugsanstalt → Freiheitsentziehung

K

Kabinett → Bundesregierung

Kabinettsbildung, d. h. die personelle Hervorbringung, Umgestaltung und Beendigung der → Bundesregierung, ist primär Sache des → Bundeskanzlers und belegt dessen herausragende Stellung im geltenden → parlamentarischen Regierungssystem. Die → Bundesminister werden auf Vorschlag des Kanzlers vom → Bundespräsidenten ernannt und entlassen (Art. 64 I). Entsprechend der – gegenüber der → WRV grundlegend – veränderten Stellung von Kanzler und Präsident ist das Staatsoberhaupt, dem bei der Ministerberufung keinerlei Entscheidungsermessen zusteht, an die Vorschläge des Bundeskanzlers strikt gebunden. Diese verfassungsrechtlich starke Position des Regierungschefs bei der Kabinettsbildung wird freilich in der Praxis durch Rücksichtnahmen auf personalpolitische Wünsche der mehrheitsbildenden → Fraktionen nicht unerheblich modifiziert.

Kabinettsprinzip (Kollegialprinzip), ein verfassungsrechtliches Strukturelement der → Bundesregierung, das in seiner praktischen Bedeutung gegenüber dem → Kanzlerprinzip und dem → Ressortprinzip zurücktritt. Immerhin kennt das GG eine Reihe wichtiger Kompetenzen, die dem Kabinettskollegium als solchem zustehen. Abgesehen von der Beschlußfassung über die Geschäftsordnung der Regierung (Art. 65 Satz 4) und der Entscheidung bei Meinungsverschiedenheiten zwischen → Bundesministern (Art. 65 Satz 3) gehören hierzu – unter Beachtung der → Richtlinienkompetenz des Kanzlers – auch die Einbringung von → Gesetzesvorlagen (Art. 76 I), die Anrufung des → Vermittlungsausschusses (Art. 77 II 4), der Erlaß von → Rechtsverordnungen (Art. 80 I) und die Anrufung des → Bundesverfassungsgerichts, letzteres z. B. im Verfahren der → abstrakten Normenkontrolle (Art. 93 I Nr. 2).

Kabinettsumlaufverfahren, ein von der Bundesregierung seit langem praktiziertes schriftliches Verfahren, um in eilbedürftigen Fällen eine Kabinettsentscheidung herbeizuführen.

Kabinettsvorlagen → Gesetzesinitiative

Kaiserreich → Föderalismus

Kammergericht → Bundesgerichtshof

Kammern für Handelssachen → Gerichte für besondere Sachgebiete

Kanzlerprinzip (Premierministerprinzip), ein Kabinettsmodell mit Vorrang des Regierungschefs vor den anderen Mitgliedern des Kollegiums. Das GG hat sich für eine Mischstruktur aus Elementen des Kanzler-, des → Ressort- und des → Kabinettprinzips entschieden. Innerhalb der → Bundesregierung ist der → Bundeskanzler deutlich herausgehoben durch sein → Kabinettsbildungsrecht und seine → Richtlinienkompetenz.

Kanzlersturz ist vom GG durch Einführung des konstruktiven Mißtrauensvotums erheblich erschwert worden. Unter der Geltung der → WRV bedurften nicht nur der Reichskanzler, sondern auch die Reichsminister zu ihrer Amtsführung des Vertrauens des Reichstages; jeder von ihnen mußte zurücktreten, wenn ihm das Parlament durch ausdrücklichen Beschluß sein Vertrauen entzog (Art. 54 WRV). Demgegenüber kennt das GG hinsichtlich der → Bundesminister überhaupt kein eigentliches Mißtrauensvotum und in bezug auf den → Bundeskanzler kein bloß destruktives Mißtrauensvotum mit Rücktrittspflicht. Vielmehr hat man aus den betrüblichen Erfahrungen in der → Weimarer Republik die Lehre gezogen, daß es verfassungsrechtlich nicht mehr zulässig ist, den Kanzler durch eine nur negative, bloß in seiner Ablehnung einige Parlamentsmehrheit zu stürzen. Demgemäß kann der → Bundestag dem Bundeskanzler das zu dessen Sturz führende Mißtrauen allein dadurch aussprechen, daß er mit der Mehrheit seiner

Mitglieder einen Nachfolger wählt und den → Bundespräsidenten ersucht, den Kanzler zu entlassen; das Staatsoberhaupt muß dem Ersuchen entsprechen und den Gewählten ernennen (Art. 67 I). Die Neugestaltung des Kanzlersturzes durch konstruktives Mißtrauensvotum unterstreicht die verfassungsrechtliche Stellung des Parlaments bei der Berufung und Entlassung des Regierungschefs. Das den amtierenden Kanzler während der Legislaturperiode abwählende Parlament handelt – wie es im Herbst 1982 erstmalig unter der Geltung des GG geschah – im Einklang mit dem verfaßten → parlamentarischen Regierungssystem. Daß ein durch konstruktives Mißtrauensvotum herbeigeführter Kanzler- und Regierungswechsel außerdem der „Legitimation" durch vorgezogene „Neuwahlen" bedürfe, war eine politische Forderung, die im geltenden Verfassungsrecht keine Stütze findet. Denn in bewußter Abkehr von Weimar (Art. 25 WRV) hat das GG die → Bundestagsauflösung auf zwei Ausnahmesituationen begrenzt, die hier nicht gegeben sind. Darin zeigt sich der Verfassungswille, das Parlament solle grundsätzlich die Legislaturperiode aktiv durchstehen und seine Krisen tunlichst selbst überwinden, ohne an den – ungewissen – Wählerwillen zu appellieren.

Kanzlerwahl ist ausschließlich Sache des Parlaments: Der → Bundeskanzler wird auf Vorschlag des → Bundespräsidenten vom → Bundestage gewählt (Art. 63 I). In seinem Vorschlag ist der Bundespräsident rechtlich frei, doch wird er auf die parteipolitische Konstellation im Parlamente tunlichst Bedacht nehmen, damit er nicht vom Kanzlerwahlorgan desavouiert und im Prestige des Staatsoberhauptes beschädigt wird. Der Bundespräsident muß den Gewählten zum Kanzler ernennen, wenn dieser die Mehrheit der stimmberechtigten Mitglieder des Bundestages auf sich vereinigt (Art. 63 II und IV). Das Recht der Kanzlerwahl verlagert sich im → Verteidigungsfall auf den → Gemeinsamen Ausschuß (Art. 115 h II). Während der Kanzler grundsätzlich vom Parlamente gewählt wird, gelangen die anderen Mitglieder des Bundeskabinetts ohne parlamentarische Beteiligung ins Amt: Die → Bundesminister werden auf – bindenden – Vorschlag des Bundeskanzlers vom Bundespräsidenten ernannt und entlassen (Art. 64 I).

Kapitalverkehr → Europäische Wirtschaftsgemeinschaft

Kapitalverkehrsteuern, deren Aufkommen dem Bunde zusteht (Art. 106 I Nr. 4), erfassen den Umsatz bestimmten Finanzkapitals: Bei der Börsenumsatzsteuer die Anschaffungsgeschäfte über Wertpapiere und bei der Gesellschaftssteuer insbesondere die Zuführung von Eigenkapital an Kapitalgesellschaften.

Kauffahrteischiffe sind nach herkömmlicher Definition die zum Erwerbe durch die Seeschiffahrt bestimmten Schiffe. Alle deutschen Kauffahrteischiffe bilden eine einheitliche Handelsflotte (Art. 27). Diese traditionelle Verfassungsbestimmung hat heute auf völkerrechtlicher Ebene noch eine gewisse Bedeutung für den → diplomatischen Schutz, den der Bund „einheitlich“ gewährt. „Deutsch“ sind jene Seeschiffe, die von → Deutschen betrieben werden oder von Personengesellschaften, deren persönlich haftende Partner sämtlich Deutsche sind oder von → inländischen juristischen Personen.

Kernenergie darf von Verfassungs wegen zu friedlichen Zwecken genutzt werden. Die → konkurrierende Gesetzgebung erstreckt sich auf ihre Erzeugung und Nutzung zu diesen Zwecken, die Errichtung und den Betrieb einschlägiger Anlagen, den Schutz gegen Gefahren, die bei Freiwerden von Kernenergie oder durch ionisierende Strahlen entstehen, und die Beseitigung radioaktiver Stoffe (Art. 74 Nr. 11 a). Der Gesetzgeber ist zur Grundsatzentscheidung für oder gegen die verfassungsrechtlich erlaubte Kernenergienutzung berufen. Dabei hat er eine besondere Schutzpflicht im Hinblick auf die Grundrechte – → Recht auf Leben und → körperliche Unversehrtheit – gefährdeter Dritter. Dieser Schutzpflicht suchen die Vorschriften des Atomgesetzes zu entsprechen, welche die wirtschaftliche Nutzung der Kernenergie von einer vorherigen staatlichen Genehmigung und die Erteilung solcher Genehmigungen von bestimmten materiell-rechtlichen und verfahrensrechtlichen Voraussetzungen abhängig machen (BVerfGE 53, S. 56 f.).

Kinder → Elternrecht → Uneheliche Kinder → Jugendschutzbestimmungen

Kirchen im engeren verfassungsrechtlichen Sinne sind → Religionsgesellschaften, die schon vor Inkrafttreten der → Weimarer Reichsverfassung als → Körperschaften des öffentlichen Rechts bestanden. Hierbei war an die großen christlichen Kirchen – die katholische Kirche und die evangelischen Landeskirchen – in erster Linie gedacht. Unbeschadet ihrer Eigenschaft als → Körperschaften des öffentlichen Rechts erkennt der Staat die Kirchen als eigenständige Institutionen an, die ihrem Wesen nach vom Staat unabhängig sind, ihre Gewalt nicht von ihm herleiten und ihre inneren Verhältnisse autonom zu regeln befugt sind. Der öffentlich-rechtliche Status erhebt die Kirchen über die Religionsgesellschaften des Privatrechts und sichert ihre öffentliche Wirksamkeit, die sie aus ihrem besonderen Auftrag entfalten. Kraft ihrer Rechtsstellung, die sie von anderen gesellschaftlichen Gebilden wesenhaft unterscheidet, ist kirchliche Gewalt zwar öffentliche, grundsätzlich aber nicht staatliche Gewalt. Etwas anderes gilt ausnahmsweise, wenn Kirchen z. B. vom Staat verliehene Befugnisse ausüben (BVerfGE 18, S. 386 f.).

Kirchenartikel, eine Sammelbezeichnung für die vom Grundgesetz (Art. 140) aus der → Weimarer Verfassung übernommenen Regelungen des Verhältnisses von Staat, Kirchen und anderen Religionsgesellschaften (Art. 136, 137, 138, 139 und 141 WRV). Die inkorporierten Vorschriften sind, wiewohl Ergebnis eines Kompromisses im → Parlamentarischen Rat, vollgültiges Verfassungsrecht der → Bundesrepublik Deutschland (BVerfGE 19, S. 219).

Kirchenrecht ist, im Unterschied zum → Staatskirchenrecht, die Gesamtheit der kraft innerkirchlicher Autonomie gesetzten Rechtsnormen, die für Kirchenmitglieder verbindlich sind. Besonders traditionsreich ist das römisch-katholische Kirchenrecht, nach dem II. Vatikanischen Konzil zusammengefaßt im Codex Iuris Canonici.

Kirchensteuern sind Abgaben, die von → Religionsgesellschaften, die → Körperschaften des öffentlichen Rechts sind, auf Grund der bürgerlichen Steuerlisten nach Maßgabe landesrechtlicher Vorschriften erhoben werden dürfen (Art. 140 GG i. V. m. Art. 137 VI WRV). Die Kirchensteuerbefugnis, ein vom Staat abgeleitetes Hoheitsrecht, wird je nach Landesrecht von staatlichen oder kirchlichen Steuerbehörden ausgeübt. Die Steuer, die nur Kirchenmitglieder schulden und deren Rechtsgrundlage mit dem Kirchenaustritt entfällt (BVerfGE 44, S. 50), bemißt sich nach einem bestimmten Prozentsatz der → Einkommensteuer und bildet eine bedeutende Finanzgrundlage des kirchlichen Wirkens.

Kirchenverträge → Konkordate

Kirche und Staat → Staatskirchenrecht

Kleine Anfrage → Interpellation

Koalition im → parlamentarischen Regierungssystem ist der Zusammenschluß → politischer Parteien zur Bildung und Unterstützung einer → Koalitionsregierung. Von Regierungskoalitionen zu unterscheiden sind politische Bündnisse nur für die Wahlen und, im Bereich des Arbeitsrechts, überbetriebliche Vereinigungen aufgrund der → Koalitionsfreiheit.

Koalitionsfreiheit ist das für jedermann und für alle Berufe gewährleistete Grundrecht, zur Wahrung und Förderung der Arbeits- und Wirtschaftsbedingungen Vereinigungen zu bilden (Art. 9 III 1). Während die → Vereinigungsfreiheit nur → Deutschen zusteht (Art. 9 I), ist die Koalitionsfreiheit als → Menschenrecht garantiert. Dieses Grundrecht gilt, unbeschadet seines weitergefaßten Wortlautes, speziell für die arbeitsrechtlichen Koalitionen, d. h. für Zusammenschlüsse von Arbeitnehmern und Arbeitgebern zur gemeinschaftlichen Wahrnehmung ihrer Interessen gegenüber dem jeweils anderen Sozialpartner, aber auch gegenüber der Allgemeinheit und dem Staat. In der Grundrechtsgeschichte ist die Koalitionsfreiheit eine relativ späte Hervorbringung, entstanden erst unter den Bedingungen der modernen Industriearbeit. Anders als die klassischen → Grundrechte richtet sich diese Freiheitsverbürgung nicht nur gegen die Staatsgewalt, sondern erklärtermaßen auch gegen „soziale Gewalten". Demgemäß sind alle Abreden, die dieses Recht einzuschränken oder zu behindern suchen, nichtig; hierauf gerichtete Maßnahmen, ob von seiten der öffentlichen Hand oder privater Mächte, sind rechtswidrig (Art. 9 III 2). Nachdem verschiedene Einzelstaaten im 19. Jahrhundert die früheren Koalitionsverbote schon stark gelockert hatten, wurde die volle Koalitionsfreiheit erst durch die – in diesem Punkte mit dem GG fast wortlautgleiche – → Weimarer Reichsverfassung gewährleistet (Art. 159 WRV), wobei die ersten drei Verfassungsentwürfe statt „Vereinigungsfreiheit" noch den Ausdruck „Koalitionsfreiheit" gebrauchten. Im → Dritten Reich wurde die junge Freiheitsgarantie wieder abgeschafft; an ihre Stelle trat für Arbeitnehmer und Arbeitgeber die Deutsche Arbeitsfront als NS-

Zwangsorganisation. Die geltende Koalitionsfreiheit enthält mehrere Bedeutungsschichten. In erster Linie schützt das Grundrecht die individuelle Freiheit von Arbeitnehmern und Arbeitgebern, Koalitionen zu gründen oder aufzulösen, ihnen beizutreten oder fernzubleiben. Außerdem enthält es Elemente einer → Institutsgarantie des Bestandes von Koalitionen und ihres kollektiven Handelns bei der Verfolgung der in Art. 9 Abs. 3 GG genannten Zwecke. Dazu gehört auch der eigenverantwortliche Abschluß von Tarifverträgen durch die Sozialpartner in einem weitgehend staatsfreien Raum (BVerfGE 50, S. 367). Als Partner von Tarifverträgen müssen die Koalitionen frei gebildet, gegnerfrei und überbetrieblich organisiert sein (BVerfGE 18, S. 28); ferner müssen sie das geltende Tarifrecht als für sich verbindlich anerkennen und ihrer Struktur nach unabhängig genug sein, um die Interessen ihrer Mitglieder auf arbeits- und sozialrechtlichem Gebiet nachhaltig zu vertreten (BVerfGE 4, S. 107). Indessen ist die Koalitionsfreiheit vom GG nur in ihrem Kernbereich geschützt, so daß den begünstigten Personen und Vereinigungen kein unbegrenzter Handlungsspielraum mit Verfassungsrang gewährleistet ist (BVerfGE 38, S. 393). Die nähere Ausgestaltung der Befugnisse der Koalitionen ist Sache des → Gesetzgebers, der freilich nur solche Schranken ziehen darf, die zum Schutz anderer Rechtsgüter von der Sache her geboten sind (BVerfGE 28, S. 306). Die negative Koalitionsfreiheit als das Grundrecht, Koalitionen fernzubleiben oder sie wieder zu verlassen, schützt den einzelnen gegen Maßnahmen rechtlicher oder tatsächlicher Art, die darauf abzielen, ihn wegen seiner Nichtzugehörigkeit zu einer Koalition zu benachteiligen oder Beitrittsdruck auf ihn auszuüben. Rechtswidrig sind nicht nur einschlägige Maßnahmen der öffentlichen Gewalt, sondern insbesondere auch solche, die von Koalitionen selbst oder von ihren Mitgliedern ausgehen.

Koalitionsregierungen werden in der Regel gebildet, wenn keine der Parlamentsparteien allein eine regierungsfähige Mehrheit besitzt. → Koalitionen auf Bundesebene haben in Deutschland eine längere Tradition, unter der → WRV namentlich das Zusammengehen von SPD, Zentrum und Demokratischer Partei. Die → Bundesrepublik hatte von Anfang an Koalitionsregierungen. Dabei koalierten die beiden großen Gruppierungen CDU/CSU und SPD jeweils mit kleineren Parteien, abgesehen von der relativ kurzen Phase (1966–69) einer – für die Wirksamkeit der → Opposition stets prekären – sog. Großen

Koalition. Grundsätzliche Probleme jeder Koalitionsregierung liegen insbesondere darin, daß der Zusammenschluß der sie tragenden Parteien dem Wählerwillen widersprechen kann und daß dem kleinen, aber unentbehrlichen Koalitionspartner als „Zünglein an der Waage" nicht selten ein überproportionaler Machtanteil zufällt.

Koalitionsvereinbarungen sind Absprachen zwischen den Partnern einer → Koalition, in denen vor allem Grundlinien eines gemeinsamen Regierungsprogramms und Fragen der personellen Zusammensetzung des Kabinetts geregelt werden. Der Rechtscharakter dieser – von den Parteien, nicht von den → Fraktionen – geschlossenen, meist geheimgehaltenen „Verträge" ist strittig. Fest steht aber der Vorrang zwingender Normen des Verfassungs- und Gesetzesrechts. Die Bedeutung der Koalitionsvereinbarungen ist überhaupt mehr politischer als juristischer Natur. Zwar können sie z. B. die verfassungsmäßigen Befugnisse des → Bundeskanzlers bei der → Kabinettsbildung und bei der Ausübung seiner → Richtlinienkompetenz rechtlich nicht beschneiden. Eine andere Frage ist es, inwieweit der Kanzler einer Koalitionsvereinbarung politisch in der Lage ist, seine Zuständigkeiten voll auszuschöpfen.

Kollegialprinzip → Kabinettsprinzip

Kollektive Sicherheitssysteme, denen sich der Bund zur Wahrung des Friedens unter Beschränkung seiner Hoheitsrechte einzuordnen befugt ist (Art. 24 II), können nur defensive Bündnisse sein. Dies ergibt sich vor allem aus dem verfassungsrechtlichen → Verbot des Angriffskriegs. Einschlägige militärische Sicherheitssysteme, denen der Bund beigetreten ist, sind die Westeuropäische Union (WEU) und die Nordatlantische Verteidigungsorganisation (NATO).

Kommandogewalt → Befehls- und Kommandogewalt

Kommission → Europäische Wirtschaftsgemeinschaft

Kommunalabgaben zu erheben, sind die → Gemeinden nach den Gesetzen befugt. Außer den Realsteuern – → Gewerbesteuer und → Grundsteuer – steht ihnen auch das Aufkommen aus den → örtlichen Verbrauch- und Aufwandsteuern zu (Art. 106 VI).

Kommunale Finanzhoheit ist das von der Verfassungsgarantie der → kommunalen Selbstverwaltung mitgeschützte Recht der → Gemeinden zu eigenverantwortlicher Einnahmen- und Ausgabenwirtschaft. Den Kommunen wird damit insbesondere auch die Erhebung eigener Steuern und sonstiger Abgaben gewährleistet.

Kommunale Selbstverwaltung war in der Diktatur des → Dritten Reiches mit der Staatszentrale gleichgeschaltet und durch das Führerprinzip ihrer Substanz beraubt. Demgegenüber bestimmt das GG: Den → Gemeinden muß das Recht gewährleistet sein, alle Angelegenheiten der örtlichen Gemeinschaft im Rahmen der Gesetze in eigener Verantwortung zu regeln. Auch die → Gemeindeverbände haben im Rahmen ihres gesetzlichen Aufgabenbereiches nach Maßgabe der Gesetze das Recht der Selbstverwaltung (Art. 28 II). Diese → institutionelle Garantie ist von allen Trägern öffentlicher Gewalt in Bund und Ländern zu respektieren. Das GG schützt die gemeindliche Autonomie in ihrer hergebrachten Eigenart, enthält aber keine den Gesetzgeber bindende Bestandsgarantie für Anzahl und Ortsgrenzen der damals vorhandenen Gemeinden. Kommunale Selbstverwaltung hat die Aufgabe, die in der Gemeinde lebendigen Kräfte zu eigenverantwortlicher Erfüllung öffentlicher Aufgaben der engeren Heimat zusammenzuschließen mit dem Ziel, unter Wahrung ortsgeschichtlicher Besonderheiten das Wohl der Einwohner zu fördern. Die örtliche Gemeinschaft soll im Rahmen der Verfassungsgarantie ihre lokalpolitischen Geschicke selbst in die Hand nehmen und autonom gestalten können (BVerfGE 11, S. 275 f.).

Kommunaler Finanzausgleich ist erforderlich, weil namentlich das eigene Steueraufkommen der → Gemeinden zu unterschiedlich ausfällt, um ihren Finanzbedarf zu decken. Demgemäß erhalten sie nach dem Gemeindefinanzreformgesetz einen Anteil am Aufkommen der → Einkommensteuer, der von den Ländern an ihre Gemeinden auf der Grundlage der Einkommensteuerleistungen ihrer Einwohner weiterzuleiten ist; das Nähere bestimmt ein → Bundesgesetz, das der Zustimmung des → Bundesrates bedarf (Art. 106 V). Wesentlich für die Finanzwirtschaft der Gemeinden sind, außer den Zuflüssen im Rahmen des landesgesetzlichen Finanzausgleichs, insbesondere auch die grundgesetzlich vorgesehenen → Finanzhilfen des Bundes (Art. 104 a IV 1).

Kommunalwahlen in → Gemeinden und → Kreisen unterliegen den staatsverfassungsrechtlichen → Wahlrechtgrundsätzen. Auch hier muß das Volk eine Vertretung haben, die aus allgemeinen, unmittelbaren, freien, gleichen und geheimen Wahlen hervorgegangen ist (Art. 28 I 2). In Gemeinden kann an die Stelle einer gewählten Körperschaft die Gemeindeversammlung treten (Art. 28 I 3).

Kommunistische Partei Deutschlands → Parteiverbot

Kompetenzordnung im geltenden → Bundesstaat ruht auf der Grundregel, daß die Ausübung der staatlichen Befugnisse und die Erfüllung der staatlichen Aufgaben Sache der Länder ist, soweit die Bundesverfassung keine andere Regelung trifft oder zuläßt (Art. 30 GG). Dieses allgemeine Prinzip wird konkretisiert durch Kompetenzregeln für die → Gesetzgebung (Art. 70), die → Ausführung der Gesetze (Art. 83) und die → rechtsprechende Gewalt (Art. 92). Hinzu kommt die besondere Kompetenzordnung der → Finanzverfassung (Art. 104 a ff.). Die Zuweisung namentlich von Gesetzgebungskompetenzen enthält zugleich eine grundsätzliche Anerkennung und Billigung des darin behandelten Gegenstandes durch die Verfassung (BVerfGE 53, S. 56).

Kompetenzvorschriften für oberste Bundesorgane: siehe u. a. → Bundespräsident → Bundestag → Bundesrat → Bundesregierung → Bundesverfassungsgericht → Bundeskanzler → Bundesminister

Konfession → Bekenntnisfreiheit

Konfiskation → Eigentumsgarantie

Konjunkturgerechte Finanzpolitik → Haushaltswirtschaft

Konjunkturzuschläge zur → Einkommensteuer und → Körperschaftssteuer, die zwecks Dämpfung übersteigerter Nachfrage- und Preisauftriebstendenzen durch Bundesgesetz vorübergehend eingeführt werden, sind keine → Steuern. Dies deshalb nicht, weil das Aufkommen an die → Bundesbank abgeführt und dort bis zur Rückerstattung stillgelegt wird. Dabei ist unerheblich, daß die Einziehung des Konjunkturzuschlags durch → Finanzbehörden erfolgt. Somit fehlt es zwar an einer → Steuergesetzgebungskompetenz (Art. 105), doch ist der Bund kraft seiner → konkurrierenden Gesetzgebungszuständigkeit für das Recht der Wirtschaft zur Einführung eines rückzahlbaren Konjunkturzuschlags befugt (Art. 74 Nr. 11). Der Begriff „Recht der Wirtschaft“, der weit auszulegen ist, umfaßt nicht nur Vorschriften, die sich auf die Erzeugung, Herstellung und Verteilung von Gütern des wirtschaftlichen Bedarfs beziehen, sondern überdies alle anderen das wirtschaftliche Leben und die wirtschaftliche Betätigung regelnde Normen. Hierzu gehören auch gesetzgeberische Maßnahmen, die zur Lenkung der Konjunktur den privaten Verbrauch drosseln sollen. Im Zusammenhang mit Gesetzen, die ordnend und steuernd in das Wirtschaftsleben eingreifen, kann der Bund auch Geldleistungen auferlegen (BVerfGE 29, S. 409).

Konkordate und Kirchenverträge regeln, entsprechend der besonderen verfassungsrechtlichen Stellung der → Kirchen im Staat, einschlägige Materien durch zweiseitige Abkommen. Im Unterschied zu den Kirchenverträgen zwischen Staat und evangelischen Landeskirchen sind die Konkordate mit dem Heiligen Stuhl → völkerrechtliche Verträge. Sie können aber von den → Bundesländern ohne Zustimmung der → Bundesregierung (→ auswärtige Angelegenheiten) abgeschlossen werden, da der „Vatikan“ zwar Völkerrechtssubjekt ist, aber nicht als auswärtiger Staat im Sinne der Verfassung gilt. In den Verträgen zwischen Staat und Kirchen werden sowohl Grundfragen des beiderseitigen Verhältnisses als auch wichtige Einzelfragen geregelt. Dazu gehört z. B. die kirchliche Mitwirkung bei der Berufung von Professoren an theologischen Fakultäten, die Fühlungnahme mit dem Staat bei der Besetzung kirchlicher Ämter oder die Stellung des Religionsunterrichts an staatlichen Schulen. Unbeschadet der Neuverteilung der Kompetenzen unter dem GG sind die Länder nach dem Grundsatz der → Bundestreue gehalten, den Bund zu informieren, bevor sie Verträge mit dem Heiligen Stuhl abschließen.

Konkordatsstreit → Reichskonkordat

Konkrete Normenkontrolle ist ein verfassungsgerichtliches Verfahren, das in Verbindung mit einem bereits anhängigen Prozeß – dies unterscheidet sie von der → abstrakten Normenkontrolle – die Überprüfung der Verfassungsmäßigkeit einer Rechtsnorm bezweckt. Hält ein → Gericht ein → Gesetz, auf dessen Gültigkeit es bei der Entscheidung ankommt, für verfassungswidrig, so ist das Verfahren auszusetzen und, wenn es sich um die Verletzung des Grundgesetzes handelt, die Entscheidung des → Bundesverfassungsgerichts einzuholen (Art. 100 I). Bei der konkreten Normenkontrolle trifft zweierlei zusammen: das ungeschriebene → richterliche Prüfungsrecht und das geschriebene verfassungsgerichtliche Verwerfungsmonopol. Das GG geht aus von einem umfassenden Prüfungsrecht auch der Instanzgerichte, soweit es sich um die Verfassungsmäßigkeit des im konkreten Rechtsstreit entscheidungserheblichen Gesetzes handelt. Indessen dürfen (und müssen) die Instanzgerichte – und dazu zählen hier auch → oberste Gerichtshöfe des Bundes – ein von ihnen für verfassungswidrig gehaltenes Gesetz erst dann endgültig außer Anwendung lassen, wenn ihr negatives Prüfungsergebnis vom BVerfG bestätigt worden ist. Durch diese Monopolisierung der „Verwerfung" (Nichtigerklärung) bei einem obersten Verfassungsorgan mit Gerichtscharakter soll der nachkonstitutionelle → Gesetzgeber vor der Mißachtung seiner Normsetzung durch beliebige Gerichte abgeschirmt werden. Weil aber Gesetze im Sinne von Art. 100 Abs. 1 GG nur förmliche Parlamentsgesetze sind (BVerfGE 1, S. 201) und weil nur nachkonstitutionelle, d. h. nach Inkrafttreten des GG verkündete Gesetze der Normenkontrolle unterliegen (BVerfGE 11, S. 129), behalten die Instanzgerichte das Prüfungsrecht uneingeschränkt für vorkonstitutionelle Gesetze und für → Rechtsverordnungen überhaupt. Freilich gilt eine instanzgerichtliche „Verwerfung" wegen Grundgesetzwidrigkeit lediglich für den betreffenden Einzelfall, während bei der verfassungsgerichtlichen Normenkontrolle die Verwerfung allgemeinverbindlich ist und Gesetzeskraft hat (§ 31 BVerfGG).

Konkurrenz mehrerer Verfassungsrechtsnormen: → Einheit der Verfassung → Grundrechtskonkurrenzen

Konkurrierende Gesetzgebung, deren weitgespannte Materien in Art. 74 und 74 a GG aufgeführt sind, ist ein legislativer Bereich, in dem die → Länder zur → Gesetzgebung befugt sind, solange und soweit der Bund von seinem Gesetzgebungsrecht keinen Gebrauch macht (Art. 72 I). Dieses Gesetzgebungsrecht des Gesamtstaates ist an ein näher bestimmtes Bedürfnis nach bundesgesetzlicher Regelung geknüpft (Art. 72 II). Die gängige Bezeichnung „konkurrierend" bedeutet in der Verfassungspraxis freilich nicht, daß hier eine gleichgewichtige Konkurrenz von Bund und Ländern bestünde. Insbesondere politische Sachzwänge → sozialstaatlicher Art und eine großzügige verfassungsgerichtliche Auslegung der Kompetenzvorschrift haben zu einem faktischen Vorrang des Bundes auch im Bereich der konkurrierenden Gesetzgebung geführt. Ein Beispiel mag dies verdeutlichen. Das Gesetzgebungsrecht des Bundes erfordert, daß ein Bedürfnis nach bundesgesetzlicher Regelung besteht, weil u. a. die Wahrung der Einheitlichkeit der Lebensverhältnisse über das Gebiet eines Landes hinaus sie notwendig macht (Art. 72 II Nr. 3). Nach der Rechtsprechung obliegt die Entscheidung der Frage eines bundesgesetzlichen Regelungsbedürfnisses dem – gerichtlich regelmäßig nicht überprüfbaren – Ermessen des Gesetzgebers und ein entsprechendes Bedürfnis ist auch dann anzuerkennen, wenn die relevante Einheitlichkeit der Lebensverhältnisse nicht nur gewahrt, sondern durch Bundesgesetz erst herbeigeführt werden soll (BVerfGE 13, S. 233 f.).

Konnexitätsgrundsatz des → Finanzverfassungsrechts besagt, daß in der → bundesstaatlichen Kompetenzordnung die Zuweisung von Staatsaufgaben zugleich die Pflicht zu deren Finanzierung begründet. Demgemäß tragen der Bund und die → Länder gesondert die Ausgaben, die sich aus der Wahrnehmung ihrer Aufgaben ergeben, soweit das GG nichts anderes bestimmt (Art. 104 a). Dieser Grundsatz gilt für alle Arten staatlichen Handelns in → Gesetzgebung, → Verwaltung und → Rechtsprechung.

Konstitutionelle Monarchie → Immunität

Konstruktives Mißtrauensvotum → Kanzlersturz

Konsularische Beziehungen → Auswärtige Gewalt

Kontrolle der Regierung → Parlamentarisches Regierungssystem → Opposition → Gewaltenteilung → Demokratie

Konzertierte Aktion → Stabilitätsgesetz

Kooperativer Föderalismus → Föderalismus → Bundesstaat → Bundestreue → Gemeinschaftsaufgaben

Körperliche Unversehrtheit → Recht auf körperliche Unversehrtheit

Körperschaften des öffentlichen Rechts sind – anders als öffentlich-rechtliche → Anstalten – mitgliedschaftlich organisierte, vom Wechsel der Mitglieder unabhängige, mit Hoheitsgewalt ausgestattete → juristische Personen zum Zwecke der Erfüllung besonderer Verwaltungsaufgaben. Nach den Kriterien der Mitgliedschaft lassen sich insbesondere → Gebietskörperschaften und Personalkörperschaften (z. B. Ärztekammern) unterscheiden. Im Bereich der unterstaatlichen Gebietskörperschaften genießen die → Gemeinden und → Gemeindeverbände eigene grundgesetzliche Garantien auch → finanzverfassungsrechtlicher Art. Als bundesunmittelbare Körperschaften des öffentlichen Rechts werden die Sozialversicherungsträger geführt, deren Zuständigkeit sich über das Gebiet eines Landes hinaus erstreckt (Art. 87 II). Im übrigen können für Angelegenheiten, die in die → Gesetzgebungskompetenz des Bundes fallen, neue bundesunmittelbare öffentlich-rechtliche Körperschaften durch Gesetz errichtet werden (Art. 87 III 1). In Ausübung dieser Verwaltungsbefugnis wurde z. B. die Bundesrechtsanwaltskammer gegründet.

Körperschaftsteuer, neben → Einkommensteuer und → Umsatzsteuer eine der → Gemeinschaftssteuern, für deren Aufkommensverteilung besondere Vorschriften gelten (Art. 106 III). Der Körperschaftsteuer, die eine Steuer vom Einkommen ist, unterliegen gesetzlich bestimmte Steuersubjekte, die keine natürlichen Personen sind. Von besonderer praktischer Bedeutung ist die Körperschaftsbesteuerung der Kapitalgesellschaften, insbesondere der Aktiengesellschaften, Gesellschaften mit beschränkter Haftung und der Kommanditgesellschaften auf Aktien. Von der Gebietsansässigkeit (Geschäftsleitung oder Sitz im Inland) hängt es ab, ob eine Körperschaft mit ihren weltweit erzielten oder nur mit ihren inländischen Einkünften steuerpflichtig ist.

Krankenhausseelsorge ist geschützt durch eine → institutionelle Garantie: Soweit das Bedürfnis nach Seelsorge (und Gottesdienst) in Krankenhäusern besteht, sind die → Religionsgesellschaften zur Vornahme religiöser Handlungen zuzulassen, wobei jeder Zwang fernzuhalten ist (Art. 140 GG i. V. m. 141 WRV). Diese verfassungsrechtliche Gewährleistung mitsamt der durch Art. 4 GG garantierten „positiven" Religionsfreiheit von Patienten, die solche Seelsorge in Anspruch nehmen wollen, muß in der Praxis abgestimmt werden mit der durch Art. 4 GG ebenfalls geschützten „negativen“ Religionsfreiheit und der verfassungstextlich besonders hervorgehobenen (Art. 140 GG i. V. m. Art. 136 III 1 WRV) Freiheit, religiöse Überzeugungen zu verschweigen (BVerfGE 46, S. 267).

Krankenhauswesen, soweit es sich handelt um die wirtschaftliche Sicherung von – öffentlichen oder privaten – Krankenhäusern und die Regelung der Krankenhauspflegesätze, ist eine Materie der → konkurrierenden Gesetzgebungskompetenz (Art. 74 Nr. 19 a); von seiner Befugnis hat der Bund durch einschlägige Vorschriften Gebrauch gemacht.

Kreditaufnahmen des Bundes → Budgetrecht → Finanzverfassung

Kreditpolitik ist vornehmlich Sache der unabhängigen – ministerialfreien und parlamentarischer Kontrolle entzogenen – → Bundesbank.

Kreditwesen → Bankenaufsicht

Kreise → Gemeindeverbände → Kommunalwahlen

Krieg und Frieden → Auswärtige Gewalt

Kriegführung → Kriegswaffen

Kriegsbeschädigtenversorgung sowie die Versorgung der Kriegshinterbliebenen und die Fürsorge für die ehemaligen Kriegsgefangenen sind → sozialstaatliche Aufgaben, auf die sich die → konkurrierende Gesetzgebung erstreckt (Art. 74 Nr. 10). Entsprechendes gilt für die Kriegsgräber und Gräber anderer Opfer des Krieges und Opfer von Gewaltherrschaft (Art. 74 Nr. 10 a). Einschlägige legislative Maßnahmen sind u. a. das Bundesversorgungsgesetz, das Kriegsgefangenen-Entschädigungsgesetz und das Gesetz über die Erhaltung der Gräber der Opfer von Krieg und Gewaltherrschaft.

Kriegsdienstverweigerung ist als ein besonderer Anwendungsfall der → Gewissensfreiheit grundrechtlich geschützt: Niemand darf gegen sein Gewissen zum Kriegsdienst mit der Waffe gezwungen werden (Art.

4 III 1). Das Nähere regelt ein → Bundesgesetz (Art. 4 III 2); dies ist geschehen durch das Gesetz zur Neuordnung des Rechtes der Kriegsdienstverweigerung und des → Zivildienstes. Hiernach genügt zur Befreiung von der allgemeinen staatsbürgerlichen Pflicht des → Wehrdienstes nicht die bloße Erklärung des Pflichtigen, vielmehr erfolgt die Anerkennung als Kriegsdienstverweigerer erst nach persönlicher Anhörung durch den zuständigen Ausschuß, falls sich die Voraussetzungen des Verweigerungsrechts nicht schon aus dem schriftlichen Antrag überzeugend ergeben. Einem derartigen Nachweisverfahren steht nicht entgegen, daß eine höchstpersönliche Gewissensentscheidung sich in ihren tieferen Schichten der behördlichen Prüfung entzieht. Kriegsdienstverweigerung aus Gewissensgründen – ein im Vergleich zu anderen rechtsstaatlichen Demokratien recht großzügiges Grundrecht – soll einerseits Menschen vor dem Zwange schützen, andere Menschen im Zuge kriegerischer Handlungen töten zu müssen, obwohl ihr Gewissen ihnen eine Tötung prinzipiell und ausnahmslos verbietet. Andererseits fordert die → Wehrgerechtigkeit Regeln, die es ausschließen, daß Wehrpflichtige unter mißbräuchlicher Berufung auf ihr Gewissen den Wehrdienst nach Belieben verweigern können (BVerfGE 48, S. 168 f.). Dabei liegt es in der → Gestaltungsfreiheit des Gesetzgebers, ob der Tatbestand einer Gewissensentscheidung durch besondere Prüfungs- und Anerkennungsverfahren oder auf andere Weise festzustellen ist. Wehrpflichtige, die aus Gewissensgründen den Kriegsdienst mit der Waffe verweigern, können zu einem → Ersatzdienst herangezogen werden (Art. 12 a II).

Kriegsfolgelasten sind durch eine der allgemeinen → finanzverfassungsrechtlichen Regelung (Art. 104 a) vorgehende Sondervorschrift auf Bund und Länder verteilt (Art. 120). Der unbestimmte Verfassungsbegriff ist im Wege der Auslegung einzugrenzen. Danach sind Kriegsfolgelasten nur die Lasten solcher Kriegsfolgen, deren entscheidende und in diesem Sinne alleinige Ursache der Zweite Weltkrieg ist (BVerfGE 9, S. 324).

Kriegsschäden, d. h. durch Kriegseinwirkung entstandene Sachschäden, sind Gegenstand der → konkurrierenden Gesetzgebung. Der Bund hat von seiner Kompetenz Gebrauch gemacht, insbesondere durch das Lastenausgleichsgesetz, das Reparationsschädengesetz und das allgemeine Kriegsfolgengesetz.

Kriegswaffen dürfen im Interesse der Friedenssicherung nur mit Genehmigung der → Bundesregierung hergestellt, befördert und in Verkehr gebracht werden (Art. 26 II). Das Nähere ist im Kriegswaffenkontrollgesetz geregelt, das auch die einschlägigen Waffen enumerativ bestimmt.

Kriegszustand → Ausnahmezustand → Verteidigungsfall

Kriminalpolizei ist grundsätzlich Ländersache. Der Bund hat aber das Recht, für die Kriminalpolizei eine Zentralstelle ohne Mittel- und Unterbehörden durch Gesetz zu schaffen (Art. 87 I 2), was mit der Errichtung des Bundeskriminalamtes geschehen ist. Neben dieser Verwaltungskompetenz liegt beim Bunde die → ausschließliche Gesetzgebung über die Zusammenarbeit des Bundes und der Länder in der Kriminalpolizei sowie über die Einrichtung eines Bundeskriminalpolizeiamtes und die internationale Verbrechensbekämpfung (Art. 73 Nr. 10).

Kulturhoheit der Länder ergibt sich, im Unterschied zur → WRV, aus klaren Grundentscheidungen des GG (Art. 30, 70 ff., 83 ff.). Soweit kulturelle Angelegenheiten ihrer Natur nach überhaupt staatlich geregelt und verwaltet werden können, fallen sie grundsätzlich in die Kompetenz der → Länder. Dieses föderalistische Leitprinzip des bestehenden → Bundesstaates verbietet, wenn nicht eine hinreichend deutliche Ausnahmebestimmung des GG eingreift, die Annahme einer Zuständigkeit des Bundes im Kulturbereich (BVerfGE 12, S. 229). Insbesondere das gesamte → Schulwesen zählt, vorbehaltlich des Zusammenwirkens von Bund und Ländern bei der → Bildungsplanung (Art. 91 b), zur ausschließlichen Kompetenz der Länder.

Kulturstaat → Kunstfreiheit

Kultusfreiheit → Glaubensfreiheit → Bekenntnisfreiheit → Gewissensfreiheit

Kündigungsschutz → Bundestagsabgeordnete

Kündigungsschutzgesetz → Arbeitsrecht

Kunstfreiheit

Kunstfreiheit ist – wie → Wissenschaftsfreiheit – grundrechtlich verbürgt (Art. 5 III 1). Während letztere in altliberaler Verfassungstradition wurzelt, wird die Freiheit der Kunst erstmals von der → Weimarer Verfassung garantiert mit dem Zusatz, daß der Staat ihr Schutz gewährt und an ihrer Pflege teilnimmt (Art. 142 WRV). Jene relative Geschichtslosigkeit erschwert die Auslegung des vom GG lapidar und ohne Gesetzesvorbehalt normierten Freiheitsgrundrechts. Sein unmittelbarer Hintergrund, den Verfassungsvätern im → Parlamentarischen Rat nur zu deutlich bewußt, war die totalitäre Kunstpolitik des → Dritten Reiches mit ihren rechtsstaatswidrigen Ausschreitungen gegen unerwünschte Künstler und die als „entartet" diskriminierte Kunst. Demgegenüber bestimmt das GG: Kunst ist frei. Diese Verfassungsnorm enthält zugleich eine objektive Wertentscheidung für das Verhältnis von Staat und Kunst sowie eine subjektive Freiheitsgarantie für alle im Kunstbereich tätigen Personen, die vor Eingriffen der öffentlichen Gewalt schützt (BVerfGE 30, S. 188). Das individuelle Abwehrrecht gegen den Staat im Interesse freier künstlerischer Entfaltung wird flankiert durch den objektiven Gehalt der Verfassungsnorm, die dem modernen Kulturstaat aufgibt, ein freiheitliches Kunstleben zu erhalten und zu fördern (BVerfGE 36, S. 331). Gegenstand der Kunstfreiheit ist nicht nur das künstlerische Schaffen, sondern auch die öffentliche Darbietung der Kunst. Werkbereich und Wirkbereich werden gleichermaßen von der Verfassung geschützt; Kunstfreiheit erschöpft sich nicht in Künstlerfreiheit. Außer denen, die Kunstwerke hervorbringen (Maler, Bildhauer, Komponisten, Schriftsteller usw.) können sich auch die mit der Vermittlung und Verbreitung von Kunst befaßten Personen (Galeristen, Schallplattenproduzenten, Verleger usw.) auf das Grundrecht berufen. Die Bestimmung des verfassungsrechtlichen Kunstbegriffs hat von den Wesensmerkmalen auszugehen, die diesem Lebensbereich eigentümlich sind. Künstlerisches Schaffen ist primär nicht Mitteilung, sondern geformter Ausdruck einer schöpferischen Idee, bei dem ästhetischer Sinn, Phantasie und Intuition zusammenwirken. Es ist ein rational nicht auflösbares Ineinander von bewußten und unbewußten Vorgängen, Form geworden in eigenschöpferischer Gestalt. Eindrücke, Erfahrungen, Gedanken und Empfindungen eines Schaffenden verdichten sich im künstlerischen Werk. Sinn der Kunstfreiheitsgarantie als eines subjektiven Abwehrrechts ist es, die Eigengesetzlichkeit künstlerischen Schaffens gegen jede Einwirkung der öffentlichen Gewalt abzuschirmen. Der Schutzbereich des Grundrechts gilt insoweit nicht nur für qualitätvolle Kunst, weil sonst sich der Staat durch Differenzierungen zwischen „guter" und „schlechter" Kunst Eingriffe erlauben könnte, die ihm der → Rechtsstaat des GG gerade verbieten will. Genießen demnach alle künstlerischen Produktionen unabhängig von ihrer Qualität dieselbe grundrechtliche Freiheit, so haben sie positiv naturgemäß nicht den gleichen Anspruch auf fördernde Pflege durch die öffentliche Hand. In diesem Bereich – z. B. bei der Vergabe von Kunstpreisen, künstlerischen Aufträgen und Stipendien – ist eine strikte Neutralität von Staat und Gemeinden ausgeschlossen, weil eine wertende Auswahl getroffen werden muß. Daher kann Kunstfreiheit hier im wesentlichen nur bedeuten, daß sachgerecht zu entscheiden ist, d. h. daß willkürliche Bevorzugungen oder Benachteiligungen von Künstlern und Kunstrichtungen verboten sind (BVerfGE 36, S. 321). Im Unterschied etwa zur → Meinungsfreiheit steht die Kunstfreiheit unter keinem expliziten grundgesetzlichen Schrankenvorbehalt. Gleichwohl ist auch dieses Grundrecht nicht schrankenlos gewährt. Konflikte der Kunstfreiheit namentlich mit dem → allgemeinen Persönlichkeitsrecht sind durch Verfassungsauslegung nach Maßgabe der grundgesetzlichen Wertordnung zu lösen, wobei insbesondere der Schutz der → Menschenwürde zu beachten ist. Demgemäß darf sich die freie Kunst nicht ohne weiteres über den sozialen Wert- und Achtungsanspruch anderer Menschen hinwegsetzen. Die Lösung der Spannungslage zwischen Persönlichkeitsschutz und Kunstfreiheit – z. B. bei Anlehnung einer künstlerischen Darstellung an die Lebensdaten einer Person – kann nur unter Abwägung aller Umstände des Einzelfalles gefunden werden (BVerfGE 30, S. 195).

Küstenmeer → Bundesgebiet

Küstenschutz → Gemeinschaftsaufgaben

L

Laienrichter → Gerichte

Länder → Bund und Länder → Bundesländer → Eigenstaatlichkeit der Länder

Länderfinanzausgleich → Finanzausgleich → Horizontaler Finanzausgleich

Landesbeamter ist, wer zu einem der → Länder oder zu einer landesunmittelbaren → Körperschaft, Anstalt oder Stiftung des öffentlichen Rechts in einem Beamtenverhältnis steht. Besoldung und Versorgung der Landesbeamten unterfallen der → konkurrierenden Gesetzgebung (Art. 74 a), wovon der Bund umfassend Gebrauch gemacht hat.

Landesbehörden obliegt die → Ausführung der → Bundesgesetze als eigene Angelegenheit der → Länder, soweit das GG nichts anderes bestimmt oder zuläßt (Art. 83). Eine Ausnahme von der Regel ist die → Bundesauftragsverwaltung.

Landeseigene Verwaltung, d. h. die Ausübung der → vollziehenden Gewalt als eigene Angelegenheit der Länder, gilt nach der → Kompetenzordnung des GG (als Regelfall) auch für den Vollzug von → Bundesgesetzen. Die → Bundesaufsicht ist hier im wesentlichen auf die Rechtmäßigkeitskontrolle der → Ausführung beschränkt (Art. 84 III 1). Desgleichen ist die Einrichtung der Behörden und die Regelung des Verwaltungsverfahrens grundsätzlich Sache der Länder (Art. 84 I).

Landesfinanzbehörden verwalten, wenn nicht → Bundesfinanzbehörden ausnahmsweise zuständig sind, alle → Steuern ohne Rücksicht auf die → Steueraufkommensverteilung der → Finanzverfassung (Art. 108 II 1). Sie handeln im Wege der → Bundesauftragsverwaltung, sofern die Steuern ganz oder zum Teil dem Bunde zufließen, wie z. B. die → Einkommensteuer, die → Körperschaftsteuer und die → Umsatzsteuer (Art. 108 III). Die Landesfinanzverwaltung ist dreistufig aufgebaut: An der Spitze der Landesfinanzminister, Oberfinanzdirektionen als Mittelbehörden und Finanzämter als örtliche Instanzen. Behördenorganisation und einheitliche Beamtenausbildung unterliegen bundesgesetzlicher Regelung mit Zustimmung des → Bundesrates. Die Oberfinanzpräsidenten als Leiter der Mittelbehörden sind im Einvernehmen mit der → Bundesregierung zu bestellen (Art. 108 II 3).

Landesgebiet → Bundesgebiet

Landesgerichte sind, im Unterschied zu → Bundesgerichten, die auf Landesebene tätigen → Gerichte (z. B. Amtsgerichte, Landgerichte, Oberlandesgerichte). Die → rechtsprechende Gewalt ist Sache der Länder, soweit das GG keine andere Regelung trifft (Art. 30). Dies ist insbesondere durch die Errichtung des → Bundesverfassungsgerichts und der → obersten Gerichtshöfe des Bundes (Art. 92 ff.) verwirklicht worden.

Landesgesetzgebung tritt gegenüber der → Bundesgesetzgebung im Rahmen der → Kompetenzordnung des → Bundesstaates deutlich zurück. Während der Bund nach den grundgesetzlichen Bestimmungen über die → ausschließliche und → konkurrierende Gesetzgebung zweifelsfrei vorherrscht, liegt die Domäne der → Länder auf dem Gebiet der → vollziehenden Gewalt.

Landesgrenzen, soweit sie auswärtige Grenzen des → Bundesgebietes sind, können verändert werden durch → völkerrechtliche Verträge des Bundes, die eines Beschlusses in Gesetzesform bedürfen (Art. 59 II 1). Vor Abschluß des Gebietsänderungsvertrages hat der Bund das mitbetroffene Land rechtzeitig zu hören (Art. 32 II).

Landeshoheit → Eigenstaatlichkeit der Länder

Landeskompetenzen → Kompetenzordnung

Landesminister, in der Regel Justizminister, bilden die Länderbank des für die Wahl der → Bundesrichter vom GG vorgesehenen Gremiums (Art. 95 II).

Landesparlament (Landtag, Abgeordnetenhaus, Bürgerschaft), die vom Landesvolk nach freiheitlich-demokratischen → Wahlrechtsgrundsätzen gewählte Körperschaft mit den Hauptaufgaben der → Landesgesetzgebung und der Kontrolle der → Landesregierung.

Landespolizei kann unter bestimmten Voraussetzungen des → inneren Notstandes auch außerhalb der Landesgrenzen tätig werden.

Landesrecht, das inhaltlich mit gültigem Bundesrecht kollidiert, ist unwirksam (BVerfGE 36, S. 365 f.) nach dem traditionellen bundesstaatlichen Grundsatz: → Bundesrecht bricht Landesrecht (Art. 31). Für die Fortgeltung vorkonstitutionellen Rechts als Landesrecht oder Bundesrecht hat das GG bestimmte Übergangsregeln vorgesehen (Art. 124–126).

Landesregierung („Senat" in den Stadtstaaten der Bundesrepublik) ist die Spitze der → Exekutive eines Landes mit Ressortministerien als obersten Landesbehörden. Der → Bundesrat, durch den die → Länder bei der → Gesetzgebung und → Verwaltung des Bundes mitwirken, besteht aus Mitgliedern der Landesregierungen. Da die Mitgliedschaft im Landeskabinett sich nach Landesverfassungsrecht richtet, ist sie nicht gleichbedeutend mit Ministerrang.

Landesstaatsgewalt → Eigenstaatlichkeit der Länder

Landessteuergesetze regeln, aufgrund der bundesstaatlichen Verteilung der → Steuergesetzgebungskompetenz, im wesentlichen nur → örtliche Verbrauch- und Aufwandsteuern, solange und soweit diese nicht mit bundesgesetzlich normierten Steuern gleichartig sind (Art. 105 II a).

Landesverfassungen können von den Ländern frei ausgestaltet werden, soweit nicht das GG etwas anderes bestimmt (BVerfGE 36, S. 342). Die geltende Struktur des → Bundesstaates verlangt eine essentielle

Gleichheit der Verfassungen von → Bund und Ländern. Die grundgesetzlich gebotene → Homogenität der gliedstaatlichen Verfassungen (Art. 28 I) wird vom Gesamtstaat garantiert (Art. 28 III). Im einzelnen sind die Verfassungen der Länder recht unterschiedlich geformt, z. B. bei der Grundordnung des Verhältnisses von → Parlament und → Regierung oder bei der Bestimmung der → Staatsaufgaben oder bei der Organisation der → vollziehenden Gewalt. Soweit Landesverfassungen vor dem Grundgesetz in Kraft getreten sind, diente ihnen, z. B. in Bayern und Hessen, die → Weimarer Reichsverfassung bis zu einem gewissen Grade als Modell. Das GG, die Bundesverfassung, hat Vorrang gegenüber dem Landesverfassungsrecht. Selbst einfache → Bundesgesetze und → Rechtsverordnungen des Gesamtstaates verdrängen kollidierendes Landesverfassungsrecht nach dem Grundsatz: → Bundesrecht bricht Landesrecht (Art. 31). Im übrigen entspricht die Errichtung von Landesverfassungsgerichten der Verfassungsautonomie der Länder. Die Existenz des → Bundesverfassungsgerichts läßt insbesondere die Befugnis der Gliedstaaten unberührt, zur Durchsetzung von bundeshomogenen → Grundrechten eine Verfassungsbeschwerde an das zuständige Landesverfassungsgericht zu eröffnen.

Landesverteidigung → Militärische Landesverteidigung → Streitkräfte

Landesverwaltung → Kompetenzordnung → Landeseigene Verwaltung → Landesbehörden → Landesfinanzbehörden

Landeszentralbanken → Bundesbank

Landkreise → Gemeindeverbände

Landtag → Landesparlament

Landwirtschaft im weiteren Sinne ist ein Gebiet → konkurrierender Gesetzgebung (Art. 74 Nr. 17). Einschlägige → Bundesgesetze sind insbesondere das Marktstrukturgesetz, das Absatzfondsgesetz und das Weinwirtschaftsgesetz. Die Gesetzgebungskompetenz im Bereich des Landwirtschaftsrechtes umfaßt auch die Befugnis, zur Wirtschaftslenkung nichtsteuerliche Ausgleichsabgaben zu erheben (BVerfGE 18, S. 328 f.).

Landwirtschaftliche Anbaubeschränkungen

Landwirtschaftliche Anbaubeschränkungen müssen auf einwandfreier → rechtsstaatlicher Grundlage stehen. Vorschriften etwa zur Regelung des Weinbaus sind öffentlich-rechtliche Maßnahmen, die mit Rücksicht auf die → Eigentumsgarantie nur durch → Gesetz erfolgen können (Art. 14 I 2), wozu in diesem Zusammenhang auch eine gültige → Rechtsverordnung gehört. Beschränkungen des Weinbaus sind lediglich zulässig, wenn und soweit das öffentliche Interesse sie unter Beachtung des → Verhältnismäßigkeitsgrundsatzes rechtfertigt (BVerfGE 8, S. 79 f.). Eine Lenkung des Anbaus von Weinreben kann u. a. legitimiert sein zum Zweck der Qualitätsverbesserung des Weines oder zum Schutz des Berufsstandes der Winzer, wenn eine soziale Krise droht und die Interessen anderer Gruppen dabei nicht willkürlich vernachlässigt werden.

Lastenausgleich → Kriegsschäden → Vermögensabgaben

Lastenausgleichsprinzip → Aufopferungsansprüche

Leben → Recht auf Leben → Einheitlichkeit der Lebensverhältnisse

Lebensgemeinschaft → Ehe und Familie

Legalenteignung ist, im Unterschied zur Administrativenteignung, eine → Enteignung unmittelbar durch Gesetz (Art. 14 III). Abweichend vom typischen Gesetz, das mittels genereller und abstrakter Tatbestände Rechtsfolgen für künftig eintretende Sachverhalte festlegt, greift die Legalenteignung in konkrete und individuelle Rechtspositionen ein, die bestimmten (oder bestimmbaren) Personen im Zeitpunkt der Gesetzgebung zustehen. Die Enteignung wird mit dem Inkrafttreten des Gesetzes ohne weiteren Vollzugsakt wirksam (BVerfGE 45, S. 326).

Legalitätsprinzip im Strafprozeß, d. h. die Pflicht der Staatsanwaltschaft zur Verfolgung von Straftaten bei zureichendem Verdacht, ist ein Ausdruck des Grundsatzes der → Gleichheit aller vor dem Gesetz (BVerfGE 20, S. 222).

Legislative → Gesetzgebende Gewalt → Gesetzgeber → Gesetzgebung

Legislaturperiode → Wahlperiode

Lehrfreiheit → Wissenschaftsfreiheit

Leistungsfähigkeitsprinzip, ein weder in der Verfassung noch in Gesetzen ausdrücklich festgelegter Grundsatz, an den sich die direkte Personenbesteuerung, insbesondere die → Einkommensteuer, nach herrschender finanzwissenschaftlicher Ansicht zu halten hat. Die steuerspezifische wirtschaftliche Leistungsfähigkeit beginnt erst oberhalb des Existenzminimums. Zur reinen Verwirklichung des Leistungsfähigkeitsprinzips ist der Steuergesetzgeber von Verfassungs wegen nicht verpflichtet (BVerfGE 27, S. 68).

Leistungsprinzip, eine Verfassungsvorschrift für den öffentlichen Dienst: Jeder Deutsche hat nach seiner Eignung, Befähigung und fachlichen Leistung gleichen Zugang zu jedem öffentlichen Amte (Art. 33 II). „Zugang" umfaßt sowohl die erstmalige Einstellung wie die spätere Beförderung, „Öffentliches Amt" ist hier ein weit auszulegender Begriff, dem alle Beamten, Angestellten und Arbeiter im Dienste einer → juristischen Person des öffentlichen Rechts unterfallen. Für die Auswahl der Bewerber dürfen nur die genannten Qualifikationen maßgebend sein, nicht dagegen Merkmale wie Konfession und Weltanschauung (Art. 33 III) oder Parteizugehörigkeit und persönliche Konnexion. Unbeschadet des geltenden Leistungsprinzips, das zu den hergebrachten Grundsätzen des → Berufsbeamtentums gehört, ist ein sachbezogenes personalpolitisches Ermessen anzuerkennen, so daß der Einzelne keinen Rechtsanspruch auf Einstellung oder Beförderung hat.

Leistungsverwaltung, ein Gegenbegriff zur Eingriffsverwaltung (z. B. → Steuerverwaltung), umfaßt insbesondere die der → Daseinsvorsorge dienenden Zweige der öffentlichen → Verwaltung, wobei die Leistungsgewährung → öffentlich-rechtlich oder → privatrechtlich ausgestaltet sein kann. Ob der traditionelle → Vorbehalt des Gesetzes, der für hoheitliche Eingriffe in Freiheit und Eigentum gilt, auf die Förderungen und Vorteilsgewährungen der Leistungsverwaltung auszudehnen ist, dürfte jedenfalls für Tatbestände zu bejahen sein, wo bestimmte Leistungen mit Belastungen Dritter verbunden sind. Im übrigen bedürfen die zur Leistungsverwaltung erforderlichen Finanzmittel eines Ansatzes im → Haushaltsplan, der durch Gesetz festgestellt wird (Art. 110 II).

Lernfreiheit als herkömmliche akademische Freiheit der Studenten, ihr Studium im Rahmen der Gesetze selbständig zu betreiben, ist kein Grundrecht wie die → Lehrfreiheit der → Hochschullehrer, die das GG gesondert garantiert (Art. 5 III).

Lesungen → Gesetzgebungsverfahren

Listenwahl → Wahlsystem

Lobbyismus → Organisierte Interessen

Lohnsteuer ist keine selbständige Steuerart, sondern eine Erhebungsform der → Einkommensteuer insbesondere für Arbeitnehmer. Die verschiedene Behandlung von Einkommensteuerpflichtigen und Lohnsteuerpflichtigen muß sich im Interesse der → Gleichheit der Besteuerung auf die Punkte beschränken, in denen eine abweichende Regelung durch die Besonderheiten des Veranlagungs- oder des Lohnsteuerabzugsverfahrens sachlich hinreichend gerechtfertigt ist (BVerfGE 33, S. 103 f.).

Lohn- und Arbeitsbedingungen → Koalitionsfreiheit

Lügendetektor, ein medizinischer Apparat, der u. a. Veränderungen der Atmung und des Blutdrucks bei Erregungszuständen aufzeichnet, was angeblich Rückschlüsse auf unwahre Angaben erlaubt. Die Verwendung solcher Geräte ist wegen des wissenschaftlich nicht hinreichend gesicherten Zusammenhanges zwischen Lüge und Körperreaktion im Strafprozeß verboten, was überdies dem verfassungsrechtlichen Gebot der Achtung der → Menschenwürde entspricht.

Luftraum → Bundesgebiet

Luftreinhaltung → Umweltschutz

Luftverkehr ist Gegenstand der → ausschließlichen Gesetzgebung des Bundes (Art. 73 Nr. 6). Diese Kompetenz umfaßt alle mit dem Flugwesen zusammenhängenden Vorgänge und Anlagen, also außer Flugverkehr und Luftfahrzeugen auch Flughäfen. Im Luftverkehrsrecht, das in → bundeseigener Verwaltung ausgeführt wird (Art. 87 d I), können administrative Aufgaben mit Zustimmung des → Bundesrates den Ländern als → Bundesauftragsverwaltung übertragen werden (Art. 87 d II). Dies ist durch das Luftverkehrsgesetz z. B. für die Genehmigung von Flughäfen und anderen Flugplätzen geschehen.

M

Machtkontrolle → Gewaltenteilung → Rechtsstaat → Opposition

Machtmäßigung → Bundesstaat

Mandat → Freies Mandat → Bundestagsabgeordnete

Männer → Gleichberechtigung

Markt → Gemeinsamer Markt

Marktordnungsmaßnahmen des Gesetzgebers, z. B. im Bereich der → Landwirtschaft, stellen im System einer grundsätzlich freien Wirtschaft einen Fremdkörper dar. Sie behindern die wirtschaftliche Handlungsfreiheit des Einzelnen mit einem Geflecht von Liefer- und Annahmepflichten sowie Absatz- und Preisregulierungen. Solche Freiheitsbeschränkungen sind nur zulässig, wenn sie durch überwiegende Gründe des → Allgemeinwohls gerechtfertigt oder gar geboten erscheinen. Ein Grund dieser Art ist die Versorgung der Bevölkerung mit einwandfreier Milch als einem unentbehrlichen Volksnahrungsmittel zu angemessenem Preis und die Erhaltung einer leistungsfähigen Landwirtschaft (BVerfGE 18, S. 327).

Marktwirtschaft → Soziale Marktwirtschaft

Maße und Gewichte gehören zur → ausschließlichen Gesetzgebungszuständigkeit (Art. 73 Nr. 4), die der Bund durch Gesetze über das Meß- und Eichwesen wahrgenommen hat.

Maßnahmegesetze, nicht zu verwechseln mit grundsätzlich verbotenen → Einzelfallgesetzen, sind legislative Regelungen, mit denen der → Gesetzgeber des → Sozialstaates in die gesellschaftliche und wirtschaftliche Entwicklung modifizierend einzugreifen unternimmt. Sozialgestaltung und Wirtschaftslenkung durch Gesetz sind als solche weder grundgesetzwidrig noch unterliegen Maßnahmegesetze – der Begriff war ursprünglich eine polemische Entgegensetzung zum allgemeinen Rechtsgesetz des frühen Liberalismus – einer strengeren verfassungsrechtlichen Kontrolle als andere Gesetze (BVerfGE 25, S. 396). Indessen ist nicht zu übersehen, daß die chronische Überflutung mit Gesetzesnormen und laufenden Novellierungen z. B. im Bereich des Steuerrechts und Sozialrechts einen Würdeverlust des Gesetzes bewirkt. Galt einst das Gesetz als stabile Achse des Rechtsstaats, so gibt es heute ein Unmaß kurzlebiger und gesetztechnisch oft mangelhafter Rechtsnormen, mit denen – unter dem Druck von Konjunkturen und Krisen, von Gruppeninteressen, ideologischen Verblendungen und tagespolitischen Lagen – fortgesetzt in das Sozialgefüge und Wirtschaftsleben interveniert wird.

Medien → Berichterstattungsfreiheit → Gegendarstellungsrecht → Filmfreiheit → Pressefreiheit → Rundfunkfreiheit

Mehrfachbestrafung → Doppelbestrafungsverbot

Mehrheiten → Beschlußfassungen des Bundestages → Beschlüsse des Bundesrates → Qualifizierte Mehrheiten

Mehrheitsprinzip, ein tragendes Strukturelement der → Demokratie. Indessen schützt die → freiheitliche demokratische Grundordnung insbesondere Minderheiten und Einzelne vor einer möglichen Mehrheitstyrannei.

Mehrparteiensystem ist, im Gegensatz zur Einparteienherrschaft, wesentlicher Bestandteil der → freiheitlichen demokratischen Grundordnung. Hierbei wirken, politisch meist hervorgegangen aus einem Vielparteiensystem, nur wenige Parteien im Parlament, die allein oder in → Koalition regierungsfähig sind. Splitterparteien werden typischerweise durch → Sperrklauseln des Wahlrechts zurückgedrängt.

Mehrwertsteuer → Umsatzsteuer

Meinungsfreiheit, ein exemplarisches → Freiheitsgrundrecht. Jeder hat das Recht, seine Meinung in Wort, Schrift und Bild frei zu äußern und zu verbreiten (Art. 5 I 1). Diese Verfassungsbestimmung gewährleistet eine grundlegende Freiheitssphäre des Menschen und garantiert mit der Möglichkeit offener Diskussion eine wesentliche Bedingung gesellschaftlicher und politischer Liberalität. Da die grundrechtlich geschützte Freiheit dem Einzelnen um seiner selbst willen zusteht, umfaßt sie negativ auch das Recht, die eigene Meinung für sich zu behalten. Der Meinungsäußerungsfreiheit korrespondiert daher das Individualrecht zu schweigen. Beiläufig sei hier daran erinnert, daß den liberalen Grundrechten überhaupt eine negative Komponente innewohnt, ohne welche die Freiheitsverbürgungen ihren Charakter als Sicherungen individueller Selbstbestimmung verlören. So umfaßt z. B. die → Versammlungsfreiheit das Recht, Versammlungen fernzubleiben; die → Vereinsfreiheit auch die Option, das Vereinsleben zu meiden. Die Meinungsäußerungsfreiheit mitsamt der ihr zugehörigen → Informationsfreiheit ist durch das → Zensurverbot verfassungsrechtlich untermauert (Art. 5 I 3). Subjektive und objektive Rechtselemente der Meinungsfreiheit bilden, abgesehen von der Sicherung individueller Freiheit im privaten Bezirk der Gesellschaft, die grundgesetzliche Basis für die freie Hervorbringung einer öffentlichen Meinung bei der Vorstrukturierung des politischen Willens im Rahmen des → demokratischen Staates, wie ihn das GG verfaßt hat. In der pluralistischen Gesellschaft, konstituiert durch die → freiheitliche demokratische Grundordnung, ist die Meinungsfreiheit von entscheidender Bedeutung für einen offenen politischen Prozeß (BVerfGE 25, S. 265). Das Grundrecht soll zur Verwirklichung der → rechtsstaatlichen Demokratie eine ungehinderte geistige Kommunikation von Individuen und Gruppen gewährleisten. Nicht nur subjektive Stellungnahmen aller Art, sondern auch schlichte Tatsachenmitteilungen fallen in seinen Schutzbereich. Nicht geschützt sind unwahre Behauptungen; insbesondere die → Presse ist verpflichtet, Nachrichten auf ihren Wahrheitsgehalt zu überprüfen (BVerfGE 12, S. 130). Das Grundrecht der Meinungsfreiheit findet, wie die Verfassung ausdrücklich bestimmt, seine Schranke in den Vorschriften der → allgemeinen Gesetze, in den → Jugendschutzbestimmungen und in dem Recht der persönlichen → Ehre (Art. 5 II).

Menschenbild des GG ist, bei aller dem Einzelnen gewährleisteten → Freiheit, nicht das eines isolierten selbstherrlichen Individuums. Vielmehr hat die Verfassung, wie sich aus einer Gesamtsicht der Art. 1, 2, 12, 14, 15, 19 und 20 GG ergibt, die Spannung Individuum–Gemeinschaft im Sinne der Gemeinschaftsbezogenheit und -gebundenheit der freien eigenwertigen Person entschieden (BVerfGE 56, S. 49).

Menschenleben → Recht auf Leben

Menschenrechte im weiteren Sinne sind die unverletzlichen und unveräußerlichen Urrechte als Fundamente jeder nationalen und internationalen Gemeinschaft, auf die das GG in Verbindung mit der Unantastbarkeit der → Menschenwürde nachdrücklich verweist (Art. 1 II). Dieses Bekenntnis der Verfassung zu vorstaatlichen überpositiven Rechten des Menschen hat seinen positiven, die gesamte Staatsgewalt bindenden Niederschlag in den → Grundrechten des GG gefunden. Außerdem gelten in der → Bundesrepublik Deutschland noch die Grundrechte der → Landesverfassungen (Art. 142) sowie einschlägige Garantien internationalrechtlicher Art. Zu letzteren zählen insbesondere die Bestimmungen der Europäischen Konvention zum Schutze der Menschenrechte und Grundfreiheiten. Ohne → allgemeine Regeln des Völkerrechts zu sein, stehen diese nach ihrer innerstaatlichen Transformation einfachen → Bundesgesetzen gleich, denen sie gegebenenfalls als speziellere Rechtsnormen vorgehen. Von den Menschenrechten im dargelegten Sinne ist ein engerer Begriff zu unterscheiden, der sich aus der Einteilung der Grundrechte nach ihrem persönlichen Geltungsbereich ergibt. Danach werden, im Gegensatz zu den → Bürgerrechten, jene Grundrechte als Menschenrechte bezeichnet, die nicht nur den → Deutschen, sondern „jedem" oder „allen Menschen" gewährleistet sind. Beispiele dieser Art von Menschenrechten sind die → Menschenwürde, die → allgemeine Handlungsfreiheit, das → Recht auf Leben und körperliche Unversehrtheit, die → Freiheit der Person, der → allgemeine Gleichheitssatz und die → besonderen Gleichheitssätze.

Menschenwürde ist vom Grundgesetz, nach einem würdevernichtenden Exzeß der Staatsgewalt in der Diktatur des → Dritten Reiches, als verfassungsrechtlicher Höchstwert konstituiert. Die Würde des Menschen ist unantastbar (Art. 1 I). Die Achtung der Menschenwürde gehört zur Kernsubstanz des geltenden → Rechtsstaatsprinzips und bildet die unverfügbare Legitimationsgrundlage der Verfassungsordnung der → Bundesrepublik Deutschland. Der verfassungsrechtliche Begriff menschlicher Würde enthält in seinen tieferen Schichten Elemente christlicher Ethik und idealistischer Philosophie. Die Verfassungsnorm an der Spitze des Grundrechtsteils gewährleistet den unverlierbaren, jedem Zugriff des Staates entzogenen Eigenwert des Menschen als sittlich autonomer Person. Die fundamentale Verpflichtung aus Art. 1 Abs. 1 GG obliegt aller staatlichen Gewalt, gleichermaßen also der → Gesetzgebung, der → Regierung, der → Verwaltung und der → Rechtsprechung. Die verfassungsrechtlich gewährleistete Menschenwürde ist nicht lediglich geistiger Ausgangspunkt der → Grundrechte, sondern zugleich Anspruchsgrundlage eines selbständigen Grundrechts. Der Grundrechtssatz der Menschenwürde ist wegen seiner überragenden Bedeutung einer → Verfassungsänderung entzogen (Art. 79 III). Das um der Menschenwürde willen vom GG formulierte Bekenntnis des deutschen Volkes zu unverletzlichen und unveräußerlichen → Menschenrechten als Grundlage jeder menschlichen Gemeinschaft (Art. 1 II) steht vor dem Hintergrund eines politisch-moralischen Zusammenbruchs von präzedenzloser Grauenhaftigkeit. Eine menschenverachtende totale Staatsgewalt hatte die ihrer Herrschaft Unterworfenen aller Würde beraubt und war abgeglitten in ein Schreckensregime niedrigster Inhumanität. Die vom GG zum Schutz der Menschenwürde in Pflicht genommene neue Staatsgewalt sieht sich einem Menschen gegenüber, dessen Bild personhafte Züge trägt und dessen Leben ausgerichtet ist auf die freie Entfaltung des humanen Eigenwerts. Die Verpflichtung aller staatlichen Gewalt, die vorstaatlich fundierte Menschenwürde zu achten und zu schützen (Art. 1 I), ist nicht bloß eine feierliche Proklamation, sondern striktes verfassungsrechtliches Gebot. Die Würde des Menschen ist weder verwirkbar noch verzichtbar. Als höchstrangiges Schutzgut der Verfassung bedarf sie, die von einer abstrakten Begriffsbestimmung kaum zu erfassen ist, einer fallweisen Konkretisierung namentlich durch höchstrichterliche Entscheidungen. In besonders drastischer Weise wäre die Menschenwürde z. B. verletzt durch Ächtung, Erniedrigung, Brandmarkung, Entrechtung, Verfolgung, Verschleppung, Versklavung, Zwangsarbeit, Terror und Massenmord (BVerfGE 1, S. 104).

Mikrozensus → Allgemeines Persönlichkeitsrecht

Milchwirtschaft → Marktordnungsmaßnahmen

Militär → Streitkräfte

Militärisch bewaffnete Aufständische → Innerer Notstand

Militärische Bündnisse → Kollektive Sicherheitssysteme

Militärische Landesverteidigung, die von der Verfassung gefordert wird, kann auf der Grundlage einer allgemeinen → Wehrpflicht, aber auch durch eine funktionstüchtige Freiwilligenarmee sichergestellt werden. Bei der Wahl zwischen den sich bietenden Möglichkeiten hat der Gesetzgeber neben verteidigungspolitischen Gesichtspunkten auch allgemeinpolitische sowie wirtschafts- und gesellschaftspolitische Gründe unterschiedlichen Gewichts zu bewerten und gegeneinander abzuwägen (BVerfGE 48, S. 160 f.).

Minderheitenschutz gewährleistet das GG in vielfältiger Form insbesondere durch den → rechtsstaatlichen Vorrang der → Grundrechte gegenüber der → Staatsgewalt und durch die parlamentarischen Befugnisse der → Opposition gegenüber der regierenden Mehrheit.

Minderheitsregierung ist ein Kabinett ohne stetige Mehrheit im Parlament. Eine → Bundesregierung ohne hinreichenden parlamentarischen Rückhalt wird angesichts der Notwendigkeit fortwährender Gesetzgebung im modernen Staat kaum funktionsfähig sein. Zur grundsätzlich nicht wünschenswerten Minderheitsregierung kann es in zwei Fällen kommen: im Zuge der → Kanzlerwahl und nach einer gescheiterten → Vertrauensfrage. Gewinnt der zum → Bundeskanzler vorgeschlagene Kandidat auch im dritten Wahlgang nicht die Stimmen der Mehrheit der Mitglieder des → Bundestages, so steht der → Bundespräsident vor der Entscheidungsalternative: entweder → Bundestagsauflösung oder Berufung einer Minderheitsregierung, indem er den – ohne absolute Mehrheit – Gewählten zum Kanzler ernennt (Art. 63 IV 3). Die drohende Parlamentsauflösung soll den Bundestag herausfordern, einen „Mehrheitskanzler" zu wählen (BVerfGE 62, S. 42). Hat der Antrag eines amtierenden Kanzlers, ihm das Vertrauen auszusprechen, nicht die Zustimmung der Mehrheit der Parlamentsmitglieder gefunden, so kann der Bundespräsident das Parlament auf Vorschlag des

Kanzlers auflösen (Art. 68). Unterläßt der Kanzler diesen Vorschlag oder hat damit keinen Erfolg, so kann er als Chef eines Minderheitskabinetts mit unsicheren Mehrheiten weiterregieren. Für diese instabile Lage hat das GG den → Gesetzgebungsnotstand vorgesehen.

Minister → Bundesminister

„Ministerialfreie Räume", die innerhalb der → Exekutive eine von Weisungen der Regierung unabhängige Tätigkeit sichern, bestehen nur ausnahmsweise, so z. B. für die → Bundesbank (Art. 88) und den → Bundesrechnungshof (Art. 114 II).

Ministerrat → Europäische Wirtschaftsgemeinschaft

Mischverwaltung, bei der die → bundesstaatstypische Trennung der Verwaltungssphären im Verhältnis zwischen Gesamtstaat und Gliedstaaten durchbrochen wird, ist nur in den vom GG ausdrücklich zugelassenen Fällen verfassungsgemäß (BVerfGE 32, S. 156). Ein „gemischtes" Zusammenwirken von Bundes- und Landesbehörden ist insbesondere vorgesehen für die Bereiche der → Gemeinschaftsaufgaben (Art. 91 a) und der → Steuerverwaltung (Art. 108 IV).

Mißbrauch von Grundrechten → Grundrechtsverwirkung

Mißbrauch des Rederechts der Regierung im Parlament → Anhörung

Mißbrauchsgebührenregelungen für Fälle mißbräuchlichen Prozessierens sind dem Gesetzgeber von Verfassungs wegen nicht versagt (BVerfGE 50, S. 230 f.).

Missionschefs → Gesandte

Mißtrauensvotum → Kanzlersturz → Vertrauensfrage

Mitbestimmung als Teilhabe der Arbeitnehmer an Entscheidungen betrieblicher und überbetrieblicher Art wirft namentlich bei der paritätischen Mitbestimmung der Arbeitnehmer und ihrer Gewerkschaften im Unternehmen eine Reihe verfassungsrechtlicher Fragen auf. Gesetzliche Grundlage für die unternehmerische Mitbestimmung ist, außer den Vorschriften über die Montan-Mitbestimmung, hauptsächlich das Mitbestimmungsgesetz von 1976. Es sieht für Kapitalgesellschaften ab einer bestimmten Größe die paritätische Besetzung des Aufsichtsrates mit Vertretern der Anteilseigner und der Arbeitnehmer vor. Diese erweiterte Mitbestimmung ist nach einer – auf zahlreiche → Verfassungsbeschwerden hin ergangenen – Entscheidung des BVerfG (E 50, S. 290–381) mit den Grundrechten der betroffenen Gesellschaften, Anteilseigner und Arbeitgeberkoalitionen vereinbar. Die Beschwerdeführer hatten ohne Erfolg insbesondere die Verletzung ihrer Grundrechte aus Art. 14 Abs. 1 (→ Eigentumsgarantie), Art. 9 Abs. 1 (→ Vereinigungsfreiheit), Art. 12 Abs. 1 (→ Berufsfreiheit), Art. 2 Abs. 1 (→ Allgemeine Handlungsfreiheit) und Art. 9 Abs. 3 GG (→ Koalitionsfreiheit) geltend gemacht.

Mittelbau → Bundeseigene Verwaltung

Monarchie → Gottesanrufung → Republik

Monopole → Finanzmonopole

Montanmitbestimmung → Mitbestimmung

Montanunion → Europäische Gemeinschaften

Moskauer Vertrag, auch „Zwei-plus-Vier-Vertrag“ genannt, ist das im Frühherbst 1990 in Moskau abgeschlossene → völkerrechtliche Abkommen zwischen den (damals noch) zwei deutschen Staaten und den vier Siegermächten des Zweiten Weltkriegs. Der Vertrag enthält eine abschließende Regelung der bis dahin offenen deutschen Frage, u. a. mit Bestimmungen über die Außengrenzen der durch den → Beitritt der früheren → DDR staatsgebietlich erweiterten → Bundesrepublik Deutschland; über die Friedensbereitschaft des → vereinten Deutschland; über die Reduzierung des Personalbestandes der → Bundeswehr; über die befristete Stationierung sowjetischer Streitkräfte in der bisherigen DDR; über die Beendigung der Viermächte-Verantwortung in bezug auf Deutschland und Berlin als Ganzes. Der planmäßig ratifizierte Moskauer Vertrag brachte die Wiederherstellung der vollen Souveränität der Bundesrepublik Deutschland. Mit diesem „Souveränitätsvertrag“ als Ergebnis der historischen Wende in einer jahrzehntelangen Ost-West-Konfrontation erlangte Deutschland außenpolitisch wieder volle Bündnisfreiheit, bekräftigte aber zugleich seinen Verzicht auf atomare, biologische und chemische Waffen.

Münzwesen → Währungswesen

Mutterschutz wird vom GG, zumal → Gleichberechtigung der Geschlechter keine undifferenzierte Gleichmacherei bedeutet, ausdrücklich garantiert: Jede Mutter hat Anspruch auf den Schutz und die Fürsorge der Gemeinschaft (Art. 6 IV). Dieses für den Gesetzgeber bindende, den Begünstigten ein echtes → Grundrecht gewährende Schutzgebot dient auch dem Ausgleich wirtschaftlicher Belastungen infolge der Schwangerschaft und Mutterschaft (BVerfGE 60, S. 74). Zur Erfüllung des → Verfassungsauftrags wurden verschiedene Gesetze erlassen, insbesondere das Mutterschaftsgesetz und das Mutterschaftsurlaubsgesetz. Die wertentscheidende Grundsatznorm des Art. 6 Abs. 4 GG schützt ohne Rücksicht auf Alter und Familienstand jede Frau, die schwanger ist oder geboren hat (BVerfGE 32, S. 277).

N

Nachkonstitutionelle Gesetze → Konkrete Normenkontrolle

Nachrichtendienste, die von der → Bundesregierung im Rahmen der Tätigkeiten des Bundesamtes für → Verfassungsschutz, des Militärischen Abschirmdienstes und des Bundesnachrichtendienstes unterhalten werden, sind durch Gesetz der Aufsicht einer Parlamentarischen Kontrollmission unterstellt.

Nachrichtentechnik → Fernmeldewesen

Nachrichtenverkehr → Fernmeldegeheimnis

Nachtragshaushalt ist eine Änderungsvorlage der Regierung zum → Haushaltsgesetz, über die das Parlament im Rahmen seines → Budgetrechts beschließt, wenn die festgestellten Haushaltsansätze überschritten werden sollen.

„Nachtwächterstaat“, eine polemisch gebrauchte Metapher zur Kennzeichnung des frühliberalen Staatsideals, das auf die Sicherung individueller Freiheiten und Besitzstände fixiert war, ohne die positiven Leistungspflichten des heutigen → Sozialstaates in den Blick zu nehmen.

Namensnennung → Berichterstattungsfreiheit

Nationale Einheit → Einheit und Freiheit Deutschlands

Nationalhymne → Deutschlandlied

Nationalsozialismus → Drittes Reich

NATO → Befehls- und Kommandogewalt → Bundeswehr → Kollektive Sicherheitssysteme

Natur der Sache → Bundeskompetenzen → „Implied powers"

Naturalleistungspflichten läßt das GG – im Unterschied zu → Abgaben als Geldleistungspflichten – nur in begrenztem herkömmlichen Umfange zu. Hierunter fallen z. B. die gemeindlichen Hand- und Spanndienste, die Deichhilfepflicht und die Feuerwehrdienstpflicht (BVerfGE 22, S. 383.).

Naturkatastrophen → Innerer Notstand → Bundesintervention

Natürliche Personen, d. h. Menschen ab Vollendung der Geburt bis zum Tode, kommen historisch gesehen als → Grundrechtsträger vor allem in Betracht. Das GG hat, mit Rücksicht auf die große Bedeutung des Zusammenschlusses von Einzelnen in der modernen Gruppengesellschaft, den Kreis möglicher Grundrechtssubjekte erheblich erweitert. Danach gelten die → Grundrechte auch für → inländische juristische Personen, soweit sie ihrem Wesen nach auf diese anwendbar sind (Art. 19 III).

Naturrecht, ein schon von Aristoteles benutzter Gegenbegriff zum Gesetzesrecht, läßt sich definieren als die Gesamtheit der allem positiven Recht vorausliegenden und unabhängig von staatlichem Gesetzesbefehl geltenden Normen. Dem naturrechtlichen Denken gilt, in strikter Entgegensetzung zum machtbezogenen Rechtspositivismus, die Natur der Dinge als Quelle zeitlos gültiger, vernunftnotwendiger, an der Idee der Gerechtigkeit unmittelbar orientierter Rechtsprinzipien, auf die sich außer alten und neuen Philosophen auch die christlichen Kirchen berufen. Indessen vermag der zur verfassungsrechtlichen Prüfung von Akten der Staatsgewalt aufgerufene Richter schon deshalb kaum auf das Naturrecht zu rekurrieren, weil eine Vielzahl unterschiedlicher Naturrechtslehren zutage tritt, sobald man den Bereich fundamentaler Rechtsgrundsätze verläßt. Alleiniger und auch substantiell zureichender Prüfungsmaßstab ist hier das → Grundgesetz mit seiner normativen Wertordnung, die sich zu → Menschenwürde, → Freiheit und → Gleichheit bekennt (BVerfGE 10, S. 81).

Naturschätze → Sozialisierung

Naturschutz und Landschaftspflege unterliegen der → Rahmengesetzgebungskompetenz des Bundes (Art. 75 Nr. 3), wovon dieser durch das Bundesnaturschutzgesetz und das Bundeswaldgesetz Gebrauch gemacht hat. Dem Naturschutz dienen geeignete Maßnahmen zur Erhaltung, Pflege und Gestaltung der natürlichen Umwelt des Menschen. Einen Rechtsanspruch auf bestimmte umweltschützende Maßnahmen des Staates hat der Einzelne nicht.

„Ne bis in idem“ (Nicht zweimal wegen derselben Tat), gebräuchliche Kurzformel für das → Doppelbestrafungsverbot.

Neugliederung des Bundesgebiets ist – bei Unantastbarkeit der Gliederung des Bundes in Länder überhaupt und der grundsätzlichen Mitwirkung der Gliedstaaten bei der Gesetzgebung (Art. 79 III) – ausdrücklich und besonders ausführlich vom GG vorgesehen (Art. 29). Danach kann das → Bundesgebiet neu gegliedert werden, um zu gewährleisten, daß die → Länder nach Größe und Leistungsfähigkeit die ihnen obliegenden Aufgaben wirksam erfüllen können. Hierbei sind die landsmannschaftliche Verbundenheit, die geschichtlichen und kulturellen Zusammenhänge, die wirtschaftliche Zweckmäßigkeit sowie die Erfordernisse der Raumordnung und der Landesplanung zu berücksichtigen (Art. 29 I). Außer dieser allgemeinen Verfassungsnorm ist eine besondere Neugliederung für den Raum Berlin-Brandenburg im → Einigungsvertrag angesprochen. Abweichend von seiner grundsätzlichen Zurückhaltung gegenüber → Abstimmungen hat das GG für die Neugliederung des Bundesgebietes die Verfahren der Volksbefragung, des Volksbegehrens und des Volksentscheids vorgesehen (Art. 29 II–VI). Die mehrfach geänderten Neugliederungsbestimmungen der Bundesverfassung stehen vor dem zeitgeschichtlichen Hintergrund, daß die nach dem Zweiten Weltkrieg unter dem Einfluß der Besatzungsmächte geschaffenen Länder ohne hinreichende Beachtung der oben genannten Kriterien entstanden sind. Abgesehen von der Neugliederung des Gebietes der früheren Länder Baden, Württemberg-

Baden und Württemberg-Hohenzollern, die zu dem neuen Bundesland Baden-Württemberg geführt hat (Art. 118), ist eine grundlegende Neugliederung des Bundesgebietes zwar oft gefordert worden, aber bisher nicht gelungen.

Neutralität des Staates im Inneren gilt vor allem für den weltanschaulich-religiösen Bereich. Dies ergibt eine Zusammenschau der Verfassungsgrundsätze, die in den Art. 3 III, 4, 7 II–III und 33 III GG sowie in Art. 140 GG i. V. m. Art. 136, 137, 138, 139 und 141 WRV niedergelegt sind. Nach geltendem Verfassungsrecht genießt insbesondere keine der christlichen Kirchen ein Privileg: Es besteht keine Staatskirche (Art. 137 I WRV). Alle → Religionsgesellschaften, gleichgültig welchen Glaubens und Bekenntnisses, stehen unter der Schutzpflicht des Staates zur Neutralität. Das GG gewährleistet namentlich die → Grundrechte der → Glaubensfreiheit, der → Gewissensfreiheit, der → Bekenntnisfreiheit und der → Religionsfreiheit. Dem Staat als Heimstatt aller Bürger ist, ohne Ansehen der Person, eine religiös-weltanschauliche Unparteilichkeit auferlegt (BVerfGE 19, S. 216). Aus der Nichtidentifikation der → Bundesrepublik Deutschland mit einer bestimmten Religionsgesellschaft ergeben sich Diskriminierungsverbote, wie sie im → allgemeinen Gleichheitssatz und in den → besonderen Gleichheitssätzen verbürgt sind.

Neuwahlen während einer → Legislaturperiode aufgrund vorzeitiger Parlamentsauflösung sind – abweichend von der → WRV und von ausländischen Verfassungsstaatsmodellen – vom GG bewußt an erschwerte Voraussetzungen geknüpft. Hiernach ist, was in politischen Diskussionen oft übersehen wird, eine → Bundestagsauflösung durch den → Bundespräsidenten und damit die Eröffnung von „Neuwahlen" nur für zwei Sondersituationen vorgesehen. Erster Fall: Der dem Parlament zur Kanzlerwahl vorgeschlagene Kandidat verfehlt auch im dritten Wahlgang die absolute Mehrheit, so daß eine → Minderheitsregierung droht (Art. 63 IV). Zweiter Fall: Der amtierende Bundeskanzler ist mit seiner → Vertrauensfrage gescheitert (Art. 68). Kommt es dagegen, wie im Herbst 1982 in der Geschichte der → Bundesrepublik Deutschland erstmalig geschehen, zu einem → Kanzlersturz nach den Vorschriften des GG, so bedarf dieser dem geltenden → parlamentarischen Regierungssystem gemäße Vorgang keineswegs, wie von Teilen der öffentlichen Meinung damals irrtümlich gefordert, einer Legitimation durch vorgezogene – verfassungsrechtlich unzulässige – „Neuwahlen".

Nichtdiskriminierung → Differenzierungsverbote → Diskriminierungsverbote

Nichtigerklärung einer Rechtsnorm wegen → Verfassungswidrigkeit ist mögliches Ergebnis der → Normenkontrolle durch das → Bundesverfassungsgericht. Eine derartige Entscheidung wirkt allgemeinverbindlich und hat Gesetzeskraft. Die vom Gericht ausgesprochene Ungültigkeit, die von Anfang an bestand, bedeutet indessen nicht, daß hoheitliche Akte, die auf der nichtigen Rechtsnorm beruhen, ohne weiteres hinfällig sind. Der Gesetzgeber, der für Fälle dieser Art eine → rechtsstaatliche Lösung zu finden hatte, stand vor dem Konflikt zwischen den Forderungen der → Rechtssicherheit und der → Einzelfallgerechtigkeit. Letzterer hat er den Vorrang eingeräumt bei rechtskräftigen Strafurteilen, die auf einer für nichtig erklärten Rechtsnorm beruhen; hier ist die Wiederaufnahme des Verfahrens zulässig. Im übrigen bleiben Verwaltungsakte, die nach Verfahrensrecht nicht mehr abänderbar sind, aus Gründen der Rechtssicherheit von der Nichtigerklärung der sie stützenden Rechtsnorm unberührt. Diese Regelung des BVerfGG steht im Einklang mit dem GG (BVerfGE 2, S. 404 f.).

Nichtvermögenswerte Rechte → Aufopferungsansprüche

Niederlassungsfreiheit → Europäische Wirtschaftsgemeinschaft

Niederlassungsfreiheit im Inland folgt für selbständig Tätige bereits aus dem Grundrecht der → Berufsfreiheit; es entspricht dem Recht der Arbeitnehmer, den Arbeitsplatz frei zu wählen (Art. 12 I 1). Im übrigen ist Niederlassungsfreiheit ein Element der → Freizügigkeit, die alle → Deutschen im ganzen → Bundesgebiet genießen (Art. 11 I). Dieses Grundrecht sichert nicht nur den freien persönlichen Zug, sondern auch die Möglichkeit, sich unbehindert von der Staatsgewalt an jedem beliebigen Ort wirtschaftlich zu betätigen.

Norddeutscher Bund → Föderalismus

Normenkonflikte → Vorrang der Verfassung → Normenkontrolle → Verfassungswidriges Verfassungsrecht → Grundrechtskollisionen

Normenkontrolle → Abstrakte Normenkontrolle → Konkrete Normenkontrolle → Verfassungsbeschwerde → Richterliches Prüfungsrecht

Normenverifikation ist – im Unterschied zur → Normenkontrolle – ein besonderes verfassungsgerichtliches Verfahren, das der Feststellung dient, ob eine → allgemeine Regel des Völkerrechts besteht (BVerfGE 23, S. 318). Ist in einem Rechtsstreite zweifelhaft, ob eine Völkerrechtsregel Bestandteil des → Bundesrechtes ist und ob sie unmittelbar Rechte und Pflichten für den einzelnen erzeugt (Art. 25), so hat das Gericht die Entscheidung des → Bundesverfassungsgerichts einzuholen (Art. 100 II). Da eine derartige Völkerrechtsnorm den inländischen Gesetzen vorgeht (Art. 25 Satz 2), hat das GG aus Gründen der Rechtssicherheit und mit Rücksicht auf die Autorität des → Gesetzgebers die positive Feststellung – sie besitzt Gesetzeskraft wie die → Nichtigerklärung bei der Normenkontrolle – allein dem Bundesverfassungsgericht vorbehalten. Die zur Vorlage führende Zweifelhaftigkeit (Art. 100 II) kann sich auf zweierlei beziehen: ob überhaupt ein entscheidungserheblicher Völkerrechtssatz besteht und ob er gegebenenfalls den allgemeinen Regeln zuzurechnen ist. Indessen enthält, sieht man vom menschenrechtlichen Mindeststandard ab, das geltende allgemeine Völkerrecht nur wenige Normen, die unmittelbar subjektive Rechte oder Pflichten für Privatpersonen erzeugen. Vorherrschender Regelungsbereich des → Völkerrechts ist nach wie vor die Ebene der hoheitlichen internationalen Beziehungen zwischen → Staaten und → Staatenverbindungen (BVerfGE 46, S. 362). Ernstzunehmende Zweifel im Sinne des Art. 100 Abs. 2 GG und damit eine Vorlagepflicht des Prozeßgerichts an das BVerfG sind bereits gegeben, wenn das Gericht auf solche Zweifel stößt, auch wenn es selbst keine Zweifel hat. Es genügt, wenn das Gericht abweichen müßte von der Meinung eines → Verfassungsorgans oder von Entscheidungen hoher deutscher, ausländischer oder internationaler Gerichte oder von den Lehren anerkannter Autoren der Völkerrechtswissenschaft.

Notbewilligungsrecht des → Bundesfinanzministers ist im Rahmen der Haushaltswirtschaft des Bundes für bestimmte Sondersituationen vorgesehen. Grundsätzlich dürfen Ausgaben nur geleistet werden, wenn und soweit sie im → Haushaltsplan eingestellt und im → Haushaltsgesetz festgestellt sind (Art. 110). Das ministerielle Notbewilligungsrecht, das nicht gleichrangig neben dem → Budgetrecht des Gesetzgebers steht, kommt nur in Fällen eines dringenden außergewöhnlichen Mittelbedarfs zum Zuge, denen mit einem → Nachtragshaushalt nicht rechtzeitig zu begegnen wäre. Die verfassungsgesetzliche Ermächtigung des Finanzministers, an Stelle des Haushaltsgesetzgebers einschlägige überplanmäßige oder außerplanmäßige Ausgaben zu bewilligen, ist an tatbestandsmäßig eng umrissene Voraussetzungen geknüpft. Seine Notkompetenz besteht lediglich im Falle eines unvorhergesehenen und unabweisbaren Bedürfnisses. Unabweisbar ist eine Ausgabe nur dann, wenn sie ohne Beeinträchtigung schwerwiegender politischer, wirtschaftlicher oder sozialer Staatsinteressen nicht mehr zeitlich aufgeschoben werden kann (BVerfGE 45, S. 36). Die Mehrausgabe muß so eilbedürftig sein, daß die Einbringung eines Nachtragshaushalts oder Ergänzungshaushalts oder die Verschiebung bis zum nächsten regulären Haushalt bei vernünftiger Lagebeurteilung als nicht vertretbar erscheint.

Notenbank → Bundesbank

Nothaushaltsrecht der → Bundesregierung betrifft spezielle Ermächtigungen für den Fall, daß bis zum Schluß eines Rechnungsjahres der → Haushaltsplan für das folgende Jahr noch nicht, wie es grundsätzlich sein soll (Art. 110 II), durch Haushaltsgesetz festgestellt ist. Anders als beim → Notbewilligungsrecht handelt es sich hier um einen etatlosen Zustand. Unbeschadet der verfassungsrechtlichen Pflicht der beteiligten Staatsorgane, daran mitzuwirken, daß der Haushaltsplan rechtzeitig verabschiedet werden kann (BVerfGE 45, S. 1), räumt das GG der Exekutive in einem eng begrenzten Rahmen unumgängliche Dispositionsbefugnisse ein: Bis zum Inkrafttreten des Haushaltsgesetzes darf die Bundesregierung insbesondere Ausgaben leisten, die nötig sind, um rechtlich begründete Verpflichtungen des Bundes zu erfüllen oder um gesetzlich bestehende Einrichtungen zu erhalten und gesetzlich beschlossene Maßnahmen durchzuführen (Art. 111 I).

Nothilfe → Innerer Notstand

Notstand → Ausnahmezustand → Innerer Notstand → Verteidigungsfall → Spannungsfall

Notstandsverfassung, Inbegriff der Bestimmungen, die namentlich durch die sogenannte Notstandsnovelle von 1968 in das → Grundgesetz eingefügt wurden. Sonderregelungen für den inneren und äußeren Staatsnotstand enthielten bereits die → Paulskirchenverfassung von 1849, die Preußische Verfassungsurkunde von 1850, die Deutsche Reichsverfassung von 1871 und die → Weimarer Reichsverfassung von 1919. Letztere hatte dem Reichspräsidenten für einschlägige Situationen weitestgehende Ausnahmevollmachten mitsamt dem Recht zu → Notverordnungen eingeräumt. Der unmittelbare verfassungsgeschichtliche Hintergrund der politisch heftig umkämpften GG-Notstandsnovelle sei kurz angedeutet. Da die Notstandsklausel, die im Entwurf des → Herrenchiemseer Verfassungskonventes vorgesehen war, vom → Parlamentarischen Rat ersatzlos gestrichen wurde, genügte das GG, gemessen an herkömmlichen Kriterien einer geschriebenen Verfassung, in seiner bis zum Jahre 1968 geltenden Fassung nicht den Regelungserfordernissen für Fälle einer Ausnahmesituation. Diese Lücke hatte auch die nachträgliche Einfügung → wehrverfassungsrechtlicher Bestimmungen nicht geschlossen. Besonders für den → Verteidigungsfall fehlten Verfassungsvorschriften über die gebotene Vereinfachung des Gesetzgebungs- und Verwaltungsverfahrens sowie den Funktionsübergang bei Handlungsunfähigkeit an sich zuständiger Staatsorgane. Während Notrecht für den Fall von Naturkatastrophen überhaupt nicht vorgesehen war, enthielt das GG immerhin schon gewisse Regelungen für Tatbestände einer Bedrohung des → Bestandes der Bundesrepublik oder der → freiheitlichen demokratischen Grundordnung. Die umfassende Schließung der Notstandsverfassungslücke wurde rechtspolitisch nicht zuletzt mit der wünschenswerten Ablösung noch bestehender besatzungsrechtlicher Notstandsvorbehalte begründet. Auch der 1955 zwischen der Bundesrepublik und den Westalliierten geschlossene Generalvertrag, der die Grundlage der wiedererstandenen deutschen Souveränität bildete, hatte die Notstandsbevorhalte der ehemaligen Besatzungsmächte nicht beseitigt. Wohl wegen der negativen Erfahrungen mit dem Notstandsartikel der → WRV hat der Gesetzgeber der Notstandsnovelle von 1968 davon abgesehen, die Sonderkompetenzen für Fälle des inneren oder äußeren Staatsnotstands in einer Generalklausel zu regeln. Der Preis für diesen Verzicht besteht in zahlreichen verstreuten Bestimmungen, die unser Notstandsverfassungsrecht auch im internationalen Vergleich unübersichtlich, kompliziert und schwerfällig machen. Ein entscheidendes Charakteristikum der Notstandsverfassung ist die beherrschende Rolle des Parlaments und die mangelnde Befugnis der Regierung, selbst im äußersten Notfall auch nur subsidiär Notrecht zu setzen. Dieses System ruht auf der nicht ganz unbedenklichen Voraussetzung, daß die Volksvertretung auch unter extremen Bedingungen ihre Aufgaben erfüllen kann. An die Stelle der in allen Notstandsfällen grundsätzlich zuständigen ordentlichen parlamentarischen Organe tritt ausnahmsweise – bei deren Funktionsunfähigkeit aufgrund eines bewaffneten Angriffs von außen – ein neugeschaffenes parlamentarisches Sonderorgan: der aus Mitgliedern des Bundestages und Bundesrates gebildete → Gemeinsame Ausschuß. Die Tatbestände der äußeren Gefahr sind unter der Überschrift „Verteidigungsfall“ in einem besonderen GG-Abschnitt eingehend geregelt. Anders als die Fälle des → inneren Notstandes ist für den → Verteidigungsfall ein förmliches Feststellungsverfahren vorgesehen. Ob der im Verteidigungsfall geltende komplizierte Normenmechanismus mit zahlreichen unbestimmten Rechtsbegriffen seinen doppelten Zweck erfüllen wird, sowohl die Gefahr eines Machtmißbrauchs zu bannen als auch die staatliche Handlungsfähigkeit zu sichern, ist eine offene Frage.

Notverordnungen im → Ausnahmezustand wurden während der → Weimarer Republik unter Berufung auf Art. 48 Abs. 2 WRV für die verschiedensten Rechtsgebiete in exzessivem Maße erlassen. Sie zeigen den Reichspräsidenten in der Rolle eines diktatorialen Ersatzgesetzgebers und ungewollten Wegbereiters der Diktatur des → Dritten Reiches. Das GG versagt der Exekutive ein Notverordnungsrecht selbst im → Verteidigungsfall.

NS-Zeit → Ausbürgerung → Drittes Reich

Nulla poena sine culpa (Keine Strafe ohne Schuld) ist ein → rechtsstaatlicher, an der Idee der Gerechtigkeit orientierter, im Prinzip der → Menschenwürde wurzelnder Verfassungsgrundsatz. Er gebietet, daß Straftatbestände und Rechtsfolgen angemessen aufeinander abgestimmt sind. Die angedrohte Strafe muß zur Schwere der Tat und zum Verschulden des Täters in gerechtem Verhältnis stehen. Das geltende Schuldprinzip deckt sich in seiner strafbegrenzenden Wirkung mit dem allgemeinen → Übermaßverbot. Die gesetzliche Strafdrohung darf nach Art und Maß insbesondere nicht schlechthin unangemessen oder gar unmenschlich, erniedrigend oder grausam sein. Auch der Straftäter hat einen verfassungsrechtlichen Anspruch darauf, daß er in seiner Menschenwürde geschützt und nicht zum bloßen Objekt der Verbrechensbekämpfung degradiert wird (BVerfGE 50, S. 133).

Nulla poena sine lege (Keine Strafe ohne Gesetz), Kurzformel für ein mehrschichtiges Grundrecht im Bereich der Strafjustiz: Eine Tat kann nur bestraft werden, wenn die Strafbarkeit gesetzlich bestimmt war, bevor die Tat begangen wurde (Art. 103 II). Diese für die Aktualisierung des → Rechtsstaats im Strafrecht wichtige Verfassungsnorm enthält mehrere Verbote und Gebote. Sie verbietet einerseits eine rückwirkende oder analoge oder gewohnheitsrechtliche Begründung der Strafbarkeit oder Strafverschärfung von Taten. Andererseits gebietet sie Straftatbestände geschriebenen Rechts, und zwar durch hinreichend bestimmtes Gesetz. Nullum crimen sine lege (Kein Straftatbestand ohne Gesetz) ist das rechtsstaatliche Ausgangsprinzip der verschiedenen Nulla-poena-sine-lege-Schutzwirkungen. Die vom GG vorgeschriebene strikte Gesetzesgebundenheit des Strafrechts gilt außer für Kriminalstrafen und Ordnungswidrigkeitssanktionen grundsätzlich auch für Disziplinarstrafen und standesgerichtliche Strafen (BVerfGE 26, S. 203 f.). Gesetz im Sinne des Art. 103 Abs. 2 GG ist nicht nur das förmliche Parlamentsgesetz, sondern jede gültige geschriebene Rechtsnorm. Daher können z. B. auch vorschriftsmäßig zustande gekommene → Rechtsverordnungen oder Gemeindesatzungen Strafbestimmungen enthalten (BVerfGE 38, S. 371). Da die Strafbarkeit vor der Tat gesetzlich bestimmt gewesen sein muß, ist der Gesetzgeber verpflichtet, die Voraussetzungen der Strafbarkeit so genau zu umschreiben, daß Tragweite und Anwendungsbereich der Straftatbestände hinreichend klar erkennbar sind. Der Einzelne soll nicht nur wissen können, was bei Strafe verboten ist, sondern auch, mit welcher Strafe er gegebenenfalls zu rechnen hat (BVerfGE 25, S. 285). Das Nulla-poena-sine-lege-Prinzip schließt einmal die Begründung von Straftatbeständen durch Gewohnheitsrecht oder im Wege der Analogie aus. Es enthält aber vor allem ein absolutes Rückwirkungsverbot. Verfassungswidrig sind gleichermaßen rückwirkend-strafbegründende wie rückwirkend-strafverschärfende Gesetze. So ist der Bürger davor geschützt, daß ein bisher erlaubtes Verhalten nachträglich für strafbar erklärt wird oder daß der Unrechtsgehalt eines von ihm begangenen Verstoßes bei der Verurteilung strenger bewertet wird als zur Zeit der Tat.

Nullum crimen sine lege → Nulla poena sine lege

Numerus clausus (Geschlossene Zahl) als zahlenmäßige Beschränkung des Zugangs zum Hochschulstudium ist eine am Grundrecht der → Berufsfreiheit zu messende hoheitliche Maßnahme. Alle → Deutschen haben das Recht, die Ausbildungsstätte frei zu wählen (Art. 12 I 1). Die Zulässigkeit einer gesetzlichen Begrenzung dieser Freiheit bestimmt sich grundsätzlich nach den gleichen Kriterien, wie sie für Einschränkungen der freien Berufswahl gelten. Diese haben vor der Verfassung nur Bestand, wenn sie zum Schutz besonders wichtiger Gemeinschaftsgüter zwingend erforderlich sind. Dabei ist zwischen subjektiven (an die persönliche Qualifikation geknüpften) und objektiven (vom Bewerber nicht beeinflußbaren) Zugangsschranken zu unterscheiden. Letztere unterliegen besonders strengen verfassungsrechtlichen Anforderungen. Da der absolute Numerus clausus für ein Studienfach wie eine objektive Zugangsschranke wirkt, ist er nur im Einklang mit dem GG, wenn insbesondere folgende Voraussetzungen erfüllt sind: Er darf nur unter strikter Wahrung des → Verhältnismäßigkeitsgrundsatzes und des → Gleichsatzes in den Grenzen des unbedingt Erforderlichen angeordnet werden, wenn die vorhandenen, mit öffentlichen Mitteln geschaffenen Ausbildungskapazitäten erschöpft sind. Die Auswahl und Verteilung muß nach sachgerechten Maßstäben mit einer Chance für jeden an sich hochschulreifen Bewerber erfolgen unter möglichster Berücksichtigung der individuellen Wahl des Ausbildungsortes (BVerfGE 33, S. 338). Das Recht auf Zulassung zum Hochschulstudium kann bei Beachtung dieser Kriterien nur durch Gesetz oder aufgrund eines Gesetzes eingeschränkt werden. Die verschiedenen verfassungsgerichtlichen Entscheidungen zum Numerus clausus stehen vor einem besonderen zeitgeschichtlichen Hintergrund. Mit der rapiden zahlenmäßigen Zunahme der Studierenden (bereits in der Zeit von 1952 bis 1967 um weit mehr als das Doppelte auf ca. 270 000) konnte der Ausbau der wissenschaftlichen Hochschulen trotz des enormen Finanzaufwandes von Bund und Ländern nicht Schritt halten. In diesem Dilemma griffen die Hochschulen, wie schon in der unmittelbaren Nachkriegszeit, auf den Notbehelf des Numerus clausus zurück, für den anfangs allenthalben die gesetzlichen Grundlagen fehlten.

O

Oberbefehl → Befehls- und Kommandogewalt

Oberfinanzdirektionen, Mittelbehörden zwischen Finanzministerium und Finanzamt, sind teils → Bundesfinanz-, teils → Landesfinanzbehörden.

Oberste Gerichtshöfe des Bundes hat das GG anstelle eines ursprünglich erwogenen einheitlichen Obersten Bundesgerichtshofs als Spitzen bestimmter Teilbereiche der → rechtsprechenden Gewalt vorgesehen. Es sind dies für die ordentliche Gerichtsbarkeit der → Bundesgerichtshof, für die Verwaltungsgerichtsbarkeit das → Bundesverwaltungsgericht, für die Finanzgerichtsbarkeit der → Bundesfinanzhof, für die Arbeitsgerichtsbarkeit das → Bundesarbeitsgericht und für die Sozialgerichtsbarkeit das → Bundessozialgericht (Art. 95 I). Diesen vom Bunde errichteten obersten Gerichtshöfen dürften von Verfassungs wegen keine anderen Gerichte übergeordnet werden, auch nicht das → Bundesverfassungsgericht mit Ausnahme seiner Kompetenzen in Verfassungssachen (Art. 93). Die Mitglieder der obersten Gerichtshöfe des Bundes (→ Bundesrichter) werden in einem besonderen Verfahren berufen (Art. 95 II). Die der Ernennung durch den → Bundespräsidenten vorausgehende Wahl – Elektoren sind die für das jeweilige Justizressort zuständigen Landesminister und eine gleiche Anzahl vom → Bundestag gewählter Mitglieder des Richterwahlausschusses – dient einer zusätzlichen demokratischen und föderativen Legitimierung oberster Amtsträger der dritten Gewalt.

Öffentliche Ämter im Sinne des Art. 33 GG sind außer staatlichen Ämtern in → Bund und Ländern alle beruflichen oder ehrenamtlichen Funktionen in → Gemeinden und → Gemeindeverbänden sowie in anderen → Körperschaften, → Anstalten und → Stiftungen des öffentlichen Rechts. Dem weit auszulegenden Begriff unterfallen freilich nicht rein politische Ämter z. B. auf der Ebene von Parlament und Regierung. Jeder → Deutsche hat nach seiner Eignung, Befähigung und fachlichen → Leistung gleichen Zugang zu jedem öffentlichen Amte (Art. 33 II). Die Zulassung zu öffentlichen Ämtern sowie die im → öffentlichen Dienste erworbenen Rechte sind unabhängig vom religiösen Bekenntnis. Niemandem darf aus seiner Zugehörigkeit oder Nichtzugehörigkeit zu einem → Bekenntnis oder einer → Weltanschauung ein Nachteil erwachsen (Art. 33 III). Die hier normierten Gleichheitsgebote und Diskriminierungsverbote begründen subjektive Rechte der Bewerber und enthalten Direktiven für den Gesetzgeber der einschlägigen Materien. Die Gewährleistung gleichen Zugangs zu öffentlichen Ämtern gilt für Einstellungen wie für Beförderungen. Bei der personellen Auswahl sind nur die Qualifikationsmerkmale der Eignung, Befähigung und fachlichen Leistung verfassungsrechtlich legitim, nicht dagegen Patronagegesichtspunkte parteipolitischer, konfessioneller oder sonstiger Art.

Öffentliche Gewalt als Verfassungsbegriff ist nicht gleichbedeutend mit → Staatsgewalt. Das zeigt sich insbesondere bei der → Rechtsweggarantie (Art. 19 IV). Hier gilt die → rechtsprechende Gewalt nicht als öffentliche Gewalt; gegen diese soll der Richter vielmehr schützen (BVerfGE 22, S. 110). Zur öffentlichen Gewalt gehören in jenem Zusammenhang grundsätzlich alle Akte der → Exekutive einschließlich der → Regierungsakte.

Öffentliche Hand im weiteren Sinn ist die Gesamtheit der → juristischen Personen des öffentlichen Rechts, im engeren Sinn deren Teilnahme am allgemeinen Privatrechtsverkehr.

Öffentliche Meinung, ein staatsfreies, wandelbares, in rechtsstaatlichen Demokratien unentbehrliches Ingredienz, geschützt insbesondere durch die Grundrechte der → Meinungsfreiheit, der → Pressefreiheit, der → Versammlungsfreiheit und der → Vereinigungsfreiheit. Die öffentliche Meinung gehört zu den intermediären Kräften; sie vermittelt den politischen Willen der Staatsbürger über deren demokratische Teilhabe durch → Wahlen und → Abstimmungen hinaus.

Öffentliche Sicherheit und Ordnung, sofern sie den alleinigen und unmittelbaren Gesetzeszweck bildet, ist eine Materie, die als Polizeirecht im engeren Sinne in die Zuständigkeit der → Landesgesetzgebung fällt. Im übrigen sind Rechtsnormen, die der Aufrechterhaltung der öffentlichen Sicherheit und Ordnung dienen, für die Abgrenzung der → Gesetzgebungskompetenz dem Sachbereich zuzurechnen, mit dem sie in einem notwendigen Zusammenhang stehen. Die Ordnungsgewalt (Polizeigewalt) ist dann ein → Annex der Gesetzgebungszuständigkeit für den betreffenden Sachbereich (BVerfGE 8, S. 149 f.).

Öffentliche Unternehmen → Fiskalgeltung der Grundrechte

Öffentlicher Dienst umfaßt vor allem die Dienstverhältnisse der Personen, die als Beamte, Angestellte und Arbeiter unmittelbar für den Staat in → Bund und Ländern (Staatsdienst) oder für andere → juristische Personen des öffentlichen Rechts tätig sind. Das GG schreibt vor, daß die Ausübung → hoheitsrechtlicher Befugnisse als ständige Aufgabe in der Regel solchen Angehörigen des öffentlichen Dienstes zu übertragen ist, die in einem öffentlich-rechtlichen Dienst- und Treueverhältnis stehen (Art. 33 IV). Zu der hier angesprochenen Personengruppe gehören namentlich die → Berufsbeamten. Der Gesetzgeber ist angewiesen, das Recht des öffentlichen Dienstes unter Berücksichtigung der hergebrachten Grundsätze des → Berufsbeamtentums zu regeln (Art. 33 V). Mit der darin enthaltenen → institutionellen Garantie will das GG zwar nicht in erster Linie subjektive Rechte der Beamten schützen, sondern im Interesse der Allgemeinheit die Einrichtung des Berufsbeamtentums sichern (BVerfGE 9, S. 286). Doch schafft die objektive Gewährleistung zugleich grundrechtsähnliche individuelle Ansprüche. Daher kann der Beamte Eingriffe des Gesetzgebers in dem vom GG geschützten Kernbereich seiner Rechtsstellung mit der → Verfassungsbeschwerde rügen. Zwar gewährleistet das GG nicht den Fortbestand „wohlerworbener Rechte“ (etwa in Höhe der einmal erreichten Besoldung), doch hat der Beamte von Verfassungs wegen z. B. Ansprüche auf einen besonderen Status, auf Fürsorge seitens des Dienstherrn, auf ein amtsangemessenes Gehalt und auf eine adäquate → Amtsbezeichnung (BVerfGE 43, S. 167).

Öffentlicher Haushalt → Budgetrecht → Haushaltsgesetz → Haushaltswirtschaft

Öffentliches Interesse → Allgemeinwohl

Öffentliches Recht und → privates Recht sind die zwei großen juristischen Kategorien, die nach einer traditionellen Einteilung die Gesamtrechtsordnung bilden. Beide Rechtsbereiche unterscheiden sich prinzipiell. Zum öffentlichen Recht gehören insbesondere alle Rechtssätze, bei denen Berechtigter oder Verpflichteter ein Träger → öffentlicher Gewalt in seiner Eigenschaft als solcher ist. Das öffentliche Recht hat es vor allem mit dem nicht auf Gleichordnung beruhenden Verhältnis privater → Personen zum Staat und anderen Hoheitsträgern zu tun. Disziplinen des öffentlichen Rechtes sind insbesondere das Staatsverfassungsrecht, das Verwaltungsrecht, das Strafrecht und das Völkerrecht. Die Unterscheidung von öffentlichem und privatem Recht hat grundlegende praktische Bedeutung namentlich für die Bestimmung des → Rechtsweges. So sind z. B. nach einschlägigen Gesetzen die Verwaltungsgerichte zuständig für die Entscheidung öffentlich-rechtlicher Streitigkeiten nichtverfassungsrechtlicher Art, während privatrechtliche Streitigkeiten den → ordentlichen Gerichten oder → Arbeitsgerichten zugewiesen sind.

Öffentlichkeitsgrundsatz, ein das parlamentarische Geschehen im → Bundestag prägendes Prinzip. Nur ausnahmsweise ist, unter erschwerten Mehrheitserfordernissen, ein → Ausschluß der Öffentlichkeit zulässig.

Öffentlich-rechtliche Anstalten → Anstalten des öffentlichen Rechts

Öffentlich-rechtliche Körperschaften → Körperschaften des öffentlichen Rechts

Örtliche Verbrauchs- und Aufwandsteuern gehören zu den → Kommunalabgaben, deren Aufkommen den → Gemeinden oder nach Maßgabe der Landesgesetzgebung den → Gemeindeverbänden zusteht (Art. 106 VI 1). Einschlägige „örtliche“ Steuern sind nur solche, die einen örtlichen Bezug haben und in ihrer Wirkung auf das Gemeindegebiet begrenzt bleiben (BVerfGE 40, S. 61). Die zur Einführung solcher

Steuern vorgesehene Kompetenz des Landesgesetzgebers besteht lediglich, solang und soweit die Abgaben nicht bundesgesetzlich geregelten Steuern gleichartig sind (Art. 105 II a). Demgemäß sind zulässige Kommunalabgaben z. B. die Getränkesteuer (BVerfGE 44, S. 226), die Vergnügungssteuer (BVerfGE 42, S. 41) und die Zweitwohnungssteuer (BVerfGE 65, S. 325). Auch Hundesteuer, Jagdsteuer und Fischereisteuer unterfallen dieser Abgabenkategorie.

Offiziere und Unteroffiziere werden vom → Bundespräsidenten ernannt und entlassen, soweit gesetzlich nichts anderes bestimmt ist (Art. 60 I). Anderweitige Bestimmungen finden sich im Soldatengesetz.

Opposition, Inbegriff der politischen Kräfte, die nicht an der Regierung beteiligt sind. In Verbindung mit dem → Mehrparteienprinzip und der → Chancengleichheit für alle Parteien ist die Opposition ein tragendes Strukturelement der → freiheitlichen demokratischen Grundordnung. Unter den Bedingungen des heutigen → parlamentarischen Regierungssystems steht das Parlament der Regierung nicht mehr in der Weise kontrollierend gegenüber wie zur Zeit der Monarchie. Die eigentlichen Antipoden im politischen Kampf sind vielmehr das von der Parlamentsmehrheit getragene Kabinett einerseits und die parlamentarische Opposition andererseits. Dabei kann freilich von einem auch nur annähernden Machtgleichgewicht der einander entgegengesetzten Kräfte nicht die Rede sein. Das herrschende → Mehrheitsprinzip im Zusammenwirken mit der Fraktionsdisziplin sorgt dafür, daß die Opposition in der Regel gegen die Regierungsparteien den Kürzeren zieht. Anders lagen die Verhältnisse während der konstitutionellen Monarchie, als dem königlichen Kabinett von Fall zu Fall wechselnde Mehrheiten entgegentraten. Aus der neuen Situation ergeben sich legitime Forderungen für neue Rechte der Opposition. Als parlamentarische Minderheit hat die Opposition, die aus einer oder mehreren → Fraktionen bestehen kann, nach dem GG und der → Geschäftsordnung des → Bundestages verschiedene Informations- und Kontrollrechte von unterschiedlichem Gewicht. Durch Ausübung des → Interpellationsrechtes z. B. kann die Opposition versuchen, ihre politischen Anliegen zur Geltung zu bringen. In diese Richtung weist auch das Rederecht im Plenum, wobei die Regierungsparteien nur mit Zweidrittelmehrheit die Öffentlichkeit ausschließen können (Art. 42 I). Bereits mit einem Viertel der Parlamentsmitglieder vermag die Opposition die

Einsetzung eines → Untersuchungsausschusses zu erzwingen (Art. 44 I). Da sich aber in der Zusammensetzung von Untersuchungsausschüssen die jeweiligen Parlamentsmehrheiten spiegeln und da für die entscheidenden Abstimmungen einfache Mehrheiten gelten, kann dieses im monarchischen Staatsrecht sehr wirksame Enquête-Recht des Parlaments der heutigen Opposition nur begrenzt nützen. Sofern die Opposition mindestens ein Drittel der Parlamentsabgeordneten umfaßt, verfügt sie immerhin über eine Sperrminorität gegen → Verfassungsänderungen durch die Regierungsfraktionen. Unter derselben Voraussetzung kann sie eine → abstrakte Normenkontrolle beim → Bundesverfassungsgericht beantragen (Art. 93 I Nr. 2).

Ordentliche Gerichte, Bezeichnung für die herkömmlichen allgemeinen Gerichte. Sie entscheiden, sofern nicht besondere Gerichte zuständig sind, z. B. → Verfassungsgerichte, → Verwaltungsgerichte, → Finanzgerichte, → Sozialgerichte und → Arbeitsgerichte. Der Rechtszug der ordentlichen Gerichtsbarkeit führt über Amtsgerichte, Landgerichte, Oberlandesgerichte (in Berlin: Kammergericht), Oberstem Landesgericht (in Bayern) zum → Bundesgerichtshof als höchstrichterlicher Instanz. Wegen der Höhe der → Enteignungsentschädigung steht im Streitfalle der → Rechtsweg vor den ordentlichen Gerichten offen (Art. 14 III 4).

Ordentlicher Rechtsweg ist der gesetzlich geregelte Zugang zu den → ordentlichen Gerichten mit Anspruch des Rechtsuchenden auf einen Richterspruch. Im Rahmen der verfassungskräftigen → Rechtsweggarantie ist der ordentliche Rechtsweg gegeben, soweit nicht eine andere Gerichtsbarkeit zuständig ist (Art. 19 IV 2).

Ordnung → Öffentliche Sicherheit und Ordnung → Verfassungsmäßige Ordnung

Ordnungswidrigkeiten sind bloßes Verwaltungsrecht im Unterschied zu strafrechtlicher Kriminalität. Da die Strafgerichtsbarkeit inhaltlich der → rechtsprechenden Gewalt unterfällt, die ausschließlich den → Richtern anvertraut ist (Art. 92), sind der gesetzlichen Umwandlung von Delikten in Ordnungswidrigkeiten gewisse verfassungsrechtliche Grenzen gesetzt. Nur Gesetzesübertretungen, die nach allgemeiner Auffassung der Gesellschaft nicht als strafwürdig im kriminellen Sinne gelten, gehören zum Bereich der Ordnungswidrigkeiten, wo eine repressive Rechtskontrolle genügt. Hierunter fallen z. B. die früher mit Kriminalstrafen bedrohten weniger bedeutsamen Übertretungen des Straßenverkehrsrechts (BVerfGE 27, S. 31).

Organe der Staatsgewalt → Staatsorgane → Verfassungsorgane

Organisationen → Internationale Organisationen

Organisationsgewalt im Sinne des Rechtes, Behörden einzurichten und mit Verwaltungskompetenzen zu betrauen, ist vom GG nicht in das freie Ermessen der → Exekutive gestellt. Namentlich zum Schutze der Länderzuständigkeiten im → Bundesstaat besteht regelmäßig ein → Vorbehalt des Gesetzes. Nur außerhalb des legislativen Organisationsvorhaltes kann die Exekutive selbständig handeln. Auch soweit der Bund die Gesetze durch → bundeseigene Verwaltung oder durch bundeseigene → Körperschaften oder → Anstalten des öffentlichen Rechtes ausführt, darf die → Bundesregierung die Einrichtung der Behörden nur regeln, soweit das Gesetz nichts anderes bestimmt (Art. 86). Von diesen für die Verwaltung geltenden Grundsätzen zu unterscheiden ist die Organisationsgewalt im Bereich der Regierung. Kraft seines → Kabinettsbildungsrechtes (Art. 64 I) ist der → Bundeskanzler befugt, Zahl, Art und Zuständigkeiten der Ressorts festzulegen. Eine Beschränkung dieser Kompetenz folgt daraus, daß von der Verfassung bestimmte → Bundesminister mit ihren Geschäftsbereichen – Finanzen (Art. 112 und 114 I), Verteidigung (Art. 65 a) und Justiz (Art. 96 II 4) – vorgesehen sind. Im übrigen ist die Organisationsgewalt des Kanzlers durch das → Budgetrecht des Parlamentes begrenzt. In seinem Ministerium verfügt das jeweilige Kabinettsmitglied über die Organisationsgewalt gemäß dem → Ressortprinzip.

Organisierte Aufständische → Innerer Notstand

Organisierte Interessen sind in einer → pluralistischen Gesellschaft, wie sie der → freiheitlichen demokratischen Grundordnung des GG entspricht, prinzipiell nicht zu beanstanden. Geschützt durch einschlägige → Grundrechte formieren sich die unterschiedlichsten Interessengruppen mit dem Ziel, direkt oder indirekt auf die demokratische Staatswillensbildung in ihrem Sinne Einfluß zu nehmen. Organisierte

Interessen begegnen uns z. B. in Gestalt der → Religionsgesellschaften, der → Koalitionen von Arbeitnehmern und Arbeitgebern, der Bauernverbände und der Beamtenbünde. Solche Gruppierungen sind oft dem Vorwurf ausgesetzt, daß sie ihre Partialinteressen allzu energisch gegenüber dem Staat als dem Wahrer des → Allgemeinwohls vertreten. Es ist Sache von Parlament und Regierung, die auf das Spezialwissen von Interessenverbänden nicht verzichten können, unverantwortlichen Gruppenegoismen zu wehren, berechtigte Partialansprüche abzuwägen und widerstreitende Interessen im Geiste des gemeinen Besten auszugleichen.

Organstreitigkeiten, eine Kategorie staatsrechtlicher Streitsachen, deren Entscheidung in die Zuständigkeit des → Bundesverfassungsgerichts fällt. Dabei geht es um die Auslegung des Grundgesetzes aus Anlaß von Streitigkeiten über den Umfang der Rechte und Pflichten eines obersten Bundesorgans oder anderer Beteiligter, die durch das GG oder in der → Geschäftsordnung eines obersten Bundesorgans mit eigenen Rechten ausgestattet sind (Art. 93 I Nr. 1). Zu solchen Organstreitigkeiten ist es in der Geschichte der → Bundesrepublik Deutschland wiederholt gekommen. Oberste Bundesorgane sind namentlich der → Bundestag, der → Bundesrat, die → Bundesversammlung, der → Bundespräsident, die → Bundesregierung und der → Gemeinsame Ausschuß. „Andere Beteiligte“ mit eigenen Rechten nach dem GG sind insbesondere der → Bundestagspräsident, der → Bundesratspräsident, der → Bundeskanzler, die → Bundesminister, ferner die verfassungsrechtlich vorgesehenen → Bundestagsausschüsse (Art. 44, 45 a und 45 c) und bestimmte Parlamentsminderheiten (Art. 39 III 3, 42 I, 44 I, 61 I), schließlich auch → politische Parteien, sofern sie ihren verfassungsrechtlichen Status geltend machen (BVerfGE 60, S. 61). Hinzukommen nach den einschlägigen Geschäftsordnungen z. B. → Fraktionen und Parlamentsausschüsse als „Beteiligte“, nicht dagegen Gruppierungen, die sich im Bundestag nur von Fall zu Fall politisch zusammenfinden (BVerfGE 2, S. 144).

Organtreue bezeichnet die ungeschriebene Verfassungspflicht wechselseitiger Loyalität der Staatsorgane. Um des Wohles des staatlichen Ganzen willen haben sich die einzelnen Organe bei der Ausübung ihrer Kompetenzen so rücksichtsvoll zu verhalten, daß anderen beteiligten Organen die Erfüllung ihrer Aufgaben ungeschmälert möglich ist.

Ost-West-Entspannung

Ost-West-Entspannung → Moskauer Vertrag

Ost-West-Gegensatz → Bundesrepublik Deutschland

P

Pacta sunt servanda (Verträge sind einzuhalten), eine Grundregel auch des → Staatsvertragsrechts, die indessen durch den ungeschriebenen Verfassungssatz der → Clausula rebus sic stantibus eingeschränkt wird (BVerfGE 34, S. 232).

Parlament, das unmittelbar vom Staatsvolk gewählte Verfassungsorgan, dem in der → gewaltenteiligen Demokratie vor allem die → Gesetzgebung und die Kontrolle der Regierung zusteht. Der → Bundestag als Parlament der → Bundesrepublik Deutschland hat vom → Grundgesetz bestimmte Kompetenzen zugewiesen bekommen, so daß von einer Parlamentssouveränität nicht die Rede sein kann. Die zur Mäßigung der Staatsmacht im Interesse der Freiheit des Einzelnen vorgeschriebene Verteilung der Gewichte zwischen den Organen der → Legislative, → Exekutive und → Judikative ist unabdingbar. Keine der drei Gewalten darf ihrer verfassungsmäßigen Zuständigkeiten beraubt werden, keine Gewalt darf ein verfassungswidriges Übergewicht über eine andere Gewalt erhalten (BVerfGE 9, S. 279).

Parlamentarische Anfragen → Interpellation → Opposition

Parlamentarische Demokratie ist – im Unterschied zur parlamentarischen Monarchie und zur Präsidialdemokratie – eine Form repräsentativer Volksherrschaft, gekennzeichnet vor allem durch zwei verfassungsrechtliche Merkmale. Der Regierungschef hängt mitsamt seinem Kabinett vom Vertrauen des Parlamentes ab. Die Ämter des Staatsoberhauptes und des Regierungschefs liegen nicht in derselben Hand. Das → parlamentarische Regierungssystem der

Parlamentarische Kontrollkommission

→ Weimarer Republik wurde vom GG in wesentlichen Punkten umgestaltet.

Parlamentarische Kontrollkommission → Nachrichtendienste

Parlamentarische Staatssekretäre, vom Bundesgesetzgeber nach britischem Vorbild eingeführt, sind zu unterscheiden von den traditionellen Staatssekretären als Spitzenbeamten eines Bundesministeriums. Zum Teil mit dem Titel „Staatsminister" versehen, sollen parlamentarische Staatssekretäre die Kabinettsmitglieder, denen sie zur Unterstützung beigegeben sind, insbesondere gegenüber dem Parlament und seinen Ausschüssen weisungsgebunden vertreten, ferner auch bei Kabinetts-, Bundesrats- und Fraktionssitzungen. Solche Ministergehilfen besonderer Art, deren Amt mit demjenigen ihrer Ressortchefs endet, müssen Parlamentsmitglieder sein. Sie gehören nicht dem Bundeskabinett an, dürfen aber an dessen Sitzungen ohne Stimmrecht teilnehmen.

Parlamentarischer Rat, das Beratungs-, Beschluß- und Verkündungsgremium bei der Schaffung des → Grundgesetzes für die → Bundesrepublik Deutschland. Anstelle einer → verfassunggebenden Versammlung herkömmlicher Art entschieden sich die von den westalliierten Besatzungsmächten autorisierten westdeutschen Ministerpräsidenten in der damaligen Sondersituation für einen „Parlamentarischen Rat". Er bestand aus gewählten Vertretern der Landtage und hatte die Aufgabe, ein zunächst als provisorische Staatsverfassung gedachtes „Grundgesetz" hervorzubringen. Rechtsgrundlage der Tätigkeit des Parlamentarischen Rates waren entsprechende Ländergesetze.

Parlamentarisches Regierungssystem in der vom GG verfaßten Demokratie ist eine Antwort auf einschlägige Schwächen und Widersprüche der → WRV. Kennzeichnend für das neue staatsrechtliche Verhältnis von Parlament und Regierung sind besonders folgende Merkmale: daß der Regierungschef vom Parlament gewählt wird; daß die übrigen Kabinettsmitglieder ohne Parlamentsbeteiligung allein vom Regierungschef bestimmt werden; daß einzelne Minister nicht durch separaten Vertrauensentzug vom Parlament zum Rücktritt gezwungen werden können; daß die Regierung nicht durch bloßes Mißtrauensvotum, sondern nur in konstruktiver Weise durch gleichzeitige Wahl eines neuen Kanzlers gestürzt werden kann. Diese Verfassungskonzeption des → Kanzlersturzes will es ausschließen, daß – entsprechend der als warnendes Beispiel empfundenen Praxis in der → Weimarer Republik – eine Regierung, die das Vertrauen des Parlaments verloren hat, gestürzt wird, wenn nicht das Parlament gleichzeitig die Kraft aufbringt zur Bildung einer anderen Regierung durch Wahl eines neuen Regierungschefs. Seit Bestehen der → Bundesrepublik Deutschland hat der → Bundestag erst zweimal den Versuch unternommen, durch Kanzlersturz (Art. 67 I) einen Regierungswechsel zu bewirken: einmal ohne Erfolg (1972 Barzel vs. Brandt) und einmal mit Erfolg (1982 Kohl vs. Schmidt). Die im Verfassungsprinzip des → konstruktiven Mißtrauensvotums liegende Abschirmung einzelner Kabinettsmitglieder bedeutet freilich nicht, daß diese in einem weiteren Sinne der parlamentarischen Verantwortung entzogen wären. Abgesehen von der Möglichkeit, dem betreffenden Minister seinen Etat in Ausübung des → Budgetrechts zu verweigern, kann eine – verfassungsrechtlich folgenlose – parlamentarische Mißtrauensbekundung erhebliche Rückwirkungen auf die politische Stellung des Betroffenen haben. → Kanzlerwahl durch das Parlament ist ein Novum in der deutschen Verfassungsgeschichte. Die Ausübung dieser staatsrechtlichen Kompetenz hängt entscheidend von politischen Machtkonstellationen ab. Zwar ist der → Bundespräsident rechtlich frei in seinem Wahlvorschlag, doch wird er klugerweise die Aussichten seines Kandidaten sondieren, um einem Mißerfolg vorzubeugen. Nach dem Regierungssystem des GG bedeutet die Parlamentswahl des Regierungschefs zugleich die En bloc-Annahme des vom gewählten Kanzler zu bildenden Kabinetts. Der Abhängigkeit der Minister von der parlamentarischen Vertrauensposition des Kanzlers entspricht es, daß der Bundespräsident bei der Ernennung und Entlassung der Minister (Art. 64 I) kein eigenes Entscheidungsermessen hat. Die zentralen Befugnisse des Bundestages bei der Bildung und Ablösung der → Bundesregierung im Wege der Wahl und Abwahl des Kanzlers (Art. 63 und 67) werden durch weitere wichtige Kompetenzen verstärkt. Mit dem Recht zur → Gesetzgebung besitzt das Parlament maßgeblichen Einfluß auf die gesamte Politik der Regierung nach innen und außen. Kraft des rechtsstaatlichen → Vorranges des Gesetzes ist die Regierung als Spitze der → vollziehenden Gewalt an alle Rechtsnormen gebunden, die das Parlament in verfassungsmäßiger Weise erläßt. Diese Prärogative in Verbindung mit dem Grundsatz des → Vorbehaltes des Gesetzes hat zu einer weitgehenden Parlamentarisierung der Regierungstätigkeit geführt. Indessen wird die gouvernementale Macht des Bundestages erheblich relativiert durch die regelmäßige politische Gleichgerichtetheit stabiler Regierungen und der regierungstragenden Parlamentsmehrheiten. Von nicht unerheblicher Bedeutung für das vom GG verfaßte parlamentarische Regierungssystem sind schließlich auch bestimmte Elektionsrechte, die dem Parlament eine Mitgestaltung des Profils anderer Staatsorgane ermöglichen. In diesen Zusammenhang gehören die Wahlkompetenzen des Bundestages bei der Berufung des → Bundespräsidenten, der → Bundesverfassungsrichter und der → Bundesrichter. Gegenüber den Zuständigkeiten des Gesamtparlaments haben die besonderen Rechte der → Opposition nur ein begrenztes Gewicht.

Parlamentsauflösung → Bundestagsauflösung → Neuwahlen

Parlamentsfraktionen sind parteipolitisch gleichgerichtete, von der → Geschäftsordnung des Parlamentes anerkannte, mit eigenen Rechten ausgestattete ständige Gliederungen des → Bundestages. Als notwendige Einrichtungen des demokratischen Verfassungslebens haben die Fraktionen insbesondere die Aufgabe, den technischen Ablauf der Parlamentsarbeit zu erleichtern und bis zu einem gewissen Grade zu lenken (BVerfGE 20, S. 104). Zur Fraktionsbildung ist nach der GOBT grundsätzlich eine Mindestzahl von fünf von Hundert der Parlamentsmitglieder erforderlich. Dem jeweiligen Stärkeverhältnis der Fraktionen in einer Legislaturperiode entspricht die personelle Zusammensetzung der → Bundestagsausschüsse. Die Fraktionen sind als ständige Gliederungen des Parlamentes rechtlich betrachtet Teile der Staatsorganisation, ausgestattet u. a. auch mit Antragsberechtigung im → Organstreit vor dem → Bundesverfassungsgericht. Indessen ist nicht zu verkennen, daß Fraktionen die Interessen bestimmter → politischer Parteien im Parlament wahrnehmen, weshalb denn auch die Parteien über „ihre“ Parlamentsfraktionen auf die Beschlüsse von Parlament und Regierung sowie auf Entscheidungen bei der Besetzung hoher Staatsämter einzuwirken vermögen. Gleichwohl sind die Fraktionen für die ihnen verbundenen Parteien nicht deren verlängerter Arm im Parlament. Immerhin setzen sich die Fraktionen aus → Bundestagsabgeordneten zusammen, die als Inhaber eines → freien Mandates – unbeschadet einer gewissen Fraktionsdisziplin – verfassungsrechtlich keinem → Fraktionszwang unterliegen.

Parlamentsvorbehalt im Sinne eines Vorranges der gewählten Volksvertretung bei grundlegenden Entscheidungen der Staatspolitik ist dem GG fremd. Der Legislative sind vielmehr, wie jeder anderen Staatsgewalt auch, bestimmte verfassungsrechtliche Grenzen durch die geltende → Gewaltenteilung gesetzt (BVerfGE 49, S. 124 f.).

Parteiausschluß → Freies Mandat

Parteiaustritt → Freies Mandat

Parteien wirken bei der politischen Willensbildung des → Volkes mit (Art. 21 I 1). Diese Mitwirkungsbefugnis, erstmals vom GG im Verfassungstext anerkannt, gilt freilich nur für den vorparlamentarischen Raum. Dagegen wird die parlamentarische Willensbildung der → Bundestagsabgeordneten vom Rechtsprinzip des → freien Mandates beherrscht. Zwischen beiden Verfassungssätzen besteht eine gewisse Spannungslage, aber keine grundsätzliche Unvereinbarkeit. Zwar haben sich die Macht der Parteien und das Eigengewicht des typischen Abgeordneten seit der Zeit des frühen Liberalismus wesentlich gewandelt. Der wachsenden Dominanz der Parteien entspricht die zunehmende Angewiesenheit des Wahlbewerbers auf „seine" Partei, mit der die Wähler ihn auch mehr und mehr identifizieren. Indessen muß das Verfassungsrecht einer vermeintlichen normativen Kraft des Faktischen widerstehen. Zwischen Sein und Sollen besteht eine prinzipielle Spannung nicht nur in diesem Bereich. Gerade unter den freiheitsunfreundlichen Bedingungen der modernen Gruppengesellschaft ist das freie Mandat des Parlamentariers eine unverzichtbare Voraussetzung für den freiheitlichen politischen Prozeß. Die verfassungsgeschützte Unabhängigkeit des Abgeordneten (Art. 38 I 2) ist ein notwendiges Gegengewicht zu der erheblichen faktischen Bindung des Volksvertreters an Partei und → Fraktion. Die vom GG in den Rang verfassungsrechtlicher Institutionen erhobenen, im gesellschaftlich-politischen Raume wurzelnden Parteien wirken zwar in den staatlichen Bereich hinein, zählen jedoch nicht zu den Staatsorganen (BVerfGE 20, S. 101). Die Gründung von Parteien ist frei (→ Parteifreiheit). Zum Parteibegriff gehört der Wille einer politischen Gruppierung, an den Wahlen in Bund oder Ländern teilzunehmen (BVerfGE 24, S. 264). Abweichend von der allgemeinen Vereinsautonomie muß die innere Ordnung der Parteien demokratischen Grundsätzen entsprechen (Art. 21 I 3). Dies bedeutet insbesondere, daß die Willensbildung vom Parteivolk zur Führungsspitze hin zu erfolgen hat und daß die Parteivorstände sich wiederkehrenden Wahlen zu stellen haben. Die → Parteifinanzierung unterliegt bestimmten Schranken. Im Wettbewerb um die Stimmen der Wähler ist den politischen Parteien, die ihre verfassungsrechtliche Position im Wege des → Organstreits einklagen können, → Chancengleichheit gewährleistet.

Parteienstaatliche Demokratie, eine nur mit Vorbehalt zu verwendende Kurzformel für die Rolle der Parteien im Verfassungsstaat des GG. Zwar sind die Parteien heute – im Unterschied zu früheren Epochen, in denen sie bloß als privatrechtliche Vereine galten – von der Verfassung ausdrücklich als Instrumente der politischen Willensbildung des → Volkes anerkannt (Art. 21 I 1). Demgemäß werden sie als Handlungseinheiten beurteilt, deren die → Demokratie bedarf, um die Wähler zu politisch aktionsfähigen Gruppen zu formieren und ihnen dergestalt eine sonst nicht mögliche Einwirkung auf das staatliche Geschehen zu eröffnen (BVerfGE 52, S. 82). Indessen hindert der verfassungskräftige Status der → Bundestagsabgeordneten als Inhaber eines → freien Mandates die völlige Mediatisierung der politischen Willensbildung des Wahlvolks durch die → Parteien. Zwar wirken die Parteien bei der politischen Willensbildung mit (Art. 21 I 1), doch sie haben kein Monopol, diese Willensbildung vorzuformen und zu beeinflussen (BVerfGE 41, S. 416 f.).

Parteifinanzierung, ein Problemfeld demokratischen Verfassungsrechts. Die Parteien müssen über die Herkunft und Verwendung ihrer Mittel sowie über ihr Vermögen öffentlich Rechenschaft geben (Art. 21 I 4). Für Großspenden ist nach dem Parteiengesetz aus Gründen der Transparenz die individuelle Aufführung der Geldgeber vorgesehen. Eine mittelbare staatliche Parteifinanzierung durch Steuerbegünstigung von Spenden erscheint verfassungsrechtlich unbedenklich nur insoweit, als die Rechte der Bürger auf gleiche Teilhabe an der politischen Willensbildung des Volkes, das Recht der Parteien auf → Chancengleichheit und das Prinzip der Staatsfreiheit der Parteien gewahrt bleiben. Dem Verfassungsgebot einer grundsätzlich staatsfreien und offenen Willensbildung vom Volke zu den Staatsorganen hin entspricht es, daß der Staat nicht für die Befriedigung des Finanzbedarfs der Parteien zu sorgen hat. Eine völlige oder auch nur überwiegende Deckung des Geldbedarfs der Parteien aus öffentlichen Mitteln wäre mit dem GG nicht vereinbar (BVerfGE 20, S. 102 f.). Indessen wird, mit Rücksicht auf die besonderen Aufgaben der Parteien bei der Abhaltung von Wahlen, die Erstattung der notwendigen Kosten eines angemessenen Wahlkampfes von der Rechtsprechung für zulässig erachtet (BVerfGE 52, S. 84).

Parteifreiheit bedeutet vor allem, daß die Gründung von Parteien frei ist (Art. 21 I 2). Diese Öffnung zum → Mehrparteiensystem gehört zu den wesentlichen Elementen der → freiheitlichen demokratischen Grundordnung. Die Gewährleistung freier Parteigründung verbietet dem Staat insbesondere eine zahlenmäßige Begrenzung politischer Parteien oder die Einführung von Erlaubnisvorbehalten. Wegen des → Parteienprivilegs ist nicht einmal die Gründung verfassungswidriger Parteien untersagt. Unbeschadet der Freiheit von Parteien auch bei der Wahl ihrer Organisation und politischen Ausrichtung muß ihre innere Ordnung demokratischen Grundsätzen entsprechen (Art. 21 I 3).

Parteipatronage, eine Erscheinungsform verfassungswidriger Ämterpatronage in der → parteienstaatlichen Demokratie. Die Begünstigung von Parteifreunden oder politisch nahestehenden Personen bei der Besetzung → öffentlicher Ämter ist eine ständige Versuchung besonders für Regierungsparteien. Demgegenüber bestimmt das GG: Jeder → Deutsche hat nach seiner Eignung, Befähigung und fachlichen Leistung gleichen Zugang zu jedem öffentlichen Amt (Art. 33 II). Diese Kriterien können allenfalls Einschränkungen erfahren durch das → Sozialstaatsprinzip (Berücksichtigung von Schwerbehinderten), durch das landsmannschaftliche Prinzip bei der personellen Zusammensetzung oberster Bundesbehörden (Art. 36 I) oder durch den Sonderstatus sogenannter → politischer Beamter. Im übrigen untersagt das GG, abgesehen von sonstigen Differenzierungsverboten (Art. 3 III), die Bevorzugung von Amtsbewerbern namentlich aus Gründen der Parteipolitik.

Parteiprivileg, Kurzformel für bestimmte Vergünstigungen, die das GG politischen → Parteien im Unterschied zu sonstigen → Vereinigungen gewährt. Vereinigungen ohne Parteicharakter sind bei Verstoß gegen die Strafgesetze oder die → verfassungsmäßige Ordnung oder den Gedanken der → Völkerverständigung einem Verbot durch die

→ Exekutive ausgesetzt (Art. 9 II). Demgegenüber genießen politische Parteien das doppelte Vorrecht eingeengter Verbotstatbestände und des verfassungsgerichtlichen Vorbehalts: Parteien, die nach ihren Zielen oder nach dem Verhalten ihrer Anhänger darauf ausgehen, die → freiheitliche demokratische Grundordnung zu beeinträchtigen oder zu beseitigen oder den → Bestand der Bundesrepublik Deutschland zu gefährden, sind verfassungswidrig. Über die Frage der Verfassungswidrigkeit entscheidet das → Bundesverfassungsgericht (Art. 21 II). Die verfassungsgerichtliche Entscheidung im Parteiverbotsverfahren setzt einen Antrag voraus, wozu → Bundestag, → Bundesrat und → Bundesregierung berechtigt sind. Ob der Antrag gestellt wird, liegt im politischen Ermessen dieser Verfassungsorgane. Die Entscheidung des BVerfG über die Verfassungswidrigkeit einer Partei wirkt konstitutiv, weshalb zuvor ein administratives Einschreiten gegen die betroffene Partei unzulässig ist (BVerfGE 47, S. 228). Einschlägige Verbotsentscheidungen des BVerfG sind gegen eine rechtsextreme (E 2, S. 1 ff.) und eine linksextreme (E 5, S. 85 ff.) politische Partei ergangen.

Parteispenden → Parteifinanzierung

Parteiverbot → Parteiprivileg → Extremistische Parteien

Parteiwechsel → Freies Mandat

Patentgericht, hervorgegangen aus den ehemaligen Beschwerde- und Nichtigkeitssenaten des Deutschen Patentamts, gegründet auf die Ermächtigung, wonach der Bund für Angelegenheiten des → gewerblichen Rechtsschutzes ein Gericht errichten kann (Art. 96 I). Oberste Instanz für das Bundespatentgericht ist der → Bundesgerichtshof (Art. 96 III).

Patentrecht → Gewerblicher Rechtsschutz

Patientenkartei → Allgemeines Persönlichkeitsrecht

Patronage → Parteipatronage

Paulskirchenverfassung, die von der deutschen Nationalversammlung in der Frankfurter Paulskirche geschaffene Reichsverfassung von 1849. Wenngleich das Verfassungswerk wegen des Scheiterns der nationalen Einheitsbestrebungen kein geltendes Recht wurde, gingen von ihm nachhaltige Impulse auf die Grundrechtsbewegung in Deutschland aus. Die dort formulierte Verbürgung von „Grundrechten des deutschen Volkes", die im Bewußtsein ihrer Verfasser wesentlich auf der Idee unveräußerlicher Menschen- und Urrechte beruhte, hatte als verfassungspolitischen Hauptzweck die Überwindung des absolutistischen Polizeistaates und die Entwicklung eines freiheitlichen → Rechtsstaates. Der Grundrechtskatalog der Paulskirchenverfassung war angereichert durch objektive Gewährleistungen z. B. der Selbstverwaltung der Gemeinden und der Freiheit der Wissenschaft.

Person → Natürliche Personen → Juristische Personen

Persönliche Ehre → Ehre

Persönliche Freiheit → Freiheit der Person → Immunität

Persönlichkeit → Allgemeines Persönlichkeitsrecht → Freie Entfaltung der Persönlichkeit

Petitionsausschuß, ein vom GG vorgeschriebener → Bundestagsausschuß, dem die Behandlung von Bitten und Beschwerden aufgrund des → Petitionsrechts obliegt (Art. 45 c I). Die formelle Entscheidung über Petitionen trifft der → Bundestag als Plenum. Das einschlägige Bundesgesetz (Art. 45 c II) gibt dem Petitionsausschuß zur Überprüfung von Beschwerden insbesondere Rechte auf Auskunft, Aktenvorlage und Zutritt zu den Einrichtungen der Bundesregierung sowie von Verwaltungsträgern des Bundes. Der Ausschuß ist ferner befugt, Zeugen und Sachverständige zu hören.

Petitionsrecht als die Befugnis, Eingaben und Proteste anzubringen, wurzelt in den ständischen Beschwerdemöglichkeiten des Mittelalters, „Gravamina" (Beschwernisse) gegenüber dem Herrscher geltend zu machen. Vom frühen Liberalismus mit Nachdruck gefordert, ist das Petitionsrecht im GG als → Grundrecht verbürgt: Jedermann hat das Recht, sich einzeln oder in Gemeinschaft mit anderen schriftlich mit

Bitten oder Beschwerden an die zuständigen Stellen und an die Volksvertretung zu wenden (Art. 17). Hiernach sind nicht nur → Deutsche berechtigt, ihre Sorgen und Nöte auch außerhalb förmlicher Rechtsbehelfs- und Gerichtsverfahren zur Kenntnis von Behörden und Parlamenten zu bringen. Dabei wird namentlich die Volksvertretung, was die verfassungskräftige Einrichtung des → Petitionsausschusses unterstreicht, zum Garanten individueller Rechte gegenüber der → Exekutive und der → Judikative. Freilich ist das Parlament durch das Verfassungsprinzip der → Gewaltenteilung gehindert, einen direkten Einfluß auf Rechtsprechung und Verwaltungshandeln im Einzelfall auszuüben. Das Petitionsrecht gewährleistet, daß Bitten und Beschwerden zur Kenntnis genommen, geprüft und verbeschieden werden. Der Petent hat einen grundrechtlichen Anspruch darauf, daß die zulässigerweise angegangene Stelle oder Volksvertretung ihm nach sachlicher Prüfung seiner Eingabe zumindest die Art der Erledigung schriftlich mitteilt, wenngleich eine besondere Begründungspflicht nicht besteht; andernfalls hätte das Petitionsrecht keinen praktischen Wert (BVerfGE 2, S. 230). Wenngleich der Verfassungstext (Art. 17) eine Einschränkungsmöglichkeit nicht vorsieht, so unterliegt die Ausübung des Petitionsrechts beim Vollzug von Untersuchungshaft und Strafhaft jedenfalls solchen Beschränkungen, die sich aus dem Haftzweck zwingend ergeben und die den Kerngehalt des Grundrechts unangetastet lassen. Dabei ist vom Gesetzgeber besonders zu beachten, daß der staatliche Eingriff in den grundrechtlich geschützten Bereich des Häftlings dem rechtsstaatlichen → Verhältnismäßigkeitsgrundsatz zu genügen hat (BVerfGE 49, S. 57 f.).

Pflichten → Ehrenämter → Staatsbürgerliche Rechte und Pflichten

Pflichtmitgliedschaft → Zwangsmitgliedschaft

Planung als gedankliche Vorwegnahme zukünftiger Entwicklungen durch systematische Entwürfe von Zielen, Fristen und Realisierungsmitteln ist eine unentbehrliche Form öffentlichen Handelns nicht nur für die → Leistungsverwaltung im → Sozialstaat. Elemente planender Tätigkeit finden sich u. a. auch bei der Bestimmung der → Richtlinien der Politik, bei der Aufstellung des → Haushaltsplanes, der konjunkturgerechten → Haushaltswirtschaft, der mehrjährigen → Finanzplanung, der Erfüllung von → Gemeinschaftsaufgaben, der → Bauleitplanung, der → Raumordnung und der → Neugliederung des Bundesgebiets.

Plebiszitäre Herrschaft → Abstimmungen → Demokratie

Pluralismus im Sinne der prinzipiellen rechtlichen Anerkennung einer in der Gesellschaft vorhandenen Vielzahl unterschiedlicher, z. T. einander widerstreitender → Bekenntnisse, → Weltanschauungen, → Wissenschaften, → Meinungen, → Interessen, → Vereinigungen, → Koalitionen und → Parteien ist ein prägendes Merkmal der vom GG verfaßten freiheitlichen → Demokratie.

„Political question" → „Judicial self-restraint"

Politik → Richtlinien der Politik

Politisch Verfolgte → Asylrecht

Politische Anschauungen gehören zu den Merkmalen, derentwegen niemand benachteiligt oder bevorzugt werden darf (Art. 3 III). Politisch im Sinne dieses → besonderen Gleichheitssatzes sind alle Überzeugungen, die sich auf die Gestaltung von Staat und Gesellschaft beziehen. Jenes Diskriminierungsverbot ist freilich nicht isoliert, sondern im Kontext der verfaßten → streitbaren Demokratie auszulegen: einer entschiedenen Antwort der Väter des GG auf das Schicksal der → Weimarer Republik. Da es nicht angeht, die → freiheitliche demokratische Grundordnung ihren Feinden durch Einräumung von Freiheits- und Gleichheitsgrundrechten auszuliefern, wird z. B. durch das politische Diskriminierungsverbot des Art. 3 Abs. 3 GG die besondere politische Treuepflicht des Beamten gegenüber dem Staat und seiner Verfassung keineswegs relativiert (BVerfGE 39, S. 368 f.).

Politische Beamte sind Berufsbeamte, die sich bei der Ausübung ihres Amtes in fortdauernder Übereinstimmung mit den grundsätzlichen politischen Ansichten und Zielen der Regierung befinden müssen. Bei Wegfall dieser Voraussetzungen können sie jederzeit ohne Begründung in den einstweiligen Ruhestand versetzt werden. Durch Gesetz ist gleichfalls bestimmt, welche Führungskräfte der Beamtenschaft zum Kreis der politischen Beamten gehören; auf Bundesebene sind dies z. B. Staatssekretäre, Ministerialdirektoren und höherrangige Diplomaten.

Politische Beziehungen des Bundes → Politische Verträge

Politische Klausel, die in neueren → Konkordaten vereinbarte Regelung, daß der Heilige Stuhl einen Diözesanbischof nicht ernennt, bevor eine Anfrage bei der beteiligten Staatsregierung ergeben hat, daß diese keine politischen Bedenken gegen den zu Ernennenden hat.

Politische Parteien → Parteien

Politische Treuepflicht → Politische Anschauungen

Politische Verträge sind → völkerrechtliche Verträge, welche die politischen Beziehungen des Bundes regeln; sie bedürfen der Zustimmung oder Mitwirkung der zuständigen → gesetzgebenden Körperschaften in Form eines Bundesgesetzes (Art. 59 II 1). „Politische Beziehungen“ sind solche, die wesentlich und unmittelbar den Bestand des Staates oder dessen Stellung und Gewicht innerhalb der Staatengemeinschaft oder die Ordnung der Staatengemeinschaft betreffen (BVerfGE 1, S. 382). Hierzu zählen insbesondere Friedens-, Freundschafts-, Bündnis-, Nichtangriffs-, Abrüstungs-, Sicherheits- und Gebietsänderungsverträge, dagegen nicht bloße Kultur- und Wirtschaftsabkommen.

Politische Willensbildung → Parteien → Öffentliche Meinung → Meinungsfreiheit

„Politisches Recht“ → „Judicial self-restraint“

Polizei → Öffentliche Sicherheit und Ordnung → Kriminalpolizei

Polizeihilfe → Bundesintervention → Innerer Notstand

Polizeistaat, eine heute meist polemisch gebrauchte Entgegensetzung zum freiheitlichen → Rechtsstaat. Die Überwindung des absolutistischen Polizeistaates war ein Hauptanliegen der Grundrechtsverbürgung in der → Paulskirchenverfassung.

Popularklage, ein außerordentlicher Rechtsbehelf, mit dem jedermann (quivis ex populo) z. B. die Verfassungswidrigkeit von Gesetzen geltend machen kann. Dabei ist es unerheblich, ob der Antragsteller ein besonderes Rechtsschutzinteresse hat, etwa weil er sich in seinen

Grundrechten verletzt glaubt; die angefochtetene Rechtsvorschrift braucht ihn überhaupt nicht zu berühren. Im Einklang mit allgemeinen Verfahrensrechtsgrundsätzen sind Popularklagen zum → Bundesverfassungsgericht nicht vorgesehen; eine Ausnahme von der Regel ist die Popularklage zum Bayerischen Verfassungsgerichtshof.

Positives Recht, die Gesamtheit der vom staatlichen → Gesetzgeber (oder der von ihm ermächtigten Hoheitsträger) erlassenen Rechtsvorschriften im Unterschied zum Gewohnheitsrecht und zum → Naturrecht.

Postgebühren → Gebühren

Postgeheimnis, ein grundrechtlich geschützter Geheimbereich der Person: Das Postgeheimnis ist unverletzlich (Art. 10 I). Während das → Briefgeheimnis nicht nur die der Post übergebenen Briefe umfaßt, erstreckt sich das Postgeheimnis mit seiner besonderen Garantie auf sämtliche der Post zur Beförderung anvertrauten Sendungen. Es gewährleistet den Geheimnisschutz nicht nur gegenüber der Post, sondern auch gegenüber allen anderen staatlichen Gewalten, namentlich gegenüber der postfremden Exekutive. Bezogen auf den konkreten Inhalt der Sendungen schützt das Postgeheimnis insbesondere vor der Offenbarung, wer mit wem durch die Post Briefe und andere Sendungen wechselt; vor der Öffnung verschlossener Sendungen; vor Nachforschungen nach ihrem Inhalt und vor Eingriffen postfremder Stellen (BVerfGE 67, S. 171 f.). Wie das Brief- und → Fernmeldegeheimnis ist das Postgeheimnis im GG nicht vorbehaltlos geschützt. Von Anfang an waren Einschränkungen dieser Grundrechte zum Schutz des → Bestandes des Staates oder zur Abwehr von Gefährdungen der → freiheitlichen demokratischen Grundordnung zulässig. Hier handelte es sich um überragende Rechtsgüter, zu deren wirksamem Schutze jene Grundrechte, soweit unbedingt erforderlich, aufgrund eines Gesetzes beschränkt werden konnten (BVerfGE 30, S. 17 f.). Eine Erweiterung der früheren Einschränkungsmöglichkeiten brachte der neue Art. 10 Abs. 2 GG, der für die vorgenannten Fälle die gesetzliche Anordnung erlaubt, daß die Grundrechtsbeschränkung dem Betroffenen nicht mitgeteilt wird und daß an die Stelle des → Rechtsweges die Nachprüfung durch von der Volksvertretung bestellte Organe und Hilfsorgane tritt. Diese nicht unproblematische Verfassungsnorm (→ Abhörkontrolle) gestattet zu Zwecken des Staats- und Verfassungsschutzes Einschränkungen des Post-, Brief- und Fernmeldegeheimnisses, die dem Betroffenen auch im Nachhinein verborgen bleiben, z. B. in Form des Abhörens und Kontrollierens von Telefongesprächen und Funksprüchen, von Fernschreiben, Telegrammen und Briefen.

Postwesen → Bundespost → Fernmeldewesen

Pouvoir constituant, der französischen Staatslehre entlehnte Bezeichnung für die → verfassungsgebende Gewalt, aus der die anderen Gewalten hervorgehen.

Pouvoir constitué, die verfaßte → Staatsgewalt, im → Rechtsstaat durch → Gewaltenteilung gemäßigt.

Präambel, ein das GG einleitender, durch den → Einigungsvertrag geänderter Vorspruch. Danach hat sich das deutsche Volk – im Bewußtsein seiner Verantwortung vor Gott und den Menschen, von dem Willen beseelt, als gleichberechtigtes Glied in einem → vereinten Europa dem Frieden der Welt zu dienen – kraft seiner → verfassungsgebenden Gewalt dieses → Grundgesetz gegeben. Die Deutschen in den alten und neuen → Bundesländern haben, wie die Präambel fortfährt, in freier Selbstbestimmung die → Einheit und Freiheit Deutschlands vollendet. Damit gilt das GG für das gesamte → deutsche Volk. Demgegenüber hatte sich das GG nach seiner früheren Präambel nur als neue Ordnung des staatlichen Lebens für eine Übergangszeit verstanden und also die Wiedervereinigung als noch zu erfüllende Aufgabe des gesamten deutschen Volkes hervorgehoben. Mag eine Präambel auch nicht zum Verfassungstext im engeren Sinne gehören, so kann sie gleichwohl über ihre programmatische Bedeutung hinaus rechtswirksame Verbindlichkeiten für bestimmte Staatsorgane erzeugen. Auf welchem Wege diese ihren verfassungsrechtlichen Pflichten nachkommen – z. B. dem Wiedervereinigungsgebot der ehemaligen Präambel –, ist freilich eine Sache des politischen Ermessens (BVerfGE 36, S. 17).

Präsidenten → Bundespräsident → Bundestagspräsident → Bundesratspräsident

Präsidentenanklage, eine dem → Bundestag und dem → Bundesrat vom GG verliehene Befugnis, den → Bundespräsidenten wegen vorsätzlicher Verletzung des GG oder eines anderen → Bundesgesetzes vor dem → Bundesverfassungsgericht anzuklagen (Art. 61 I 1). Der Beschluß auf Erhebung der Anklage bedarf in beiden Körperschaften einer Zweidrittelmehrheit (Art. 61 I 3). Das überkommene Institut der Präsidentenanklage, in der → Bundesrepublik bisher nie praktisch geworden, entspricht kaum noch der gegenüber der → WRV stark reduzierten staatsrechtlichen Stellung des Bundespräsidenten.

Präsidialdemokratie, ein von der → parlamentarischen Demokratie des GG prinzipiell verschiedenes Regierungssystem, prototypisch ausgeprägt in der Verfassung der USA. Der vom Volk gewählte Staatspräsident ist zugleich Chef der Regierung, deren Mitglieder ihm und nicht dem Parlament, dem sie nicht angehören dürfen, verantwortlich sind. Andererseits hat die vom Präsidenten geführte Regierung keine → Gesetzesinitiative, allenfalls ein Vetorecht.

Präsidialkabinette → Weimarer Republik

Premierministerprinzip → Kanzlerprinzip

Pressefreiheit steht in engem Zusammenhang mit den Grundrechten der → Meinungsfreiheit, der → Informationsfreiheit und der → Berichterstattungsfreiheit durch Rundfunk und Film. Die Pressefreiheit wird gewährleistet (Art. 5 I 2). Eine → Zensur findet nicht statt (Art. 5 I 3). Im Hinblick auf den Schutzzweck dieses in der liberalen Verfassungsbewegung wurzelnden Freiheitsrechts erfordert der Begriff „Presse" eine weite, nicht an qualitative Bewertungen anknüpfende Definition. Sie erfaßt – ohne Beschränkung auf die Zeitungs- und Zeitschriftenpresse oder gar nur auf die „seriöse" Presse – sämtliche durch Massenvervielfältigung hergestellten und verbreiteten Druckerzeugnisse, die ein Publikum informieren, unterhalten oder in seiner Meinungsbildung beeinflussen wollen. Zu Druckwerken in diesem Sinne gehören außer Schriften und vervielfältigten Mitteilungen von Nachrichtenagenturen oder ähnlichen Unternehmen auch besprochene Tonträger, bildliche Darstellungen mit und ohne Text sowie Musikalien mit Erläuterungen. Unbeschadet der großen Bedeutung des Grundrechts der Pressefreiheit für den freiheitlichen demokratischen Willensbildungsprozeß ist es für den weitgefaßten Pressebegriff unerheblich, insbesondere zwischen politischen und unpolitischen Druckerzeugnissen zu unterscheiden, wie es für die Eingrenzung des Freiheitsraums der Presse im Einzelfall geboten sein kann. Abgelöst von der allgemeinen Meinungsfreiheit hat sich die Pressefreiheit, bedingt durch die technische Eigenart der einschlägigen Medien und ihre besondere Publikumsbezogenheit, zu einem selbständigen Grundrecht entwickelt, dessen Entstehungsgeschichte vom Kampf gegen hoheitliche Zensur in starkem Maße geprägt ist. Im Blick auf die geltende → freiheitliche demokratische Grundordnung erfüllt die freie Presse als Faktor der → öffentlichen Meinung wichtige Daueraufgaben einer umfassenden Sachinformation des Bürgers und einer gemeinwohlbezogenen Kritik der politischen Mächte. Der grundrechtliche Schutz der Presse gegen Einwirkungen der Staatsgewalt umfaßt außer der im Presseerzeugnis sich niederschlagenden publizistischen Tätigkeit auch den Handlungsbereich des Verlegers. Hierzu gehört insbesondere die Freiheit der Gründung von Presseunternehmen und die unternehmerische Freiheit, die Tendenz eines Presseorgans zu bestimmen und zu verwirklichen (BVerfGE 52, S. 296). Hiergegen können angestellte Journalisten, die im übrigen ebenfalls den Schutz der Pressefreiheit genießen, keine eigenen Freiheitsansprüche geltend machen, zumal Grundrechte im Prinzip staatsgerichtete Abwehrrechte sind und keine → Drittwirkung haben. Außer der subjektiven Abschirmung aller im Pressewesen tätigen Personen gegen hoheitliche Einwirkungen nicht zuletzt durch Zensur schützt die Pressefreiheit in ihrer objektiven Bedeutung als Garantie des Instituts „Freie Presse“ (BVerfGE 50, S. 240) die Freiheit der Verbreitung von Nachrichten und Meinungen; hierzu gehört auch der gesamte Bereich publizistischer Vorbereitungstätigkeit, insbesondere die Beschaffung von Informationen. Die Pressefreiheit findet ihre verfassungsrechtlichen Schranken in den Vorschriften der → allgemeinen Gesetze, den gesetzlichen → Jugendschutzbestimmungen und in dem Recht der persönlichen → Ehre (Art. 5 II).

Pressekonzentration im Sinne der zunehmenden Fusion von früher selbständigen Presseorganen birgt eine Gefahr für die der → freiheitlichen Demokratie gemäße öffentliche Meinungsvielfalt. Aus der Garantie der → Pressefreiheit als eines verfassungsrechtlichen Instituts können sich für den Staat – abgesehen von subjektiven grundrechtlichen Ansprüchen einzelner Personen – objektive Pflichten ergeben, in seiner Rechtsordnung den Schutzbedürfnissen einer freien Presse angemessen Rechnung zu tragen. Dazu würde – neben der Gewährleistung freier Gründung von Presseorganen, des freien Zugangs zu Presseberufen und der Auskunftsverpflichtung öffentlicher Stellen – notfalls auch im Wege der Gesetzgebung die Abwehr von Gefahren zählen, die dem freien Pressewesen aus der Bildung von Meinungsmonopolen drohen (BVerfGE 20, S. 175 f.). Außer wettbewerbsrechtlichen Fusionskontrollen sind hierfür nur solche gesetzgeberischen Maßnahmen verfassungsrechtlich geeignet, die sich insbesondere jeder parteipolitischen Intervention in das freie Spiel der Kräfte enthalten.

Presserecht, ein Gebiet, das über die früher vorwiegend polizei- und strafrechtlichen Regelungen hinaus heute den gesamten Sozialbereich „Presse" einschließlich der berechtigten Gegeninteressen Dritter umfaßt. Der → Rahmengesetzgebung des Bundes unterfallen nur die allgemeinen Rechtsverhältnisse der Presse (Art. 75 Nr. 2), während im übrigen die Länder gesetzgebungsbefugt sind.

Pressure Groups → Organisierte Interessen

Preußen, Monarchie mit Vorrangstellung im → Kaiserreich, unter der → WRV ein republikanischer Gliedstaat, ging wie die anderen deutschen Länder im Einheitsstaat des → Dritten Reiches auf. Nach dem Zweiten Weltkrieg wurde es durch Kontrollratsgesetz der Siegermächte für aufgelöst erklärt. Das GG regelt den Vermögensübergang des ehemaligen Landes Preußen nach bestimmten Kriterien auf → Bund und Länder (Art. 135).

Primat des Rechts → Rechtsstaatsprinzip

Privatautonomie, das Selbstbestimmungsrecht der → Personen, nach eigenem Ermessen ihre Verhältnisse im Rahmen der Rechtsordnung zu gestalten. Auf der Ebene des → Privatrechts insbesondere als Vertragsfreiheit, Eigentumsfreiheit und Testierfreiheit ausgeprägt, wird die Privatautonomie namentlich durch die → Grundrechte der → allgemeinen Handlungsfreiheit sowie der → Eigentums- und → Erbrechtsgarantie geschützt.

Privateigentum → Eigentumsgarantie

Privatisierung, die Überführung von öffentlichem Vermögen, insbesondere von Unternehmen und Beteiligungen des Bundes in private Hand, ist vom GG nicht generell verboten. Einer Privatisierung steht namentlich nicht die Verfassungsbestimmung über die → Sozialisierung entgegen. Privatisierungsmaßnahmen sind Sache des politischen Ermessens der zuständigen Staatsorgane, die bei der Durchführung freilich die Grundrechte zu beachten haben. Zwar ist die auf das → Gemeinwohl verpflichtete öffentliche Hand grundsätzlich gehalten, bei der Privatisierung einen angemessenen Preis zu erstreben. Abweichungen vom Marktpreis können aber gerechtfertigt sein, wenn mit der Vermögensveräußerung besondere wirtschafts- und sozialpolitische Ziele verfolgt werden (BVerfGE 12, S. 364).

Privatrecht ist im Unterschied zum → Öffentlichen Recht jener Teil der Gesamtrechtsordnung, dessen Wesensmerkmal die Gleichordnung der Beteiligten ist. Weithin geprägt vom Prinzip der → Privatautonomie, umfaßt das Privatrecht insbesondere die Gebiete des Bürgerlichen Rechts, des Arbeitsrechts, des Handels- und Gesellschaftsrechts.

Privatschulfreiheit → Bekenntnisschulen → Ersatzschulen

Privatsphäre → Allgemeines Persönlichkeitsrecht → Ausschluß der Öffentlichkeit → Briefgeheimnis → Fernmeldegeheimnis → Postgeheimnis → Unverletzlichkeit der Wohnung

Produktionsmittel → Sozialisierung

Professoren → Hochschullehrer

Prognosen des Gesetzgebers unterliegen nur einer begrenzten verfassungsgerichtlichen Nachprüfung. Bei Erlaß einschlägiger Gesetze ist meist nicht hinreichend sicher vorhersehbar, ob die legislativen Maßnahmen im Ergebnis zweckgerecht sind. Durch diese Ungewißheit wird die Befugnis zur Gesetzgebung grundsätzlich ebensowenig berührt wie die richterliche Kontrollkompetenz. Indessen ist dem Gesetzgeber eine Einschätzungsprärogative zuzubilligen, die sich nach verschiedenen Kriterien bemißt. Dazu gehören insbesondere die Eigenart des zu regelnden Sachbereichs, die Bedeutung der auf dem Spiele stehenden Rechtsgüter und die Möglichkeiten, sich ein verläßliches Urteil zu bilden. Demgemäß variiert die richterliche Nachprüfung gesetzgeberischer Prognosen von der Evidenzkontrolle über eine Vertretbarkeitskontrolle bis hin zur eingehenden inhaltlichen Kontrolle (BVerfGE 50, S. 332 f.).

Programmsätze sind (im Unterschied zur → WRV), die → Grundrechte heute nicht mehr. Vielmehr binden sie die → Gesetzgebung, die → vollziehende Gewalt und die → Rechtsprechung als unmittelbar geltendes Recht (Art. 1 III).

Prozeßkostenhilfe → Armenrecht

Prüfungen → Berufsfreiheit

Prüfungsrecht → Normenkontrolle → Richterliches Prüfungsrecht → Bundespräsident

Q

Qualifizierte Gesetzesvorbehalte bei verfassungsrechtlich zugelassenen → Grundrechtsbeschränkungen ermächtigen den Gesetzgeber nicht schlechthin, vielmehr sind die → Gesetzesvorbehalte an besondere Voraussetzungen geknüpft. So darf z. B. die → Freizügigkeit nur für Fälle eingeschränkt werden, in denen eine ausreichende Lebensgrundlage nicht vorhanden ist und der Allgemeinheit daraus besondere Lasten entstehen würden oder in denen es zur Abwehr einer drohenden Gefahr für den → Bestand oder die → freiheitliche demokratische Grundordnung des Bundes oder eines Landes, zur Bekämpfung von Seuchengefahr, Naturkatastrophen oder besonders schweren Unglücksfällen, zum Schutze der Jugend vor Verwahrlosung oder um strafbaren Handlungen vorzubeugen, erforderlich ist (Art. 11 II).

Qualifizierte Mehrheiten sind vom GG für Entscheidungen von besonderer oder gar grundlegender Bedeutung vorgeschrieben. → Verfassungsänderungen z. B. bedürfen einer Zweidrittel-Mehrheit in → Bundestag und → Bundesrat (Art. 79 II). Eine Form qualifizierter Mehrheit ist auch die absolute Mehrheit, die – wie z. B. bei der → Kanzlerwahl (Art. 63 II) – für eine positive Entscheidung mehr als die Hälfte der Stimmen des zuständigen Gremiums verlangt. Von den qualifizierten → Mehrheiten sind die regelmäßig geltenden einfachen Mehrheiten zu unterscheiden. Hier kommt eine → Beschlußfassung bereits zustande, wenn mehr als die Hälfte der anwesenden Stimmberechtigten mit „Ja“ votieren. Eine Unterfall der einfachen Mehrheit ist die relative Mehrheit: Es genügt für eine positive Entscheidung, daß ein Wahlvorschlag die relativ meisten Stimmen auf sich vereinigt, auch wenn es weniger als die Hälfte der abgegebenen Stimmen ist. Dieser Wahlmodus gilt z. B. für die Kanzlerwahl im dritten Wahlgang (Art. 63 IV).

R

Radikalismus → Weimarer Republik

Rahmengesetzgebung ist eine Form der → Gesetzgebungskompetenz, bei welcher der Bund im Interesse einer gewissen Rechtseinheit unter den Voraussetzungen der → konkurrierenden Gesetzgebung (Art. 72 II) Rechtsvorschriften erlassen darf, die noch Raum lassen für nähere Ausfüllung durch die Landesgesetzgeber. Zu dieser Rahmenkompetenz, die der Bund großenteils schon in Anspruch genommen hat, gehören so gewichtige Materien wie die allgemeinen Grundsätze des Hochschulwesens, das öffentliche Dienstrecht in Ländern und Gemeinden, das allgemeine Presserecht, der Naturschutz, die → Raumordnung und der Wasserhaushalt (Art. 75).

Rahmenplanung im Zusammenwirken von → Bund und Ländern ist nach näherer gesetzlicher Bestimmung vorgesehen für die → Gemeinschaftsaufgaben (Art. 91 a III).

Rangordnung der Rechtsnormen → Vorrang der Verfassung → Stufenbau der Rechtsordnung → Rechtsstaat

Rasse ist eines der Merkmale, derentwegen niemand benachteiligt oder bevorzugt werden darf (Art. 3 III). Dieser → besondere Gleichheitssatz steht vor dem Hintergrund unmenschlicher Diskriminierungen aus rassischen Gründen während der NS-Diktatur im → Dritten Reich.

Rassisch Verfolgte → Wiedereinbürgerung

Rätedemokratie, eine politische Herrschaftsform im Gegensatz zu der vom GG verfaßten → Demokratie. Kennzeichnend für das Rätesystem ist insbesondere die Einrichtung des → imperativen Mandates. Es macht die Räte zu weisungsgebundenen Beauftragten des Volkes; eine ähnliche Abhängigkeit besteht zwischen den Räten der verschiedenen Organisationsstufen. Beauftragte, die sich den imperativen Weisungen widersetzen, sind jederzeitiger Abberufung unterworfen.

Rathausparteien und andere nur auf Gemeindeebene tätige Wählervereinigungen sind keine → Parteien im Sinne des GG, da sie nicht an Bundestags- oder Landtagswahlen teilnehmen wollen.

Ratifikation eines → völkerrechtlichen Vertrages ist die förmliche Mitteilung an den Vertragspartner, daß der Vertrag innerstaatlich in Kraft gesetzt ist.

Ratifikationsgesetz, im politischen Sprachgebrauch ein Synonym für das verfassungsrechtlich erforderliche „Zustimmungsgesetz" zu bestimmten Arten von → völkerrechtlichen Verträgen (Art. 59 II).

Raumordnung, für die der Bund das Recht der → Rahmengesetzgebung hat (Art. 75 Nr. 4), betrifft im Unterschied zur städtebaulichen Planung die überörtliche Planung und Ordnung eines Gebietes, die vielfältige Fachplanungen zusammenfaßt und koordiniert (BVerfGE 3, S. 425).

Realsteuern, auch Sach- oder Objektsteuern genannt, berücksichtigen nicht – im Unterschied zu den Personen- oder Subjektsteuern (Beispiel: → Einkommensteuer) – die persönlichen Verhältnisse des Steuerschuldners. Das Aufkommen der Realsteuern steht den → Gemeinden zu (Art. 106 VI 1). Den Gemeinden ist das Recht einzuräumen, die Hebesätze der Realsteuern im Rahmen der Gesetze festzulegen (Art. 106 VI 2). Realsteuern im Sinne des GG sind nur die → Gewerbesteuer und die → Grundsteuer (BVerfGE 3, S. 438).

Rechnungshof → Bundesrechnungshof

Rechnungslegung gegenüber → Bundestag und → Bundesrat zum Zwecke der Entlastung der → Bundesregierung ist eine besondere verfassungsrechtliche Verpflichtung des → Bundesfinanzministers (Art. 114 I). Die Kontrolle soll vor allem sicherstellen, daß die Regierung bei ihrer Ausgabenwirtschaft die Ermächtigungen des → Haushaltsgesetzes nicht überschreitet.

Rechnungsprüfung, die dem → Bundesrechnungshof obliegt, ist von der parlamentarischen Rechnungskontrolle (Art. 114 I) zu unterscheiden.

Recht → Verfassungsrecht → Grundrechte → Gesetz und Recht → Rechtsstaat → Positives Recht → Naturrecht → Stufenbau der Rechtsordnung

Recht am eigenen Bild, ein Schutzgut des → allgemeinen Persönlichkeitsrechtes. Es sichert dem einzelnen einen autonomen Bezirk, in dem er für sich sein, sich selber gehören kann. In diesem geschützten Bereich ist jeder berechtigt, das Eindringen oder den Einblick anderer auszuschließen. Dazu gehört insbesondere auch das Recht am eigenen Bild einschließlich der Verfügungsbefugnis über Darstellungen der eigenen Person z. B. in Form eines Fernseh-Dokumentarspiels. Jedermann darf grundsätzlich allein bestimmen, ob und inwieweit sein Lebensbild ganz oder teilweise öffentlich dargestellt wird. Dieses Grundrecht kann im Einzelfall mit anderen Grundrechten, z. B. der → Rundfunkfreiheit in Konflikt geraten. Da keiner der widerstreitenden Verfassungswerte einen prinzipiellen Vorrang hat, ist in jedem Konfliktfall eine Güterabwägung vorzunehmen zwischen der grundsätzlichen Schutzwürdigkeit des Persönlichkeitsbereichs und dem berechtigten Informationsinteresse der Öffentlichkeit. Selbst bei der aktuellen Berichterstattung über schwere Straftaten, wo der Persönlichkeitsschutz des Straftäters unter Umständen zurückzutreten hat, kann die stets erforderliche Beachtung des → Verhältnismäßigkeitsgrundsatzes dazu führen, daß die Abbildung, Namensnennung oder sonstige Identifikation des Täters unzulässig ist. Mag auch die Veröffentlichung von Bildern verdächtiger Personen im Interesse der Strafverfolgung oder zum Schutze der Allgemeinheit nach gehöriger Güterabwägung im Einzelfall legitim sein, so rechtfertigen doch jene öffentlichen Interessen nicht von vornherein den staatlichen Zugriff auf den der individuellen Selbstbestimmung grundsätzlich vorbehaltenen Persönlichkeitsbereich (BVerfGE 35, S. 220 ff.).

Recht am gesprochenen Wort, eine besondere Ausprägung des → allgemeinen Persönlichkeitsrechts. Zu den für die freie Entfaltung des einzelnen notwendigen Schutzbereichen gehört – ebenso wie das → Recht am eigenen Bild – in bestimmten Grenzen auch das Recht am gesprochenen Wort. Demgemäß hat jedermann grundsätzlich allein darüber zu bestimmen, wer sein Wort aufnehmen soll und ferner auch darüber, ob und vor wem seine auf Tonträger gespeicherte Stimme wieder abgespielt werden darf. Die Unantastbarkeit der Persönlichkeit würde wesentlich beeinträchtigt, wenn es anderen gestattet wäre, ohne oder gar gegen den Willen des Betroffenen über sein nicht öffentlich gesprochenes Wort nach Belieben zu verfügen. Indessen ist zu unterscheiden zwischen heimlichen Tonbandaufnahmen, die den schlechthin unantastbaren intimen Lebensbereich berühren und anderen, die den unter qualifizierten Voraussetzungen für bestimmte staatliche Eingriffe offenen Schutzbezirk betreffen. Bei der letztgenannten Alternative kann es Fälle geben, wo überwiegende Interessen der Allgemeinheit es z. B. im Strafverfahren zwingend gebieten, daß ein sonst schutzwürdiges persönliches Interesse an der Nichtverwertung heimlicher Tonbandaufnahmen zurücktreten muß (BVerfGE 34, S. 246 ff.).

Recht auf Gehör → Rechtliches Gehör

Recht auf körperliche Unversehrtheit (Art. 2 II 1) schützt den einzelnen in doppelter Hinsicht. Das Grundrecht gewährt ein subjektives Abwehrrecht gegen staatliche Eingriffe und begründet überdies objektiv-rechtlich die Verpflichtung der staatlichen Organe, sich schützend und fördernd vor das Schutzgut zu stellen und es vor rechtswidrigen Beeinträchtigungen seitens anderer zu bewahren. Daraus ergeben sich z. B. besondere Pflichten des Gesetzgebers auf dem Gebiet des Umweltschutzes und der Gefahrenabwehr bei der friedlichen Nutzung der → Kernenergie. Eine noch ungeklärte Frage ist es, ob und inwieweit der Rechtsbegriff der körperlichen Unversehrtheit außer dem biologisch-physiologischen auch den geistig-seelischen Bereich mitsamt dem psychischen Wohlbefinden umfaßt. Wäre körperliche Unversehrtheit gleichzusetzen mit Gesundheit in dem weiten Sinne, wie sie von der Weltgesundheitsorganisation definiert wird, dann müßte z. B. Fluglärm nicht nur bei schädlichen körperlichen Einwirkungen von den Staatsorganen bekämpft werden, sondern bereits bei erheblicher Beeinträchtigung des psychischen oder sozialen Wohlbefindens. Eine nicht zu enge Auslegung des Grundrechts auf körperliche Unversehrtheit, zumindest in seiner Eigenschaft als Abwehrrecht gegen die öffentliche Gewalt – etwa gegen Eingriffe durch psychische Folterungen, seelische Quälereien und ähnliche Verhörmethoden –, dürfte seinem besonderen Schutzzweck entsprechen (BVerfGE 56, S. 73 ff.).

Recht auf Leben (Art. 2 II 1) steht als neue grundrechtliche Verbürgung, ebenso wie das → Recht auf körperliche Unversehrtheit, vor dem historischen Hintergrund einer die → Menschenwürde mißachtenden Staatsgewalt im → Dritten Reich. Die damals planmäßig vorgenommene Vernichtung „lebensunwerten“ oder „rassisch wertlosen“ Lebens wird vom GG entschieden abgelehnt. Für die Verfassung der → Bundesrepublik Deutschland ist das menschliche Leben vielmehr ein Höchstwert, dem eine umfassende Schutzpflicht des Staates entspricht. Sie gebietet allen Organen der öffentlichen Gewalt, sich schützend und fördernd vor das einzelne Leben zu stellen. Dazu gehört vor allem auch, das Leben vor rechtswidrigen Eingriffen anderer, z. B. vor terroristischen Erpressern, zu bewahren. Wie in solchen Fällen die Schutzpflicht des Staates zu erfüllen ist, entscheiden die zuständigen Organe grundsätzlich in eigener Verantwortung je nach der konkreten Situation. Eine verfassungsrechtliche Festlegung auf bestimmte Mittel und Wege wäre verfehlt, weil dann die Reaktion des Staates für die Terroristen kalkulierbar und somit ein effektiver Lebensschutz der bedrohten Bürger unmöglich würde (BVerfGE 46, S. 164 f.). Das Grundrecht auf Leben ist jeder → natürlichen Person garantiert, auch dem noch ungeborenen Kinde, weshalb der Gesetzgeber verpflichtet ist, → Abtreibungen wirksam entgegenzutreten. Wie das Recht auf körperliche Unversehrtheit steht auch das Recht auf Leben unter einem Gesetzesvorbehalt (Art. 2 II 2). Aber selbst dort, wo das Gesetz zu Eingriffen ermächtigt, ist stets der im → Rechtsstaat geltende → Verhältnismäßigkeitsgrundsatz zu beachten. Unter dieser Voraussetzung kann z. B. in Fällen der Notwehr oder der Nothilfe für andere die Tötung des Angreifers durch polizeilichen Schußwaffengebrauch rechtmäßig sein.

Recht der persönlichen Ehre → Ehre

Recht der Wirtschaft → Konjunkturzuschläge

Rechte anderer als Schranken der → freien Entfaltung der Persönlichkeit (Art. 2 I) sind nicht nur die Grundrechte anderer Personen, sondern auch deren subjektive Rechte unter verfassungsrechtlicher Art.

Rechtliches Gehör vor → Gericht kann jedermann beanspruchen (Art. 103 I). Dieses → justizielle Grundrecht ist eine Ausprägung des → Rechtsstaatsprinzips im Bereich gerichtlicher Verfahren. Der Ausdruck „Gehör" darf nicht auf den Wortsinn verengt werden; im schriftlichen Verfahren genügt die Einräumung der Möglichkeit zu schriftlichen Äußerungen dem grundrechtlichen Anspruch. Das Grundrecht auf Gehör bindet insbesondere den → Gesetzgeber und die → rechtsprechende Gewalt (Art. 1 III). Es gewährleistet den Beteiligten eines Gerichtsverfahrens den Anspruch, sich vor Erlaß einer gerichtlichen Entscheidung zu dem entscheidungserheblichen Sachverhalt äußern zu können. Diesem Anspruch entspricht die Pflicht des Gerichtes, die Darlegungen und Anträge der Prozeßbeteiligten zur Kenntnis zu nehmen und in Erwägung zu ziehen. Da die nähere Ausgestaltung des Rechts auf Gehör den einschlägigen Verfahrensgesetzen überlassen ist, schützt das Grundrecht aus Art. 103 Abs. 1 GG nicht dagegen, daß ein Gericht das Vorbringen im Einzelfall aus Gründen des formellen oder materiellen Rechts ganz oder teilweise unberücksichtigt läßt (BVerfGE 60, S. 5). Der Anspruch auf rechtliches Gehör soll die Gleichheit vor dem Richter und damit eine sachgerechte Entscheidung sichern. „Audiatur et altera pars" (Auch die andere Partei muß gehört werden) – dieser bis auf den athenischen Richtereid zurückgehende Prozeßgrundsatz ist ein Kernstück des Anspruchs auf rechtliches Gehör. Deshalb muß z. B. ein Gericht, wenn es nicht eine Frist zur Gegenerklärung setzt, vor der Entscheidung eine angemessene Zeit warten, um dem anderen Teil Gelegenheit zur Äußerung zu geben (BVerfGE 60, S. 317). Zu den Tatsachen und Beweisergebnissen, die erst nach Anhörung der Beteiligten verwertet werden dürfen, gehören u. a. auch Beweismittel aus beigezogenen Verwaltungsakten oder Akten eines Zivilprozesses, ferner eingeholte dienstliche Stellungnahmen, polizeiliche Vernehmungsprotokolle und das Ergebnis einer Augenscheinseinnahme. Das Grundrecht auf rechtliches Gehör, das zugleich ein unabdingbares objektivrechtliches Verfahrensprinzip ist, soll verhindern, daß mit einer Person „kurzer Prozeß" gemacht wird (BVerfGE 55, S. 6). Die Verfassungsnorm schützt jedermann, gleichgültig ob er eine → natürliche oder → juristische Person, ein Inländer oder Ausländer ist.

Rechtsanwälte, berufene Berater und Vertreter in Rechtsangelegenheiten, sind zugleich unabhängige Organe der Rechtspflege. Die anwaltliche Berufsausübung wird seit über einem Jahrhundert geprägt durch den Grundsatz der freien Advokatur, der einer staatlichen Kontrolle und Bevormundung prinzipiell entgegensteht (BVerfGE 50, S. 29). Wurzelnd im → Rechtsstaatsprinzip und im Grundrecht der → Berufsfreiheit, dient die freie Advokatur außer dem Schutz der Rechtsuchenden auch der Wirksamkeit der → Rechtsprechung. Speziell im Strafprozeß hat der Rechtsanwalt als Verteidiger die Aufgabe, schon um der Chancengleichheit willen die Rechte des Angeklagten wahrzunehmen. Die Rechtsanwaltschaft, eine Materie der → konkurrierenden Gesetzgebung (Art. 74 Nr. 1), ist in der Bundesrechtsanwaltsordnung gesetzlich geregelt, u. a. mit Bestimmungen über Rechte und Pflichten des Anwalts, Zulassung zur Advokatur, Einrichtung von Rechtsanwaltskammern und einer anwaltlichen → Ehrengerichtsbarkeit.

Rechtseinheit → Einheitlichkeit der Rechtsprechung → Einheitlichkeit der Lebensverhältnisse

Rechtsetzung → Gesetzgebung → Rechtsverordnungen → Satzungsrecht

Rechtsfortbildung im Rahmen der richterlichen Bindung an → Gesetz und Recht (Art. 20 III) ist eine besondere, mit Behutsamkeit zu erfüllende Aufgabe der → obersten Gerichtshöfe des Bundes. Zwar schützt das → Rechtsstaatsprinzip gegen rückwirkend belastende Gesetze, grundsätzlich aber nicht gegen Änderung einer bestimmten höchstrichterlichen Rechtsprechung.

Rechtsfrieden nach innen und Sicherheit nach außen zu garantieren: dies waren die wesentlichen Staatsziele nach der frühliberalen Theorie. Infolge grundlegender gesellschaftlicher Strukturwandlungen seit jener Epoche haben sich neue Staatsaufgaben unabweisbar geltend gemacht. Einen besonderen verfassungsrechtlichen Niederschlag fanden sie im → Sozialstaatsprinzip des GG.

Rechtsgleichheit → Gleichheit → Gleichheitsgrundrechte → Allgemeiner Gleichheitssatz → Besondere Gleichheitssätze → Gleichberechtigung

Rechtshilfe und Amtshilfe haben sich alle Behörden des Bundes und der Länder gegenseitig zu leisten (Art. 35 I). Während → Amtshilfe die wechselseitige Unterstützung von Verwaltungsbehörden zum Gegenstand hat, betrifft die Rechtshilfe den Beistand, der den Gerichten bei der Ausübung ihrer Rechtsprechungsfunktion von anderen Gerichten oder von Verwaltungsbehörden zu gewähren ist. Art und Umfang dieser verfassungsrechtlichen Verpflichtung sind in den einschlägigen Verfahrensgesetzen näher geregelt.

Rechtskraft bedeutet im Unterschied zur → Gesetzeskraft (→ Inkrafttreten von Bundesrecht) die Unanfechtbarkeit einer gerichtlichen Entscheidung in dem Sinne, daß sie mit ordentlichen Rechtsbehelfen nicht mehr angegriffen werden kann. Aus dieser formellen Rechtskraft folgt die materielle Rechtskraft als inhaltliche Maßgeblichkeit des Richterspruchs für die Beteiligten, so daß in einem späteren Prozeß über dieselbe Sache grundsätzlich nicht anders entschieden werden darf. So dient das Institut der Rechtskraft zugleich einer rationalen → Rechtsprechung, der → Rechtssicherheit und dem Frieden zwischen den Rechtsgenossen.

Rechtsordnung → Stufenbau der Rechtsordnung → Recht

Rechtspositivismus → Gesetz und Recht → Naturrecht

Rechtsprechende Gewalt, im Rahmen der → Gewaltenteilung neben → gesetzgebender und → vollziehender Gewalt die Dritte Gewalt. Sie hat durch den grundgesetzlichen Ausbau des → Rechtsstaats eine früher unbekannte Fülle von Kompetenzen erhalten, so daß Kritiker schon bald von einer Hypertrophie des Rechtsstaates zum „Richterstaat" und „Rechtswegestaat" sprachen, ja von einer „Entfesselung der Dritten Gewalt". Nach dem GG ist die rechtsprechende Gewalt ausschließlich den → Richtern anvertraut; sie wird durch das → Bundesverfassungsgericht, durch die im GG vorgesehenen → Bundesgerichte und durch die Gerichte der Länder ausgeübt (Art. 92). Organisatorisch ist die Dritte Gewalt doppelt gegliedert: Föderal durch Teilung in Bundes- und

Landesgerichtsbarkeit, fachlich durch Aufteilung in → Verfassungsgerichtsbarkeit, → ordentliche Gerichtsbarkeit, → Verwaltungsgerichtsbarkeit, → Finanzgerichtsbarkeit, → Arbeitsgerichtsbarkeit und → Sozialgerichtsbarkeit. An ihrer Spitze stehen im Gesamtstaat das → Bundesverfassungsgericht und die → obersten Gerichtshöfe des Bundes. Die den Richtern anvertraute rechtsprechende Gewalt deckt sich nach ihrem wesentlichen materiellen Gehalt mit dem sonst vom GG gebrauchten Begriff der → Rechtsprechung, die insbesondere an die → Grundrechte (Art. 1 III), im übrigen an → Gesetz und Recht gebunden ist (Art. 20 III).

Rechtsprechung, eine der drei Grundfunktionen der → Staatsgewalt, ist vom GG nur den → Richtern anvertraut (Art. 92). Wesentlich für den Verfassungsbegriff der Rechtsprechung im Unterschied zu → Gesetzgebung und → Verwaltung ist die autoritative, ausschließlich an den Maßstäben von → Gesetz und Recht orientierte Entscheidung konkreter Fälle ohne Rücksicht auf Zweckmäßigkeit und Politik. Desgleichen ist der angerufene Richter nicht befugt, die ihm aufgegebene objektive Anwendung von Gesetz und Recht durch Rückgriff auf → Naturrecht zu subjektivieren. Das → richterliche Prüfungsrecht beschränkt sich auf die Erkenntnis der Verfassungswidrigkeit eines Gesetzes, was im Falle → nachkonstitutionellen Rechtes zum Verfahren der → konkreten Normenkontrolle führt. Der Verfassungsbegriff „Rechtsprechung“ umfaßt, über den im GG ausdrücklich genannten Aufgabenkreis hinaus, noch weitere Sachgebiete. Trotz mancher Zweifelsfragen der Grenzziehung im einzelnen ist anerkannt, daß hierzu jedenfalls die traditionellen Kernbereiche des Richtens zählen wie z. B. die Strafgerichtsbarkeit und die bürgerliche Rechtspflege (BVerfGE 22, S. 77 f.). Zur Aufgabe höherer und höchster → Gerichte gehört es, daß sie bei der Entscheidung der ihnen unterbreiteten Einzelfälle das Prinzipielle hervorheben und die Erkenntnis allgemeiner Rechtsgrundsätze anstreben, an die sich die nachgeordneten Gerichte und die Verwaltungsbehörden bei der Behandlung gleichliegender Sachverhalte künftig halten können. Auf diese Weise dienen sie der → Rechtseinheit und der → Rechtssicherheit; ohne hiermit Gesetzgebung auszuüben, erfüllen sie eine legitime richterliche Funktion (BVerfGE 18, S. 237 f.). Auch die Aufgabe „schöpferischer Rechtsfindung“ ist – besonders wenn der Gesetzgeber hinter der sozialen Entwicklung zurückbleibt wie z. B. im → Arbeitsrecht – dem → Rechtsstaat des → Grundgesetzes gemäß (BVerfGE 34, S. 288 f.).

Rechtsschutz → Richterlicher Rechtsschutz → Gewerblicher Rechtsschutz

Rechtssicherheit ist ein wesentliches Element des → Rechtsstaatsprinzips. Sie erfordert z. B. im Prozeßrecht nicht nur einen geregelten Ablauf des Rechtsfindungsverfahrens, sondern auch einen Abschluß, der für die Zukunft Bestand hat (→ Rechtskraft). Rechtssicherheit und damit Rechtsfrieden sind so grundlegende rechtsstaatliche Gebote, daß um ihretwillen die → Einzelfallgerechtigkeit – vorbehaltlich hergebrachter Wiederaufnahmegründe des Verfahrensrechts – vom Gesetzgeber hintangestellt werden kann (BVerfGE 2, S. 403). Überhaupt geraten im Bereich der → Gesetzgebung die Forderungen nach Rechtssicherheit und materialer → Gerechtigkeit nicht selten in Konflikt. Dann ist es Sache des → Gesetzgebers, den Widerstreit – bald nach der einen, bald nach der anderen Seite hin – in willkürfreier Weise zu entscheiden (BVerfGE 3, S. 237). Da Rechtssicherheit im übrigen für den Bürger in erster Linie → Vertrauensschutz bedeutet, sind der rückwirkenden gesetzlichen Verschlechterung seiner Rechtsposition von Verfassungs wegen Grenzen gesetzt. Wenn ein Gesetz, was grundsätzlich zulässig ist, die Tatbestände nicht selbst normiert, sondern hierzu auf andere Rechtsnormen verweist, dann muß aus Gründen der Rechtssicherheit die Verweisung hinreichend bestimmt sein, d. h. sie muß den Bürger klar erkennen lassen, welche Vorschriften im einzelnen maßgebend sind. Das Bestimmtheitsgebot gilt insbesondere auch für gesetzliche Ermächtigungen der → Exekutive zur Vornahme belastender Verwaltungsakte, damit die Eingriffe für den Betroffenen voraussehbar und berechenbar werden. Indessen ist es dem Gesetzgeber nicht verwehrt, bis zu einem gewissen Grade sich unbestimmter Rechtsbegriffe und Generalklauseln zu bedienen (BVerfGE 8, S. 326).

Rechtsstaatsprinzip, ein Fundament der vom → Grundgesetz verfaßten Staatlichkeit. Danach ist → Deutschland als → Republik, → Demokratie, → Sozialstaat und → Bundesstaat, insbesondere aber auch als Rechtsstaat konstituiert (Art. 20 I–III, 28 I GG). Diese unverbrüchlichen Grundentscheidungen sind, gesichert durch die sogenannte → Ewigkeitsklausel (Art. 79 III), jeder → Verfassungsänderung entzogen. „Demokratie ist gewiß ein preisenswertes Gut, Rechtsstaat aber ist wie das tägliche Brot, wie Wasser zum Trinken und wie Luft zum Atmen“ (Gustav Radbruch). Die Bedeutung des geltenden Rechtsstaatsprinzips läßt sich erst voll ermessen angesichts totalitärer Herrschaftssysteme der Gegenwart und vor dem Hintergrund absolutistischer Staatsstrukturen der Vergangenheit. Als Anwälte der Freiheit des Individuums gegen die Omnipotenz des Monarchen haben vor allem John Locke, Montesquieu und Kant den modernen Rechtsstaat ideengeschichtlich fundiert. Jene staatsphilosophischen Lehren wirkten fort in der Verfassungsbewegung des 19. Jahrhunderts als Forderung persönlicher Freiheit durch Begrenzung der fürstlichen Gewalt. Rechtsstaatliche Verfassung wurde zu einem politischen Kampfbegriff gegen ein Verständnis der Staatsräson als Ermächtigung des Souveräns zu schrankenlosem Regiment. Nach dem Vorgang der → Paulskirchenverfassung erlangten klassische Kriterien der Rechtsstaatlichkeit erstmals positive Geltung in der → Weimarer Reichsverfassung, die sich nach dem Zusammenbruch der Monarchie gegen das Modell einer → Rätedemokratie für die → parlamentarische Demokratie entschieden hatte. Gegenüber dieser verfassungsgeschichtlichen Tradition hat das im Grundgesetz normierte Rechtsstaatsprinzip einen Gipfelpunkt erreicht. Die formellen rechtsstaatlichen Verfassungsprinzipien sind durch Gebote einer substantiellen Rechtsstaatlichkeit untermauert. Kennzeichnend für das förmliche Gefüge des grundgesetzlichen Rechtsstaats sind vor allem der umfassende Primat des Rechts, die → Gewaltenteilung, die → Gesetzmäßigkeit der Exekutive, der gerichtliche → Rechtsschutz gegen die → öffentliche Gewalt und die → richterliche Unabhängigkeit. Diese formellen Verfassungsprinzipien stehen im Dienste einer substantiellen Rechtsstaatlichkeit, wie sie vor allem in der → Menschenwürde, → Freiheit und → Gleichheit zum Ausdruck kommt. Das Rechtsstaatsprinzip als staatsgestaltende Grundentscheidung ist im Verfassungstext nur unvollkommen ausgeformt. Zu den einschlägigen Grundgesetznormen gehören immerhin, außer den bereits erwähnten ausdrücklichen Prinzipien, noch folgende Vorschriften: Die Freiheits- und Gleichheitsbestimmungen der → Grundrechte, das Verbot von → Ausnahmegerichten (Art. 101 I 1), das Recht auf den → gesetzlichen Richter (Art. 101 I 2), der Anspruch auf → rechtliches Gehör (Art. 103 I), das strafrechtliche → Rückwirkungsverbot (Art. 103 II), die Unzulässigkeit der → Doppelbestrafung (Art. 103 III), die → Habeas-Corpus-Garantien (Art. 104) und das Erfordernis hinreichend bestimmter gesetzlicher Ermächtigung zum Erlaß von → Rechtsverordnungen (Art. 80 I). Neben diesen ausdrücklichen Verfassungsbestimmungen enthält das Rechtsstaatsprinzip eine Reihe ungeschriebener Gebote, deren Konkretisierung eine der vornehmsten Aufgaben von → Legislative, → Exekutive und → Judikative ist. Aus der umfangreichen Rechtsprechung seien hier folgende Entscheidungen beispielhaft erwähnt: Gesetze müssen klar und widerspruchsfrei sein. Bei gravierenden Verstößen gegen dieses rechtsstaatliche Gebot – bloße Zweifelhaftigkeit und Auslegungsbedürftigkeit des Norminhalts reicht dazu nicht aus – ist das Gesetz nichtig (BVerfGE 1, S. 16). – Der rechtsstaatliche Grundsatz der → Rechtssicherheit gebietet insbesondere die Verläßlichkeit rechtskräftiger Entscheidungen und sonstiger in Bestandskraft erwachsener Akte der öffentlichen Gewalt. Kollidiert dieses Prinzip mit dem – ebenfalls rechtsstaatlichen – Grundsatz der → Gerechtigkeit im Einzelfall, so ist es Sache des Gesetzgebers, das konkrete Gewicht der widerstreitenden Prinzipien abzuwägen und zu entscheiden, welchem von beiden der Vorzug gebührt (BVerfGE 15, S. 319). – Sowohl der Grundsatz der Rechtssicherheit als auch das Prinzip der Gerechtigkeit im Einzelfall haben Verfassungsrang. Wenn der Gesetzgeber der Rechtssicherheit den Vorrang gibt und die → Rechtskraft gerichtlicher Entscheidungen nicht antastet, handelt er willkürfrei und also verfassungskonform (BVerfGE 19, S. 166). – Aus dem Rechtsstaatsprinzip folgen als Leitregeln allen staatlichen Handelns namentlich auch die Grundsätze der → Verhältnismäßigkeit und des → Übermaßverbots (BVerfGE 23, S. 133). – Rechtssicherheit bedeutet für den Bürger in erster Linie → Vertrauensschutz (BVerfGE 13, S. 271). In diesem Vertrauen wird er verletzt, wenn der Gesetzgeber an abgeschlossene Tatbestände rückwirkend ungünstigere Folgen anknüpft als diejenigen, von denen der Betroffene bei seinen Dispositionen ausgehen durfte. – Die Grundsätze über die rechtsstaatlichen Schranken rückwirkender Änderung von Gesetzen gelten nicht ohne weiteres auch für vergleichbare Wirkungen einer Rechtsprechungsänderung oberster Gerichte. Diese sind nicht schlechthin an ihre ständige Rechtsprechung gebunden, wenn diese sich im Lichte neuer Erkenntnisse oder gewandelter Verhältnisse als nicht mehr haltbar erweist (BVerfGE 59, S. 165). – Für alle Prozeßarten folgt aus dem Rechtsstaatsprinzip das Gebot eines → fairen Verfahrens. Wurzel dieses allgemeinen Verfahrensgrundrechts ist speziell im Strafprozeß auch das Recht auf → Freiheit der Person (BVerfGE 57, S. 275).

Rechtsverordnungen sind Rechtsnormen, die im Range unter dem förmlichen → Gesetz stehen, das von den → gesetzgebenden Körperschaften im → Gesetzgebungsverfahren beschlossen wird. In nur scheinbarem Widerspruch zum → Gewaltenteilungsprinzip erlaubt das GG unter strengen Voraussetzungen die begrenzte Übertragung der dem parlamentarischen Gesetzgeber zustehenden Rechtssetzungsfunktion auf Organe der → Exekutive. Demgemäß können durch förmliches Gesetz die → Bundesregierung, ein → Bundesminister oder die → Landesregierungen ermächtigt werden, Rechtsverordnungen zu erlassen. Dabei müssen Inhalt, Zweck und Ausmaß der erteilten Ermächtigung im Gesetz bestimmt werden. Die Rechtsgrundlage ist in der Verordnung anzugeben (Art. 80 I). Sinn dieser Aufgabenteilung im Rechtsetzungsbereich ist es, das Parlament von – besonders im modernen → Sozialstaat laufend erforderlichen – Detailregelungen zu entlasten, ihm zugleich aber die entscheidenden Direktiven beim Erlaß von Verordnungsrecht vorzubehalten. Das erfordert eine hinreichend bestimmte Eingrenzung der Rechtsetzungsbefugnis von Regierungsstellen durch das Parlamentsgesetz. An dieser Beschränkung des Verordnungsgebers fehlt es, wenn der Bürger nicht schon nach dem Gesetz vorhersehen kann, in welchen Fällen und mit welcher Tendenz von der Ermächtigung Gebrauch gemacht werden darf und welchen möglichen Inhalt die auf Grund der Ermächtigung erlassenen Verordnungen haben können (BVerfGE 29, S. 210). Das Parlament soll sich seiner Verantwortung als gesetzgebende Körperschaft nicht dadurch entäußern können, daß es einen Teil seiner Rechtsetzungsmacht an die Exekutive überträgt, ohne die Beschränkung dieser Kompetenzen bedacht und diese nach Tendenz und Programm in der Ermächtigung genau umrissen zu haben. Allerdings genügt eine gesetzliche Ermächtigung den verfassungsrechtlichen Kriterien auch dann, wenn sich die erforderliche Bestimmtheit durch Auslegung nach anerkannten Interpretationsgrundsätzen ermitteln läßt. Im übrigen hängt es von den Besonderheiten des jeweiligen Regelungsbereichs und von der Eingriffsintensität der fraglichen Maßnahmen ab, welche Bestimmtheitserfordernisse im einzelnen erfüllt sein müssen. Je stärker eine Rechtsverordnung die Grundrechtsausübung der Betroffenen berührt, um so höhere Anforderungen an den Bestimmtheitsgrad der Ermächtigung des Gesetzgebers sind geboten (BVerfGE 58, S. 277 f.).

Rechtsweggarantie, eine mit dem frühliberalen Rechtsstaatspostulat verbundene Forderung umfassenden gerichtlichen Rechtsschutzes gegen alle Maßnahmen der → Exekutive. Sie hat in der geltenden Rechtswegklausel eine Erfüllung gefunden, die in Gestalt dieses „königlichen Artikels des Grundgesetzes“ (W. Jellinek) gleichsam zur verfahrensrechtlichen Krönung des → Rechtsstaates wird. Das GG bestimmt: Wird jemand durch die öffentliche Gewalt in seinen Rechten verletzt, so steht ihm der Rechtsweg offen (Art. 19 IV 1). Galt einst das → Gesetz als Magna Charta staatsbürgerlicher Freiheit und der → Richter nur als Sprachrohr parlamentarisch beschlossener Gerechtigkeit, so hat das GG die → rechtsprechende Gewalt, vor allem auch die → Verfassungsgerichtsbarkeit, zum tragenden Pfeiler → rechtsstaatlicher Ordnung erhoben. Die Rechtsweggarantie gewährleistet, daß jedermann den Weg zu einem unabhängigen → Gericht beschreiten kann, um sich gegen rechtsverletzende Akte zur Wehr zu setzen. „Öffentliche Gewalt“, gegen deren Maßnahmen richterlicher Rechtsschutz verbürgt wird, ist in diesem Zusammenhang gleichbedeutend mit der → vollziehenden Gewalt in ihrer hoheitlichen Funktion. Der verfassungsrechtlichen Generalklausel entsprechen die weitgespannten Rechtswegregelungen in den Prozeßordnungen namentlich der → Verwaltungs- und → Finanzgerichtsbarkeit. Soweit nicht eine spezielle Gerichtsbarkeit zuständig ist, steht der Weg zu den → ordentlichen Gerichten offen (Art. 19 IV 2). Die Rechtsweggarantie, eine Art formelles Hauptgrundrecht, gewährleistet dem Betroffenen nicht nur in jedem Fall den Zugang zu einem Gericht, sondern auch den Anspruch auf vollständige Nachprüfung der angefochtenen Maßnahme in rechtlicher und tatsächlicher Hinsicht (BVerfGE 51, S. 312). In der verfassungsrechtlichen Garantie mitenthalten ist zudem das Gebot der Effektivität des einschlägigen Verfahrensrechts. Dieses muß gesetzlich so gestaltet sein, daß der Kläger faire Prozeßchancen gegen belastende Akte der öffentlichen Gewalt erhält. Dazu gehört u. a. auch ein angemessener vorläufiger Rechtsschutz durch prozeßrechtliche Institute wie Einstweilige Anordnung und Aussetzung der Vollziehung (BVerfGE 46, S. 178 f.). Außer diesem effektiven Zugang zu einem Gericht gebietet die Rechtsweggarantie indessen nicht die Gewährung weiterer Rechtsbehelfe gegen eine ergangene Gerichtsentscheidung. Deshalb kann z. B. der Gesetzgeber des Prozeßrechts frei darüber entscheiden, wie viele Stufen (Instanzen) eine bestimmte Gerichtsbarkeit haben soll (BVerfGE 49, S. 340). Durch die → Notstandsverfassung wurde die bis dahin uneingeschränkt geltende Rechtsweggarantie für bestimmte Grundrechtsbeschränkungen (Art. 19 IV 3) durch eine parlamentarische Nachprüfung ersetzt (→ Abhörkontrolle).

Redaktionsgeheimnis, das geschützte Vertrauensverhältnis zwischen Presseorganen und privaten Informanten, ist Teil der → Pressefreiheit. Zur Erfüllung ihrer Aufgaben bedarf die Presse insbesondere auch privater Informationsquellen. Diese stehen aber nur zur Verfügung, wenn der Informant sich grundsätzlich darauf verlassen kann, daß das „Redaktionsgeheimnis" gewahrt bleibt (BVerfGE 20, S. 176).

Rederecht → Anhörung im Bundestag → Bundestagsabgeordnete

Referendum, politische Sachentscheidung unmittelbar durch das Volk (→ Abstimmungen).

Referentenentwurf → Gesetzesinitiative

Regierung → Bundesregierung → Landesregierung → Parlamentarisches Regierungssystem

Regierungsakte, insbesondere Maßnahmen in Wahrnehmung der → auswärtigen Gewalt, die nach früherer Doktrin eine Art von Justizfreiheit genossen, werden unter der Herrschaft des GG grundsätzlich von der → Rechtsweggarantie mitumfaßt. Freilich hat die gerichtliche Überprüfung den politischen Gestaltungsspielraum des Regierungshandelns zu respektieren.

Regierungskoalition → Koalitionsregierungen

Regierungssitz → Bundeshauptstadt

Regierungssystem → Parlamentarisches Regierungssystem

Regierungswechsel → Kanzlersturz

Regionale Wirtschaftsstruktur → Gemeinschaftsaufgaben

Reich → Deutsches Reich → Föderalismus

Reichsautobahnen → Bundesstraßen des Fernverkehrs

Reichskonkordat, ein → Konkordat aus der Anfangszeit des → Dritten Reiches, das zu den in Art. 123 Abs. 2 GG angesprochenen → völkerrechtlichen Verträgen gehört. Danach bleiben die vom → Deutschen Reich abgeschlossenen Staatsverträge, die sich auf Gegenstände beziehen, für die nach dem GG die Landesgesetzgebung zuständig ist, unter Vorbehalt aller Rechte und Einwendungen der Beteiligten in Kraft, wenn sie nach allgemeinen Rechtsgrundsätzen gültig sind und fortgelten. Und zwar bleiben sie so lange in Kraft, bis neue Staatsverträge durch die nach dem GG zuständigen Stellen abgeschlossen werden oder bis ihre Beendigung aufgrund der in ihnen enthaltenen Bestimmungen anderweitig erfolgt. Im Konkordatsstreit zwischen der Bundesrepublik Deutschland und dem Lande Niedersachsen ging es um die Frage, ob die Länder das fortgeltende Reichskonkordat bei ihrer Schulgesetzgebung zu beachten haben. Die Frage wurde verneint, da nach den Grundentscheidungen des GG über das Verhältnis von → Bund und Ländern die ausschließliche → Kulturhoheit bei den Ländern liegt (BVerfGE 6, S. 352 ff.).

Reichspräsident → Bundespräsident → Ausnahmezustand

Reichsrecht, desgleichen anderes Recht aus der Zeit vor dem Zusammentritt des → Bundestages, gilt fort, soweit es dem GG nicht inhaltlich widerspricht (Art. 123 I). Recht aus der Zeit des → Dritten Reiches, das Ausdruck der nationalsozialistischen Weltanschauung war, hatten die Besatzungsmächte bereits außer Kraft gesetzt. Für die Frage des Fortgeltens vorkonstitutioneller Gesetze bleibt jedes angerufene Gericht im Rahmen seiner Zuständigkeit entscheidungsbefugt; insoweit ist das BVerfG nicht zur → konkreten Normenkontrolle berufen (BVerfGE 2, S. 128).

Reichsstaatsverträge → Reichskonkordat

Reichsverfassung → Weimarer Reichsverfassung

Religionsfreiheit, ein verfassungsrechtlicher Oberbegriff, der mehrere grundrechtliche Garantien umfaßt. Dazu gehören insbesondere die → Glaubensfreiheit und die → Bekenntnisfreiheit, hiermit in engstem Zusammenhang auch die Kultusfreiheit als das Recht auf ungestörte Religionsausübung (Art. 4 II). Ein weiteres Element der Religionsfreiheit, deren verfassungsrechtliches Gegenstück die Pflicht des Staates zu religiöser und weltanschaulicher Neutralität ist, tritt in der → religiösen Vereinigungsfreiheit hervor. Das eigentlich schon durch die Glaubens- und Bekenntnisfreiheit mitgewährleistete, vom GG gleichwohl gesondert verbürgte Grundrecht auf ungestörte Religionsausübung erklärt sich entstehungsgeschichtlich aus den einschlägigen Verletzungen dieses Schutzbereichs während der NS-Gewaltherrschaft im → Dritten Reich. Das ohne → Gesetzesvorbehalt unverwirkbar garantierte Grundrecht – es erstreckt sich nicht nur auf die christlichen → Kirchen, sondern auch auf andere → Religionsgesellschaften – ist weit auszulegen. Die Freiheit der Religionsausübung schützt zunächst kultische Handlungen und die Beachtung religiöser Gebräuche wie insbesondere Gottesdienste, Gebete, Sakramentenempfang, Kollekten, Prozessionen, Glockengeläute und das Zeigen von Kirchenfahnen. Schutzgegenstände der Kultusfreiheit sind außerdem auch die religiöse Erziehung, freireligiöse und atheistische Feiern und andere Erscheinungsformen des religiösen Lebens (BVerfGE 24, S. 246).

Religionsgesellschaften, ein Begriff aus den → Kirchenartikeln der → WRV, die durch grundgesetzliche Inkorporation geltendes Verfassungsrecht sind. Rechtsgeschichtlich im Zeitalter der Aufklärung gründend, werden von dem staatskirchenrechtlichen Sammelbegriff der Religionsgesellschaften – in den Landesverfassungen meist als Religionsgemeinschaften bezeichnet – sowohl die großen → Kirchen als auch kleinere religiöse Vereinigungen umfaßt. Zu letzteren zählen z. B. die altkatholische Kirche, die russisch-orthodoxe Kirche, die reformatorischen Freikirchen (Quäker, Methodisten, Altlutheraner, Baptisten usw.), aber auch verschiedene Sekten wie z. B. die Zeugen Jehovas, Christian Science und Mormonen. Unbeschadet der → Religionsfreiheit kennt das Verfassungsrecht des religiös neutralen Staates unter dem GG verschiedene Kategorien von Religionsgesellschaften mit ungleichem Rechtsstatus. So genießen z. B. die großen Kirchen die Rechte von → Körperschaften des öffentlichen Rechts mitsamt der → Kirchensteuer, auch sind nur sie zum Abschluß von → Konkordaten und Kirchenverträgen befugt.

Religionsunterricht in den öffentlichen Schulen, mit Ausnahme der bekenntnisfreien Schulen, ist ordentliches Lehrfach (Art. 7 III 1). Unbeschadet des staatlichen Aufsichtsrechts über das gesamte Schulwesen (Art.

7 I) wird der Religionsunterricht in Übereinstimmung mit den Grundsätzen der Religionsgemeinschaften erteilt (Art. 7 III 2). Die Erziehungsberechtigten sind befugt, über die Teilnahme des Kindes am Religionsunterricht zu bestimmen (Art. 7 II). Abgesehen von diesen verfassungsrechtlichen Gewährleistungen werden die wechselseitigen Bindungen von Staat und Kirchen in diesem Bereich durch → Konkordate und Kirchenverträge näher ausgeformt. Kein Lehrer darf gegen seinen Willen verpflichtet werden, Religionsunterricht zu erteilen (Art. 7 III 3). Dies bedeutet, daß einem Lehrer aus seiner Ablehnung, Religionsunterricht zu erteilen, insbesondere keine dienstlichen Nachteile erwachsen dürfen.

Religiöse Anschauungen sind als Anknüpfungen für rechtliche Differenzierungen nicht zulässig. Niemand darf wegen seiner religiösen Anschauungen benachteiligt oder bevorzugt werden (Art. 3 III). Entsprechendes gilt für das religiöse Bekenntnis: Der Genuß bürgerlicher und → staatsbürgerlicher Rechte, die Zulassung zu → öffentlichen Ämtern sowie die im → öffentlichen Dienste erworbenen Rechte sind unabhängig von dem religiösen Bekenntnis. Niemand darf aus seiner Zugehörigkeit oder Nichtzugehörigkeit zu einem Bekenntnisse ein Nachteil erwachsen (Art. 33 III). Auf der gleichen Linie liegen fortgeltende Garantien der Weimarer → Kirchenartikel (Art. 140 GG i. V. m. Art. 136 I und II WRV).

Religiöse Eidesformen dürfen nicht erzwungen werden (Art. 140 GG i. V. m. Art.136 IV). → Eidesverweigerung auch ohne religiösen Bezug fällt in den Schutzbereich der → Glaubensfreiheit. Der von → Bundespräsident, → Bundeskanzler und → Bundesministern beim Amtsantritt zu leistende Eid kann ohne religiöse Beteuerung abgelegt werden (Art. 56, 64 IV).

Religiöse Gründe bei Zwangsausbürgerungen im → Dritten Reich sind Tatbestandsmerkmale eines Anspruchs auf → Wiedereinbürgerung (Art. 116 I).

Religiöse Vereinigungsfreiheit besteht neben der allgemeinen → Vereinigungsfreiheit als eigenständiges Grundrecht fort: Die Freiheit der Vereinigung zu → Religionsgesellschaften wird gewährleistet (Art. 140 GG i. V. m. Art. 137 II). Nicht ganz zweifelsfrei, aber wohl verfassungskonform ist die Anwendbarkeit der Schranken der allgemeinen Vereinigungsfreiheit (Art. 9 II) auf religiöse Vereinigungen.

Religiöses Bekenntnis → Bekenntnisfreiheit

Repräsentation → Freies Mandat → Parlamentarische Demokratie

Republik als grundlegendes Strukturelement des vom GG konstituierten Staates kommt im Verfassungstext eher beiläufig zum Ausdruck. So bestimmt Art. 20 Abs. 1 GG die „Bundesrepublik" Deutschland zu einem demokratischen und sozialen Bundesstaat und Art. 28 Abs. 1 GG bindet die verfassungsmäßige Ordnung in den Ländern an die Grundsätze des „republikanischen", demokratischen und sozialen Rechtsstaates. Demgegenüber stand an der Spitze der → WRV der markante Satz: Das Deutsche Reich ist eine Republik. Diese Hervorhebung, eine Distanzierung zu dem in der Revolution nach dem Ersten Weltkrieg untergegangenen Kaiserreich, bedeutete damals in erster Linie eine Absage an jede Staatsform erbmonarchischer Art. Der → Parlamentarische Rat stand vor einer anderen Situation als die Weimarer Nationalversammlung. Daß die Monarchie mit dem Kaiserreich dahingegangen war, brauchte im Verfassungstext nicht mehr besonders betont zu werden. Wenn daher das GG den republikanischen Charakter des neuen Staates nur in sprachlich abgeschwächter Weise ausdrückt, so ändert dies freilich nichts an dem Befund, daß der tradierte deutschrechtliche Republikbegriff vom GG im Kern übernommen worden ist. Demgemäß bedeutet die unabänderliche (Art. 79 III) Grundentscheidung für die Staatsform der Republik hauptsächlich, daß der Staat des Grundgesetzes keine Monarchie ist und werden darf. Da der Monarch seine Stellung als Staatsoberhaupt aufgrund dynastischer Regeln erlangt und ausübt, ergibt sich umgekehrt aus der republikanischen Verfassung, daß das Staatsoberhaupt nur auf Zeit ins Amt berufen wird, ob nun mittelbar oder unmittelbar legitimiert durch Wahlen des demokratischen Souveräns. Weniger deutlich als die negative Begriffsbestimmung des republikanischen Prinzips als einer unabänderlichen Verfassungsentscheidung gegen die monarchisch-dynastische Staatsform auf Bundesebene sind die Ansätze zu einer positiven Auffüllung des Republikbegriffs. Anknüpfend an die Gedanken Kants zur republikanischen Staatsform ließe sich z. B. die Republik auffassen als ein Gemeinwesen mündiger Bürger, die sich im „Freistaat" zum gemeinen Besten unter der Herrschaft von Gesetz und Recht zusammengeschlossen haben.

Resozialisierung, die Wiedereingliederung eines verurteilten Straftäters in die Gesellschaft, ist ein Leitgedanke moderner Strafzumessung und des Strafvollzugs. Der Strafgefangene soll die Chance erhalten, sich nach Verbüßung der Strafe wieder in die Gemeinschaft einzuordnen. Der Resozialisierungsgedanke entspricht dem Selbstverständnis eines Gemeinwesens, das die → Menschenwürde in den Mittelpunkt seiner rechtlichen Wertordnung stellt und das dem → Sozialstaatsprinzip verpflichtet ist (BVerfGE 36, S. 188).

Ressortprinzip, eines der Grundelemente für die staatsrechtliche Strukturierung einer aus mehreren Personen bestehenden Regierung. Das GG hat sich für eine Kombination aus → Kanzlerprinzip, → Kabinettsprinzip und Ressortprinzip entschieden. Letzteres besagt, daß jeder → Bundesminister – innerhalb der vom → Bundeskanzler bestimmten → Richtlinien der Politik – seinen Geschäftsbereich selbständig und unter eigener Verantwortung leitet (Art. 65 Satz 2). Demgemäß ist jedem Ressortminister eine Sphäre wesentlicher Eigenständigkeit gewährleistet, und zwar gegenüber dem Regierungschef, den anderen Fachministern und dem Kabinett als Kollegium. Im Bereich seiner Ressortzuständigkeit hat der jeweilige Minister vor allem das oberste Direktionsrecht, auch gegenüber den seinem Ministerium nachgeordneten Behörden. In welcher Weise ein Minister die ihm zustehende Letztentscheidungsbefugnis in allen fachlichen, organisatorischen und personellen Angelegenheiten ausschöpft, wird mitbestimmt von seinem politischen Gewicht und administrativen Geschick.

Richter sind an → Gerichten tätige Inhaber eines → öffentlichen Amtes, das sich auf die → Rechtsprechung bezieht. Kennzeichnend für das Richteramt im → Rechtsstaat ist die → richterliche Unabhängigkeit. Das GG hat die → rechtsprechende Gewalt ausschließlich den Richtern anvertraut (Art. 92). Die Rechtsstellung der Richter in → Bund und Ländern ist durch besondere Gesetze geregelt (Art. 98 I und III). Voraussetzung für die Ernennung zum Berufsrichter ist die Befähigung zum Richteramt; sie wird in der zweistufigen Juristenausbildung durch das Bestehen zweier Staatsprüfungen nach rechtswissenschaftlichem Studium und praktischem Vorbereitungsdienst (Referendariat) erworben. Für die Berufung der → Bundesverfassungsrichter und der → Bundesrichter sind besondere Wahlverfahren vorgesehen (Art. 94 I und 95 II), die der Ernennung durch den → Bundespräsidenten vorausgehen.

Richteranklage, eine vom GG eingeführte Neuerung, die aber in der bisherigen Verfassungspraxis – ebenso wie die → Präsidentenklage – noch keine Rolle gespielt hat. Danach kann das → Bundesverfassungsgericht mit Zweidrittelmehrheit auf Antrag des → Bundestages bestimmte Sanktionen anordnen, wenn ein Berufsrichter des Bundes innerhalb oder außerhalb des Amtes gegen Grundsätze des GG oder gegen die verfassungsmäßige Ordnung eines Landes verstößt (Art. 98 II).

Richterliche Unabhängigkeit ist ein Kernstück des grundgesetzlichen → Rechtsstaates und wesentliche Voraussetzung der Wirksamkeit insbesondere der → justiziellen Grundrechte. Demgemäß bestimmt das GG, daß die → Richter unabhängig und nur dem Gesetz unterworfen sind (Art. 97 I). Die hier garantierte sachliche Unabhängigkeit bedeutet, daß der Richter – anders als der → Beamte – weisungsfrei entscheidet (BVerfGE 26, S. 198). Diese Weisungsfreiheit in Ausübung der → Rechtsprechung soll den Richter abschirmen gegen Einwirkungen aus den Bereichen der Regierung, des Parlaments und der Politik. Die verfassungsrechtlich gewährleistete sachliche Unabhängigkeit kann naturgemäß, besonders in krisenhaften Spannungslagen des Gemeinwesens, nur angemessen verwirklicht werden, wenn der einzelne Richter die erforderliche persönliche Festigkeit und innere Unabhängigkeit aufzubringen vermag. Die objektive Gewährleistung der sachlichen Unabhängigkeit ist zugleich eine subjektive Rechtsposition, die der Richter notfalls mit der → Verfassungsbeschwerde geltend machen kann (Art. 93 Nr. 4 a). Diese Unabhängigkeit wird grundsätzlich nicht tangiert durch die gesetzlichen Bestimmungen über die Gerichtshierarchie im Verfahrensrecht, wenn z. B. das im übrigen unabhängige Instanzgericht bei Zurückverweisung einer Sache an die Rechtsentscheidung eines höheren Gerichtes gebunden ist. Ebensowenig wird die sachliche Unabhängigkeit durch das Institut der richterlichen Dienstaufsicht berührt: Die ordnungsgemäße Dienstaufsicht z. B. eines Gerichtspräsidenten, der sich jeder Einflußnahme auf die inhaltliche Tätigkeit eines Gerichtsmitgliedes strikt zu enthalten hat, dient lediglich der Sicherung des internen Geschäftsganges, der im Interesse der Rechtspflege notwendig ist. Die mit Weisungsfreiheit gleichbedeutende sachliche Unabhängigkeit wird gestützt durch die Garantie der persönlichen Unabhängigkeit, die im wesentlichen die Unabsetzbarkeit und Unversetzbarkeit des Richters verbürgt. Demgemäß können die hauptamtlich und planmäßig endgültig angestellten Richter wider ihren Willen nur kraft richterlicher Entscheidung und nur aus Gründen und unter Formen, welche die Gesetze bestimmen, vor Ablauf ihrer Amtszeit entlassen oder dauernd oder zeitweise ihres Amtes enthoben oder an eine andere Stelle oder in den Ruhestand versetzt werden (Art. 97 II). Der Status richterlicher Unabhängigkeit ist kein Privileg, er steht vielmehr im Dienste der Integrität und Neutralität der Rechtsprechung im gewaltenteilenden Verfassungsstaat.

Richterlicher Haftbefehl → Freiheitsentziehung

Richterlicher Rechtsschutz → Rechtsweggarantie → Gesetzlicher Richter → Rechtliches Gehör → Justizielle Grundrechte → Rechtsstaat

Richterliches Prüfungsrecht ist die Befugnis des → Richters, die Vereinbarkeit einer Rechtsnorm mit höherrangigem Recht zu überprüfen, also z. B. die Vereinbarkeit von Gesetzesrecht mit → Verfassungsrecht oder die Vereinbarkeit einer → Rechtsverordnung mit dem Gesetz. Wegen seiner Bindung an Verfassung und Gesetz ist jeder Richter verpflichtet, die Gültigkeit der Rechtsnormen zu prüfen, auf die es im anhängigen Verfahren ankommt. Für den Umfang der einschlägigen Entscheidungskompetenz eines → Gerichts sind unter der Geltung des GG verschiedene Fallgruppen zu unterscheiden. Rechtsverordnungen darf jedes Gericht, wenn es sie für verfassungswidrig oder gesetzwidrig hält, im konkreten Fall außer Anwendung lassen. Anders liegt es bei der Prüfung der Rechtsgültigkeit von Gesetzen. Hier darf das Gericht, sieht man von → vorkonstitutionellen Gesetzen ab, nur abschließend entscheiden, wenn es die anzuwendende Norm für verfassungsmäßig hält. Falls es aber die entscheidungserhebliche Gesetzesvorschrift für verfassungswidrig hält, muß das Gericht das Verfahren aussetzen und die Sache dem Verfassungsgericht zur → konkreten Normenkontrolle vorlegen (Art. 100 I).

Richterwahlausschuß → Bundesrichter

Richtlinien der Politik innerhalb der → Bundesregierung verantwortlich zu bestimmen, ist das Vorrecht des → Bundeskanzlers (Art. 65 Satz 1) und gibt ihm den besonderen Rang nach Art eines Premierministers (→ Kanzlerprinzip). Kraft dieser verfassungsrechtlichen Rolle ist der Kanzler mehr als nur ein Primus inter pares des Regierungskollegiums. Der für die geltende Kabinettsverfassung kennzeichnende Begriff „Richtlinien der Politik" ist weder im GG noch in der Geschäftsordnung der Bundesregierung näher erläutert. Auch die bisherige Regierungspraxis bietet für eine Konkretisierung der Richtlinienkompetenz, deren Handhabung vom Kanzler weniger staatsrechtlichen Scharfsinn als machtpolitischen Instinkt erfordert, kaum greifbare Anhaltspunkte. Versucht man, den unbestimmten Verfassungsbegriff näher einzugrenzen, so läßt sich immerhin negativ feststellen, daß wegen der gleichzeitigen Geltung des → Ressortprinzips (Art. 65 Satz 2) ressorteingreifende Einzeldirektiven des Kanzlers von seiner Richtlinienkompetenz grundsätzlich nicht gedeckt sind. Handelt es sich doch bei den „Richtlinien der Politik" um prinzipielle Richtungsentscheidungen des Kabinettschefs, die eine ressortübergreifende, für die Gesamtpolitik der Regierung maßgebende Bedeutung haben. Wenn auch dem Kanzler ein oberaufsichtliches Hineinregieren in die Geschäftsbereiche der Minister regelmäßig nicht zusteht, so kann doch ausnahmsweise eine bestimmte Ressortangelegenheit wegen prinzipieller Bedeutung seiner Richtlinienkompetenz unterfallen. Indessen hat sein Direktionsrecht zurückzustehen gegenüber verfassungsrechtlichen Sonderzuständigkeiten z. B. des → Bundesfinanzministers und des → Bundesverteidigungsministers. Die an keine vorgeschriebene Form gebundene Ausübung der Richtlinienkompetenz – sie kann sich u. a. in Regierungserklärungen, Kabinettsverlautbarungen, Einzelgesprächen und politischen Briefen geltend machen – ist allein Sache des Kanzlers und seines persönlichen Stils.

Römische Verträge → Europäische Gemeinschaften

„Rotation" im Sinne gewisser Verabredungen, wonach ein → Bundestagsabgeordneter seinen Parlamentssitz vor Ablauf der Wahlperiode einem Nachfolger auf der Landesliste zu überlassen hat, verstößt gegen das Verfassungsprinzip des → freien Mandats.

Rücktritt ist ein – im GG nicht benannter – Endigungsgrund für die Ämter des → Bundeskanzlers und der → Bundesminister. Nach dem Bundesministergesetz kann ein Regierungsmitglied jederzeit seine Entlassung verlangen. Daß auch der Kanzler zurücktreten kann, ergibt sich sinngemäß aus Art. 69 Abs. 2 GG („in jedem Falle" impliziert auch andere Fälle) und aus Art. 69 Abs. 3 GG (Zulässigkeit einer bloß geschäftsführenden Regierung). Bundeskanzler Brandt trat demgemäß im Jahre 1974 zurück.

Rückwirkungsverbote sind Erscheinungsformen der rechtsstaatlichen Freiheit. Das GG hat sie teils ausdrücklich normiert (z. B. den Grundsatz → „Nulla poena sine lege"), teils ergeben sie sich aus dem → Rechtsstaatsprinzip, insbesondere aus dem Gebot der → Rechtssicherheit, die für den Bürger vor allem Vertrauensschutz bedeutet. Danach dürfen belastende Gesetze, namentlich Steuergesetze, ihre Wirksamkeit grundsätzlich nicht auf abgeschlossene Tatbestände erstrecken (BVerfGE 13, S. 271). Abgesehen von der regelmäßigen Verfassungswidrigkeit eines Gesetzes, das belastend in schon abgewickelte, der Vergangenheit angehörende Sachverhalte eingreift (BVerfGE 31, S. 225), gibt es auch rechtsstaatliche Schranken für Fälle einer unechten Rückwirkung. Dabei handelt es sich um Gesetze, die zwar unmittelbar nur auf gegenwärtige, noch nicht abgeschlossene Tatbestände für die Zukunft einwirken, damit aber zugleich die Rechtsposition des Betroffenen nachträglich im ganzen entwerten (BVerfGE 36, S. 82).

Rundfunk → Fernmeldewesen

Rundfunkfreiheit, nach dem Wortlaut des GG nur als → Berichterstattungsfreiheit garantiert (Art. 5 I 2), wurde von der Verfassungsrechtsprechung für die Massenmedien des Hörfunks und Fernsehens zu einem umfassenden Freiheitsrecht fortentwickelt. Unbeschadet ihrer Organisation als → juristische Personen des öffentlichen Rechts können die Rundfunkanstalten der Länder die ihnen zu eigenem Recht gewährleistete Freiheit mit der → Verfassungsbeschwerde geltend machen. Zwar sind sie Einrichtungen des Staates, die das GG in dieser Form vorgefunden hat, doch verteidigen die Rundfunkanstalten ein bestimmtes Grundrecht in einem Bereich, der gegen staatliche Einwirkung geschützt ist (BVerfGE 31, S. 322). Allerdings bleibt die Grundrechtsfähigkeit der öffentlich-rechtlichen Rundfunkanstalten auf den ihnen von der Verfassung zugeordneten spezifischen Freiheitsbereich beschränkt, so daß z. B. eine auf Verletzung der → allgemeinen Handlungsfreiheit oder der → Koalitionsfreiheit gestützte Verfassungsbeschwerde unzulässig ist (BVerfGE 59, S. 255). Wie die → Meinungsfreiheit und die → Pressefreiheit dient auch die Rundfunkfreiheit der ungehinderten individuellen und öffentlichen Meinungsbildung in einem umfassenden, nicht auf den Bereich politischer Meinungen beschränkten Sinn. Dieser durch die Medien von Hörfunk und Fernsehen vermittelte Meinungsbildungsprozeß erfordert die Freiheit des Rundfunks von staatlicher Bevormundung und einseitigen Einflüssen anderer Art. Es geht darum, in den Programmen die Vielfalt vorhandener Meinungen möglichst vollständig darzubieten, umfassende Informationen zu sichern und das Aufkommen einer vorherrschenden Meinungsmacht zu verhindern. Entscheidet sich der Gesetzgeber für eine „binnenpluralistische" Struktur des Veranstalters von Rundfunksendungen, so sind um der Rundfunkfreiheit willen besondere organisatorische und Verfahrensregelungen nötig, damit der Inhalt des Gesamtprogramms ausgewogen ist und ein Mindestmaß an Sachlichkeit und gegenseitiger Achtung aufweist (BVerfGE 60, S. 64). Die hierzu erforderliche rechtliche Ausgestaltung unterliegt dem → Vorbehalt des Gesetzes. Das zur Gewährleistung der Rundfunkfreiheit Wesentliche muß der → Landesgesetzgeber selbst bestimmen; dies darf weder den Entscheidungen der → Exekutive noch den Satzungen der Veranstalter noch vertraglichen Regelungen überlassen bleiben (BVerfGE 57, S. 320 f.). Das GG schreibt für den Rundfunk keine bestimmte Organisationsform vor, so daß neben öffentlich-rechtlichen Anstalten auch privatrechtliche Rundfunkunternehmen zulässig sind, sofern nur die freie individuelle und öffentliche Meinungsbildung gewährleistet ist.

Rüstungsproduktion → Kriegswaffen

S

Sachzusammenhang → Bundeskompetenzen → „Implied powers“

Satzungsrecht → Autonomie → Gesetzesbegriffe

Schadensersatzanspruch → Staatshaftung

Scheidungsakten → Allgemeines Persönlichkeitsrecht

Schenkungssteuer → Erbschaftssteuer

Schiedsgerichtsbarkeit → Internationale Schiedsgerichtsbarkeit

Schiffahrtsverträge → Handels- und Schiffahrtsverträge

Schöffengerichte → Gerichte

Schulden des Bundes → Rechnungslegung

Schulwesen → Elternrecht → Kulturhoheit der Länder → Bildungsplanung → Reichskonkordat

Schußwaffengebrauch → Recht auf Leben

Schutz der Zivilbevölkerung

Schutz der Zivilbevölkerung ist, mitsamt der → Verteidigung, ein Gegenstand der → ausschließlichen Gesetzgebung des Bundes (Art. 73 Nr. 1). Einschlägige Gesetze können bestimmen, daß die Grundrechte der → Freizügigkeit und der → Unverletzlichkeit der Wohnung eingeschränkt werden (Art. 17 a II).

Schwangerschaftsabbruch → Abtreibung

Schweigerecht → Meinungsfreiheit → Zeugnisverweigerungsrecht

Schwören → Eidesverweigerung

Schwurgerichte → Gerichte

Seelsorge → Religionsfreiheit → Krankenhausseelsorge

Sekten → Religionsgesellschaften

Selbstauflösung steht dem Bundestage nicht zu (→ Bundestagsauflösung → Neuwahlen).

Selbstbestimmung → Menschenwürde → Freiheitsgrundrechte → Freiheitliche demokratische Grundordnung → Datenschutz → Informationelle Selbstbestimmung

Selbstverwaltung → Kommunale Selbstverwaltung → Universitäten

Senatsprinzip, eine verfassungsrechtliche Alternative zum Bundesratsprinzip für die Bildung der föderativen Kammer im → Bundesstaat. Die Mitglieder des Senates werden direkt oder indirekt vom Volk der Gliedstaaten gewählt und verfügen über ein → freies Mandat. (Beispiel USA: Jeder Gliedstaat wählt, unabhängig von seiner Größe, zwei Senatoren in die zweite Kammer des US-Kongresses.) Demgegenüber entschied sich das GG, entsprechend deutscher Verfassungstradition, für das Prinzip des → Bundesrates, der aus instruktionsgebundenen Regierungsmitgliedern der Länder besteht.

Sendetechnik → Fernmeldewesen

Sexualerziehung ist in erster Linie ein → Elternrecht. Doch darf der Staat kraft seines Erziehungs- und Bildungsauftrags (Art. 7 I) Sexualerziehung in der Schule durchführen. Die Entscheidung über die Einführung solchen Unterrichts – er muß u. a. auf die religiösen und weltanschaulichen Überzeugungen der Eltern Rücksicht nehmen und hat sich jeder Indoktrinierung zu enthalten – unterliegt dem → Vorbehalt des Gesetzes (BVerfGE 47, S. 46 f.).

Sicherheit → Rechtssicherheit → Öffentliche Sicherheit und Ordnung → Kollektive Sicherheitssysteme

Sicherheitsleistungen → Bundesbürgschaften

Sicherheitsverträge → Politische Verträge

Sittengesetz ist, wie die → Rechte anderer und die → verfassungsmäßige Ordnung, eine Schranke des Grundrechts auf → freie Entfaltung der Persönlichkeit (Art. 2 I). Das GG gewährleistet die → allgemeine Handlungsfreiheit nur so weit, wie ihre Ausübung nicht gegen das Sittengesetz verstößt. Indessen ist es besonders schwierig, im Einzelfall die Geltung eines grundrechtsbeschränkenden Sittengesetzes festzustellen. Weder das persönliche ethische Gefühl des Richters noch einschlägige Auffassungen in Teilen des Staatsvolkes reichen als Maßstab zur sittlichen Mißbilligung eines bestimmten Verhaltens aus. Von größerem Gewicht für die Feststellung sittengesetzlicher Normen dürften die Lehren der beiden großen christlichen → Kirchen sein, die in weiten Teilen der Bevölkerung immer noch als Richtschnur für gut und böse gelten (BVerfGE 6, S. 434 f.). Dabei darf jedoch nicht verkannt werden, daß die Anschauungen der billig und gerecht Denkenden über sittliche Normen dem geschichtlichen Wandel unterliegen. Für die Konkretisierung des Verfassungsbegriffs „Sittengesetz“, das hier als über dem → positiven Rechte stehend aufzufassen ist, ergeben sich aus der Entstehungsgeschichte des GG kaum Anhaltspunkte, sieht man von einer vereinzelten Äußerung im Grundsatzausschuß des → Parlamentarischen Rates ab. In der heutigen pluralistischen Gesellschaft ein Sittengesetz als Ausdruck des herrschenden moralischen Bewußtseins zu erkennen, ist eine Aufgabe, die fast der Quadratur des Kreises gleichkommt.

Sitzungen des → Bundestages sind grundsätzlich öffentlich (→ Öffentlichkeitsprinzip). Das Parlament bestimmt den Schluß und den Wiederbeginn seiner Sitzungen (Art. 39 III 1). Zu allen Sitzungen des Bundestages haben die Mitglieder der → Bundesregierung und des → Bundesrates jederzeit Zutritt mit dem Recht der → Anhörung.

Sitzungsberichte → Wahrheitsgetreue Parlamentsberichte

Sitzungsperiode → Wahlperiode

Sofortige Vollziehung einer hoheitlichen Maßnahme darf grundsätzlich keine Tatsachen schaffen, die nicht mehr rückgängig gemacht werden können, wenn sich der Eingriff der → öffentlichen Gewalt nach einer richterlichen Überprüfung als rechtswidrig erweist. Solche irreparablen Entscheidungen soweit wie möglich auszuschließen, ist eine Aufgabe der → Rechtsweggarantie. Der durch sie verbürgte effektive richterliche Rechtsschutz gewährleistet zwar nicht schlechthin die aufschiebende Wirkung von Rechtsbehelfen gegen Verwaltungsakte. Doch muß die sofortige Vollziehbarkeit die Ausnahme bleiben; sie ist von Verfassungs wegen nur gerechtfertigt, wenn überwiegende öffentliche Belange es erfordern, daß der Rechtsschutzanspruch des Betroffenen gegenüber dem Interesse des → Allgemeinwohls einstweilen zurücksteht (BVerfGE 35, S. 402).

Soldaten → Bundeswehr → Wehrbeauftragter → Streitkräfte → Kriegsdienstverweigerung

Sonderabgaben, Bezeichnung für verschiedene relativ neuartige öffentliche → Abgaben, die – ohne → Steuern, → Gebühren oder Beiträge zu sein – bestimmten Personengruppen Geldleistungen auferlegen, deren Ertrag zweckgebunden ist. Die übermäßige Inanspruchnahme der allgemeinen Gesetzgebungskompetenzen (Art. 70 ff.) zur Einführung von Sonderabgaben bedeutet eine Gefahr für die föderative → Finanzverfassung. Als außersteuerliche Geldleistungspflicht stößt die Sonderabgabe, die gegenüber der Steuer die seltene Ausnahme bleiben muß, auf enge kompetenzrechtliche Schranken. Die zusätzliche Belastung von Angehörigen einzelner Gruppen mit „parafiskalischen“ Abgaben ist verfassungsrechtlich nur zulässig, wenn sie sich auf einen besonderen Zurechnungsgrund stützen läßt, der sowohl vor den

Grundsätzen der bundesstaatlichen Finanzverfassung als auch vor dem Gebot der Gleichheit aller Bürger als Träger öffentlicher Lasten zu bestehen vermag (BVerfGE 55, S. 297 ff.).

Sondergerichte → Gerichte für besondere Sachgebiete → Ausnahmegerichte

Sonderopfer → Aufopferungsansprüche → Enteigung

Sondervermögen des Bundes sind vor allem die → Bundespost und die Bundesbahn. Für sie können durch Gesetz Ausnahmen von den Verfassungsvorschriften über → Kreditaufnahmen und → Bundesbürgschaften zugelassen werden (Art. 115 II).

Sondervotum, die abweichende Meinung eines Richters von der Mehrheitsentscheidung des → Bundesverfassungsgerichts. Nach der ursprünglichen Gesetzeslage waren Beratung und Abstimmung sowie das Abstimmungsergebnis geheim; auch nach Ende seiner Amtszeit hatte der Richter über den Hergang bei Beratung und Abstimmung zu schweigen. Später wurde, nach dem Vorbild des US-Supreme Court, durch Änderung des BVerfG-Gesetzes zugelassen, daß ein Richter seine in der Beratung vertretene abweichende Meinung („dissenting opinion") durch ein Sondervotum im Anschluß an die Entscheidung des Gerichts veröffentlichen kann. Die Ansichten über Zweckmäßigkeit und Weisheit dieser Neuregelung sind geteilt. Einerseits verspricht man sich vom Sondervotum u. a. Anstöße für eine Fortenwicklung des Verfassungsrechts, die Möglichkeit der Früherkennung künftiger Rechtsprechungsänderungen und überhaupt eine größere Offenheit der Judikatur. Andererseits befürchtet man eine Minderung der Autorität des Gerichts, des Ansehens seiner Richter und der Akzeptanz von Entscheidungen mit ersichtlich knapper Mehrheit.

Sonntage und staatlich anerkannte Feiertage bleiben als Tage der Arbeitsruhe und der seelischen Erhebung gesetzlich geschützt (Art. 140 i. V. m. Art. 139 WRV). Die inkorporierte Bestimmung der Reichsverfassung, die auch für einschlägige kirchliche Feiertage gilt, läßt die Zuständigkeit des Bundesgesetzgebers oder der Landesgesetzgeber unberührt, nationale oder regionale Feiertage wieder aufzuheben.

Souveränität → Hoheitsrechtsbeschränkung → Hoheitsrechtsübertragung

Souveränitätsvertrag → Zwei-plus-Vier-Vertrag → Moskauer Vertrag

Sozialbindung des Eigentums ist die dem → Sozialstaatsprinzip entsprechende Konkretisierung der → Eigentumsgarantie: Eigentum verpflichtet. Sein Gebrauch soll zugleich dem Wohle der Allgemeinheit dienen (Art. 14 II). Die am → Allgemeinwohl orientierte Nutzung des Privateigentums darf die Belange von Mitbürgern, die auf den Gebrauch des Eigentumsgegenstandes angewiesen sind, nicht außer acht lassen. Art und Maß der dem Eigentümer vom GG auferlegten, vom Gesetzgeber auszugestaltenden Sozialbindung hängen wesentlich davon ab, wie stark der soziale Bezug und die soziale Funktion des jeweiligen Eigentumsobjektes ist. Indessen rechtfertigt die grundgesetzliche Sozialbindung nicht eine übermäßige, durch einschlägige Belange nicht gebotene Einschränkung privatrechtlicher Befugnisse (BVerfGE 52, S. 32). Ein für die Sozialpflichtigkeit besonders kennzeichnender Bereich mit entsprechend weitem Gestaltungsspielraum des Gesetzgebers ist das Wohnungsmietrecht. Dies zeigt sich u. a. in der Begrenzung von Mietzinserhöhungen und der Kündigungsmöglichkeiten des Vermieters, dessen berechtigte Interessen aber z. B. bei Eigenbedarf verfassungsrechtlichen Schutz verdienen (BVerfGE 79, S. 305 f.). Die Sozialbindung des Privateigentums rechtfertigt keine Selbsthilfe, etwa in Form von Hausbesetzungen.

Soziale Grundrechte in die Verfassung aufzunehmen, ist eine neuerdings wieder erhobene politische Forderung, deren Erfüllung dem Bürger nichts bringen, wohl aber die normative Kraft des Grundgesetzes schwächen würde. Zwar ist die → Bundesrepublik Deutschland ein → Sozialstaat, der ausweislich der Haushaltspläne von → Bund und Ländern stets Sozialleistungen erbracht hat, die auch im internationalen Vergleich als außerordentlich gut gelten. Trotzdem hat das Grundgesetz prinzipiell davon abgesehen, sogenannte soziale Grundrechte – wie z. B. Rechte auf Arbeit, auf Wohnung, auf Gesundheit, auf Bildung, auf Umweltschutz – von Verfassungswegen zu gewährleisten. Diese Entscheidung bedeutet keine Minderung legitimer sozialer Ansprüche gegen den Staat, wohl aber eine Sicherung der Würde und Wirksamkeit klassischer Grundrechte, die von der öffentlichen Gewalt ohne Wenn und Aber zu respektieren sind. Dagegen wären soziale Leistungsgrundrechte notwendigerweise zu ihrer Realisierung abhängig von den materiellen Mitteln, die dem Staate jeweils zur Verfügung stehen. Folglich würde, besonders bei Krisen der öffentlichen Finanzwirtschaft, der im Verfassungsstaat erforderlichen Unbedingtheit und Verläßlichkeit der → Grundrechte zwangsläufig der Boden entzogen. Außerdem dürfte die Verbürgung sozialer Grundrechte bei begrenztem finanziellen Vermögen des Staates zu kaum lösbaren Konflikten über den Vorrang konkurrierender Verfassungsansprüche und über das rechte Maß ihrer Erfüllung führen. Die daraus sich ergebende Relativierung der Grundrechtsgarantien ließe nicht nur die sozialen Grundrechte als zweifelhaften Gewinn erscheinen. Sie könnte auch zu einer Krise des allgemeinen Grundrechtsbewußtseins und zu einer schleichenden Entwertung namentlich der klassischen → Freiheitsgrundrechte führen. Der Verfassungsgeber sollte auch künftig den entscheidenden strukturellen Unterschied zwischen Freiheitsgrundrechten und sog. sozialen Grundrechten nicht außer acht lassen: Während die Erfüllung sozialer Ansprüche stets besondere, ausgabenwirksame, an finanzielle Grenzen stoßende, die Rechte anderer möglicherweise mindernde staatliche Darreichungen erfordert, hat es der Staat jederzeit und ohne weiteres in der Hand, den Freiheitsgrundrechten effektiv Genüge zu tun.

Sozialgerichtsbarkeit → Bundessozialgericht

Sozialhilfe, ein durch das Bundessozialhilfegesetz eingeführter Begriff, der verschiedene Formen namentlich materieller Hilfe des Staates zur Behebung individueller Notlagen umfaßt. Der Sache nach handelt es sich um öffentliche Fürsorge, wie die anschaulichere Bezeichnung dieser Hilfsmaßnahmen früher hieß. Fürsorge für Notleidende gehört zu den klassischen Staatsaufgaben, doch das → Sozialstaatsprinzip des GG führt über das liberale Verständnis der Armenpflege als einer polizeilichen Aufgabe guter Ordnung des Gemeinwesens weit hinaus. Die neue Staatsaufgabe hat in zahlreichen Gesetzen mit sozialem Bezug ihren Niederschlag gefunden. Freilich bestehen keine unmittelbaren grundrechtlichen Ansprüche auf soziale Leistungen der öffentlichen Hand. Die geltenden → Grundrechte wurzeln in der verfassungsgeschichtlichen Tradition der → Freiheits- und → Gleichheitsrechte gegen den als allmächtig und willkürlich gedachten Staat; diesem Schutzgedanken ist die Gewährung von Ansprüchen auf Fürsorge durch den

Staat fremd. Ein Ansprüch auf positive Fürsorge ergibt sich insbesondere auch nicht aus dem Grundrecht der → Menschenwürde. Zwar hat der Staat die unantastbare Würde des Menschen nicht nur negativ gegen Angriffe abzuschirmen, sondern sie auch positiv zu achten und zu schützen (Art. 1 I). Indessen ist damit nicht ein Schutz vor materieller Not gemeint, sondern eine Sicherung gegen Angriffe auf die Menschenwürde durch andere, z. B. durch Verfolgung, Erniedrigung, Brandmarkung oder Ächtung. Ein Grundrecht auf angemessene Versorgung folgt auch nicht aus Art. 2 Abs. 2 Satz 1 GG; er beschränkt sich darauf, negativ ein Recht auf Leben und körperliche Unversehrtheit zu normieren, also z. B. staatlich organisierten Mord oder zwangsweise durchgeführte Experimente an Menschen zu verbieten (BVerfGE 1, S. 104 f.). Die vom Grundsatzausschuß des → Parlamentarischen Rates vorgeschlagene Verfassungsbestimmung zum Recht auf ein Mindestmaß an Nahrung, Kleidung und Wohnung ist in das GG nicht aufgenommen worden.

Sozialisierung (Vergesellschaftung) ist, wie die → Enteignung, ein die → Eigentumsgarantie begrenzendes verfassungsrechtliches Institut. Danach können Grund und Boden, Naturschätze und Produktionsmittel zum Zwecke der Vergesellschaftung durch ein Gesetz, das Art und Ausmaß der Entschädigung regelt, in Gemeineigentum oder in andere Formen der Gemeinwirtschaft überführt werden. Für die Höhe der Entschädigung und den Rechtsweg im Streitfalle gelten die Bestimmungen über die Enteignung entsprechend (Art. 15). Der Sozialisierungsartikel des GG – schon die → WRV kannte einschlägige Bestimmungen – beruht auf einem Kompromiß im → Parlamentarischen Rat. Er enthält mit der Öffnung für alte sozialistische Forderungen freilich keinen entsprechenden Verfassungsauftrag an den Gesetzgeber, zumal das GG im Ganzen wirtschaftspolitisch neutral ist. Ohne Festlegung auf ein bestimmtes Wirtschaftssystem überläßt es dem parlamentarischen → Gesetzgeber die Ordnung des Wirtschaftsleben nach freiem Ermessen, sofern er nur den → Vorrang der Verfassung im übrigen beachtet (BVerfGE 50, S. 337). Von der an bestimmte Voraussetzungen geknüpften Ermächtigung zur Sozialisierung hat der Bundesgesetzgeber bisher keinen Gebrauch gemacht.

Sozialistische Reichspartei → Parteiverbot

Sozialpflichtigkeit → Sozialbindung

Sozialrecht → Bundessozialgericht

Sozialstaatsprinzip, eine grundlegende Zielvorgabe für den Staat der → Bundesrepublik Deutschland. Im Unterschied zu den anderen staatsgestaltenden Verfassungsprinzipen – namentlich der → Demokratie, des → Rechtsstaates und des → Bundesstaates – hat die Sozialstaatsstruktur im GG keine nähere Ausformung erfahren. Der Verfassungstext beschränkt sich auf eine adjektivische Erwähnung an zwei zentralen Stellen: Die Bundesrepublik ist ein „sozialer Bundesstaat" (Art. 20 I) und die verfassungsmäßige Ordnung in den → Ländern muß den Grundsätzen des „sozialen Rechtsstaats" im Sinne des GG entsprechen (Art. 28 I). Schon lange vor Inkrafttreten des GG hatte die besondere Gefährdung des Einzelnen in der modernen arbeitsteiligen, hochtechnisierten, krisenanfälligen Massengesellschaft eine soziale Ausrichtung des Staatshandelns nachhaltig bewirkt, mochte auch in früheren deutschen Verfassungen ein ausdrücklicher Anhalt für „soziale" Verpflichtungen des Staates fehlen. Neue Vorsorgesysteme, wie z. B. die Sozialversicherungsgesetzgebung, waren schon im → Kaiserreich entstanden. Die durch gesellschaftliche Strukturwandlungen des Industriezeitalters bedingten allgemeinen Sozialprobleme hatten in der Geburtsstunde des GG eine präzedenzlose Zuspitzung erfahren durch die Katastrophenlagen der Nachkriegszeit. Den zusätzlichen Großproblemen jener Jahre hat sich das GG besonders zugewandt, so namentlich durch Vorschriften über Lastenausgleich (Art. 120 a), Flüchtlinge und Vertriebene (Art. 119), Kriegsbeschädigte, Kriegsgefangene und Kriegshinterbliebene (Art. 74 Nr. 10) sowie Kriegsschäden und Wiedergutmachung (Art. 74 Nr. 9). Auch in späteren Jahrzehnten, zuletzt dramatisch gesteigert durch die Haushaltsbelastungen der → Wiedervereinigung Deutschlands, hat sich die Bundesrepublik den sozialen Herausforderungen der Zeit stets verantwortungsbewußt gestellt. Zwar gewährleistet das GG keine → sozialen Grundrechte, doch berührt diese Entscheidung nicht die sozialstaatlichen Verfassungspflichten insbesondere der → Legislative und der → Exekutive. Da Verfassungstext und Verfassungsväter zum rechtlichen Sinngehalt des „Sozialen" schweigen, lassen sich, zumal die Frage auch in Rechtswissenschaft und Staatspraxis sehr unterschiedlich beantwortet wird, juristische Konkretisierungen des Sozialstaatsprinzips nur behutsam vornehmen. Gewiß darf sich, weil das vom GG verfaßte Gemeinwesen „sozial" sein soll (Art. 20 I, 28 I), dieser Staat weder anti-sozial noch unsozial noch lediglich sozial-neutral verhalten. Eine Ausübung der Staatsgewalt in → Gesetzgebung, → Regierung, → Verwaltung, → Planung und → Rechtsprechung ohne Ansehung legitimer Bedürfnisse der → Daseinsvorsorge des Volkes verstieße gegen ein zentrales Verfassungsgebot. Das grundgesetzliche Sozialstaatsprinzip enthält mehr als einen unverbindlichen Programmsatz, wenngleich es nicht ohne weiteres Anspruchsgrundlage einklagbarer Individualrechte ist. Die soziale Staatszielbestimmung läßt sich als objektive Verfassungsnorm deuten, aus der sich in konkreten Lagen bestimmte sozialwirksame Verpflichtungen vor allem für Regierung und Parlament ergeben. Als rechtverbindliches Leitprinzip des gesamten Staatshandelns bedeutet die Sozialstaatsklausel des GG insbesondere für den Gesetzgeber Ermächtigung und Auftrag zu sozialgestaltender und wirtschaftslenkender Intervention im Rahmen der verfassungsmäßigen Ordnung. Das Sozialstaatsprinzip ist vom GG ausdrücklich eingebunden in das konstituierte Gefüge der Rechtsstaatlichkeit und der Bundesstaatlichkeit. Der freiheitliche Sozialstaat des GG darf daher soziale Sicherheit und Gleichheit keineswegs absolut setzen auf Kosten des rechtsstaatlichen Prinzips individueller Lebensgestaltung und liberaler Daseinsunterschiede. Der totale Wohlfahrtsstaat wäre nicht die Vollendung, sondern die Vernichtung des verfassungsmäßigen freiheitlichen Sozialstaats. In den Grenzen namentlich der → Grundrechtsordnung ist es hingegen Aufgabe des Gesetzgebers, durch soziale Rechtssetzung den krisen- und konfliktträchtigen Entwicklungen des Wirtschafts- und Gesellschaftslebens planend, lenkend, leistend und umverteilend zu steuern. Dieser legislative Gestaltungsraum geht über die Dimensionen herkömmlicher Sozialpolitik weit hinaus. Er umfaßt Ausbau und Pflege der gesamten sozialen und ökonomischen Infrastruktur ebenso wie in neuerer Zeit die Funktionen der Wachstums-, Stabilitäts- und Rezessionsvorsorge des Staates, der hier freilich aus faktischen Gründen nur zu bald an die Grenzen seiner Möglichkeiten stößt. Aus dem weiten Feld sozialstaatlicher Gesetzgebung seien beispielhaft noch genannt die Bereiche der Sozialversicherung, der → Sozialhilfe, der Bildungsförderung, der Steuerpolitik sowie sozialer Reformen auf vielen Gebieten der Wirtschaft und Gesellschaft.

Spannungsfall, eine vom GG nicht näher definierte Vorstufe des → Verteidigungsfalles. Aus dem Zusammenhang (Art. 80 a) läßt sich entnehmen, daß „Spannungsfall“ einen Zustand erhöhter internationaler Spannungen meint, der eine gesteigerte Verteidigungsbereitschaft erfordert. In dieser Situation des äußeren → Notstandes haben die → Streitkräfte zusätzliche Befugnisse gegenüber Nichtkombattanten, insbesondere zivile Objekte zu schützen und Aufgaben der Verkehrsregelung wahrzunehmen (Art. 87 a III). Auch der Spannungsfall bedarf einer förmlichen Festellung, allerdings nur durch den → Bundestag; der Beschluß erfordert eine → Mehrheit von zwei Dritteln der abgegebenen Stimmen (Art. 80 a I 2). Im Spannungsfall wird u. a. die Anwendung von grundrechtsrelevantem → Notstandsrecht zulässig, namentlich der Vorschriften über Dienstverpflichtungen (Art. 12 a V) und des Verbotes, die Ausübung eines Berufes oder den Arbeitsplatz aufzugeben (Art. 12 a VI).

Spenden → Parteifinanzierung

Sperrklauseln zur Abwehr von Splitterparteien berühren das verfassungsrechtliche Gebot der Gleichheit der Wahl (→ Wahlrechtsgrundsätze). Geht man davon aus, daß demokratische Wahlen insbesondere auch handlungsfähige Parlamentsmehrheiten und regierungsfähige Kabinette hervorbringen sollen, so lassen sich in gewissen Grenzen wahlgesetzliche Modifikationen des Prinzips gleichen Erfolgswertes jeder Stimme rechtfertigen. Um sicherzustellen, daß der Staat handlungsfähige Organe erhält und um zu vermeiden, daß sich das Parlament in funktionsunfähige Kleinstgruppierungen zersplittert, hält die Rechtsprechung bestimmte Sperrklauseln für verfassungsmäßig. Danach verstößt es nicht gegen die Wahlrechtsgleichheit, wenn → Parteien, die bei der Wahl weniger als 5 v. H. der Stimmen erhalten, bei der Zuteilung von Mandaten nicht berücksichtigt werden (BVerfGE 51, S. 237).

Spielbankenabgabe ist eine → Steuer, deren Aufkommen den → Ländern zusteht (Art. 106 II Nr. 6).

Splitterparteien → Sperrklauseln

Spontandemonstration → Demonstrationsfreiheit

Sprache

Sprache gehört zu den persönlichen Merkmalen, derentwegen niemand benachteiligt oder bevorzugt werden darf (Art. 3 III). Diesem → besonderen Gleichheitssatz unterfällt z. B. die Muttersprache völkischer Minderheiten, deren kulturelle Eigenständigkeit vom GG in Verbindung mit der → allgemeinen Handlungsfreiheit geschützt wird.

Sprengstoffrecht → Waffen- und Sprengstoffrecht

Staaten, d. h. mit oberster unabhängiger Hoheitsmacht ausgestattete → Gebietskörperschaften, sind im geltenden → Bundesstaat sowohl der Bund als auch die Länder. Zwischen Gesamtstaat und Gliedstaaten hat die Bundesverfassung die Kompetenzverteilung auf den Gebieten der → Legislative, der → Exekutive und der → Judikative verbindlich festgelegt. Die verfassungsmäßige Ordnung in den → Ländern muß den Grundsätzen des → republikanischen, → demokratischen und → sozialen → Rechtsstaats im Sinne des → Grundgesetzes entsprechen (Art. 28 I 1).

Staatenimmunität im Sinne der Befreiung eines fremden Staates von der deutschen Gerichtsbarkeit beurteilt sich nach den → allgemeinen Regeln des Völkerrechts. Dabei ist zu unterscheiden zwischen zulässigen Klagen in bezug auf nichthoheitliche Betätigungen, wo der fremde Staat wie eine Privatperson auftritt, und unzulässigen Klagen wegen seiner Betätigungen hoheitlicher Art, die Immunität genießen (BVerfGE 16, S. 61). Aber auch dann, wenn ein vollstreckbarer Titel gegen einen ausländischen Staat erstritten wurde (z. B. wegen rückständiger Miete für ein Botschaftsgebäude), kann die Zwangsvollstreckung in Gegenstände des Beklagten (z. B. in Giroguthaben der ausländischen Botschaft bei einer inländischen Bank) den Beschränkungen der Immunität unterliegen (BVerfGE 46, S. 364 ff.).

Staatenlose → Auslieferung

Staatliche Einheit → Einheit und Freiheit Deutschlands

Staatsangehörigkeit → Deutsche Staatsangehörigkeit → Deutsche

Staatsaufgaben im weiteren Sinne verfassungsrechtlich festzulegen, ist wegen ihrer Fülle und wechselnden Vielgestaltigkeit wenig zweckmäßig. Anders als bei den → Staatszielbestimmungen hat das GG denn auch die Entscheidung über Art und Maß der Erfüllung von Staatsaufgaben dem an die verfassungsmäßige Ordnung gebundenen → Gesetzgeber überlassen. Im geltenden → Bundesstaat liegt die → Gesetzgebungskompetenz für die meisten Staatsaufgaben beim Bund, während die administrative Durchführung größtenteils den → Ländern zusteht.

Staatsaufsicht → Elternrecht

Staatsbankrott, eine Ausnahmesituation, in die z. B. das → Dritte Reich bei Kriegsende geraten war. Die Abwicklung eines Staatsbankrotts muß sich in erster Linie auf die Schaffung einer Existenzgrundlage für die Zukunft und nicht auf die Abrechnung über Vergangenes richten. Die Träger der staatlichen Neuordnung sind gezwungen, als Basis eines politischen, wirtschaftlichen und sozialen Wiederaufbaus zunächst die öffentlichen Finanzen zu sanieren. Dabei können die Regelungen des → Gesetzgebers zur Bereinigung der Hinterlassenschaft des bankrott gegangenen Staates nicht an den Maßstäben gemessen werden, wie sie nach der → Eigentumsgarantie des GG gelten, da andernfalls der staatliche Wiederaufbau unmöglich würde (BVerfGE 41, S. 152 f.).

Staatsbürger → Bürgerrechte → Deutsche Staatsangehörigkeit

Staatsbürgerliche Rechte und Pflichten sind für jeden → Deutschen in jedem → Bundeslande gleich (Art. 33 I). Kein Land darf insoweit die eigenen Landesangehörigen besserstellen. Zu den einschlägigen Rechten gehören u. a. das aktive und passive Wahlrecht sowie das Recht auf Bekleidung → öffentlicher Ämter. Staatsbürgerliche Pflichten können z. B. die Übernahme von → Ehrenämtern zum Gegenstand haben.

Staatsform der → Bundesrepublik im Sinne der Struktur politischer Herrschaft ist → demokratisch und → republikanisch geprägt. Diese formale Staatsgestalt ist verfassungsrechtlich näher ausgeformt durch die Prinzipien der → Rechtsstaatlichkeit, der → Bundesstaatlichkeit und der → Sozialstaatlichkeit.

Staatsgebiet → Bundesgebiet

Staatsgewalt, neben → Staatsgebiet und → Staatsvolk ein begriffsnotwendiges Element jeden Staates. Im Verfassungsstaat des GG ist die vom Volke ausgehende Staatsgewalt → rechtsstaatlich gemäßigt insbesondere durch → Gewaltenteilung und → Grundrechte. Von der Staatsgewalt als Herrschaftsmacht über Menschen auf einem bestimmten Territorium zu unterscheiden ist der grundgesetzliche Begriff der → öffentlichen Gewalt.

Staatshaftung (Amtshaftung) betrifft – unbeschadet sonstiger Ansprüche auf Entschädigung z. B. wegen → Enteigung oder → Aufopferung – die Ausgleichspflicht für Schädigungen durch amtspflichtwidrige Handhabung der öffentlichen Gewalt. Hierzu bestimmt das GG: Verletzt jemand in Ausübung eines ihm anvertrauten öffentlichen Amtes die ihm einem Dritten gegenüber obliegende Amtspflicht, so trifft die Verantwortlichkeit grundsätzlich den Staat oder die Körperschaft, in deren Dienst er steht. Für den Anspruch auf Schadenersatz darf der ordentliche Rechtsweg nicht ausgeschlossen werden (Art. 34). Diese für → Bund und Länder sowie für alle anderen → juristischen Personen des öffentlichen Rechtes geltende Haftung bei pflichtwidrigem hoheitlichen Handeln ihrer Bediensteten überträgt die nach Zivilrecht (§ 839 BGB) entstandene, primär den Beamten selbst treffende Schadensersatzverpflichtung „grundsätzlich“ auf den Träger der öffentlichen Gewalt. Für bestimmte Fallgruppen kann daher ausnahmsweise, was vereinzelt auch geschehen ist wie z. B. zur Entlastung des postalischen Massenverkehrs, die Staatshaftung eingeschränkt werden. Im übrigen greift die subsidiäre Haftung der öffentlichen Hand nur ein, wenn der Geschädigte nicht auf andere Weise (z. B. durch die Haftpflichtversicherung eines beteiligten Dritten) Ersatz zu erlangen vermag.

Staatshaushalt → Haushaltsplan → Haushaltsgesetz

Staatskirchenrecht, Inbegriff der gesetzlichen, vertraglichen und gewohnheitsrechtlichen Normen, die das Verhältnis der Kirchen zum Staate regeln. Grundlagen sind die → Verfassungen von → Bund und Ländern (→ Kirchen → Kirchenartikel → Religionsfreiheit → Konkordate).

Staatsleitung → Bundesregierung → Bundeskanzler → Bundesminister

Staatsnotstand als Krise der Verfassungsordnung eines Volkes kann durch äußere oder innere Ursachen schleichend oder schlagartig eintreten. Kriegsereignisse vermögen die Grundlagen der öffentlichen Sicherheit unnd Ordnung ebenso zu stören wie soziale Unruhen oder Naturkatastrophen. Dem → Ausnahmezustand mit juristischen Mitteln gerecht zu werden, ist die Aufgabe und das Dilemma der → Notstandsverfassung (→ Innerer Notstand → Spannungsfall → Verteidigungsfall → Gemeinsamer Ausschuß).

Staatsoberhaupt → Republik → Bundespräsident

Staatsorgane → Gewaltenteilung → Gesetzgebung → Vollziehende Gewalt → Rechtsprechung

Staatsrecht im engeren Sinne ist die grundlegende Disziplin des → öffentlichen Rechtes, die in erster Linie das → Verfassungsrecht des Staates zum Gegenstand hat. Außer diesem Kernbereich gehören zu den Quellen des Staatsrechts auch die sog. Verfassungsnebengesetze, die u. a. die → Wahl zum Parlament, die → Verfassungsgerichtsbarkeit und die → Staatsangehörigkeit regeln. Auf Bundesebene sind dies insbesondere das Bundeswahlgesetz, das Gesetz über die politischen → Parteien, das Gesetz über die Wahl des → Bundespräsidenten, das Reichs- und Staatsangehörigkeitsgesetz und das Gesetz über das → Bundesverfassungsgericht. Quellen des Staatsrechtes sind ferner auch bestimmte → völkerrechtliche Verträge, die Rechte und Verpflichtungen in bezug auf Staatsleitung und staatliche Einrichtungen begründen.

Staatssekretäre → Parlamentarische Staatssekretäre → Politische Beamte

Staatssymbole wurden vom GG nur in bezug auf die → Bundesfarben festgelegt. Sonstige Staatssymbole – außer Bundeswappen und Dienstsiegel vor allem auch die → Nationalhymne – werden durch Gesetz oder Dekret der Staatsspitze bestimmt.

Staatsverträge → Völkerrechtliche Verträge → Reichskonkordat → Pacta sunt servanda → Clausula rebus sic stantibus

Staatsvolk, neben → Staatsgebiet und → Staatsgewalt das wichtigste Element des Staatsbegriffs. Nach dem GG geht alle Staatsgewalt vom Volke aus (Art. 20 II 1). Demokratischer Souverän in diesem Sinne ist nicht eine vage völkische Gemeinschaft, vielmehr der durch die → deutsche Staatsangehörigkeit abgegrenzte Personenkreis.

Staatszielbestimmungen sind verfassungsrechtsverbindlich festgelegte allgemeine → Staatsaufgaben, deren Erfüllung im Unterschied zu speziellen → Gesetzgebungsaufträgen grundsätzlichen Richtlinien zu entsprechen hat. Solche Verfassungsdirektiven verpflichten hauptsächlich den im übrigen gestaltungsfreien Gesetzgeber auf ein bestimmtes Programm, dessen Mißachtung zur Verfassungswidrigkeit einschlägiger Rechtsvorschriften führt. Beispiele grundgesetzlicher Staatszielbestimmungen sind das → Sozialstaatsprinzip, das → Verbot des Angriffskrieges und die Beachtung des → gesamtwirtschaftlichen Gleichgewichts in der Haushaltswirtschaft von → Bund und Ländern.

Staat und Kirche → Staatskirchenrecht

Stabilitätsgesetz → Finanzplanung → Gesamtwirtschaftliches Gleichgewicht

Stabilitätszuschlag, ein Zuschlag zur → Einkommensteuer und → Körperschaftssteuer. Das zur Bekämpfung des Preisanstiegs erhobene Aufkommen wurde nach gesetzlicher Bestimmung zunächst als Konjunkturausgleichsrücklage auf Sonderkonten angesammelt, von denen es mit Zustimmung des → Bundesrates zur Förderung der Ziele des → Stabilitätsgesetzes freigegeben werden konnte. Im Unterschied zum → Konjunkturzuschlag war der Stabilitätszuschlag eine → Steuer, deren Erhebung dem → Bundesgesetzgeber nach den einschlägigen Kompetenznormen zustand (Art. 105 II i. V. m. Art. 106 III 1). Der Begriff der Steuer setzt keine sofortige Ausgabe der vom Fiskus vereinnahmten Beträge voraus. Auch ist unerheblich, daß Hauptzweck dieses Zuschlags nicht staatliche Einnahmeerzielung, sondern Konjunktursteuerung durch zeitweise Stillegung von Kaufkraft war (BVerfGE 36, S. 70 f.).

Standarten → Bundesfarben

Standesgerichtsbarkeit → Ehrengerichte → Doppelbestrafungsverbot

Statistische Erhebungen → Bekenntnisfreiheit → Datenschutz

Steuer(n), im System der öffentlichen → Abgaben von überragender Bedeutung und ein grundlegender Begriff der → Finanzverfassung, sind vom GG nicht näher definiert. Nach der Rechtsprechung (BVerfGE 55, S. 299) ist davon auszugehen, daß die Verfassung den Steuerbegriff der Abgabenordnung als einer seit Jahrzehnten eingebürgerten Definition des gemeindeutschen Steuerrechts übernommen hat. Danach sind Steuern einmalige oder laufende Geldleistungen, die nicht eine Gegenleistung für eine besondere Leistung darstellen und die von einem öffentlich-rechtlichen Gemeinwesen zur Erzielung von Einkünften allen auferlegt werden, bei denen der Tatbestand zutrifft, an den das Gesetz die Leistungspflicht knüpft. Zölle fallen darunter, nicht dagegen Gebühren für die besondere Inanspruchnahme der Verwaltung und Beiträge. Anknüpfend an diese Definition des allgemeinen Abgabenrechts muß der verfassungsrechtliche Begriff der Steuer überdies ihrer Funktion innerhalb der bundesstaatlichen Finanzverfassung Rechnung tragen. Desgleichen auch der Notwendigkeit, daß die Besteuerung sich im Staat der Industriegesellschaft zu einem unentbehrlichen Lenkungsinstrument der Wirtschafts- und Gesellschaftspolitik entwickelt hat. Wenn dabei die Steuer als Mittel der Sozialgestaltung und der Wirtschaftsintervention eingesetzt wird, tritt der herkömmliche Steuerzweck, zur Erfüllung der allgemeinen Staatsaufgaben Einkünfte zu erzielen, oft gänzlich in den Hintergrund.

Steueraufkommensverteilung → Steuerertragshoheit

Steuerbewilligungsrecht, ursprünglich das Gegenstück zum → Budgetrecht des Parlaments. Das historische Recht der Steuerbewilligung ist später in der verfassungsmäßigen → Steuergesetzgebungskompetenz aufgegangen.

Steuereingriffe unterliegen strengen → rechtsstaatlichen Geboten, insbesondere dem → Vorbehalt des Gesetzes und dem Grundsatz der → Gesetzmäßigkeit der Steuerverwaltung. Dem Gesetzmäßigkeitsprinzip genügt nicht irgendeine rechtsatzmäßige Bindung der Exekutive, namentlich nicht eine bloße gesetzliche Generalklausel, die es dem

Ermessen der Verwaltung anheimstellt, die Grenzen von Eigentum und Freiheit des Steuerpflichtigen zu bestimmen. Vielmehr gebietet das rechtsstaatliche Prinzip der Tatbestandsbestimmtheit, daß die Gesetzesvorschrift, die eine Steuerpflicht begründet, nach Inhalt, Gegenstand, Zweck und Ausmaß so bestimmt ist, daß die Steuerlast für den Pflichtigen voraussehbar und berechenbar wird. Freilich schließt auch im Steuerrecht, das strikt aus dem Dictum des Gesetzgebers lebt, die bloße Auslegungsbedürftigkeit einer Rechtsvorschrift die gebotene Bestimmtheit des Steuertatbestandes nicht aus (BVerfGE 21, S. 215). Daß sich die wesentlichen Elemente des Steuertatbestandes aus einem förmlichen Parlamentsgesetz ergeben müssen, wird durch die strengen Bestimmungen des GG für den Erlaß von → Rechtsverordnungen unterstrichen.

Steuererfindungsrecht im Sinne der Befugnis des Staates, bestimmte Steuerquellen zu erschließen, bemißt sich nach den Verfassungsbestimmungen über die Verteilung der → Steuergesetzgebungskompetenz zwischen → Bund und Ländern; die → Gemeinden haben kein eigenes Steuererfindungsrecht (→ Gemeindesteuern). Der Gesetzgeber verfügt in Ausübung seiner verfassungsmäßigen Kompetenz, Steuerquellen zu erschließen, über eine weitgehende Gestaltungsfreiheit, wobei er sich u. a. von finanzpolitischen, volkswirtschaftlichen, sozialpolitischen, währungspolitischen, verwaltungstechnischen und sonstigen sachlich einleuchtenden Erwägungen leiten lassen darf. Wenn er aus einem dieser Gründe die Entscheidung trifft, eine bestimmte Steuerquelle zu erschließen, andere aber nicht auszuschöpfen, so ist der → allgemeine Gleichheitssatz nicht verletzt (BVerfGE 13, S. 203).

Steuerertragshoheit, Inbegriff des Teiles der → bundesstaatlichen → Finanzverfassung, der die Verteilung des nationalen Steueraufkommens insbesondere zwischen Gesamtstaat und Gliedstaaten regelt. Naturgemäß haben hier, wo es um den Nervus rerum der → Eigenstaatlichkeit geht, die berechtigten Interessen der Länder besonderes Gewicht. Da die gesamte Staatstätigkeit namentlich im finanzhungrigen → Sozialstaat vom Geldpotential der öffentlichen Hände abhängt, kommt einer ausgewogenen Verfassungsgestaltung der Steuerertragshoheit in Verbindung mit dem föderativen → Finanzausgleich eine grundlegende Bedeutung zu. Das GG versucht die – im einzelnen seit den Tagen des → Parlamentarischen Rates politisch strittigen – komplexen Fragen im Prinzip so zu lösen, daß es für bestimmte Steuerarten jeweils dem Bund oder den Ländern allein den Ertrag zuweist (Trennsystem); daß es an den sogenannten großen Steuern den Bund und die Länder gemeinsam beteiligt (Verbundsystem); daß es zwischen Bund und Ländern einen Ausgleich der entsprechenden Finanzmassen vorsieht (→ vertikaler Finanzausgleich) und daß es diesen Ausgleich ergänzt durch eine Verteilung der gesamten Länderfinanzmasse auf die einzelnen Gliedstaaten) (→ horizontaler Finanzausgleich). Hinzu kommt eine Beteiligung der → Gemeinden an den Steuererträgen (Art. 106 V–IX). Der Verfassungsartikel über die föderative Verteilung des Steueraufkommens enthält keine Generalklausel, sondern einen Einzelsteuer-Katalog, der enumerativ dem Bund und den Ländern jeweils ihre Ertragsberechtigung zuspricht. Abgesehen von der Alleinberechtigung des Bundes (Art. 106 I) und der Länder (Art. 106 II) für bestimmte Steuerarten sind die Vorschriften über die → Gemeinschaftssteuern, die „großen“ Steuern, von besonderem finanziellen Gewicht. Danach stehen die → Einkommensteuer, die → Körperschaftssteuer und die → Umsatzsteuer ertragsmäßig dem Bund und den Ländern gemeinsam zu. Für die beiden erstgenannten Steuern hat das GG eine paritätische Beteiligung von Gesamtstaat und Gliedstaaten festgesetzt. Dagegen ist die Beteiligung an der Umsatzsteuer einer variablen Bestimmung durch → Bundesgesetz mit Zustimmung des → Bundesrates überlassen (Art. 106 III–IV), was in der bundesstaatlichen Praxis naturgemäß zu fortwährendem Streit der Beteiligten führt.

Steuergeheimnis, die Amtspflicht zur Geheimhaltung aller im Zuge der Besteuerung bekanntgewordenen Verhältnisse einer Person, ist ein gesetzliches Gegengewicht zu den tiefen Eingriffsbefugnissen des modernen Steuerstaates und den umfassenden Offenlegungspflichten der Betroffenen. Das in der Abgabenordnung normierte Steuergeheimnis genießt, im Unterschied zu bestimmten grundrechtlich geschützten Geheimbereichen (→ Briefgeheimnis, → Postgeheimnis, → Fernmeldegeheimnis), keinen Verfassungsrang.

Steuergerechtigkeit in einem materialen Sinne betrifft die Frage, ob der Steuergesetzgeber durch unmittelbaren Rückgriff auf die Idee der Gerechtigkeit brauchbare Maßstäbe für eine „gerechte“ Zumessung der Steuerlast, insbesondere für die Gestaltung des „progressiven“ Steuertarifs gewinnen kann. Hier ist größte Skepsis geboten. Wegen ihrer inhaltlichen Unbestimmtheit sind z. B. geflügelte Formeln wie „Jedem das Seine“ oder „Jedem das Gleiche“ oder „Jedem nach seinen Bedürfnissen“ nicht ohne weiteres praxisfähig. Auch die Gerechtigkeitspostulate des → Naturrechts scheiden wegen ihrer Vielfalt und Widersprüchlichkeit als Maßstab der Gesetzgebung aus. Was Gerechtigkeit ist, scheint diesseits des Abstrakten und Formalen keine Philosophie zwingend feststellen zu können. Die konkreten Bestimmungen der Gerechtigkeit beruhen letztlich auf irrationalen und metajuristischen Wertentscheidungen, die erheblich differieren und allgemeiner Anerkennung nicht fähig sind. Dies gilt in besonderem Maße für die materiale Steuergerechtigkeit als Maßstab einer richtigen Lastenverteilung auf die Abgabenpflichtigen. Schon ein erster Durchblick offenbart unversöhnliche Gegensätze als Ausdruck grundverschiedener Besteuerungsideale im Widerschein sozialkonservativer, sozialreformatorischer und sozialrevolutionärer Politiken. So soll z. B. nach der „Leave-them-as-you-find-them-rule“ der gerechte Staat die vorgefundenen Vermögens- und Einkommensverhältniss in einer Weise respektieren, daß durch die Besteuerung die relative Wirtschaftslage der Pflichtigen nicht verändert wird. Dagegen fordert Karl Marx im Kommunistischen Manifest eine „starke Progressivsteuer“, die als „Mittel zur Umwälzung der ganzen Produktionsweise ... der Bourgeoisie nach und nach alles Kapital entreißen“ soll. Eine vermittelnde Theorie der sozialen Funktion der Besteuerung, die auf die moderne Gesetzgebungspolitik großen Einfluß ausgeübt hat, will die Steuer neben der Deckung des staatlichen Finanzbedarfs zur Korrektur bestehender Einkommens- und Vermögensunterschiede verwenden, was ihre Anhänger für ein Gebot sozialer Gerechtigkeit halten. Aber auch sie vermögen nicht genau und rational nachvollziehbar anzugeben, bis zu welchem Grade die freie Einkommens- und Vermögensproduktion mittels gestaffelter Steuertarife zu korrigieren sei. Angesichts der Unbestimmtheit, Abstraktheit und Irrationalität all dieser Steuergerechtigkeitslehren nimmt es nicht wunder, daß in das inhaltliche Vakuum mannigfache Ideologien, Ressentiments und Gruppeninteressen einfließen, die sich als Forderungen einer gerechten Verteilung der Steuerlasten rationalisieren. Demgegenüber ist Steuergerechtigkeit in einem engeren, justiziablen Sinne die Verfassungsmäßigkeit der Steuergesetzgebung, insbesondere der Respekt des Gesetzgebers vor den → Grundrechten. Abgesehen von den durch den → allgemeinen Gleichheitssatz verbotenen steuerlichen Privilegierungen und Diskriminierungen wird aus dem Verfassungsgrundsatz gleicher Lastenverteilung eine im GG nicht ausdrücklich bestimmte persönliche Steuerpflicht nach der Leistungsfähigkeit hergeleitet. Demgemäß werden z. B. höhere Einkünfte nicht nur proportional stärker erfaßt, sondern überdies auch „progressiv“ mit steigendem Einkommen durch höhere Steuersätze belastet. Zwar gilt die Einkommensbesteuerung nach der wirtschaftlichen Leistungsfähigkeit des Pflichtigen als ein grundsätzliches Gebot der Steuergerechtigkeit (BVerfGE 61, S. 343 f.), indessen ist die Entscheidung über die Tarifgestaltung der „Progressivsteuer“ kein Ausdruck materialer Gerechtigkeit, sondern der jeweiligen Gesetzgebungsmacht.

Steuergerichtsbarkeit → Finanzgerichtsbarkeit

Steuergesetze → Steuereingriffe

Steuergesetzgebungskompetenzen sind, gesondert von den übrigen → Gesetzgebungskompetenzen, zwischen Gesamtstaat und Gliedstaaten aufgeteilt nach dem Schema ausschließlicher und konkurrierender Zuständigkeit. Danach hat der Bund über die → Zölle und → Finanzmonopole die → ausschließliche Gesetzgebung (Art. 105 I). Für die sonstigen Steuern liegt das Recht der → konkurrierenden Gesetzgebung beim Bund, wenn ihm der → Steuerertrag ganz oder zum Teil zusteht oder wenn ein Bedürfnis nach bundesgesetzlicher Regelung (Art. 72 II) besteht (Art. 105 II). Die Länder haben lediglich über die → örtlichen Verbrauch- und Aufwandsteuern die Gesetzgebungsbefugnis, solange und soweit solche Abgaben nicht bundesgesetzlich geregelten Steuern gleichartig sind (Art. 105 II a). Die Verfassungsvorschriften bedeuten im Ergebnis, daß der Bund für alle wichtigen Steuern in Deutschland ein Gesetzgebungsrecht hat. Dieser Vorrang des Gesamtstaates, eine Bedingung für den wirksamen Einsatz des Steuerrechts als Instrument der Wirtschaftslenkung und Sozialgestaltung, ist Grundlage der steuerlichen Rechts- und Wirtschaftseinheit im ganzen → Bundesgebiet. Freilich bedürfen Bundessteuergesetze, welche die → Steuerertragshoheit der Länder berühren, der Zustimmung des → Bundesrates (Art. 105 III).

Steuergewalt, abgabenwirksamer Teil der einheitlichen → Staatsgewalt. Im → Rechtsstaat ist die Steuergewalt gebändigt insbesondere durch den → Vorrang der Verfassung, den → Vorbehalt des Gesetzes, die → Gesetzmäßigkeit der Verwaltung, den Grundsatz der → Rechtssicherheit und die → Rechtsweggarantie.

Steuerpflicht → Steuereingriffe → Steuergerechtigkeit

Steuerquellen → Steuererfindungsrecht

Steuerschwache Länder → Finanzausgleich

Steuerverfassung, Inbegriff der grundgesetzlichen Bestimmungen über → Steuergesetzgebung, → Steuerverwaltung, → Finanzgerichtsbarkeit, → Steuerertragshoheit und → Finanzausgleich

Steuerverwaltung → Finanzverwaltung

Stiftungen → Juristische Personen des öffentlichen Rechts

Stimmen → Mehrheiten

Strafen → Nulla poena sine lege → Nulla poena sine culpa → Doppelbestrafungsverbot → Todesstrafe

Strafgerichtsbarkeit, ein traditioneller Bereich der → rechtsprechenden Gewalt, die heute ausschließlich den → Richtern anvertraut ist (Art. 92). Dieser verfassungsrechtliche Richtervorbehalt hat besondere Bedeutung für die Verhängung von Kriminalstrafen, die stets einen schwerwiegenden Eingriff in die Rechtssphäre des Betroffenen darstellen. Die ausdrückliche Hervorhebung des GG, daß über Freiheitsentziehungen nur der Richter zu entscheiden hat (Art. 104 II), ändert nichts daran, daß auch die Verurteilung zu einer Geldstrafe als Sühne für kriminelles Unrecht dem Richtervorbehalt unterfällt. Hierfür ist entscheidend, daß mit dem Eingriff in das Vermögen des Verurteilten ein autoritatives Unwerturteil, der Vorwurf der Auflehnung gegen die Rechtsordnung verbunden ist. Deshalb dürfen auch bei minder schweren Unrechtstatbeständen keine Kriminalstrafen durch Verwaltungsbehörden verhängt werden. Folglich konnte die frühere, auf langem Herkommen beruhende Strafbefugnis der Finanzämter bei Steuervergehen vor dem GG keinen Bestand haben (BVerfGE 22, S. 80 ff.). Von der verfassungswidrigen Verhängung echter Geldstrafen durch die → Exekutive ist die Auferlegung von Verwarnungsgebühren z. B. durch Polizeibeamte zu unterscheiden. Die gebührenpflichtige Verwarnung ist keine Kriminalstrafe, sondern ein Verwaltungsakt, der den Täter lediglich abmahnen soll. Zwar führt sie ebenso wie die Geldstrafe für den Betroffenen zu einer Vermögensminderung, wenngleich diese wirtschaftlich kaum ins Gewicht fällt. Doch kann sie im Unterschied zu jener nicht in eine Freiheitsstrafe umgewandelt und ins Strafregister eingetragen werden. Entscheidend aber ist, daß sie anders als die Kriminalstrafe weder Sühne noch Vergeltung bezweckt noch einen ethischen Schuldvorwurf enthält (BVerfGE 22, S. 131 f.).

Strafgesetze unterliegen strengen → rechtsstaatlichen Bestimmtheitsgeboten sowie absoluten Rückwirkungs- und Analogieverboten (→ Nulla poena sine lege). Außerdem muß die gesetzliche Strafdrohung zur Schwere der Tat und zum Verschulden des Täters in einem angemessenen Verhältnis stehen (→ Nulla poena sine culpa).

Strafprozeß, das förmliche Verfahren zur Durchsetzung des gesetzlichen Strafanspruchs, steht in besonderem Maße unter den Geboten des → Rechtsstaatsprinzips. Schon im vorgerichtlichen Stadium sind von der Staatsanwaltschaft, die nach dem Legalitätsgrundsatz wegen aller Straftaten bei hinreichendem Tatverdacht zu ermitteln hat, auch die der Entlastung des Betroffenen dienenden Umstände zu berücksichtigen. Das Ziel der Wahrheitsfindung durch umfassende Sachverhaltserforschung ist freilich kein absolutes, da Anklagebehörde und Gericht insbesondere durch die Grundrechte der → Menschenwürde und des → allgemeinen Persönlichkeitsrechts in ihrem prozessualen Handeln beschränkt sind. So gewährt z. B. der verfassungsrechtliche Schutz gegen Selbstbezichtigung dem Beschuldigten ein Schweigerecht; erzwungene Aussagen unterliegen einem Verwertungsverbot, hinter dem das Strafverfolgungsinteresse der Allgemeinheit zurückzutreten hat (BVerfGE 56, S. 43). Im übrigen gilt ganz besonders für den Strafprozeß der rechtsstaatliche Anspruch auf ein → faires Verfahren.

Strafrecht, Inbegriff der hauptsächlich im Strafgesetzbuch kodifizierten Rechtsnormen, die, unter dem Gebot → rechtsstaatlicher Bestimmtheit, den Tatbestand und die Rechtsfolgen krimineller Handlungen regeln. Aufgabe des Strafrechts ist es, fundamentale Werte menschenwürdigen Zusammenlebens in der Staatsgemeinschaft zu schützen

(BVerfGE 27, S. 28 f.). Die in den → Grundrechten des GG verkörperte Wertordnung indiziert den vom Strafrecht zu schützenden sozialethischen Kernbereich. Die Jurisdiktion über einschlägige Unrechtstatbestände ist ausschließlich den → Richtern anvertraut (Art. 92). Dieser Verfasungsvorbehalt hindert den → Gesetzgeber, etwa aus rechtspolitischen Gründen minder schwere kriminelle Delikte in → Ordnungswidrigkeiten umzuwandeln. Wo immer der materielle Bereich der → Rechtsprechung berührt wird, sind allein unabhängige Richter zur Entscheidung befugt. Zu Ordnungswidrigkeiten können deshalb nur solche Gesetzesübertretungen abgemildert werden, die nach – historisch wandelbarem – gesellschaftlichem Konsens nicht das Unwerturteil krimineller Strafwürdigkeit verdienen. Dies ist z. B. bei weniger bedeutsamen Verstößen gegen Straßenverkehrsvorschriften der Fall.

Strafverfolgung → Auslieferung → Immunität → Indemnität

Strafvollzug als zulässige begrenzte oder unbegrenzte Freiheitsentziehung aufgrund gesetzmäßigen richterlichen Strafurteils wird vom GG vorausgesetzt (Art. 104 I und II, Art. 2 II 3), doch schweigt die Verfassung, abgesehen vom Mißhandlungsverbot (Art. 104 I 2), zur Art und Weise des Vollzugs. Hieraus hat man früher gefolgert, das sogenannte → besondere Gewaltverhältnis, in dem sich der Strafgefangene befinde, sei eine ausreichende Legitimationsgrundlage für die Beschränkung seiner Grundrechte während der Haft. Diese Auffassung konnte einer verfassungsgerichtlichen Überprüfung nicht standhalten (BVerfGE 33, S. 11). Der umfassenden Grundrechtsbindung aller staatlichen Gewalt (Art. 1 III) widerspricht es, daß im Strafvollzug die einschlägigen Grundrechte nach Ermessen der Vollzugsbehörde eingeschränkt werden können. Dazu bedarf es vielmehr eines hinreichend bestimmten Gesetzes, das Grundrechtsbeschränkungen nur zu rechtfertigen vermag, wenn dies zur Erreichung eines von der Verfassungsordnung gedeckten gemeinschaftsbezogenen Zweckes unerläßlich ist.

Streik, ein Mittel des Arbeitskampfes als Gegenstück zur → Aussperrung, ist die zweckbestimmte, planmäßig durchgeführte, typischerweise von den Gewerkschaften organisierte Arbeitseinstellung einer größeren Gruppe von Arbeitnehmern. Die Streikbefugnis ist verfassungsrechtlich durch die → Koalitionsfreiheit geschützt. Unzulässig sind „wilde“ Streiks, d. h. Arbeitskampfmaßnahmen ohne Mitwirkung der

Gewerkschaften. Rechtswidrig sind auch „politische“ Streiks, mit denen nicht die Gegner im Arbeitskampf, sondern oberste Staatsorgane unter Druck gesetzt werden sollen. Daß Beamte kein Streikrecht haben, gehört zu den verfassungskräftigen hergebrachten Grundsätzen des → Berufsbeamtentums (BVerfGE 8, S. 17).

Streitbare Demokratie, auch abwehrbereite oder wehrhafte Demokratie genannt, ist ein vom BVerfG verwendeter Begriff zur Kennzeichnung der vom GG verfaßten → freiheitlichen demokratischen Grundordnung. Die zu deren Schutz vorgesehenen besonderen Verfassungsbestimmungen z. B. über → Abhörkontrolle, Freizügigkeitsbeschränkung (Art. 11 II), → Parteiverbot und → Grundrechtsverwirkung sind eine Reaktion des GG auf die liberale Wehrlosigkeit der → WRV, die als ein Hauptgrund für das Abgleiten der → Weimarer Republik in die Diktatur des → Dritten Reiches angesehen wird. Nach geltendem Recht sollen Verfassungsfeinde nicht mehr unter Berufung auf Freiheiten, die das GG gewährt, die freiheitliche Verfassungsordnung oder den → Bestand des Staates gefährden, beeinträchtigen oder zerstören dürfen (BVerfGE 30, S. 19 f.). Bei allem historischen Verständnis für jene verfassungsrechtlichen Abwehrmittel darf ihre begrenzte Reichweite in Fällen ernster Staatskrisen nicht übersehen werden. Die Lebenskraft und Legitimität einer freiheitlichen Verfassung speist sich letztlich aus der fortwährenden breiten Zustimmung des Volkes, wobei die freiheitsverkürzende Ausgrenzung bestimmter politischer Kräfte nicht nur ein Problem der Zweckmäßigkeit ist.

Streitbeilegung → Internationale Schiedsgerichtsbarkeit

Streitkräfte → Bundeswehr → Wehrverfassung → Verteidigungsfall → Befehls- und Kommandogewalt → Innerer Notstand

Strukturpolitik → Gemeinschaftsaufgaben

Studierfreiheit → Berufsfreiheit → Numerus clausus

Stufenbau der Rechtsordnung ergibt sich insbesondere aus dem → Vorrang der Verfassung gegenüber dem Gesetzesrecht und – gemäß der Bindung der → vollziehenden Gewalt an → Gesetz und Recht (Art. 20 III) – aus der Nachrangigkeit von → Rechtsverordnungen und → Satzungsrecht. Eine niederrangige Rechtsnorm ist nichtig, wenn sie einer höherrangigen widerspricht. Im → Bundesstaat wird Landesrecht von → Bundesrecht gebrochen (Art. 31).

Stufentheorie → Berufsfreiheit

Subjektiv öffentliche Rechte sind in der objektiven Rechtsordnung gründende, notfalls gerichtlich durchsetzbare individuelle Ansprüche gegen den Staat oder andere Träger hoheitlicher Macht. Die → Grundrechte enthalten subjektiv öffentliche Rechte mit Verfassungsrang. Sie gewähren den Berechtigten – in der deutschen Verfassungsgeschichte erstmals unter dem GG – einklagbare Ansprüche gegen die → öffentliche Gewalt in einem umfassenden Sinn und verpflichten unmittelbar auch die → Gesetzgebung (Art. 1 III).

Subventionen als öffentliche Finanzhilfen an private Unternehmen zum Zwecke der Wirtschaftsförderung insbesondere durch den Bund bedürfen vor ihrer Vergabe mit Rücksicht auf das → Budgetrecht des Parlaments einer Ausgabeermächtigung im → Haushaltsgesetz; Subventionsansprüche entstehen hierdurch nicht.

Supranationales Recht → Europäisches Gemeinschaftsrecht

Supranationalität → Europäische Gemeinschaften

Supreme Court → US-Supreme Court

Systematik → Verfassungsauslegung

T

Tadelsanträge dienen der parlamentarischen Mißbilligung bestimmter Handlungen oder Unterlassungen von Mitgliedern der → Bundesregierung. Ihre Zulässigkeit, die im GG weder vorgesehen noch ausgeschlossen ist, beruht auf Parlamentsbrauch. Tadelsanträge mit dem Ziel einer entsprechenden → Beschlußfassung des Bundestages unterscheiden sich von → Mißtrauensvoten mit rechtlicher Konsequenz. Diese sind gegen → Bundesminister unzulässig; gegen den → Bundeskanzler sieht das GG sie nur vor in Form des → konstruktiven Mißtrauensvotums und der gescheiterten → Vertrauensfrage.

Tarifautonomie, die rechtliche Freiheit der Sozialpartner, unabhängig von staatlicher Einwirkung die Tarife (Entgelte und sonstige Bedingungen) für Arbeitsleistungen selbst zu bestimmen. Tarifvertragsfähig sind nur Gewerkschaften, Arbeitgeberverbände und einzelne Arbeitgeber. Die Tarifautonomie, deren Wahrnehmung staatlich anerkanntes autonomes Recht schafft (BVerfGE 44, S. 340 f.), ist verfassungsrechtlich durch die → Koalitionsfreiheit geschützt.

Tarifvertragsgesetz → Arbeitsrecht

Tatbestandsbestimmtheit → Strafgesetze → Steuereingriffe

Tatsachenmitteilungen → Meinungsfreiheit

Teilhaberechte als Mitwirkungsbefugnisse an der Vorformung des politischen Willens sind in verschiedenen → Freiheitsgrundrechten mitenthalten, so z. B. in der → Meinungsfreiheit, der → Pressefreiheit, der → Versammlungsfreiheit und der → Vereinigungsfreiheit. Hiervon zu unterscheiden ist der am positiven Verfassungsrecht scheiternde Versuch, dem GG – es kennt keine → sozialen Grundrechte, verpflichtet aber namentlich den → Gesetzgeber auf das → Sozialstaatsprinzip – unmittelbare Teilhaberechte im Sinne von Ansprüchen auf Beteiligung an staatlichen Sozialleistungen zu entnehmen. Zu „Teilhaberechten" umgedeutete Freiheitsgrundrechte stünden notwendig unter dem Vorbehalt des Möglichen und gesetzlicher Verteilungsregeln, wären folglich als Fundamentalrechte entwertet. Nach geltendem Verfassungsrecht hat der Einzelne nur insoweit, als ein Gesetz für bestimmte Sozialbereiche (z. B. Ausbildungsförderung) Ansprüche auf staatliche Leistungen normiert, ein Grundrecht auf gleiche Teilhabe nach dem Maßstab des → allgemeinen Gleichheitssatzes.

Teilung der Staatsgewalt → Gewaltenteilung

Telefon → Fernmeldegeheimnis

Telefonüberwachung → Abhörkontrolle

Telegraphengeheimnis → Fernmeldegeheimnis

Telekommunikation → Fernmeldegeheimnis

Tendenzschutz im Sinne einer Freistellung von Vorschriften des Betriebsverfassungsgesetzes genießen Betriebe, die überwiegend politischen, konfessionellen, wissenschaftlichen und ähnlichen Zwecken dienen; hierunter fallen z. B. auch Zeitungsverlage. Der arbeitsrechtliche Tendenzschutz für → Religionsgesellschaften in bezug auf ihre karitativen und erzieherischen Einrichtungen (BVerfGE 46, S. 74) gründet im verfassungsrechtlich gewährleisteten Selbstbestimmungsrecht (Art. 140 GG i. V. m. Art. 137 III).

Terrorismus → Recht auf Leben

Testierfreiheit ist das Recht einer Person, nach Belieben Verfügungen von Todes wegen zu treffen. Diese Befugnis wird als eine Erscheinungsform der → Privatautonomie von der → Erbrechtsgarantie besonders geschützt.

Theologische Fakultäten genießen als staatliche Einrichtungen der Forschung das Grundrecht der → Wissenschaftsfreiheit. Da sie zugleich universitäre Ausbildungsstätten für Geistliche sind, muß mit Rücksicht auf die → Religionsfreiheit und die innere Autonomie der → Religionsgesellschaften eine hinreichende rechtliche Beteiligung der → Kirchen bei der Regelung einschlägiger Angelegenheiten gewährleistet sein. Der näheren Ordnung dienen insbesondere → Konkordate und Kirchenverträge.

Tierschutz ist ein der → konkurrierenden Gesetzgebung unterfallendes Gebiet (Art. 74 Nr. 20). Das Tierschutzgesetz des Bundes beruht auf dem Gedanken einer sittlichen Mitverantwortung des Menschen für die seiner Obhut anheimgegebenen Lebewesen. Demgemäß sollen z. B. Tierversuche auf das unumgänglich notwendige Maß beschränkt und den Versuchstieren keine vermeidbaren Schmerzen oder Schäden zugefügt werden (BVerfGE 48, S. 389).

Todesstrafen dürfen nach geltendem Verfassungsrecht weder verhängt noch vollstreckt noch vom Gesetzgeber wieder eingeführt werden. Die Todesstrafe ist abgeschafft (Art. 102). Schon die → Paulskirchenverfassung sah den Wegfall der Todesstrafe vor, der Reichstag des → Kaiserreiches hielt mit knapper Mehrheit an ihr fest, in der → Weimarer Republik wurde sie kaum noch vollstreckt. Das lapidare Todesstrafverbot der GG steht – wie das → Recht auf Leben und körperliche Unversehrtheit – vor dem Hintergrund des schrankenlosen Mißbrauchs der Strafgewalt im → Dritten Reich. Unter der Geltung des Art. 102 ist es unzulässig, daß der → Gesetzgeber den Tod als Strafe androht, daß der → Richter aufgrund eines → vorkonstitutionellen Gesetzes die Todesstrafe verhängt oder daß die → Exekutive aufgrund eines vorkonstitutionellen Gerichtsurteils die Todesstrafe vollstreckt. Indessen verbietet das GG der deutschen → Staatsgewalt nicht die → Auslieferung eines Nichtdeutschen wegen einer Straftat, die in dem ersuchenden Staat mit der Todesstrafe bedroht ist. Zu einer derartigen Absolutierung des deutschen Verfassungsrechts fehlt die Legitimation umso mehr, als nicht wenige Kulturstaaten mit rechtsstaatlicher Tradition die Todesstrafe beibehalten haben (BVerfGE 18, S. 116 ff.). Übrigens könnte auch in der → Bundesrepublik Deutschland die Todesstrafe für bestimmte Kapitalverbrechen durch → Verfassungsänderung wiedereingeführt werden, weil das geltende Todesstrafenverbot nicht zu den von der → Unantastbarkeitsgarantie (Art. 79 III) geschützten Prinzipien gehört.

Toleranz

Toleranz → Bekenntnisfreiheit

Tonbandaufnahmen → Recht am gesprochenen Wort → Allgemeines Persönlichkeitsrecht → Fernmeldegeheimnis → Abhörkontrolle

Transsexuelle → Allgemeines Persönlichkeitsrecht

Treuepflichten → Bundestreue → Verfassungstreue → Berufsbeamtentum

U

Übergangsrecht in den neuen Bundesländern (→ Einigungsvertrag) darf nur unter bestimmten Voraussetzungen und binnen festgelegter Fristen von den Vorschriften des → Grundgesetzes abweichen (Art. 143).

Überhangmandat → Wahlsystem

Übermaßverbot, eine für alles obrigkeitliche Handeln geltende Leitregel mit Verfassungsrang, die sich – wie der umfassende → Verhältnismäßigkeitsgrundsatz – aus dem → Rechtsstaatsprinzip ergibt (BVerfGE 23, S. 133). Demgemäß hat z. B. der → Gesetzgeber bei zulässigen → Grundrechtsbeschränkungen stets das mildeste Mittel, den geringstmöglichen Eingriff zu wählen. Steht ihm ein weniger belastendes Mittel zur Verfügung, so ist der schärfere Eingriff, weil nicht erforderlich, verfassungswidrig wegen Verstoß gegen das Übermaßverbot.

Überraschungsentscheidungen im Zivilprozeß widersprechen – abgesehen von Sonderfällen wie z. B. dem Arrestverfahren, wo eine Überraschungswirkung rechtens ist – dem Grundsatz des → rechtlichen Gehörs (BVerfGE 7, S. 99).

Überregionale Staatsaufgaben → Forschungsförderung → Gemeinschaftsaufgaben

Überwachungsmaßnahmen → Abhörkontrolle → Rechtsweggarantie

Umsatzsteuer, eine → Gemeinschaftssteuer, deren Aufkommen – abweichend von der verfassungskräftigen paritätischen Beteiligung an → Einkommensteuer und → Körperschaftssteuer – auf → Bund und Länder durch zustimmungsbedürftiges → Bundesgesetz nach bestimmten Grundsätzen zu verteilen ist (Art. 106 III und IV). Dabei gilt für die neuen → Bundesländer eine Übergangsregelung nach dem → Einigungsvertrag. Die in Form der Mehrwertsteuer erhobene Umsatzsteuer knüpft an bestimmte gesetzliche Steuertatbestände an, insbesondere an Lieferungen und sonstige Leistungen, die ein Unternehmer im Inland gegen Entgelt im Rahmen seines Unternehmens ausführt.

Umweltbundesamt → Bundeseigene Verwaltung

Umweltschutz hinsichtlich Luftreinhaltung, Lärmbekämpfung und Abfallbeseitigung gehört zur → konkurrierenden Gesetzgebung des Bundes (Art. 74 Nr. 24). Eine umfassende Umweltkompetenz des Bundesgesetzgebers fehlt im GG. Wichtige einschlägige Bestimmungen enthält insbesondere das Bundes-Immissionsschutzgesetz. Ein → Grundrecht auf gesunde Umwelt für jedermann ist vom GG nicht ausdrücklich garantiert, kann auch nicht durch Auslegung dem → Recht auf Leben und körperliche Unversehrtheit entnommen werden. Allerdings besteht für den Bundesgesetzgeber ein verfassungsrechtlicher Schutzauftrag zu wirksamen Vorkehrungen, z. B. bei der Normierung von Genehmigungskriterien bezüglich umweltschädlicher Anlagen. Die Verfassungen einzelner → Bundesländer enthalten → Staatszielbestimmungen zum Schutz von Umwelt und Natur.

UN → Vereinte Nationen

Unabhängigkeit → Gerichte → Richterliche Unabhängigkeit

Unantastbarkeitsgarantien enthält die sogenannte Ewigkeitsklausel des GG, die bestimmte Verfassungsgrundentscheidungen jeder → Verfassungsänderung entzieht. Danach ist eine Änderung des → Grundgesetzes unzulässig, durch welche die Gliederung des Bundes in → Länder, die grundsätzliche Mitwirkung der Länder bei der → Gesetzgebung oder die in den Artikeln 1 und 20 niedergelegten Grundsätze berührt werden (Art. 79 III). Durch diese Sperrklausel sind dem verfassungsändernden Gesetzgeber schlechthin entzogen die grundgesetzliche

→ Bundesstaatsstruktur, die Garantie der → Menschenwürde (Art. 1 I), das daran anknüpfende Bekenntnis zu → Menschenrechten (Art. 1 II) und die Bindung der gesamten → Staatsgewalt an die → Grundrechte (Art. 1 III). Diese Grundrechtsbindung führt freilich nicht zu einer Unabänderbarkeit des ursprünglichen Grundrechtskatalogs im Ganzen, sondern nur zum Schutz seiner – durch Menschenwürde und Menschenrechte bestimmten – verfassungsrechtlichen Substanz. Ferner sind durch die Unantastbarkeitsgarantie gesichert die Staatsstrukturprinzipien der → Republik (Art. 20 I), des → Rechtsstaates in seinen Ausprägungen der → Gewaltenteilung, des → Vorrangs der Verfassung und des → Gesetzmäßigkeitsprinzips (Art. 20 II), der freiheitlichen → Demokratie auf der Grundlage der Volkssouveränität (Art. 20 II) und des → Sozialstaates (Art. 20 I). Die Ewigkeitsklausel umfaßt nicht sämtliche in Art. 1 und 20 GG niedergelegten Verfassungssätze, sondern ausdrücklich nur die „Grundsätze". Jeglicher Verfassungsänderung entzogen ist also lediglich die Kernsubstanz dieser fundamentalen Grundgesetzbestimmungen. Das strikte Verfassungsverbot, diese „Grundsätze" zu „berühren", macht sowohl ihre Aufhebung durch einmaligen gesetzgeberischen Akt als auch ihre allmähliche legislative Aushöhlung unzulässig. Die geltende Unantastbarkeitsgarantie erweist sich als eine bewußte Abweichung von der → WRV, die keine unabänderlichen Verfassungsprinzipien kannte und – fatalerweise, wie insbesondere das NS-Ermächtigungsgesetz zeigt – jede Verfassungsänderung im Wege der Gesetzgebung zuließ, sofern nur bestimmte Mehrheitserfordernisse erfüllt waren. Demgegenüber soll die vom GG normierte Ewigkeitsklausel als unübersteigbare Schranke für den verfassungsändernden Gesetzgeber verhindern, daß die freiheitliche Verfassungsordnung auf formal-legalistischem Wege beseitigt und zur Einführung einer totalitären Herrschaft mißbraucht werden kann (BVerfGE 30, S. 24). Inwieweit dieses neuartige verfassungsrechtliche Institut sich im Strom der Zeit auf die Dauer bewährt, muß die Zukunft erweisen. Zwar lehrt geschichtliche Erfahrung, daß keine Verfassung dem elementaren Ausbruch einer wirklichen Revolution zu widerstehen vermag. Doch gegen einen Verfassungsumsturz ohne echte revolutionäre Legitimation, insbesondere gegen eine schleichende Umwälzung mittels formallegaler Mehrheitsentscheidungen des Parlaments kann eine im freiheitlichen Verfassungsleben respektierte Schranke wie die Unantastbarkeitsgarantie (Art. 79 III) eine Schutzwehr sein.

Unbenannte Bundeszuständigkeiten → Bundeskompetenzen → „Implied powers“

Unbestimmte Rechtsbegriffe → Rechtssicherheit

Uneheliche Kinder haben einen Anspruch, daß ihnen die Gesetzgebung die gleichen Bedingungen für ihre leibliche und seelische Entwicklung und ihre Stellung in der Gesellschaft schafft wie den ehelichen Kindern (Art. 6 V). Diese Verfassungsvorschrift, die zugleich ein → Grundrecht verbürgt und einen (inzwischen erfüllten) → Gesetzgebungsauftrag enthält, ist eine besondere Ausprägung des → Gleichheitsgrundsatzes und des → Sozialstaatsprinzips (BVerfGE 26, S. 60).

Unfallflucht als Straftatbestand verstößt weder gegen das → Rechtsstaatsprinzip noch gegen die Unantastbarkeit der → Menschenwürde (BVerfGE 16, S. 194).

Ungeschriebenes Verfassungsrecht → Verfassungsrecht

Unglücksfälle → Innerer Notstand → Bundesintervention

Universitäten → Fakultäten → Wissenschaftsfreiheit → Studierfreiheit

Unmittelbarkeit → Wahlrechtsgrundsätze

Unschuldsvermutung zugunsten des noch nicht rechtskräftig Verurteilten folgt aus dem → Rechtsstaatsprinzip. Die Vermutung gilt insbesondere auch für einen Untersuchungsgefangenen; dessen Haft muß in Anordnung und Vollzug den Anforderungen des → Verhältnismäßigkeitsgrundsatzes genügen (BVerfGE 35, S. 320).

Unterbringung → Freiheitsentziehung

Unterlassen → Verfassungswidriges Unterlassen des Gesetzgebers

Unternehmerfreiheit im Sinne freier Gründung und Führung von Unternehmen – seien es kleine, mittlere oder Großunternehmen – ist grundsätzlich auch bei → juristischen Personen durch die → Berufsfreiheit geschützt (BVerfGE 50, S. 363). Im übrigen genießt die selbständige Teilnahme am wirtschaftlichen Verkehr durch Leistungsaustausch gleich welcher Art, sofern nicht Berufsfreiheit und → Eigentumsgarantie als speziellere → Grundrechte einschlägig sind, den Schutz der → allgemeinen Handlungsfreiheit. Dieses Auffanggrundrecht sichert einen angemessenen Spielraum zur Entfaltung der Unternehmerinitiative auf wirtschaftlichem Gebiet. Allerdings muß es der Unternehmer hinnehmen, wenn der → Gesetzgeber gemäß dem → Sozialstaatsprinzip im Interesse des → Allgemeinwohls bestimmte Maßnahmen trifft, die das Unternehmen nicht unverhältnismäßig belasten (BVerfGE 29, S. 267).

Unterrichtungsfreiheit → Informationsfreiheit

Unterschriftenquorum → Wahlvorschlagsrecht

Untersuchungsausschüsse wurzeln im überkommenen → Enquête-Recht des Parlaments und sind ein gern gebrauchtes, freilich nur begrenzt wirksames Arbeitsinstrument der → Opposition. Der → Bundestag hat das Recht und auf Antrag eines Viertels seiner Mitglieder die Pflicht, einen Untersuchungsausschuß einzusetzen, der in öffentlicher Verhandlung die erforderlichen Beweise erhebt (Art. 44 I 1). Der zulässige → Ausschluß der Öffentlichkeit (Art. 44 I 2) erforderte unter der → WRV eine Zweidrittelmehrheit. Auf Beweiserhebungen des Untersuchungsausschusses finden die Vorschriften über den → Strafprozeß sinngemäß Anwendung (Art. 44 II 1). Dabei bleiben das → Brief-, → Post- und → Fernmeldegeheimnis unberührt (Art. 44 II 2); das gleiche gilt, auch ohne ausdrückliche GG-Bestimmung, für die anderen → Grundrechte und die ungeschriebenen Gebote des → Rechtsstaatsprinzips. Gegenüber parlamentarischen Untersuchungsausschüssen sind → Gerichte und Verwaltungsbehörden zur → Rechtshilfe und → Amtshilfe verpflichtet (Art. 44 III). Die Beschlüsse der Untersuchungsausschüsse sind der richterlichen Erörterung entzogen (Art. 44 IV 1). Diese „Justizfreiheit" im Interesse des Ansehens eines besonderen Parlamentsorgans betrifft nur die mehrheitlich beschlossenen Sachverhaltsfeststellungen. Dagegen sind die Gerichte frei in der Würdigung und Beurteilung des der Untersuchung zugrunde liegenden Sachverhalts (Art. 44 IV 2). Die getrennte, voneinander unabhängige parlamentarische und gerichtliche Untersuchung desselben Sachkomplexes entspricht dem rechtsstaatlichen Grundsatz der → Gewaltenteilung. Untersuchungsausschüsse sind zu Tatsachenfeststellungen und politischen Empfehlungen, nicht aber zu legislativen oder judikativen Entscheidungen befugt. Das Enquête-Recht des Parlamentes erstreckt sich nicht nur auf die Kontrolle von → Regierung und → Verwaltung; es ermächtigt zur Untersuchung aller Vorgänge von hinreichendem öffentlichen Belang, z. B. auch im Bereich von Privatwirtschaft und Politik. Wird ein Untersuchungsausschuß zur Kontrolle der → Bundesregierung eingesetzt, so ist sein Anspruch auf Vorlage der Akten nicht lediglich Teil des Rechts auf Amtshilfe, sondern ein Element der umfassenden Kontrollbefugnis im → parlamentarischen Regierungssystem (BVerfGE 67, S. 128 ff.). Das Beweiserhebungsrecht des Ausschusses kann auch insoweit durch Grundrechte eingeschränkt sein, z. B. durch das → allgemeine Persönlichkeitsrecht betroffener Privatpersonen.

Untersuchungsgefangene → Unschuldsvermutung

Unvereinbarkeit von Ämtern → Inkompatibilität

Unverletzlichkeit der Wohnung (Art. 13 I) sichert in Verbindung mit anderen grundrechtlichen Garantien einen Kernbereich der → Privatsphäre. Das in altliberaler Verfassungstradition wurzelnde → Abwehrrecht gegen die → öffentliche Gewalt entspricht dem Freiheitsbewußtsein des Bürgers, der in seiner Wohnung wie in seiner Burg geschützt sein will. Nach dem Schutzzweck des Grundrechts ist der Begriff „Wohnung" weit auszulegen (BVerfGE 32, S. 69 ff.). Wohnung in dem hier gemeinten Sinne umfaßt den gesamten räumlich abgeschlossenen individuellen Lebensbereich einer Person. Dazu gehören nicht nur die privaten Wohnräume, sondern auch die Arbeits-, Betriebs- und Geschäftsräume. Jeder berechtigte Inhaber solcher umfriedeten Besitztümer kann sich auf das Grundrecht der Unverletzlichkeit der Wohnung berufen. Eingriffe und Beschränkungen sind nach dem GG nur unter qualifizierten Voraussetzungen zulässig. Insbesondere dürfen → Durchsuchungen nur durch den → Richter angeordnet werden, ausnahmsweise bei Gefahr im Verzuge auch durch die in den → Gesetzen vorgesehenen anderen Organe und nur in der dort vorgeschriebenen Form durchgeführt werden (Art. 13 II). Im übrigen sind Eingriffe und Beschränkungen nur erlaubt zur Abwehr einer gemeinen Gefahr oder einer Lebensgefahr für einzelne Personen, aufgrund eines Gesetzes auch zur Verhütung dringender Gefahren für die → öffentliche

Sicherheit und Ordung (Art. 13 III). Bei allen verfassungsrechtlich zulässigen Einschränkungen der Unverletztlichkeit der Wohnung, die ihrer Natur nach regelmäßig zu einem erheblichen Eingriff in die Freiheitssphäre der Betroffenen führen, ist stets der rechtsstaatliche → Verhältnismäßigkeitsgrundsatz zu beachten. Dies gilt gleichermaßen für die Anordnung wie für die Durchführung jeder einschlägigen Zwangsmaßnahme (BVerfGE 42, S. 220).

Unversehrtheit → Recht auf körperliche Unversehrtheit

Unzumutbarkeit → Clausula rebus sic stantibus → Verhältnismäßigkeitsgrundsatz

Urheberrecht als verfassungsrechtlich geschütztes → Eigentum umfaßt die grundsätzliche Zuordnung des vermögenswerten Ergebnisses der geistig-schöpferischen Leistung an die Person, die sie hervorgebracht hat. Inhalt und Schranken des Eigentums werden durch die → Gesetze bestimmt (Art. 14 I 2). Bei der Erfüllung dieses Verfassungsauftrags obliegt es dem → Gesetzgeber, nicht nur die Individualbelange des Urhebers zu sichern, sondern diese auch mit den schutzwürdigen Interessen der Allgemeinheit zu einem gerechten Ausgleich zu bringen (BVerfGE 49, S. 394).

Urproduktion → Gewerbefreiheit

US-Supreme Court → „Judicial self-restraint"

V

Verantwortlichkeit → Bundeskanzler → Bundesminister → Parlamentarisches Regierungssystem

Verbände → Vereinigungsfreiheit → Koalitionsfreiheit → Organisierte Interessen

Verbesserung der Agrarstruktur gehört zu den → Gemeinschaftsaufgaben (Art. 91 a I Nr. 3). Die einschlägigen Maßnahmen sollen insbesondere die Produktions-, Markt- und Arbeitsbedingungen in Land- und Forstwirtschaft fördern.

Verbot des Angriffskriegs ist eine spezielle Ausprägung der Verfassungswidrigkeit von Handlungen, die geeignet sind und in der Absicht vorgenommen werden, das friedliche Zusammenleben der Völker zu stören (Art. 26 I 1). Verstöße gegen diesen Verfassungsgrundsatz sind unter Strafe zu stellen (Art. 26 I 2); dies ist im Strafgesetzbuch geschehen. Dem verfassungsrechtlichen Aggressionsverbot als Ausdruck des Friedenswillens der → Bundesrepublik Deutschland entspricht es, daß im GG, das nur einen Verteidigungskrieg zuläßt, eine Kriegserklärung nicht vorgesehen ist (→ Verteidigungsfall).

Verbrauchsteuern werden, soweit sie bundesgesetzlich geregelt sind, durch → Bundesfinanzbehörden verwaltet (Art. 108 I 1). Das Verbrauchsteueraufkommen steht teils dem Bund, teils den Ländern, teils Bund und Ländern gemeinsam und teils den → Gemeinden zu (Art. 106 I Nr. 2).

Verbrauch- und Aufwandsteuern → Örtliche Verbrauch- und Aufwandsteuern

Verbrechensbekämpfung → Internationale Verbrechensbekämpfung → Kriminalpolizei

Vereine → Vereinigungsfreiheit

Vereinigung Deutschlands → Bundesrepublik Deutschland → Einigungsvertrag → Beitritt zur Bundesrepublik → Moskauer Vertrag → Einheit und Freiheit Deutschlands → Bundeshauptstadt → Deutschlandlied

Vereinigungsfreiheit ist das allen → Deutschen und jeder → inländischen juristischen Person zustehende → Grundrecht, Vereine und Gesellschaften zu bilden (Art. 9 I). Gegenständlich geschützt sind alle auf Dauer angelegten privaten Zusammenschlüsse zur gemeinsamen Verfolgung eines erlaubten Zweckes. Verfassungsrechtliche Sonderregelungen gelten für Vereinigungen in Form von politischen → Parteien (→ Parteifreiheit), von Koalitionen (→ Koalitionsfreiheit) und von → Religionsgesellschaften. Die allgemeine Vereinigungsfreiheit hat eine positive und eine negative Seite: Der ungehinderte Zusammenschluß durch Gründung, Beitritt und Verbleiben ist ebenso gewährleistet wie die Freiheit des Fernbleibens von Vereinigungen oder des Ausscheidens. Für die Entfaltung der → Meinungsfreiheit im Vorgang der demokratischen Willensbildung bildet die Vereinigungsfreiheit eine unverzichtbare Grundlage, doch beschränkt sich der Schutzbereich des Grundrechts keineswegs auf Zusammenschlüsse mit einschlägig meinungsbildender Tendenz. Vielmehr sollen sich in der → rechtsstaatlich verfaßten Gesellschaft private Gruppierungen aller Art frei bilden können, ungestört durch Herrschaftsansprüche sozialer Mächte oder obrigkeitlicher Macht. Die Vereinigungsfreiheit als liberales → Abwehrrecht schützt große und kleine Vereine unterschiedlichster Art, wobei im Raum der Wirtschaft den Kapitalgesellschaften und Verbänden besonderes Gewicht zukommt. Zur negativen Vereinigungsfreiheit gehört grundsätzlich auch das Recht von Personen, nicht durch Gesetz zwangsweise zusammengeschlossen zu werden. Als Ausnahme hiervon gilt nach der Rechtsprechung insbesondere der unfreiwillige Zusammenschluß zu einer → Körperschaft des öffentlichen Rechts, der nach den Maßstäben der → allgemeinen Handlungsfreiheit beurteilt wird.

Danach kann z. B. die Zwangsmitgliedschaft in bestimmten Berufskammern aus gewichtigen Gründen des → Allgemeinwohls verfassungsmäßig sein (BVerfGE 38, S. 298 f.). Ein grundgesetzliches Verbot besteht für Vereinigungen, deren Zwecke oder deren Tätigkeit den → Strafgesetzen zuwiderlaufen oder die sich gegen die → verfassungsmäßige Ordnung oder gegen den Gedanken der Völkerverständigung richten (Art. 9 II).

Vereinte Nationen (UN), die umfassendste der → zwischenstaatlichen Einrichtungen, auf die der Bund durch Gesetz Hoheitsrechte übertragen kann (Art. 24 I). Die United Nations, eine Nachfolgeorganisation des Völkerbundes in historisch-politischer Sicht, wurden als eine auf Universalität angelegte internationale Organisation mit Sitz in New York gegen Ende des Zweiten Weltkriegs gegründet. Nach ihrer Satzung sollen die UN insbesondere darauf hinwirken, den Weltfrieden und die internationale Sicherheit zu wahren; freundschaftliche Beziehungen zwischen den Nationen zu entwickeln; zwischenstaatliche Zusammenarbeit zu fördern, um Probleme wirtschaftlicher, sozialer, kultureller und humanitärer Art zu lösen sowie die Achtung vor den Menschenrechten und Grundfreiheiten zu festigen. Satzungsmäßige Prinzipien zur Erreichung dieser Ziele sind namentlich die souveräne Gleichheit aller Mitglieder; die Verpflichtung, internationale Streitigkeiten durch friedliche Mittel beizulegen; das Verbot der Androhung oder Anwendung von Gewalt in den zwischenstaatlichen Beziehungen; das Verbot für die UN, sich in die inneren Angelegenheiten eines Mitglieds einzumischen. Hauptorgane der UN sind der Sicherheitsrat, die Generalversammlung, der Wirtschafts- und Sozialrat, der Treuhandrat, das vom Generalsekretär geleitete Sekretariat und, last not least, der Internationale Gerichtshof mit Sitz in Den Haag. Mitglieder der UN können auf Antrag nur → Staaten werden; Voraussetzung der Aufnahme in die weltumspannende Organisation ist ein entsprechendes Votum des Sicherheitsrats und ein Beschluß der Generalversammlung mit Zweidrittelmehrheit. Die → Bundesrepublik Deutschland ist seit dem Jahre 1973 Mitglied der Vereinten Nationen.

Vereintes Deutschland → Vereinigung Deutschlands

Vereintes Europa, ein von der → Präambel des GG ohne nähere Konkretisierung angesprochenes Ziel. Demgemäß will das → Deutsche Volk als gleichberechtigtes Glied in einem vereinten Europa, dessen Rechtsgestalt offen gelassen ist, dem Frieden der Welt dienen (→ Europäische Gemeinschaften).

Verfahrensrecht → Rechtsstaatsprinzip → Faires Verfahren → Rechtliches Gehör → Rechtskraft

Verfassung im weiteren Sinne ist die verbindliche Organisation der → Staatsgewalt, ob in geschriebener oder ungeschriebener Form. Verfassung im engeren Sinne ist das urkundlich festgelegte Verfassungsgesetz, das außer grundlegenden Vorschriften über Staatsorganisation und hoheitliche Machtverteilung insbesondere auch → Grundrechtsverbürgungen für den Einzelnen enthält. Verfassungen dieses modernen Typs sind in Europa ein Ergebnis der rechtsstaatlichen → Verfassungsbewegung. Die Bestimmungen des Verfassungsgesetzes bilden die positive Grundlage des → Verfassungsrechts, dessen konkreter Sinngehalt sich vielfach erst der → Verfassungsauslegung erschließt. Kennzeichnend für den → Verfassungsstaat des GG sind namentlich der → Vorrang der Verfassung, die Erschwerung der → Verfassungsänderung und die → Unantastbarkeit bestimmter Verfassungsprinzipien. Die Verfassung als politisch-rechtliche Fundamentalentscheidung eines staatlichen Gemeinwesens gründet in der → verfassungsgebenden Gewalt. Einmal hervorgebracht, entfaltet das Verfassungsgesetz seine integrierende, ordnungsstiftende, machtmäßigende und freiheitssichernde Wirkung durch konkretisierende Anwendung und Entwicklung des Verfassungsrechts. Das → Grundgesetz ist die kodifizierte Verfassung der → Bundesrepublik Deutschland.

Verfassungsänderung im Sinne einer expliziten Anpassung des → Verfassungsgesetzes an neue Lagen der verfaßten Staatsgemeinschaft ist vom GG um der Verfassungsstabilität willen an erschwerte Voraussetzungen geknüpft. Sofern nicht das absolute Änderungsverbot der → Unantastbarkeitsgarantie eingreift (Art. 79 III), kann das → Grundgesetz prinzipiell nur durch ein Gesetz geändert werden, das den Wortlaut des GG ausdrücklich ändert oder ergänzt (Art. 79 I 1). Das Gebot der Ausdrücklichkeit steht → Verfassungsänderungen ohne Textänderungen der Verfassungsurkunde entgegen, wie dies unter der Geltung der

→ WRV zulässig und üblich war. Bei jeder Verfassungsänderung muß vielmehr, um stille → Verfassungsdurchbrechungen und das Entstehen einer latenten Nebenverfassung auszuschließen, im Interesse der Verfassungsgewißheit der Wortlaut des GG neu gefaßt werden; die bloße Nennung des betroffenen GG-Artikels genügt nicht. Außer diesem strikten Gebot verfassungstextlicher Transparenz ist die Verfassungsänderung verfahrensrechtlich erschwert durch qualifizierte Mehrheitserfordernisse. Eine gesetzliche Änderung des GG bedarf – im Unterschied zu der bei der einfachen → Gesetzgebung hinreichenden relativen → Mehrheit – der Zustimmung von zwei Dritteln der Mitglieder des → Bundestages und von zwei Dritteln der Stimmen des → Bundesrates (Art. 79 II). Außer diesen materiellen und formellen Vorkehrungen zum Schutze der Substanz und Stabilität der rechtlichen Fundamentalordnung hat das GG weitere verfassungsgeschichtlich neuartige Instrumente einer Verfassungssicherung vorgesehen, deren praktischer Wert unterschiedlich beurteilt wird. Hierzu gehören z. B. die Institute der → Grundrechtsverwirkung, des → Parteiverbotes, der → Präsidentenanklage, der → Verfassungstreue wissenschaftlicher Lehre und des behördlichen → Verfassungsschutzes.

Verfassungsaufträge → Gesetzgebungsaufträge → Staatszielbestimmungen

Verfassungsauslegung ist die methodische Ermittlung des maßgebenden Inhalts einer Verfassungsnorm. Den rechtlichen Bedeutungsgehalt der anzuwendenden Vorschrift zu erkennen, bildet das Ziel der Interpretation. Diese Auslegung darf sich um der Rechtssicherheit willen nicht nach beliebigen Weisen des Rechtsgefühls und subjektiven Meinens vollziehen. Vielmehr gelten für die oft schwierige Aufgabe bestimmte Grundsätze, die sich in der allgemeinen Jurisprudenz als bewährte Kunstregeln normativer Sinnermittlung seit langem herausgebildet haben. Danach lassen sich bei der Interpretation eines Rechtssatzes folgende Auslegungsschritte unterscheiden: die grammatische, die logische, die systematische, die komparative, die genetische und die teleologische Interpretation. Die grammatische Auslegung, mit der jede Textdeutung beginnt, richtet sich auf die Ermittlung des Wortsinns, ausgehend vom allgemeinen Sprachgebrauch. Beim nächsten Schritt, der logischen Auslegung, ist der spezielle Sprachgebrauch des Gesetzgebers und der begriffliche Inhalt rechtlicher Fachausdrücke zu bedenken. Wenn allgemeiner und juristischer Wortsinn divergieren, muß die ‚richtige' Bedeutung des auszulegenden Textes anhand weiterer Kriterien ermittelt werden. Die hier notwendige systematische Interpretation würdigt den Text im Zusammenhang der aufeinander bezogenen Teile eines Rechtssatzes und Gesetzes vor dem Hintergrund der Gesamtrechtsordnung. Die komparative Auslegung weist über die Grenzen des nationalen Rechtes hinaus. Sie nutzt rechtsvergleichend ausländische Regelungen des gleichen Problems als Erkenntnismittel des deutschen Rechts. Indessen sind im Verfassungsrecht, mit Rücksicht auf die → verfassungsgebende Gewalt des nationalen Souveräns, komparative Schlußfolgerungen nur mit großer Vorsicht zulässig. Ein Anwendungsfall historischer Auslegung ist die genetische, sich auf die Entstehungsgeschichte des Rechtssatzes beziehende Interpretation. Sie fragt nach den seinerzeitigen Vorstellungen der Gesetzesverfasser in Regierung und Parlament, die schriftlichen Quellen (Gesetzentwürfen, amtlichen Begründungen, Parlamentsberichten, Ausschußprotokollen, Gutachten) zu entnehmen sind. Von den subjektiven Intentionen des historischen Gesetzgebers zu unterscheiden ist der objektive Normzweck, der sich bei unverändertem Normtext im Laufe der Zeit wandeln kann. Diesen maßgebenden Sinn und Zweck (Telos) eines Rechtssatzes zu erkennen ist das Ziel der teleologischen Interpretation. Ohne an die ursprünglichen gesetzgeberischen Motive gebunden zu sein, fragt der Interpret im Rahmen des möglichen Wortsinnes nach dem Bedeutungsgehalt (Ratio legis), den die auszulegende Norm vernünftigerweise in der Gegenwart hat. Dabei mag der Auslegende das Gesetz besser verstehen als der historische Gesetzgeber. „Das Gesetz kann klüger sein als seine Verfasser – es muß sogar klüger sein" (Radbruch). Wesentliche Kriterien dieser teleologischen, auf Erkenntnis des objektiven Normzwecks gerichteten Auslegung sind insbesondere die Grundgedanken, die Natur der Sache und die innewohnenden Wertprinzipien des zu interpretierenden Rechtssatzes. Alle vorgenannten, letztlich zur teleologischen Auslegung führenden Deutungsmethoden der allgemeinen Jurisprudenz gelten grundsätzlich auch für die Interpretation einer Verfassungsnorm. Indessen erfordert der Höchstrang des Verfassungsrechts mitsamt den „politischen" Implikationen einschlägiger Entscheidungen ein Optimum an Auslegungskunst und verfassungsstaatlichem Augenmaß. Diese Aufgabe ist umso schwerer, als die Verfassung, die rechtliche Grundordnung des politischen Prozesses und der Freiheit des Einzelnen im Staat, oft Begriffe verwendet, die lapidar, abstrakt, mehrdeutig und daher konkretisierungsbedürftig sind. Für die Verfassungspraxis kommt dabei den Auslegungsmaximen des → Bundesverfassungsgerichts eine ausschlaggebende Bedeutung zu. Seine nicht immer konsequent durchgehaltene Argumentation folgt im wesentlichen der Methode, wonach Ziel der Interpretation der im Gesetz objektivierte Wille des Gesetzgebers ist, zu dessen Ermittlung die obengenannten, sich gegenseitig ergänzenden Auslegungswege möglich sind (BVerfGE 11, S. 130 ff.). Diese für die Interpretation von Gesetzen allgemein geltenden Grundsätze hat das BVerfG durch spezifisch verfassungsrechtliche Ansätze ergänzt, insbesondere durch die Prinzipien der → Einheit der Verfassung, der → verfassungskonformen Auslegung und der konkreten Konkordanz von Verfassungsvorschriften. Die letztere Auslegungsrichtlinie gilt, wie etwa bei → Grundrechtskollisionen, für Konflikte zwischen Rechtswerten mit Verfassungsrang. In solchen Fällen ist zu ermitteln, welche Verfassungsnorm jeweils das höhere Gewicht hat. Dabei darf jedoch die schwächere Norm nur so weit zurückgedrängt werden, wie dies zur Fallentscheidung unumgänglich ist, ohne ihren Wesensgehalt anzutasten (BVerfGE 28, S. 261). Ein Interpretationsgrundsatz, der besonders für das Staat-Bürger-Verhältnis gilt, ist die Ausrichtung an der größtmöglichen Grundrechtseffektivität. Danach verdient im Zweifel diejenige Auslegung den Vorzug, welche die juristische Wirkungskraft der betreffenden Grundrechtsnorm am stärksten entfaltet (BVerfGE 39, S. 38). Dieser Auslegungsgrundsatz ist nicht zu verwechseln mit der mißverständlichen Maxime „in dubio pro libertate“ (im Zweifel für die Freiheit). Die wohlklingende Formel bedarf vernünftiger Differenzierung, da die Rechtsordnung nicht nur die individuelle Freiheit, sondern auch die individuelle Sicherheit zu schützen hat.

Verfassungsautonomie der Gliedstaaten im Bundesstaat: → Homogenität → Eigenstaatlichkeit der Länder

Verfassungsbeschwerde zum → Bundesverfassungsgericht ist eine für den effektiven Grundrechtsschutz entscheidende Verfassungsgarantie, ohne die der Grundrechtsinhaber abhängig wäre vom Verfassungsverständnis und Verfassungsgehorsam der ihm gegenüberstehenden Staatsgewalt. Im geltenden → Rechtsstaat kann jedermann Verfassungsbeschwerde erheben mit der Behauptung, durch die → öffentliche Gewalt in einem seiner → Grundrechte oder in einem seiner in Art.

20 IV (→ Widerstandsrecht), Art. 33 (→ Staatsbürgerliche Gleichheit → Öffentliche Ämter → Hoheitsrechtliche Befugnisse → Berufsbeamtentum), Art. 38 (→ Freies Mandat → Wahlrecht), Art. 101 (→ Ausnahmegerichte → Gesetzlicher Richter), Art. 103 (→ Rechtliches Gehör → Nulla poena sine lege → Doppelbestrafungsverbot) und Art. 104 (→ Habeas corpus → Freiheit der Person → Freiheitsentziehung) enthaltenen Rechte verletzt zu sein (Art. 93 I Nr. 4 a). Verfassungsbeschwerdebefugt ist nur der unmittelbar Betroffene; das GG hat sich bewußt gegen eine → Popularklage entschieden. Das Verfassungsbeschwerdeverfahren gemäß BVerfGG dient ausschließlich der Durchsetzung von Grundrechten und bestimmter grundrechtsähnlicher Positionen; es ist kein zusätzliches Rechtsmittel, das dem Betroffenen eine Art von „Superrevision“ gegen die Rechtsprechung oberster Instanzgerichte eröffnet. Die Grundrechtsverletzung, die der Verfassungsbeschwerdeführer angreift, kann in Entscheidungen der → Gesetzgebung, der → vollziehenden Gewalt oder der → Rechtsprechung liegen. Im Normalfall ist lediglich ein gesetzesvollziehender hoheitlicher Akt anfechtbar; Verfassungsbeschwerde direkt gegen ein Gesetz ist nur zulässig, wenn der Beschwerdeführer bereits durch den Erlaß des Gesetzes selbst, gegenwärtig und unmittelbar in einem Grundrecht verletzt wird (BVerfGE 50, S. 319). Für die einschlägige Prozeßpraxis bedeutsam ist ferner das grundsätzliche Erfordernis vorheriger Erschöpfung des → Rechtsweges gegen die behauptete Grundrechtsverletzung. Nur ausnahmsweise kann das BVerfG schon vor Erschöpfung des Rechtsweges über eine Verfassungsbeschwerde entscheiden, wenn diese von allgemeiner Bedeutung ist oder wenn dem Beschwerdeführer ein schwerer und unabwendbarer Nachteil entstünde, falls er zunächst auf den Rechtsweg verwiesen würde. Mit Rücksicht auf das durch Verfassungsbeschwerden ständig überlastete BVerfG gibt es den – rechtsstaatlich nicht unproblematischen, aber praktisch notwendigen – Filter des Annahmeverfahrens durch Vorprüfungsgremien des zuständigen Senats. Der weitaus größte Teil aller Verfahren vor dem BVerfG betrifft Verfassungsbeschwerden; die Erfolgsquote ist mit durchschnittlich kaum mehr als einem Prozent recht gering.

Verfassungsbewegung des 19. Jahrhunderts in Deutschland hatte mit ihren politischen Forderungen vor allem auch die Durchsetzung des → Rechtsstaats zum Ziel. Die staatsrechtliche Verbürgung individueller Freiheit gegenüber der monarchischen Gewalt galt diesem Denken als grundlegendes Kriterium einer richtigen → Verfassung. Der – als „Polizeistaat" empfundenen – Übermacht des Fürsten stellte der deutsche Konstitutionalismus den Rechtsstaat als ideale Verfassung der Freiheit entgegen. Eine erste positive Ausprägung auf gesamtdeutscher Ebene fanden jede Postulate in der → Paulskirchenverfassung.

Verfassungsdurchbrechung, eine Form der → Verfassungsänderung, die das GG – abweichend von der der → WRV – prinzipiell verbietet. Von einer Verfassungsdurchbrechung spricht man, wenn ein verfassungsänderndes Gesetz mit den erforderlichen qualifizierten Mehrheiten beschlossen wird, ohne daß der Verfassungstext ausdrücklich geändert oder ergänzt wird. Nur bei bestimmten → völkerrechtlichen Verträgen genügt ausnahmsweise eine „Klarstellung" der Verfassungsmäßigkeit (Art. 79 I 2). Von dieser Möglichkeit wurde im Zuge der teilweisen Wiedergewinnung deutscher Souveränität durch die Pariser Verträge von 1954 Gebrauch gemacht.

Verfassungsentwicklung ohne förmliche → Verfassungsänderung vollzieht sich als stiller Verfassungswandel namentlich durch die Entscheidungen der → Verfassungsgerichtsbarkeit. Dabei kommt der → Verfassungsauslegung wegen der Konkretisierungsbedürftigkeit vieler Verfassungsbegriffe eine besondere Bedeutung zu. Auch eine gefestigte Rechtsprechung muß grundsätzlich offenbleiben für Selbstüberprüfung im Lichte veränderter Lebenswirklichkeiten und besserer Erkenntnisse. Solche Fortbildung des Verfassungsrechts ist zu unterscheiden von der Frage eines → Verfassungsgewohnheitsrechts. Verfassungsentwicklung durch richterliche oder gesetzgeberische Konkretisierung ist nur zulässig in den Grenzen normativer Grundentscheidungen des GG; von einer normativen Kraft des Faktischen kann hier keine Rede sein.

Verfassungsergänzung → Verfassungsänderung

Verfassungsfeindschaft → Verfassungstreue → Parteiverbot → Verfassungsschutz

Verfassungsgebende Gewalt (pouvoir constituant) ist der Ursprung der verfaßten → Staatsgewalt (pouvoir constitué). In der → Demokratie liegt die verfassungsgebende Gewalt beim → Staatsvolk: Alle Staatsgewalt geht vom Volke aus (Art. 20 II 1). Diese moderne Verortung der verfassungsgebenden Gewalt beruht auf einer Doktrin der Französischen Revolution von 1789 und ist grundverschieden von früheren Ideen, wonach die ursprüngliche Gewalt im Staate (potestas constituens) nicht von irdischen Mächten, sondern von Gott ausging. Die verfassungsgebende Gewalt realisiert sich – in historischen Ausnahmesituationen – durch den Akt der → Verfassungsgebung.

Verfassungsgebung als Hervorbringung der konstituierten Staatsgewalt durch die nichtkonstituierte Urgewalt des demokratischen Souveräns ist die Geburt einer neuen → Verfassung. Nur in historischen Sonderlagen, wie sie namentlich durch Revolution oder totalen Staatszusammenbruch entstehen, wird der Weg zur originären Verfassungsgebung frei. Eine Ausnahmesituation dieser Art bestand z. B. nach dem Untergang des → Dritten Reiches, als das → Grundgesetz entstand. Hingegen war die → Vereinigung Deutschlands, die sich durch → Beitritt der → DDR zu der vom GG verfaßten → Bundesrepublik vollzog, keine „Stunde Null" für die → verfassungsgebende Gewalt. Deren Ausübung durch den Akt der Verfassungsgebung ist nach einem Dictum des Abbé Sieyès, auf den die Doktrin des → pouvoir constituant zurückgeht, an keine bestimmte Form gebunden: „Einerlei, auf welche Art eine Nation will, es genügt, daß sie will; alle Formen sind gut, und ihr Wille ist immer das höchste Gesetz." Daß ein vom Staatsvolk gewähltes Parlament – wie z. B. die Nationalversammlung im Falle der → WRV – eigens zur Verfassungsgebung berufen wird oder daß das Volk selbst durch Abstimmung als Verfassungsgeber handelt oder daß es sich die Bestätigung der Beschlüsse der verfassungsgebenden Versammlung vorbehält: all dies sind zulässige Verfahren. Freilich schließen sie andere Formen der Verfassungsgebung nicht aus, sofern nur das verabschiedete Verfassungsgesetz unmittelbar oder mittelbar auf das Volk zurückgeht und von seiner Zustimmung getragen wird. Zum Beispiel sind die Bundesverfassungen so urdemokratischer Staaten wie der Schweizer Eidgenossenschaft und der Vereinigten Staaten von Amerika weder durch eine gewählte Constituante noch durch ein Plebiszit zustande gekommen, vielmehr durch übereinstimmende Parlamentsbeschlüsse der Gliedstaaten, die sich zum Bundesstaat vereinigten. In einem weitgehend ähnlichen Verfahren ist das → Grundgesetz als Verfassung der → Bundesrepublik Deutschland entstanden. Abgesehen von der Ratifikation durch die Länderparlamente (Art. 144 I) beruht die demokratische Legitimität des GG auf einem fortgesetzten stillschweigenden Plebiszit des Bundesvolkes, das in den nachfolgenden Bundestagswahlen und in mannigfacher anderer Form zum Ausdruck gekommen ist.

Verfassungsgerichtsbarkeit → Bundesverfassungsgericht → Verfassungsauslegung → Verfassungsentwicklung

Verfassungsgeschichte → Föderalismus → Verfassungsbewegung → Rechtsstaat → Weimarer Verfassung → Grundgesetz

Verfassungsgesetz → Verfassung → Grundgesetz → Verfassungsänderung → Verfassungsrecht

Verfassungsgewohnheitsrecht, begrifflich zu unterscheiden von → Verfassungsentwicklung, kann sich jenseits des möglichen Wortsinns der Verfassungsurkunde bei einer geschriebenen Verfassung wie dem → Grundgesetz nur ausnahmsweise dort entfalten, wo der Verfassungstext erkennbar ausfüllungsbedürftige Lücken enthält. Bei der Annahme derartigen ungeschriebenen Verfassungsrechts ist größte Vorsicht geboten. So kann z. B. bei → Grundrechtsbeschränkungen, die durch ausdrückliche → Gesetzesvorbehalte eingegrenzt sind, keineswegs kurzerhand mit dem angeblichen Vorrang unbenannter höherwertiger Gemeinschaftsgüter argumentiert werden.

Verfassungshomogenität → Verfassungsautonomie → Eigenstaatlichkeit der Länder

Verfassungskommission, ein Anfang 1992 konstituierter gemeinsamer Ausschuß von → Bundestag und → Bundesrat, der die vom → Einigungsvertrag angesprochenen → Verfassungsänderungen prüfen soll.

Verfassungskonforme Auslegung ist ein Grundsatz der → Verfassungsauslegung und Gesetzesinterpretation. Hiernach wird bei der verfassungsgerichtlichen → Normenkontrolle ein Gesetz nicht für nichtig erklärt, wenn es im Einklang mit dem GG ausgelegt werden kann. Verfassungskonforme Auslegung ist geboten, wenn nach anerkannten Interpretationsregeln mehrere Auslegungen der zu prüfenden Gesetzesnorm möglich sind, von denen mindestens eine mit der Verfassung übereinstimmt, während andere zu einem verfassungswidrigen Ergebnis führen; dann gebührt der verfassungskonformen Gesetzesauslegung der Vorzug (BVerfGE 48, S. 45). Diese Auslegungsmaxime wirkt zugunsten der Aufrechterhaltung des Gesetzes (favor legis), doch sie findet ihre Grenze dort, wo sie mit Wortlaut und Zweck des Gesetzes in Widerspruch tritt.

Verfassungskonvent von Herrenchiemsee, ein Sachverständigengremium, das den Verfassungsentwurf ausarbeitete, der dem → Parlamentarischen Rat als Arbeitsgrundlage diente.

Verfassungslegitimität → Verfassungsgebung

Verfassungsmäßige Ordnung, ein vom GG an mehreren Stellen in unterschiedlichem Sinne gebrauchter Begriff. Als Schranke der → allgemeinen Handlungsfreiheit (Art. 2 I) ist „verfassungsmäßige Ordnung“ gleichbedeutend mit der gesamten Rechtsordnung, soweit diese materiell und formell verfassungsgemäß ist. Der gleiche Terminus verengt sich bei der Einschränkung der → Vereinigungsfreiheit (Art. 9 II) auf die Grundprinzipien der Verfassung. Dagegen bedeutet Bindung der → Gesetzgebung an die verfassungsmäßige Ordnung (Art. 20 III) Bindung der Legislative an alle Bestimmungen des GG.

Verfassungsmäßigkeit der Staatsgewalt → Vorrang der Verfassung

Verfassungsorgane im engeren Sinne sind oberste Institutionen, deren Status und wesentlicher Kompetenzbereich im Verfassungsgesetz verankert ist; ihre innere Struktur bestimmen sie autonom. (Beispiele: → Bundestag, → Bundesrat, → Bundesregierung). Nicht alle obersten Staatsorgane (wie z. B. → oberste Gerichtshöfe des Bundes) sind Verfassungsorgane im vorgenannten Sinn. Unbeschadet ihrer vom GG hervorgehobenen Stellung sind politische → Parteien keine Verfassungsorgane. Das → Bundesverfassungsgericht ist zugleich → Gericht und Verfassungsorgan eigener Art.

Verfassungsorganstreitigkeiten → Organstreitigkeiten

Verfassungsorgantreue

Verfassungsorgantreue ist, ensprechend der allgemeinen → Organtreue, die wechselseitige Pflicht von → Verfassungsorganen, bei der Wahrnehmung ihrer Kompetenzen aufeinander Rücksicht zu nehmen (BVerfGE 45, S. 39).

Verfassungspolitik → Verfassungskommission → Verfassungsrevision.

Verfassungsprozeßrecht für die Verfahrensarten, die dem → Bundesverfassungsgericht vom GG (Art. 93) zugewiesen sind, ist im Bundesverfassungsgerichtsgesetz kodifiziert. Die beiden Senate, deren Zuständigkeiten gesetzlich festgelegt sind, entscheiden grundsätzlich mit einfacher Mehrheit der mitwirkenden Richter. Die Entscheidungen des BVerfG erwachsen nicht nur in → Rechtskraft, sondern binden außerdem die → Verfassungsorgane des Bundes und der → Länder sowie alle → Gerichte und Behörden. Entscheidungen, die ein Gesetz für nichtig erklären, haben → Gesetzeskraft, sind also allgemeinverbindlich für jedermann. Anwaltszwang besteht vor dem BVerfG grundsätzlich nicht, doch können sich die Beteiligten – in der mündlichen Verhandlung müssen sie es – jederzeit durch einen Rechtsanwalt oder einen → Hochschullehrer des Rechts vertreten lassen.

Verfassungsrecht als Kernmaterie des → Staatsrechts besteht nicht nur aus den einzelnen Vorschriften der Verfassungsurkunde, sondern auch aus ungeschriebenen, die Verfassungsnormen innerlich verbindenden allgemeinen Grundsätzen und Leitideen, von denen der Verfassungsgesetzgeber ausgegangen ist. Eine Leitidee dieser Art ist z. B. das → Rechtsstaatsprinzip, wie sich aus der Zusammenschau bestimmter verfassungsgesetzlicher Konkretisierungen (Art. 20 III, 1 III, 19 IV) und aus der Gesamtkonzeption des GG ergibt (BVerfGE 2, S. 403).

Verfassungsrecht und europäisches Gemeinschaftsrecht → Europäisches Gemeinschaftsrecht und Grundgesetz

Verfassungsrecht und Völkerrecht → Allgemeine Regeln des Völkerrechts

Verfassungsrevision → Verfassungsänderung → Verfassungskommission

Verfassungsrichter → Bundesverfassungsrichter

Verfassungsschutz → Vorrang der Verfassung → Unantastbarkeitsgarantien → Verfassungsänderung → Wesensgehaltsgarantie → Grundrechtsverwirkung → Parteiverbot → Streitbare Demokratie → Bundesverfassungsgericht → Präsidentenanklage → Richteranklage → Gesetzgebungsnotstand

Verfassungsschutzamt, eine durch Gesetz eingerichtete Bundesoberbehörde zur Sammlung und Auswertung von Unterlagen für Zwecke des administrativen Verfassungsschutzes (Art. 87 I 2). Die Zusammenarbeit des Bundesamtes mit den Landesämtern für Verfassungsschutz ist Gegenstand der → ausschließlichen Gesetzgebung des Bundes (Art. 73 Nr. 10 b). Das Bundesamt für Verfassungsschutz hat keine polizeilichen Eingriffsbefugnisse, ist aber vom Gesetzgeber zur Anwendung sog. nachrichtendienstlicher Mittel ermächtigt. Die → Bundesregierung unterliegt insoweit der Aufsicht durch eine gesetzlich vorgesehene Parlamentarische Kontrollkommission.

Verfassungsstaat, Oberbegriff für politische Herrschaftssysteme, die durch eine → Verfassung bindend geordnet und begrenzt sind.

Verfassungsstörung → Gesetzgebungsnotstand

Verfassungsstreitigkeiten, zu deren Entscheidung das → Bundesverfassungsgericht angerufen werden kann, sind nicht durch eine Generalklausel, sondern enumerativ im GG oder bundesgesetzlich bestimmt (Art. 93 II). Beispiele: → Abstrakte Normenkontrolle → Konkrete Normenkontrolle → Verfassungsbeschwerde → Organstreitigkeiten → Bundesstaatsrechtliche Streitigkeiten → Wahlprüfungsbeschwerde → Parteiverbotsverfahren.

Verfassungstextänderung → Verfassungsänderung

Verfassungstreue ist eine ausdrückliche Begrenzung der Lehrfreiheit als Teil der → Wissenschaftsfreiheit (Art. 5 III 2). Die Vorschrift erklärt sich aus dem von den Vätern des GG angenommenen Mißbrauch des Katheders durch → Hochschullehrer zu verfassungsfeindlicher Agitation gegen die → WRV. Im übrigen ist es ein hergebrachter Grundsatz des

→ Berufsbeamtentum (Art. 33 V), daß den Beamten eine besondere politische Treuepflicht gegenüber dem Staat und seiner Verfassung obliegt. Diese Loyalitätspflicht fordert mehr als nur eine formal korrekte Amtsausübung. Sie verlangt vom Beamten insbesondere, daß er die Verfassung als einen hohen Wert anerkennt, für den es einzutreten gilt. Von Gruppen und Bestrebungen, die den Staat, seine verfassungsmäßigen Organe und die geltende Verfassungsordnung bekämpfen, hat der Beamte sich eindeutig zu distanzieren (BVerfGE 39, S. 346 ff.).

Verfassungsversammlung → Verfassungsgebung

Verfassungsvorrang → Vorrang der Verfassung

Verfassungswandel → Verfassungsentwicklung

Verfassungswidrigkeit eines Gesetzes bewirkt dessen Nichtigkeit (→ Vorrang der Verfassung). Im Streitfall ist die Feststellung der Nichtigkeit dem → Bundesverfassungsgericht vorbehalten; der Entscheidungstenor wird im → Bundesgesetzblatt veröffentlicht. Sofern die Nichtigerklärung einer Gesetzesnorm zu rechtlich untragbaren Konsequenzen führt, kann das BVerfG sich ausnahmsweise mit der Feststellung begnügen, daß die geprüfte Vorschrift mit dem GG unvereinbar ist. Dann bleibt das Gesetz in Kraft, bis der → Gesetzgeber den festgestellten Verfassungsverstoß pflichtgemäß beseitigt hat (BVerfGE 35, S. 148).

Verfassungswidrigkeit von Parteien → Parteiverbot

Verfassungswidrigkeit von Verfassungsnormen kann insbesondere aus → Verfassungsänderungen resultieren, die gegen eine → Unantastbarkeitsgarantie verstoßen. Die Nichtigkeit einer Verfassungsbestimmung ist daher nicht schon deswegen undenkbar, weil sie Teil des Verfassungstextes wurde. Sogar der Souverän der → Verfassungsgebung, der grundsätzlich alles nach seinem Willen normieren kann, ist fundamentaler Bindungen an die Gerechtigkeitsidee nicht enthoben. Bei einem freiheitlich-demokratischen Verfassungsgeber erscheint indessen die theoretische Möglichkeit originärer verfassungswidriger Verfassungsnormen so gering, daß sie einer praktischen Unmöglichkeit gleichkommt (BVerfGE 3, S. 233).

Verfassungswirklichkeit, eine dem → Verfassungsrecht oft in polemischer Absicht gegenübergestellte – tatsächliche oder vermeintliche – Handhabung des → Grundgesetzes in der Praxis der → Verfassungsorgane und politischen → Parteien. Dabei wird übersehen, daß zwischen Sein und Sollen, zwischen Rechtsordnung und zu regelnder Realität notwendigerweise stets eine Spannung besteht. Von jenem polemischen Begriff der Verfassungswirklichkeit ist die institutionelle Verwirklichung der Verfassungsnormen zu unterscheiden, die im → Rechtsstaat des GG letztlich durch das → Bundesverfassungsgericht gewährleistet wird. Wahre Verfassungswirklichkeit kann keine verfassungswidrige Wirklichkeit sein.

Verfolgte → Politisch Verfolgte

Vergesellschaftung → Sozialisierung

Verhaftung → Freiheitsentziehung → Immunität

Verhältnismäßigkeitsgrundsatz, ein für alle Eingriffe der → Staatsgewalt in den → grundrechtlich geschützten Bereich geltendes Gebot, dem als Element des → Rechtsstaatsprinzips Verfassungsrang zukommt. Demgemäß muß z. B. ein gesetzlich zulässiger Eingriff in die → Freiheit der Person geeignet und erforderlich sein, um seinen Zweck zu erreichen. Ferner darf er den Betroffenen nicht übermäßig belasten, muß diesem also zumutbar sein (BVerfGE 61, S. 134). Das → Übermaßverbot bindet insbesondere auch den → Gesetzgeber, sofern er zu → Grundrechtsbeschränkungen befugt ist. Wo immer ein milderes Mittel zur Einschränkung genügt, ist ein schärferes nicht erforderlich, also unverhältnismäßig, folglich verfassungswidrig. Unzumutbar ist eine Belastung des Einzelnen namentlich dann, wenn die von ihm hinzunehmenden Einbußen zur Bedeutung der Sache außer Verhältnis stehen.

Verhältniswahl → Wahlsystem

Verhandlungen → Bundestag → Ausschluß der Öffentlichkeit

Verhörmethoden → Recht auf körperliche Unversehrtheit

Verkehrsteuern, ein vom GG ohne Definition gebrauchter Oberbegriff für verschiedene Steuern, die an einen wirtschaftlichen oder rechtlichen Akt, an die Vornahme eines Rechtsgeschäfts, an einen Wirtschaftsvorgang oder einen Verkehrsvorgang anknüpfen (BVerfGE 16, S. 73). Das Aufkommen der Verkehrsteuern, soweit es nicht dem Bund allein (Kapitalverkehrsteuer, Versicherungsteuer, Wechselsteuer) oder Bund und Ländern gemeinsam (→ Umsatzsteuer) zufließt, steht den Ländern zu (Art. 106 II Nr. 4); hierzu gehören Grunderwerbsteuer, Lotteriesteuer, Rennwettsteuer und Feuerschutzsteuer.

Verkündung von Bundesrecht ist dessen Bekanntgabe durch Veröffentlichung im → Bundesgesetzblatt nach vorheriger → Ausfertigung. → Zustimmungsgesetze werden mit der Eingangsformel verkündet, daß der → Bundestag mit Zustimmung des → Bundesrates das folgende Gesetz beschlossen hat. Bei anderen Gesetzen heißt es am Schluß: „Die verfassungsmäßigen Rechte des Bundesrates sind gewahrt." Mit der Verkündung wird das Gesetz existent; hiervon zu unterscheiden ist sein → Inkrafttreten.

Verleumderische Beleidigung → Indemnität

Vermittlungsausschuß, ein aus je gleich vielen Mitgliedern des → Bundestages und des → Bundesrates gebildetes Gremium zur gemeinsamen Beratung von → Gesetzesvorlagen im Zuge des → Gesetzgebungsverfahrens. Zusammensetzung und Procedere dieses Ausschusses regelt eine vom Bundestag mit Zustimmung des Bundesrates beschlossene → Geschäftsordnung (Art. 77 II 2). Die Einberufung des Vermittlungsausschusses ist verschieden je nachdem, ob es sich um ein → Zustimmungsgesetz oder → Einspruchsgesetz handelt. Bei Einspruchsgesetzen – sie bilden den Regelfall – kann der Bundesrat binnen drei Wochen nach Eingang des → Gesetzesbeschlusses verlangen, daß der Vermittlungsausschuß einberufen wird (Art. 77 II 1). Handelt es sich um ein Zustimmungsgesetz, so können auch der Bundestag und die → Bundesregierung seine Einberufung fordern (Art. 77 II 4). Da der Vermittlungsausschuß keine legislativen Befugnisse hat, vielmehr nur gegensätzliche Positionen „vermitteln" soll, ist eine erneute → Beschlußfassung des Parlamentes notwendig, wenn der Ausschuß eine Änderung des Gesetzesbeschlusses vorschlägt (Art. 77 II 5).

Vermögensabgaben sind einmalige → Steuern, deren Ertrag dem Bunde zusteht (Art. 106 I Nr. 5). Hierunter fallen insbesondere die Vermögensabgaben der Lastenausgleichsgesetzgebung. Nach dem Zweiten Weltkrieg war der Lastenausgleich, eine staatliche Aufgabe von präzedenzlosem Ausmaß, ein Gebot sozialer Gerechtigkeit. Das hierzu geschaffene legislative und administrative System von Abgaben und Leistungen diente dem umfassenden Ausgleich der Schäden und Verluste, die infolge der kriegsbedingten Zerstörungen und Vertreibungen entstanden waren, wovon die deutsche Bevölkerung in den früheren östlichen Reichsgebieten besonders hart betroffen war.

Vermögensteuer ist eine periodisch wiederkehrende, ursprünglich zur Ergänzung der → Einkommensteuer eingeführte Abgabe, die je nach unbeschränkter oder beschränkter Steuerpflicht auf das Gesamtvermögen oder nur auf das Inlandsvermögen von natürlichen Personen, Körperschaften, Personenvereinigungen und Vermögensmassen erhoben wird. Das Aufkommen der Vermögensteuer steht den Ländern zu (Art. 106 II Nr. 1).

Vermögenswerte Rechte → Eigentumsgarantie → Enteignung → Aufopferungsansprüche

Verordnung → Rechtsverordnungen

Verordnungsgeber → Blankettstrafgesetze

Versammlungsfreiheit ist das allen → Deutschen zustehende → Grundrecht, sich ohne Anmeldung oder Erlaubnis friedlich und ohne Waffen zu versammeln (Art. 8 I). Dieses Recht kann für Versammlungen unter freiem Himmel (→ Demonstrationsfreiheit) durch Gesetz oder aufgrund eines Gesetzes beschränkt werden (Art. 8 II). Der enge Zusammenhang der Versammlungsfreiheit mit der → Meinungsfreiheit bestimmt den Verfassungsbegriff der Versammlung. Hierunter fällt nicht jedes beliebige Zusammensein, sondern nur eine bewußte Zusammenkunft zum Zwecke gemeinsamen Meinungsaustauschs. Wie die Meinungsfreiheit und die → Vereinigungsfreiheit hat die Versammlungsfreiheit außer ihrem liberalen Kern auch einen demokratischen Bedeutungsgehalt. Unbeschadet dieser Funktion des Grundrechts für die politische Willensbildung und Meinungskundgabe im vorparlamentarischen und außerparteipolitischen Raum schützt die Versammlungsfreiheit jedoch ebenso Zusammenkünfte unpolitischer Art, sofern sie nur dem Versammlungsbegriff genügen, also nicht bloße Ansammlungen oder Volksbelustigungen sind. Der Grundrechtsschutz ist daher nicht auf Versammlungen beschränkt, bei denen argumentiert und gestritten wird, sondern er umfaßt die unterschiedlichsten Weisen gemeinsamen Verhaltens einschließlich nichtverbaler Ausdrucksformen (BVerfGE 69, S. 343). Anders als die Demonstrationsfreiheit (Art. 8 II) steht die allgemeine Versammlungsfreiheit (Art. 8 I) nicht unter einem → Gesetzesvorbehalt. Indessen ist das Grundrecht ausdrücklich daran geknüpft, daß sich die Berechtigten friedlich und ohne Waffen versammeln. Dabei kommen nicht nur Waffen im engeren technischen Sinne in Betracht, sondern alle gefährlichen Werkzeuge, die für den Fall gewalttätiger Auseinandersetzungen mitgeführt werden. Der Begriff der Friedlichkeit darf nicht zu eng verstanden werden, um den Geltungsbereich der Versammlungsfreiheit nicht von vornherein derart einzuschränken, daß der Gesetzesvorbehalt funktionslos wird. Freilich ist die Grenze zur Unfriedlichkeit und damit zur Verfassungswidrigkeit in jedem Falle überschritten, wo es zu Handlungen von einiger Gefährlichkeit kommt wie z. B. bei Gewalttätigkeiten oder aggressiven Ausschreitungen gegen Personen oder Sachen (BVerfGE 73, S. 248).

Verstaatlichung → Sozialisierung

Verteidigung, ein Gegenstand → ausschließlicher Gesetzgebung des Bundes (Art. 73 Nr. 1), umfaßt alle Einrichtungen und Maßnahmen, die zur Abwehr eines militärischen Angriffs auf die → Bundesrepublik Deutschland erforderlich sind. Einschlägig sind insbesondere Gesetze über die → Bundeswehr, die → Wehrpflicht und die → Kriegsdienstverweigerung (→ Militärische Landesverteidigung → Streitkräfte → Verbot des Angriffskriegs).

Verteidigungsausschuß, einer der obligatorischen → Bundestagsausschüsse, der – wie der Ausschuß für → auswärtige Angelegenheiten und der → Petitionsausschuß – von Verfassungs wegen gebildet werden muß. Der → Bundestag bestellt einen Ausschuß für Verteidigung (Art. 45 a I), der auch die Rechte eines → Untersuchungsausschusses hat (Art. 45 a II). Die parlamentarische Kontrolle der → Streitkräfte, ein prägendes Merkmal der → Wehrverfassung des GG, hat ihren Schwerpunkt in der Tätigkeit des Verteidigungsausschusses, der aus eigenem Recht alle Vorgänge im Bereich der → Verteidigung untersuchen kann. Im Unterschied zum regulären Untersuchungsausschuß verhandelt der Verteidigungsausschuß aus Gründen der militärischen Geheimhaltung nicht öffentlich (Art. 45 a III).

Verteidigungsfall, eine besondere Erscheinungsform des → Staatsnotstandes, für den die → Notstandsverfassung vorgesehen ist. Der Verteidigungsfall liegt vor, wenn das → Bundesgebiet mit Waffengewalt angegriffen wird oder ein solcher Angriff unmittelbar droht (Art. 115 a I 1). Dies bedarf einer förmlichen Feststellung. Sie ist auf Antrag der → Bundesregierung grundsätzlich vom → Bundestag mit → qualifizierter Mehrheit und mit Zustimmung des → Bundesrates zu treffen (Art. 115 a I 2). Nur wenn die Lage unabweisbar ein sofortiges Handeln erfordert und einem rechtzeitigen Zusammentritt des Bundestages unüberwindliche Hindernisse entgegenstehen oder wenn er nicht → beschlußfähig ist, so trifft der → Gemeinsame Ausschuß diese Feststellung mit qualifizierter Mehrheit (Art. 115 a II). Die förmliche Feststellung des Verteidigungsfalles wird vom → Bundespräsidenten grundsätzlich im → Bundesgesetzblatt verkündet; ist dies nicht rechtzeitig möglich, so kann in anderer Weise verkündet werden, z. B. durch Bekanntgabe mittels Fernsehen, Hörfunk und Presse (Art. 115 a III). Wenn das vorbezeichnete Feststellungsverfahren aus faktischen Gründen – wie etwa bei einem Überraschungsangriff – schlechterdings unmöglich ist, so wird die förmliche Feststellung fingiert: sie gilt als getroffen und als zu dem Zeitpunkt verkündet, in dem der Angriff begonnen hat (Art. 115 a IV). Für den Verteidigungsfall gelten zahlreiche Sondervorschriften, die vom Verfassungsrecht im Frieden abweichen, u. a. über Gesetzgebungskompetenz des Bundes, Gesetzgebungsverfahren, Befugnisse der Bundesregierung, Wahlperioden des Bundestages sowie Rang und Geltungsdauer außerordentlicher Gesetze und Verordnungen (Art. 115 c ff.). Mit der Verkündung des Verteidigungsfalles geht die → Befehls- und Kommandogewalt über die Streitkräfte auf den → Bundeskanzler über (Art. 115 b). Auch im Verteidigungsfall dürfen die verfassungsmäßige Stellung des → Bundesverfassungsgerichts und die Erfüllung seiner Aufgaben nicht beeinträchtigt werden (Art. 115 g). Der Verteidigungsfall ist unverzüglich für beendet zu erklären, wenn die Voraussetzungen für seine Feststellung nicht mehr gegeben sind (Art. 115 l II). Ob all diese perfektionistischen Notstandsregelungen, wozu auch besondere → Grundrechtsbeschränkungen gehören, im Ernstfall moderner Kriegführung verfassungsmäßig funktionieren, erscheint zumindest zweifelhaft.

Verteidigungsminister → Bundesverteidigungsminister

Verteilung der Staatsmacht → Gewaltenteilung

Verteilung des Steueraufkommens → Steuerertragshoheit

Vertikaler Finanzausgleich → Finanzausgleich → Ergänzungszuweisungen

Verträge → Staatsverträge → Bildungsplanung → Forschungsförderung

Vertragsfreiheit ist als Ausfluß der → allgemeinen Handlungsfreiheit innerhalb der → verfassungsmäßigen Ordnung gewährleistet, soweit sie nicht durch spezielle → Grundrechte geschützt wird (BVerfGE 12, S. 347). Wie die → Vereinigungsfreiheit und die → Testierfreiheit in der → Privatautonomie wurzelnd, berechtigt die Vertragsfreiheit eine → Person, nach ihrem Belieben rechtsgeschäftliche Vereinbarungen zu treffen oder zu unterlassen. Gesetzliche Erschwerungen der grundsätzlich form- und genehmigungsfreien vertraglichen → Selbstbestimmung müssen durch Interessen des → Allgemeinwohls gerechtfertigt sein und dürfen den → Verhältnismäßigkeitsgrundsatz nicht verletzen.

Vertragsgesetze → Völkerrechtliche Verträge

Vertrauensfrage ist das dem → parlamentarischen Regierungssystem entsprechende ausdrückliche Ersuchen des Regierungschefs, das Parlament möge ihm durch → Beschlußfassung das Vertrauen aussprechen. Die im Ermessen des Antragstellers liegende Vertrauensfrage kann je nach politischer Konstellation verschiedenen Zwecken dienen; im Falle eines Mißerfolgs hat sie bestimmte verfassungsrechtliche Konsequenzen. Findet der Antrag des → Bundeskanzlers, ihm das Vertrauen auszusprechen, nicht die Zustimmung der Mehrheit der Mitglieder des → Bundestages, so kann der → Bundespräsident auf Vorschlag des Bundeskanzlers binnen einundzwanzig Tagen den Bundestag auflösen. Das Recht zur Auflösung erlischt, sobald der Bundestag mit der

Mehrheit seiner Mitglieder einen anderen Kanzler wählt (Art. 68 I). Unbeschadet der politischen Ermessensfreiheit der beteiligten → Verfassungsorgane darf die Vertrauensfrage nicht zu einer grundgesetzwidrigen → Bundestagsauflösung mißbraucht werden. Dies ist z. B. der Fall (BVerfGE 62, S. 35 ff. mit abweichenden Meinungen), wenn der Bundeskanzler sich ein tatsächlich vorhandenes parlamentarisches Vertrauen in Absprache mit seinen Parteifreunden formal verweigern läßt, um auf diese Weise → Neuwahlen zu erreichen (→ Kanzlersturz → Minderheitsregierung → Gesetzgebungsnotstand).

Vertrauensschutz → Rechtssicherheit → Rückwirkungsverbote

Vertriebene → Deutsche

Verwaltung im staatsrechtlichen Sinne ist die Tätigkeit der → vollziehenden Gewalt mit Ausnahme der → Regierung sowie der → Befehls- und Kommandogewalt (→ Öffentliche Gewalt → Gesetzmäßigkeit der Exekutive → Leistungsverwaltung → Ausführung der Gesetze → Bundesauftragsverwaltung → Bundeseigene Verwaltung → Finanzverwaltung → Juristische Personen des öffentlichen Rechts → Kommunale Selbstverwaltung → Landesverwaltung).

Verwaltungsakte, d.h. hoheitliche Maßnahmen einer Behörde zur Regelung eines Einzelfalles auf dem Gebiet des → öffentlichen Rechtes, unterliegen bestimmten → rechtsstaatlichen Verfahrensgrundsätzen. Einschlägig sind inbesondere das Recht des Betroffenen auf Gehör, der → Verhältnismäßigkeitsgrundsatz, das Gebot pflichtmäßiger Ermessensausübung und das → Willkürverbot. Wird jemand durch einen Akt der → öffentlichen Gewalt in seinen Rechten verletzt, so steht ihm der Rechtsweg offen (→ Rechtsweggarantie).

Verwaltungsgerichtsbarkeit → Bundesverwaltungsgericht → Bundesfinanzhof → Bundessozialgericht

Verwaltungskräfte → Innerer Notstand

Verwaltungsvereinbarungen → Bildungsplanung → Forschungsförderung

Verwaltungsvorschriften sind im Unterschied zu → Rechtsverordnungen keine Bestimmungen mit Rechtsnormqualität, d. h. sie erzeugen als solche keine Rechte und Pflichten der Rechtssubjekte. Es handelt sich bei diesen Regelungen vielmehr um innerdienstliche Instruktionen vorgesetzter Behörden, die nur für nachgeordnete Dienststellen und weisungsgebundene Verwaltungsangehörige verbindlich sind. Verwaltungsvorschriften dienen verschiedenen administrativen Zwecken, insbesondere auch der rechtmäßigen → Ausführung von Gesetzen und der gleichmäßigen Ausübung des Ermessens. Bei Ermessensrichtlinien kann eine Selbstbindung der → Verwaltung und damit eine rechtliche Außenwirkung entstehen nach Maßgabe des → allgemeinen Gleicheitssatzes und → rechtsstaatlichen Vertrauensschutzes.

Verwaltungszuständigkeiten → Ausführung der Gesetze → Kompetenzordnung → Bundesrat

Verwarnung → Strafgerichtsbarkeit

Verweisungen des Gesetzgebers → Rechtssicherheit

Verwerfungsmonopol → Konkrete Normenkontrolle

Verwirkung → Grundrechtsverwirkung

Viermächte-Abkommen → Berlin

Viermächte-Verantwortung → Moskauer Vertrag

Vizekanzler, gebräuchliche Bezeichnung des → Bundesministers, den der → Bundeskanzler zu seinem Stellvertreter ernannt hat (Art. 69 I). Der Vizekanzler gehört zu den Kabinettsmitgliedern, die – wie der → Bundesfinanzminister und der → Bundesverteidigungsminister – eine herausgehobene Stellung in der → Bundesregierung bekleiden. Zu den nicht ausdrücklich geregelten Stellvertretungsbefugnissen zählt im Falle längerer Verhinderung des Kanzlers auch die politische → Richtlinienkompetenz. Freilich verbleibt es bei der alleinigen Verantwortung des gewählten Kanzlers gegenüber dem → Bundestag, weshalb der Vizekanzler durch ein → Mißtrauensvotum nicht gestürzt werden kann.

Völkerfrieden → Verbot des Angriffskriegs

Völkerrecht, auch Internationales Recht (Law of Nations) genannt, ist der Inbegriff der Rechtsnormen, die das Verhalten der Staaten untereinander regeln. Dieses zwischenstaatliche Recht – dessen Rechtscharakter theoretisch z. T. bestritten, von der Staatenpraxis aber bejaht wird – läßt sich nach seinen Quellen einteilen vor allem in Völkergewohnheitsrecht, Völkervertragsrecht und international anerkannte Grundsätze des nationalen Rechts. Nicht zum Völkerrecht gehören die Regeln der sog. Courtoisie, da sie nicht auf einer Rechtsverpflichtung, sondern auf Höflichkeit, Sitte und taktvoller Rücksicht im Verkehr der Völkerrechtssubjekte beruhen. Aus verfassungsrechtlicher Sicht besonders interessant sind die → allgemeinen Regeln des Völkerrechts und die → völkerrechtlichen Verträge.

Völkerrechtliche Verträge entstehen aus übereinstimmenden – auf Begründung, Aufhebung oder Änderung internationaler Rechte und Pflichten gerichteten – Willenserklärungen von Völkerrechtssubjekten. Zu den Völkerrechtssubjekten zählen in erster Linie die souveränen → Staaten; weitere Völkerrechtssubjekte sind u. a. der Heilige Stuhl, von Staaten gegründete → internationale Organisationen und Gliedstaaten von → Bundesstaaten. Im Unterschied zu anderen Vertragskategorien ist der völkerrechtliche Vertrag nicht bloßes Rechtsgeschäft, das zwischen den Parteien subjektive Rechte und Pflichten erzeugt. Als „law-making treaty“ wird der zwischenstaatliche Vertrag überdies zur Rechtsquelle: er schafft Recht im objektiven Sinne. Grundlage der verbindlichen Kraft des völkerrechtlichen Vertrages ist das Prinzip → „Pacta sunt servanda“. Das Zustandekommen eines völkerrechtlichen Vertrages basiert auf einem mehrschichtigen Verfahren, das teils dem Völkerrecht, teils dem nationalen Recht der Vertragsstaaten angehört. An und für sich könnte ein völkerrechtlicher Vertrag – nach Beendigung der Verhandlungen und Paraphierung des Vertragstextes durch die diplomatischen Unterhändler – mit der Unterzeichnung des Abkommens durch die bevollmächtigten Vertreter ohne weiteres in Kraft treten. Indessen sehen die Verfassungen vieler Staaten, insbesondere auch das GG, unter bestimmten Voraussetzungen die zwingende Beteiligung der gesetzgebenden Körperschaften am Vertragsschluß vor. Der → Bundespräsident vertritt den Bund völkerrechtlich; er schließt im Namen des Bundes die Verträge mit auswärtigen Staaten

(Art. 59 I). Diese formelle Vertragsgewalt des Staatsoberhauptes ist freilich inhaltlich ohne nennenswertes Gewicht, da die Führung der → Außenpolitik dem verantwortlichen → Bundesminister im Rahmen der → Richtlinienkompetenz des → Bundeskanzlers obliegt. Überdies bedürfen Verträge, welche die politischen Beziehungen des Bundes regeln (→ politische Verträge) oder die sich auf Gegenstände der Bundesgesetzgebung beziehen, der Zustimmung oder Mitwirkung der jeweils für die Bundesgesetzgebung zuständigen Körperschaften in Form eines Bundesgesetzes (Art. 59 II). Diese Beteiligung von → Bundestag und → Bundesrat an der völkerrechtlichen Vertragskompetenz dient nicht zuletzt der gewaltenteilenden Kontrolle im Bereich der Außenpolitik, ohne daß freilich wegen der besonderen Natur der → auswärtigen Gewalt von einer laufenden parlamentarischen Mitgestaltung die Rede sein könnte. „Gegenstände der Bundesgesetzgebung" (Art. 59 II) sind begrifflich, da es insoweit um die Kompetenzverteilung zwischen Regierung und Parlament geht, nicht gleichbedeutend mit den – die Kompetenzverteilung zwischen Bund und Ländern betreffenden – Gegenständen der → ausschließlichen oder der → konkurrierenden Gesetzgebung des Bundes. Vielmehr bestimmen sich die hier einschlägigen Materien aus der Gegenüberstellung zu den Gegenständen der Bundesverwaltung. Es kommt also darauf an, ob für den innerstaatlichen Vollzug des völkerrechtlichen Vertrages die Mitwirkung der gesetzgebenden Körperschaften rechtlich erforderlich ist. Dies ist z. B. der Fall bei internationalen Doppelbesteuerungsverträgen, welche die Aufhebung oder Änderung von Bestimmungen des nationalen Steuerrechts bezwecken. Das Vertragsgesetz, durch das die gesetzgebenden Körperschaften des Bundes beim Zustandekommen völkerrechtlicher Verträge mitwirken, hat eine doppelte Wirkung. Einerseits ermächtigt es den Bundespräsidenten, den betreffenden Staatsvertrag endgültig abzuschließen und zu → ratifizieren. Andererseits „transformiert" das Vertragsgesetz den völkerrechtlichen Vertragsinhalt in deutsches innerstaatliches Recht. Die verfassungsgemäß transformierten vertraglichen Bestimmungen unterliegen, wie sonstiges innerstaatliches Recht, der Kontrolle durch das → Bundesverfassungsgericht (BVerfGE 29, S. 358), etwa in den Verfahren der → abstrakten und → konkreten Normenkontrolle sowie der → Verfassungsbeschwerde. Eine vom Gericht erkannte Verfassungswidrigkeit erstreckt sich auf die einschlägige Vertragsbestimmung und auf das Vertragsgesetz, soweit es diese Norm betrifft. Durch die Transformation gültigen Völkervertragsrechts wird innerstaatliches Recht begründet, abgeändert oder aufgehoben. Die transformierten Vertragsnormen haben den Rang einfachen Bundesrechts. Als späteres bzw. spezielles Recht gehen sie dem früheren bzw. generellen Gesetz vor nach der Regel: Lex posterior derogat legi priori, lex specialis derogat legi generali.

Völkerrechtsfreundlichkeit ist eine dem GG zugeschriebene Tendenz (BVerfGE 31, S. 75), die in einer Reihe von Verfassungsbestimmungen zum Ausdruck kommt. Beispiele sind etwa der besondere innerstaatliche Rang der → allgemeinen Regeln des Völkerrechts, das Bekenntnis zu unverletzlichen und unveräußerlichen → Menschenrechten als Grundlage des Weltfriedens (Art. 1 II), die Öffnung des Bundes zu → zwischenstaatlichen Einrichtungen, → kollektiven Sicherheitssystemen und → internationaler Schiedsgerichtsbarkeit (Art. 24), das → Verbot des Angriffskrieges sowie die den → Ausländern zugestandenen → Grundrechte, die erheblich über den völkerrechtlichen Mindeststandard hinausgehen.

Völkerrechtswissenschaft → Normenverifikation

Völkerverständigung ist eine Schranke der → Vereinigungsfreiheit: Vereinigungen, deren Zwecke oder deren Tätigkeit sich gegen den Gedanken der Völkerverständigung richten, sind verboten (Art. 9 II).

Volk → Staatsvolk → Deutsches Volk

Volksabstimmung, neben → Wahlen eine Form unmittelbarer Ausübung der Staatsgewalt durch den demokratischen Souverän (Art. 20 II). Anders als Wahlen sind → Abstimmungen direkte Sachentscheidungen des → Volkes. In Betracht kommen insbesondere das → Referendum über eine Verfassungsänderung und die plebiszitäre Gesetzgebung durch Volksbefragung, Volksbegehren und Volksentscheid. Letztere Möglichkeit ist nach dem GG nur für die → Neugliederung des Bundesgebietes vorgesehen. Eine Art von Referendum eröffnet die Schlußbestimmung des GG in der Fassung des → Einigungsvertrags (Art. 146). Indessen betrifft diese Volksabstimmung nicht das (nach Vollendung der → Einheit und Freiheit Deutschlands für das gesamte deutsche Volk geltende) → Grundgesetz, sondern eine hiervon verschiedene neue Verfassung in Ausübung der → verfassungsgebenden

Gewalt. Zwar könnte auch über eine Änderung des GG durch Volksabstimmung entschieden werden, doch setzte dies eine entsprechende → Verfassungsänderung voraus.

Volksbegehren, Volksbefragung, Volksentscheid → Volksabstimmung → Neugliederung des Bundesgebiets

Volksschulen → Bekenntnisschulen

Volkssouveränität → Volk → Verfassungsgebende Gewalt → Demokratie

Volksvertretung → Parlament → Bundestag → Bundestagsabgeordnete → Landesparlament → Gemeinden → Kreise

Volkszählungen im Sinne personenbezogener Datenerhebungen für statistische Zwecke als Grundlage der staatlichen Sozial- und Wirtschaftspolitik bergen tendenziell die Gefahr einer persönlichkeitsfeindlichen Registrierung in sich. Mit Rücksicht auf den grundrechtlichen Schutz der → informationellen Selbstbestimmung des Einzelnen sind derartige Datenerhebungen nur unter besonderen gesetzlichen und administrativen Vorkehrungen verfassungsgemäß (BVerfGE 65, S. 48 ff.).

Volkszugehörigkeit → Deutsche → Deutsche Volkszugehörigkeit

Vollalimentation → Diäten

Vollziehende Gewalt (Exekutive), zusammenfassende Bezeichnung für die Staatsorgane und -funktionen der → Regierung und → Verwaltung. Die strikte Bindung der vollziehenden Gewalt an die → Grundrechte (Art. 1 III) sowie an → Gesetz und Recht überhaupt (Art. 20 III) ist ein prägendes Merkmal des geltenden → Rechtsstaatsprinzips (→ Gesetzmäßigkeit der Exekutive).

Vorbehalt des Gesetzes ist, wie der Grundsatz des → Vorrangs des Gesetzes, eine besondere Ausprägung des → rechtsstaatlichen Prinzips der → Gesetzmäßigkeit der Exekutive. Der in der Verfassung nicht ausdrücklich genannte, von den → Gesetzesvorbehalten im Grundrechtsbereich zu unterscheidende Grundsatz des Vorbehalts des

Gesetzes besagt, daß die → Exekutive nur aufgrund einer gesetzlichen Ermächtigung in die Rechts- und Freiheitssphäre von → Personen eingreifen darf. Diese liberale Rechtsmäßigkeitsvoraussetzung, die insbesondere für Eingriffe der → vollziehenden Gewalt in „Freiheit und Eigentum" gilt, gibt dem → Gesetzgeber auf, die dem staatlichen Zugriff ausgesetzte Individualsphäre selber abzugrenzen und nicht dem behördlichen Ermessen zu überlassen (BVerfGE 8, S. 76). Unter den Gegebenheiten des modernen → Sozialstaates bedarf der klassische Vorbehalt des Gesetzes einer Erweiterung über die Tatbestände der Eingriffsverwaltung hinaus. Hierfür spricht schon die Erwägung, daß Maßnahmen der → Leistungsverwaltung, die Darreichungen und Chancen gewährt, für ein freies Dasein des Einzelnen nicht weniger wichtig sind als das Unterbleiben eines „Eingriffs". Sieht man überdies im Vorbehalt des Gesetzes ein verfassungsrechtliches Prinzip, das der → Legislative die Entscheidung aller grundlegenden Fragen der rechtlichen Ordnung vorbehält, so folgt daraus die Befugnis und Verpflichtung des Gesetzgebers, vor allem im Bereich der Grundrechtsausübung alle wesentlichen Entscheidungen selbst zu treffen (→ Wesentlichkeitstheorie). Wann außerdem Entscheidungen so „wesentlich" sind, daß hoheitliches Handeln nur aufgrund eines förmlichen Gesetzes zulässig ist, bedarf von Fall zu Fall einer verfassungskonformen Abgrenzung im Blick auf den jeweiligen Sachbereich und die Intensität der einschlägigen Regelung (BVerfGE 49, S. 127).

Vorkonstitutionelle Gesetze sind solche aus der Zeit vor Inkrafttreten des → Grundgesetzes, es sei denn, der nachkonstitutionelle Gesetzgeber hat die früheren Rechtsnormen „in seinen Willen aufgenommen" (BVerfGE 11, S. 131). Die Unterscheidung von vor- und nachkonstitutionellem Recht ist praktisch bedeutsam für das → richterliche Prüfungsrecht und die → konkrete Normenkontrolle.

Vorläufige Festnahme → Freiheitsentziehung

Vorrang der Verfassung, der durch die → Verfassungsgerichtsbarkeit gesicherte Primat des → Grundgesetzes gegenüber allen Akten der → Staatsgewalt, bildet einen Höhepunkt der → Rechtsstaatsentwicklung in Deutschland. Für den Höchstrang der Verfassung grundlegend sind die – durch → Unantastbarkeitsgarantie geschützten – Bestimmungen über die Verfassungsbindung des Gesetzgebers und die umfassende

Rechtsgeltung der → Grundrechte. Abweichend vom Prinzip der Parlamentssouveränität ist auch die → Gesetzgebung an die → verfassungsmäßige Ordnung gebunden (Art. 20 III). Diese universale Verfassungsbindung nicht nur der → Exekutive und → Judikative ist ein Novum in der deutschen Verfassungsrechtsgeschichte. Demgemäß gilt nicht die parlamentarische Mehrheitsentscheidung, sondern die rechtliche Fundamentalordnung als Maßstab aller Politik. Der Vorrang der Verfassung ist für den Bereich der Grundrechte nochmals mit Nachdruck bekräftigt: Gesetzgebung, → vollziehende Gewalt und → Rechtsprechung sind an die Grundrechte als unmittelbar geltendes Recht gebunden (Art. 1 III). Innerhalb der Verfassung gilt die allgemeine Regel, daß die generelle Vorschrift zurücktritt, falls für die Entscheidung eine spezielle Bestimmung zur Verfügung steht. Demgemäß ist für eine Prüfung am Maßstab der allgemeinen Gewährleistungen von → Freiheit (Art. 2 I) und → Gleichheit (Art. 3 I) kein Raum mehr, wenn z. B. ein Gesetz einer speziellen Grundrechtsnorm zuwiderläuft (BVerfGE 13, S. 296).

Vorrang des Gesetzes ist wie der → Vorbehalt des Gesetzes eine Erscheinungsform des Grundsatzes der → Gesetzmäßigkeit der Exekutive, eines Wesensmerkmals des → Rechtsstaatsprinzips. Während der Vorbehalt des Gesetzes das Problem betrifft, welche hoheitlichen Maßnahmen einer gesetzlichen Grundlage bedürfen, antwortet das Prinzip des Vorrangs des Gesetzes auf die Frage, in welchem Verhältnis das formelle → Gesetz zu anderen Staatsakten steht. Die rechtsstaatliche Regel lautet, daß der in Form des verfassungsmäßigen Gesetzes verkörperte Staatswille Vorrang hat vor jedem anderen Akt der verfaßten → Staatsgewalt. Im Blick auf die öffentliche → Verwaltung folgt daraus insbesondere, daß ein Gesetz nicht durch allgemeine → Verwaltungsvorschriften abgeändert oder von einem → Verwaltungsakt durchbrochen werden kann (BVerfGE 40, S. 247). Der innere Grund für den normierten Vorrang des Gesetzes (Art. 20 III) gegenüber anderen Staatsakten einschließlich der → Rechtsverordnungen und → Richtersprüche wird vor allem in der stärkeren demokratischen Legitimation des parlamentarischen Gesetzgebers sowie in den Kautelen des → Gesetzgebungsverfahrens gesehen. Einer herkömmlichen Vorstellung zufolge hat die nach parlamentarischem Diskurs verkündete Rechtsnorm die Vermutung für sich, gerecht und rational zu sein. Die Herrschaft des demokratisch legitimierten Gesetzes (government of laws, not of men) gilt diesem – durch spätere historische Erfahrungen noch unbelasteten – Rechtsdenken als hinreichender Garant individueller Freiheit und fairen Interessenausgleichs.

Vorschlagsrechte → Bundespräsident → Bundeskanzler

W

Wachstumsvorsorge gehört zu den (zahlreichen) Gegenwartsaufgaben des → Sozialstaats.

Waffen → Kriegswaffen

Waffen- und Sprengstoffrecht, ein Gegenstand der → konkurrierenden Gesetzgebung (Art. 74 Nr. 4 a). Die Materie, die sowohl gewerbliche wie sicherheitsmäßige Belange umfaßt, ist vom Bund im Waffengesetz und Sprengstoffgesetz geregelt.

Wahlen sieht das GG in verschiedenen staatsrechtlichen Bereichen vor (→ Bundespräsident → Bundeskanzler → Bundesverfassungsrichter → Bundesrichter). Außer den Wahlen zu den → Volksvertretungen der → Länder, → Kreise und → Gemeinden interessieren hier vor allem die Wahlen zum → Bundestag. Nach dem demokratischen Prinzip der → Volkssouveränität geht alle Staatsgewalt vom Volke aus; sie wird vom Volke primär durch Wahlen ausgeübt (Art. 20 II). Volkswahlen sind die Grundlage der repräsentativen Legitimität des → Parlaments. Das GG regelt die Wahl der → Bundestagsabgeordneten nur in wenigen prinzipiellen Bestimmungen und überläßt die nähere Ausgestaltung dem Bundesgesetzgeber (Art. 38 III). Das aufgrund dieser Ermächtigung ergangene Bundeswahlgesetz enthält u. a. Vorschriften über die Zahl der Parlamentsmitglieder, das → Wahlsystem, die Wahlkreiseinteilung, das Wahlverfahren, den Wahlkampf und die → Wahlkampfkostenerstattung. Das GG selbst hat außer den → Wahlrechtsgrundsätzen nur die Wahlberechtigung festgelegt. Danach ist aktiv wahlberechtigt, wer das achtzehnte Lebensjahr vollendet hat; wählbar ist, wer das Alter erreicht hat, mit dem die Volljährigkeit eintritt (Art. 38 II). Daß nur → Deutsche das aktive und passive Wahlrecht besitzen, ergibt sich aus dem verfassungsrechtlichen Begriff des → Volkes (Art. 20 II). Unbeschadet des Grundsatzes der Allgemeinheit der Wahl (Art. 38 I) verstößt das traditionelle, vom Bundesgesetzgeber übernommene Erfordernis der Seßhaftigkeit des Wahlberechtigten im Wahlgebiet nicht gegen das GG (BVerfGE 58, S. 205).

Wahlchancengleichheit → Wahlrechtsgrundsätze → Chancengleichheit

Wählervereinigungen → Rathausparteien

Wählerwille → Koalitionsregierungen

Wahlfreiheit → Wahlrechtsgrundsätze

Wahlgeheimnis → Wahlrechtsgrundsätze

Wahlkampfkostenerstattung, ein verfassungsrechtliches Problem der → Parteifinanzierung; technische Einzelheiten regelt das Parteiengesetz.

Wahlkampfurlaub → Bundestagsabgeordnete

Wahlperioden (Legislaturperioden) dienen der regelmäßig wiederkehrenden Erneuerung demokratischer Legitimation. Der → Bundestag wird auf vier Jahre gewählt. Seine Wahlperiode endet mit dem Zusammentritt eines neuen Bundestages. Die Neuwahl findet frühestens fünfundvierzig, spätestens siebenundvierzig Monate nach Beginn der Wahlperiode statt. Im Falle einer → Bundestagsauflösung findet die Neuwahl innerhalb von sechzig Tagen statt (Art. 39 I). Der Bundestag tritt spätestens am dreißigsten Tage nach der Wahl zusammen (Art. 39 II). Mit dem Zusammentritt eines neuen Bundestages endet in jedem Falle das Amt des → Bundeskanzlers oder eines → Bundesministers (Art. 69 II). Von den Wahlperioden zu unterscheiden sind die Sitzungsperioden, d. h. die Zeiten, zu denen das Parlament nach eigener Bestimmung (Art. 39 III 1) während der Legislaturperiode tagt.

Wahlprüfung

Wahlprüfung ist das vom GG vorgesehene Feststellungsverfahren zur Gewährleistung der richtigen Zusammensetzung des Parlamentes. Die Wahlprüfung ist Sache des → Bundestages. Er entscheidet auch, ob ein → Bundestagsabgeordneter die Parlamentsmitgliedschaft verloren hat (Art. 41 I). Gegen die Entscheidung des Bundestages ist die Beschwerde an das → Bundesverfassungsgericht zulässig (Art. 41 II). Das Wahlprüfungsverfahren dient dem Schutz des objektiven Wahlrechts, also nicht den subjektiven Rechtsinteressen von Wahlberechtigten oder Wahlbewerbern. Daher führt es nur zum Erfolg, wenn Wahlfehler behauptet und festgestellt werden, die für die Mandatsverteilung im Bundestag relevant sein können (BVerfGE 59, S. 123).

Wahlrecht → Wahlen → Wahlrechtsgrundsätze

Wahlrechtsgrundsätze sind bestimmte, zur Erzeugung demokratischer Legitimität der → Volksvertretung notwendige Verfassungsprinzipien. Nach dem GG gelten für die Berufung sowohl der → Bundestagsabgeordneten (Art. 38 I 1) als auch der Volksvertreter in den → Ländern, → Kreisen und → Gemeinden (Art. 28 I 2) die Grundsätze allgemeiner, unmittelbarer, freier, gleicher und geheimer Wahl. Allgemeinheit der Wahl bedeutet, daß grundsätzlich alle Staatsbürger wahlberechtigt sind. Zulässige Ausnahmen von diesem Prinzip sind dem Gesetzgeber nur in engen Grenzen erlaubt, z. B. bei der Anknüpfung des Wahlrechts an ein Mindestalter oder an sonstige zwingend einleuchtende Voraussetzungen (BVerfGE 36, S. 141 f.). Unzulässig wäre nach geltendem Verfassungsrecht etwa die in früheren Epochen geübte Praxis, das Stimmrecht nach Maßgabe des Vermögens zu klassifizieren. Der Allgemeinheitsgrundsatz des GG verbietet es generell, bestimmte Gruppen von Staatsbürgern aus politischen, ökonomischen oder sozialen Gründen vom aktiven Wahlrecht auszuschließen (BVerfGE 12, S. 142). Das Gebot der Unmittelbarkeit der Wahl gewährleistet, daß die Volksvertreter direkt vom Volke durch Stimmabgabe bei der Parlamentswahl bestimmt werden; demgemäß ist jede Form mittelbarer Wahl der Parlamentarier untersagt. Unter dieses Verbot fällt einmal die Wahl der Parlamentsmitglieder durch vorgeschaltete Wahlmänner. Unzulässig wäre es aber auch, das Wahlvolk durch nachträgliche Zwischenschaltung von Auswahlinstanzen zu mediatisieren. Der wählende Staatsbürger soll das entscheidende letzte Wort haben (BVerfGE 7, S. 84 f.). Freiheit der Wahl bedeutet vor allem Freiheit des Wahlaktes selbst. Es muß daher gewährleistet sein, daß der Wähler sein Wahlrecht ohne äußeren Zwang oder unzulässigen Druck auszuüben vermag. Als statthafte, die Freiheit des Wahlaktes nicht berührende Einflußnahmen kann die Wahlpropaganda der Parteien, auch ein „Hirtenwort", kurz vor der Wahl angesehen werden. Dagegen findet die Öffentlichkeitsarbeit der Regierung dort ihre verfassungsrechtliche Grenze, wo die Wahlwerbung beginnt (BVerfGE 44, S. 150). Die freie Wahl wird durch den Grundsatz geheimer Wahl gestützt. Öffentliche Stimmabgabe, um geheime Voten gegen die Regierung zu verhindern, ist ein Kennzeichen totalitärer Herrschaft. Die verfassungsrechtlich gebotene strikte Wahrung des Wahlgeheimnisses erfordert eine Organisation der Wahlvorbereitung und Stimmabgabe, die es unmöglich macht, daß andere Personen gegen den Willen des Wählers erfahren, wie dieser sein Wahlrecht ausübt. Das Wahlgeheimnis sichert die Freiheit des Bürgers, seine Wahlentscheidung für sich zu behalten. Wie das Allgemeinheitsgebot ist das Prinzip gleicher Wahl eine besondere Ausprägung des → allgemeinen Gleichheitssatzes. Kennzeichnend für den wahlrechtlichen Gleichheitsgrundsatz ist seine formale Natur; sie entspricht der geltenden → demokratischen Ordnung, die ohne Rücksicht auf soziale und wirtschaftliche Unterschiede alle Staatsbürger als Träger der → Staatsgewalt prinzipiell gleich behandelt. Die Formalisierung der Wahlrechtsgleichheit verlangt beim Verhältniswahlsystem (→ Wahlsystem), daß jeder Stimme über den gleichen Zählwert hinaus auch der gleiche Erfolgswert zukommt (BVerfGE 24, S. 340). Da diesem Gleichheitserfordernis grundsätzlich nur Genüge geschieht, wenn jede Stimme mit gleichem Gewicht bei der Zuteilung von Parlamentssitzen berücksichtigt wird, entsteht das verfassungsrechtliche Problem der Zulässigkeit von → Sperrklauseln zur Abwehr von Splitterparteien. Aus dem Grundsatz gleicher Wahl ergeben sich nicht nur für den Wähler und sein Stimmgewicht rechtliche Konsequenzen, sondern auch für die Wahlbewerber und die hinter ihnen stehenden → Parteien. Im Wettbewerb um die Stimmen des Wahlvolkes bedeutet Wahlgleichheit insbesondere → Chancengleichheit der konkurrierenden Kräfte.

Wahlsystem, Inbegriff der Wahlrechtsnormen, die insbesondere die Zurechnung von Wählerstimmen auf Wahlbewerber mitsamt der Umwandlung auf Parlamentsmandate regeln. Im Unterschied zu den verfassungsrechtlich festgelegten → Wahlrechtsgrundsätzen hat das GG dem Gesetzgeber die Entscheidung der für die demokratische Staatswillensbildung wichtigen Frage überlassen (Art. 38 III), ob der → Bundestag nach dem System der Mehrheitswahl, der Verhältniswahl oder nach einem anderen Modus gewählt werden soll. Über das optimale Wahlsystem besteht in der Theorie keine Einigkeit. Der Bundesgesetzgeber hat sich für eine Kombination der Verhältniswahl mit der Mehrheitswahl (Personenwahl) entschieden. Bei dieser personalisierten Verhältniswahl werden die im Wahlkreis direkt gewonnenen Mandate auf die Landeslisten-Mandate angerechnet. Für die Mandatsverteilung an die Parteien gilt also im wesentlichen das Verhältniswahlsystem. Die Hälfte der → Bundestagsabgeordneten wird nach Wahlkreisvorschlägen, die andere Hälfte nach Landeslisten gewählt. Die Zahl der Bundestagsmitglieder erhöht sich ggf. durch sog. Überhangmandate, wenn eine → Partei durch ihre Wahlkreis-Kandidaten mehr Parlamentssitze erlangt als über die Landesliste.

Wahlvorschlagsrecht der Aktivbürger ist ein wesentlicher Bestandteil des Prinzips allgemeiner, freier und gleicher Wahlen. Mit diesen → Wahlrechtsgrundsätzen unvereinbar wäre eine Monopolisierung des Vorschlagsrechts bei den politischen → Parteien (BVerfGE 41, S. 417). Indessen darf die Zulässigkeit „parteiloser" Wahlvorschläge in den Wahlkreisen an das gesetzliche Erfordernis eines angemessenen Unterschriftenquorums geknüpft werden. Damit soll insbesondere der Gefahr einer Stimmenzersplitterung durch Wahlvorschläge, denen die nötige Ernsthaftigkeit fehlt, begegnet werden (BVerfGE 12, S. 137).

Wahrheitsgetreue Berichte über öffentliche Sitzungen des → Bundestages und der → Bundestagsausschüsse bleiben von jeder Verantwortlichkeit frei (Art. 42 III). Dieses jedermann gewährleistete Privileg im Dienste parlamentarischer Öffentlichkeit, das vor strafrechtlicher, zivilrechtlicher und presserechtlicher Haftung schützt, gilt nur für „Berichte", d. h. für Tatsachenmitteilungen ohne Beimischung subjektiver Meinungen und Werturteile.

Währungsbank → Bundesbank

Währungssicherung ist eine besondere Aufgabe der → Bundesbank.

Wappen → Staatssymbole

Warenverkehr → Europäische Wirtschaftsgemeinschaft

Wasserversorgung → Daseinsvorsorge

Wasserwirtschaftsbedürfnisse sind im Einvernehmen mit den → Ländern zu wahren bei der Verwaltung, dem Ausbau und Neubau von → Bundeswasserstraßen (Art. 89 III).

Wegfall der Geschäftsgrundlage → Clausula rebus sic stantibus

Wehrbeauftragter, eine neue Institution im deutschen Wehrverfassungsrecht. Das GG bestimmt, daß zum Schutz der → Grundrechte und als Hilfsorgan des → Bundestages bei der Ausübung der parlamentarischen Kontrolle ein Wehrbeauftragter berufen wird; das Nähere regelt ein Bundesgesetz (Art. 45 b). Die allgemeine parlamentarische Kontrolle über die → Streitkräfte ist bereits durch die Verlagerung der → Befehls- und Kommandogewalt vom Staatsoberhaupt auf die Regierung sowie durch die obligatorische Einrichtung des Verteidigungsausschusses gewährleistet. Diese Kontrolle wird in spezieller Weise verstärkt durch den Wehrbeauftragten, der überdies auf die Respektierung der Grundrechte der Soldaten zu achten hat. Die doppelte Aufgabenstellung dieses organisatorisch verselbständigten Parlamentsorgans bestimmt dessen je verschiedene Rechtsposition: Während der Wehrbeauftragte im Rahmen der parlamentarischen Kontrolle nach Weisung des Bundestags oder des Verteidigungsausschusses tätig wird, handelt er aus eigener Initiative und nach eigenem Ermessen, wenn er zum Schutz der Grundrechte im Bereich der → Streitkräfte wirkt. Das Gesetz über den Wehrbeauftragten bestimmt, daß sich jeder Soldat ohne Einhaltung des Dienstweges unmittelbar an diesen „Ombudsman" wenden kann, ohne daß er deswegen dienstlich gemaßregelt oder benachteiligt werden darf. Der Wehrbeauftragte wird in geheimer Wahl auf fünf Jahre vom Bundestag gewählt. Er hat zwar keine Entscheidungskompetenz oder Weisungsbefugnis gegenüber militärischen Stellen, doch vermag er z. B. durch seine schriftlichen Jahresberichte einen indirekten Einfluß auszuüben.

Wehrdienst → Wehrpflicht → Kriegsdienstverweigerung → Ersatzdienst

Wehrgerechtigkeit ist die Beachtung des → allgemeinen Gleichheitssatzes beim Vollzug der → Wehrpflicht. Demgemäß dürfen Einberufungen nicht willkürlich vorgenommen werden. Wehrdienstausnahmen und Zurückstellungen müssen sachgerecht sein und erfordern eine hinreichend bestimmte gesetzliche Festlegung (BVerfGE 48, S. 162 f.).

Wehrhafte Demokratie → Streitbare Demokratie

Wehrhoheit ist eine besondere Erscheinungsform der → Staatsgewalt.

Wehrpflicht, d. h. die Verpflichtung, dem Staat als Soldat zu dienen, entspricht einer freiheitlich-demokratischen Tradition, die in Deutschland auf die Reformzeit zu Beginn des 19. Jahrhunderts zurückgeht. Nach herkömmlicher Vorstellung obliegt es allen geeigneten männlichen Bürgern, zum Schutz des Bestandes der staatlichen Gemeinschaft wehrhaft einzutreten. Zwar ermächtigt das GG den Bund, zur → militärischen Landesverteidigung → Streitkräfte aufzustellen (Art. 87 a), doch überläßt es dem Gesetzgeber die Entscheidung, ob der verfassungsrechtliche Verteidigungsauftrag durch eine Wehrpflichtigen- oder Freiwilligenarmee erfüllt wird. Nach dem GG können (nicht: müssen) Männer vom vollendeten achtzehnten Lebensjahre an zum Dienst in den Streitkräften oder im → Bundesgrenzschutz verpflichtet werden (Art. 12 a I). Gestützt auf diese Bestimmung in Verbindung mit der legislativen Bundeskompetenz für den Verteidungsbereich (Art. 73 Nr. 1) hat das Wehrpflichtgesetz für Männer – die Beschränkung auf das männliche Geschlecht verstößt nicht gegen die → Gleichberechtigung (BVerfGE 12, S. 52) – eine allgemeine Wehrpflicht als staatsbürgerliche Grundpflicht eingeführt. Entsprechend dem allgemeinen Gleichheitsgedanken soll die Durchführung der Wehrpflicht den Grundsätzen der → Wehrgerechtigkeit genügen.

Wehrstrafgerichte kann der Bund für die → Streitkräfte einrichten. Diesen Bundesgerichten steht freilich nur im → Verteidigungsfall eine umfassende Strafgerichtsbarkeit zu; im Frieden erstreckt sie sich lediglich auf die – von der Nichtmilitärgerichtsbarkeit abgeschnittenen – Angehörigen der Streitkräfte, die in das Ausland entsandt oder an Bord von Kriegsschiffen sind (Art. 96 II). Abgesehen von diesen Sondersituationen unterliegen auch die Soldaten der ordentlichen → Strafgerichtsbarkeit.

Wehrverfassung ist der Inbegriff grundgesetzlicher Bestimmungen und Prinzipien, die sich vor allem auf die Organe und Funktionen der → Wehrhoheit beziehen (→ Befehls- und Kommandogewalt → Bundesverteidigungsminister → Bundeswehr → Innerer Notstand → Kriegsdienstverweigerung → Militärische Landesverteidigung → Spannungsfall → Verbot des Angriffskriegs → Verteidigung → Verteidigungsausschuß → Verteidigungsfall → Wehrbeauftragter → Wehrgerechtigkeit → Wehrpflicht).

Weimarer Reichsverfassung (WRV), die Verfassung der → Weimarer Republik von 1919. Die eingebürgerten Bezeichnungen für Verfassung und Republik erklären sich daraus, daß die verfassungsgebende Nationalversammlung wegen der damals unruhigen politischen Lage zu Berlin im Weimarer Nationaltheater tagte. Die WRV ging hervor aus dem Zusammenbruch des Kaiserreichs im Zuge der militärischen Niederlage im Ersten Weltkrieg. Der Thronverzicht Wilhelms II. und der Rücktritt des Reichskanzlers Prinz Max von Baden bewirkten das Ende der monarchischen Reichsverfassung von 1871. Die WRV, die im Sommer 1919 in Kraft trat, konstituierte das Deutsche Reich als einen demokratisch-parlamentarischen Rechtsstaat westlicher Tradition. Von Anfang an stand das Verfassungsleben unter dem Druck schwerer politischer, sozialer und wirtschaftlicher Spannungen, verschärft durch die Belastungen aus dem Versailler Friedensvertrag und durch antiparlamentarische Opposition starker extremistischer Parteien auf beiden Flügeln. Die erforderliche Stabilität der Regierung wurde nicht erreicht; bis zum Untergang der Weimarer Republik im Jahre 1933 gab es nicht weniger als 21 verschiedene Reichskabinette. Auch der Reichstag vermochte seine Aufgaben nicht zu erfüllen: Von 1920 bis 1933 wurde das Parlament achtmal gewählt, davon viermal in den Krisenjahren 1930–1933. Nachdem schon in der Anfangszeit der Republik wiederholt innere Krisen zur Ausübung der Diktaturgewalt des Reichspräsidenten geführt hatten, versagte das parlamentarische Regierungssystem ab 1930 vollends. Nationalsozialisten und Kommunisten erstarkten rapide, regierungsfähige Mehrheiten kamen nicht mehr zustande: die Folge war ein autoritäres Präsidialregime. Die Staats- und Verfassungskrise der Weimarer Republik – wesentlich bedingt durch das Versagen der Regierung gegenüber der allgemeinen Wirtschaftsdepression, der Massenarbeitslosigkeit und dem zunehmenden politischen Radikalismus – bereitete den Boden für den Untergang der

Republik. Als der Reichspräsident im Januar 1933 den Führer der stärksten Fraktion und erklärten Gegner der WRV mit der Bildung einer Reichsregierung beauftragte, war dies die verhängnisvollste Weichenstellung in der Linie reiner Präsidialkabinette ohne hinreichenden parlamentarischen Rückhalt. Der neue Regierungschef an der Spitze der revolutionären Nationalsozialistischen Deutschen Arbeiter-Partei (NSDAP) – er machte sich nach Hindenburgs Tod im Jahre 1934 als „Führer und Reichskanzler" auch zum Staatsoberhaupt – zertrümmerte planmäßig die wehrlose freiheitliche Verfassung. Der Rechtsstaat der WRV versank im totalen Führerstaat des → Dritten Reiches. Schon in den Jahren vor der nationalsozialistischen „Machtergreifung" hatte sich die Weimarer Republik durch übermäßige Inanspruchnahme des Notverordnungsrechts (Art. 48 II WRV) zu einer kaum noch verfassungskonformen Diktatur des Reichspräsidenten gewandelt. Indessen war der Führerstaat des Dritten Reiches nicht etwa nur eine verschärfte Fortsetzung des republikanischen Präsidialregimes, sondern ein revolutionärer Verfassungssturz in zunächst formal-legaler Form. Bereits wenige Wochen nach der Ernennung Hitlers zum Reichskanzler wurden die wichtigsten Grundrechte der WRV außer Kraft gesetzt. Nachdem diese Freiheitsgarantien in Ausübung der Diktaturgewalt des Reichspräsidenten suspendiert waren, stand der Einzelne der Staatsgewalt rechtlos gegenüber: es gab keinen Schutz mehr gegen „Schutzhaft" und Einweisung in Konzentrationslager, gegen Wohnungsdurchsuchungen und Eigentumsbeschlagnahmen, gegen Zeitungsverbote und Vereinsauflösungen. Ein weiteres rechtsstaatliches Fundament, das Gewaltenteilungsprinzip der Verfassung, wurde kurz danach durch das berüchtigte Ermächtigungsgesetz beseitigt. Dieses mit Zweidrittelmehrheit vom Reichstag im März 1933 beschlossene „Gesetz zur Behebung der Not von Volk und Reich" schuf die Grundlage für den Gesetzgebungsstil des Führerstaates: Unter Ausschaltung des Reichstages vereinigte sich die gesamte Staatsgewalt in der Hand des „Führers", dessen Wille als oberste Rechtsquelle galt. Der revolutionären Beseitigung der rechtsstaatlichen Verfassung folgte die Zerschlagung des Mehrparteiensystems sowie durch „Gleichschaltung" von Bund und Ländern die Zerstörung der überkommenen Bundesstaatsstruktur. Der neue Einheitsstaat entartete zum behördlichen Zwangsapparat in der Hand der alleinherrschenden Führerpartei. Das totalitäre Unrechtsregime endete im Zweiten Weltkrieg mit vollkommener Katastrophe und bedingungsloser Kapitulation. Die Pervertierung des Weimarer Verfassungsstaates zur menschenverachtenden Diktatur war der entsetzliche Anschauungsunterricht, aus dem die Väter des GG bestimmte verfassungskonstruktive Lehren gezogen haben, deren normative Kraft sich auch in Zukunft erweisen muß.

Weimarer Republik, das → Deutsche Reich in seiner durch die → Weimarer Reichsverfassung konstituierten Staatsform.

Weisungsfreiheit der Abgeordneten → Freies Mandat

Weltanschauungsfreiheit ist die Unverletzlichkeit des weltanschaulichen Bekenntnisses (Art. 4 I). Dieses Grundrecht steht in engstem Zusammenhang mit der → Glaubensfreiheit, der → Gewissensfreiheit und der religiösen → Bekenntnisfreiheit. Jeder Mensch soll seine innerste Anschauung vom Wesen der Welt ohne obrigkeitlichen Zwang entwickeln und ungehindert bekennen können; dabei hat er – hier wie auch in sonstigen individuellen Freiheitssphären – auf etwa kollidierende Grundrechte anderer Rücksicht zu nehmen. Weltanschauungsfreiheit ist nicht nur ein subjektives → Abwehrrecht, gerichtet gegen Einmischungen des Staates in diesen höchstpersönlichen Bereich. Das Grundrecht hat auch eine objektive Bedeutung, indem es dem Staate aufgibt, hinreichenden Raum zu schaffen für die freie Persönlichkeitsentfaltung auf weltanschaulichem Gebiet (BVerfGE 41, S. 49). Dieses Verfassungsprinzip wird flankiert von der strikten Pflicht des Staates zur → Neutralität im weltanschaulich-religiösen Bereich. Niemandem darf aus seiner Zugehörigkeit oder Nichtzugehörigkeit zu einer Weltanschauung ein Nachteil erwachsen (Art. 33 III 2).

Weltanschauungsschule → Bekenntnisschule

Weltfrieden → Frieden der Welt

Wesensgehaltsgarantie, eine verfassungsgesetzliche Grenze für zulässige → Grundrechtsbeschränkungen: In keinem Falle darf ein Grundrecht in seinem Wesensgehalt angetastet werden (Art. 19 II). Wie die → Unantastbarkeitsgarantien der sog. Ewigkeitsklausel und das Verbot von → Verfassungsdurchbrechungen gehört die Wesensgehaltsgarantie zu den rechtsstaatlichen Instituten, die dem Schutz der normativen Kernsubstanz der Verfassung und ihres → Vorranges dienen. Die

Abgrenzung des unantastbaren Wesensgehalts gegenüber dem einschränkbaren Geltungsbereich des Grundrechts kann im Einzelfall erhebliche Schwierigkeiten bereiten, zumal eine derartige Schranke in früheren deutschen Verfassungen fehlt; auch die Materialien des → Parlamentarischen Rates schweigen zu diesem Punkt. Die besondere Verfassungsgarantie des Wesensgehalts lediglich als eine Art → Übermaßverbot zu interpretieren, dürfte zu kurz greifen, da dieses Verbot bereits kraft des → Rechtsstaatsprinzips allgemein gilt. Worin der unantastbare Wesensgehalt im Sinne einer absolut geschützten Kernsubstanz besteht, muß für jedes Grundrecht aus seiner speziellen Bedeutung im Gefüge der Verfassung ermittelt werden. So ist z. B. ein Gesetz, das die zwangsweise Anstalts- oder Heimunterbringung eines Erwachsenen zuläßt, die weder dem Schutz der Allgemeinheit noch dem Schutz des Betroffenen, sondern ausschließlich seiner „Besserung" dient, deshalb verfassungswidrig, weil es das Grundrecht der → Freiheit der Person in seinem Wesensgehalt antastet (BVerfGE 22, S. 219 f.).

Wesentlichkeitstheorie, eine Doktrin des → Bundesverfassungsgerichts. Hiernach unterliegen alle den Einzelnen belastenden „wesentlichen" Regelungen des Staates dem – gegenüber früher erweiterten – → Vorbehalt des Gesetzes, dürfen also nicht dem Ermessen der → Exekutive überlassen bleiben. Folglich muß z. B. der Gesetzgeber selbst die Entscheidung über die Einführung von Sexualerziehung in den Schulen treffen. Diese Entscheidung ist „wesentlich", weil sie die Verwirklichung von Grundrechten der Eltern (Art. 6 II) und der Kinder (Art. 2 I) berührt (BVerfGE 47, S. 79 f.).

Westeuropäische Union → Kollektive Sicherheitssysteme

Wettbewerbsrecht → Gewerblicher Rechtsschutz

Widerstandsrecht gegen ein Unrechtsregime, in dem normale Rechtsbehelfe nicht wirksam sind, gilt als letztes Notmittel zur Erhaltung oder Wiederherstellung der legitimen Rechtsordnung (BVerfGE 5, S. 376 f.). Das → Grundgesetz, das zum Widerstandsproblem zunächst schwieg, hat im Zusammenhang mit der → Notstandsverfassung ein ausdrückliches Widerstandsrecht in die Verfassung eingefügt. Hiernach haben alle → Deutschen, wenn andere Abhilfe nicht möglich ist, das Recht zum Widerstand gegen jeden, der es unternimmt, die verfassungsmäßige Ordnung (Art. 20 I–III) zu beseitigen (Art. 20 IV). Ob die Kodifizierung des in einer alten Denktradition wurzelnden Widerstandsrechtes hilfreich für den Ernstfall ist, erscheint zweifelhaft. In der vorausgesetzten extremen Lage, wo „andere Abhilfe nicht möglich ist", wird es auch an einem Staatsorgan fehlen, das die Rechtmäßigkeit des Widerstandes garantiert. Das grundgesetzliche Ausnahme-„Recht" zum Widerstand dient dem Schutz der Verfassungsfundamente (→ Unantastbarkeitsgarantien → Freiheitliche demokratische Grundordnung), wenn diese durch Revolution „von oben" (Staatsstreich) oder „von unten" bedroht sind. Die dann gerechtfertigte Widerstandshandlung kann sich je nach der Gefahrenlage gegen Staatsorgane oder Bürger richten.

Wiederaufnahmegründe → Rechtssicherheit

Wiedereinbürgerung zur Wiedergutmachung nationalsozialistischer Ausbürgerungsmaßnahmen können die betroffenen früheren deutschen → Staatsangehörigen und ihre Abkömmlinge von Verfassungs wegen beanspruchen (Art. 116 II).

Wiedergutmachung, ein Gegenstand der → konkurrierenden Gesetzgebung (Art. 74 Nr. 9). Zum finanziellen Ausgleich der durch nationalsozialistische Verfolgungsmaßnahmen entstandenen Personen- und Vermögensschäden hat der Bund ein umfangreiches Gesetzgebungswerk verwirklicht. Außer den individuellen Entschädigungen der Betroffenen und ihrer Hinterbliebenen (ca. 70 Milliarden DM) erhielten zahlreiche Staaten (z. B. Israel über 3 Milliarden DM) und internationale Organisationen globale Entschädigungen.

Wiedervereinigung im Sinne der Aufgabe, die Einheit und Freiheit Deutschlands in freier Selbstbestimmung zu vollenden, war nach der früheren → Präambel des GG ein verfassungsrechtliches Gebot. Daraus folgte die Rechtspflicht für die politischen Staatsorgane der → Bundesrepublik, die Einheit des geteilten Deutschland mit allen Kräften anzustreben. Auf welchem Wege diese verfassungsrechtliche Verpflichtung zu erfüllen war, blieb dem politischen Ermessen überlassen. Durch die → Vereinigung Deutschlands hat sich die Angelegenheit erledigt.

Wiederwahl des → Bundespräsidenten ist zulässig, allerdings als „anschließende nur einmal" (Art. 54 II). Mit dieser Einschränkung, die von der → WRV nicht vorgesehen war, wollte man wohl einer Verfestigung präsidialer Macht durch eine zu lange Amtszeit vorbeugen. Dabei ist freilich zu bedenken, daß der Bundespräsident – im Unterschied zum Reichspräsidenten der WRV – über keine bedeutenden politischen Entscheidungsbefugnisse verfügt.

Willensbildung → Volkssouveränität → Demokratie → Wahlen → Abstimmungen → Mehrheiten → Parteien

Willkürverbot, eine Ausprägung des → allgemeinen Gleichheitssatzes (Art. 3 I), der als Grundrecht nicht nur die → vollziehende Gewalt und die → Rechtsprechung, sondern auch die → Gesetzgebung bindet (Art. 1 III). Divergierende Rechtsanwendungen durch verschiedene → Gerichte sind nicht ohne weiteres gleichheitswidrig. Eine fehlerhafte Entscheidung verstößt erst dann gegen das Willkürverbot, wenn sich mit Rücksicht auf die Grundgedanken der Verfassung der Schluß aufdrängt, daß sie auf sachfremden Erwägungen beruht (BVerfGE 54, S. 125).

Wirtschaft → Recht der Wirtschaft → Gesamtwirtschaftliches Gleichgewicht → Haushaltswirtschaft

Wirtschaftsbedingungen → Koalitionsfreiheit

Wirtschaftseinheit → Einheitlichkeit der Lebensverhältnisse

Wirtschaftsförderung durch Verbesserung der regionalen Wirtschaftsstruktur gehört zu den → Gemeinschaftsaufgaben im Bundesstaat.

Wirtschaftsfreiheit wird grundrechtlich geschützt insbesondere durch die → Berufsfreiheit und die → Eigentumsgarantie. Als Unternehmensfreiheit und → Vertragsfreiheit ist sie auch ein Teil der → allgemeinen Handlungsfreiheit.

Wirtschaftskraft → Finanzhilfen

Wirtschaftslenkung → Daseinsvorsorge → Subventionen → Steuern → Landwirtschaft

Wirtschaftspolitik darf der → Bundesgesetzgeber in jeder ihm sachgemäß erscheinenden Art treiben, sofern er dabei die → Verfassung, insbesondere die → Grundrechte beachtet; nur insoweit läßt sich sagen, das → Grundgesetz sei wirtschaftspolitisch neutral → (BVerfGE 50, S. 338).

Wirtschaftsrecht → Recht der Wirtschaft → Europäische Wirtschaftsgemeinschaft

Wirtschaftsstruktur → Wirtschaftsförderung

Wirtschaftsverfassung, Inbegriff der für das Wirtschaftsleben maßgebenden grundgesetzlichen Vorschriften. Im Unterschied zur → Weimarer Reichsverfassung enthält das GG keinen besonderen Abschnitt, der die einschlägigen Grundsätze und Zielbestimmungen zusammenfaßt. Statt einer geschlossenen Wirtschaftsordnung beschränkt es sich – unbeschadet der Verfassungsbindung jeder → Wirtschaftspolitik des → Gesetzgebers – auf einzelne Festlegungen, die keinem durchgängigen liberalistischen oder sozialistischen Modell entsprechen. Hervorzuheben sind in diesem Zusammenhang die Grundrechte der → Wirtschaftsfreiheit und der → Koalitionsfreiheit sowie das → Sozialstaatsprinzip und die → Sozialisierungsbestimmung. Die vielbeschworene „soziale Marktwirtschaft“ ist ein politisches Leitbild, jedoch kein Verfassungsbegriff.

Wirschaftswachstum → Finanzhilfen → Sozialstaatsprinzip

Wissenschaftliche Forschung → Hochschullehrer → Wissenschaftsfreiheit → Fakultäten → Forschungsförderung

Wissenschaftliche Hochschulen → Hochschulen

Wissenschaftsfreiheit, bereits ein Grundrecht der → Paulskirchenverfassung, wird vom GG umfassend gewährleistet: Wissenschaft, Forschung und Lehre sind frei; die Freiheit der Lehre entbindet nicht von der Treue zur Verfassung (Art. 5.III). Diese Bestimmung hat einen objektiven und subjektiven Rechtsgehalt. Sie ist einerseits wertentscheidende Grundsatznorm, die das Verhältnis von Wissenschaft, Forschung und Lehre zum Staate bestimmt. Gleichzeitig garantiert sie den wissenschaftlich Tätigen ein individuelles → Freiheitsgrundrecht (BVerfGE 35, S. 112). Im Schutzbereich der Wissenschaftsfreiheit ist – wie bei der → Kunstfreiheit – der einzelne Grundrechtsträger abgeschirmt gegen jede Einwirkung der → Staatsgewalt. Zur „Wissenschaft“ gehören insbesondere die eigengesetzlichen geistigen Prozesse des Auffindens von Erkenntnissen mitsamt ihrer Interpretation und Publikation. Forschung und Lehre als Gewinnung und Weitergabe wissenschaftlicher Erkenntnisse sollen sich nach dem Willen des GG ungehindert von staatlicher Einflußnahme entfalten können; der Wissenschaftler soll frei sein in seinem Bemühen um Wahrheit als „etwas noch nicht ganz Gefundenes und nie ganz Aufzufindendes“ (W. v. Humboldt). Indessen ist die herkömmliche Vorstellung des Forschens in „Einsamkeit und Freiheit“ wegen grundlegender Wandlungen besonders der Naturwissenschaften zu großbetrieblichen, arbeitsteiligen und finanzaufwendigen Erkenntnisprozessen nur noch bedingt im Einklang mit dem heutigen Wissenschaftsbetrieb. Gleichwohl hat auch in diesen Bereichen der Forscher ein Freiheitsrecht darauf, daß ihm weder Methoden noch Ziele durch wissenschaftsfremde Instanzen vorgeschrieben werden. Frei von solcher Bevormundung ist auch die „Lehre“; im Kontext des Grundrechts ist sie nichts weniger als bloße Fachwissensvermittlung oder gehobener Berufsschulunterricht. Unbeschadet der Schwierigkeiten in der modernen Massenuniversität umfaßt akademische Lehre, die untrennbar mit wissenschaftlicher Forschung verbunden ist, vor allem die undoktrinäre Darlegung des Erforschten, die Offenheit für kritische Einwände und die Anleitung der Studierenden zu methodischem Arbeiten und kritischer Selbständigkeit. Als objektive Verfassungsentscheidung bedeutet Wissenschaftsfreiheit – außer der staatlichen Absage an Eingriffe in den geschützten Bereich von Forschung und Lehre – die positive Verpflichtung des Staates, schützend und fördernd die Idee einer freien Wissenschaft verwirklichen zu helfen. Demgemäß hat er in dem mit öffentlichen Mitteln finanzierten universitären Wissenschaftsbetrieb z. B. dafür zu sorgen, daß durch geeignete organisatorische Maßnahmen das Freiheitsgrundrecht soweit unangetastet bleibt, wie dies unter Berücksichtigung der Grundrechte anderer Beteiligter und sonstiger legitimer Aufgaben der Wissenschaftseinrichtungen möglich ist (BVerfGE 67,

S. 207). Hierzu gehört auch der Schutz der akademischen Selbstverwaltung; → Fakultäten und Universitäten können gegebenenfalls als Grundrechtsträger die Wissenschaftsfreiheit einklagen. Allerdings garantiert das GG nicht die wissenschaftlichen Hochschulen in ihrer überkommenen Struktur. Daher ist der Gesetzgeber z. B. frei, sich für die Organisationsform der sog. Gruppenuniversität zu entscheiden, sofern er nur die grundgesetzliche Wissenschaftsfreiheit respektiert. Daß die verfassungsgarantierte Freiheit der Lehre nicht von der → Verfassungstreue entbindet (Art. 5 III 2), versteht sich als immanente Grundrechtsschranke von selbst. Ebenso selbstverständlich ist die Befugnis des akademischen Lehrers zur wissenschaftlichen Kritik an → Verfassungsentwicklung und Verfassungspolitik.

Wissenschaftsrat, ein durch Abkommen zwischen Bund und Ländern im Jahre 1957 gebildetes Expertengremium mit der Aufgabe, unter Koordination der Pläne des Bundes und der Länder einen Gesamtplan zur Wissenschaftsförderung mit Dringlichkeitsstufen und einem jährlichen Dringlichkeitsprogramm zu erarbeiten (→ Forschungsförderung).

Wohlbefinden → Recht auf körperliche Unversehrtheit

Wohl der Allgemeinheit → Allgemeinwohl

Wohlfahrtspflege → Daseinsvorsorge → Sozialstaatsprinzip

Wohnung → Unverletzlichkeit der Wohnung

Wohnungsmietrecht → Sozialbindung

Wort → Recht am gesprochenen Wort

Würde → Menschenwürde

Z

Zahlungsmittel → Bundesbank

Zählwert → Wahlrechtsgrundsätze (Wahlrechtsgleichheit)

Zensurverbot, eine historisch bedingte ausdrückliche Vorkehrung des GG zum Schutze der → Meinungsfreiheit, der → Pressefreiheit, der → Rundfunkfreiheit und der → Filmfreiheit. Die Bestimmung „Eine Zensur findet nicht statt" (Art. 5 I 3) stellt eine absolute Eingriffsschranke dar, die keine Ausnahmen zuläßt. Indessen ist der verfassungsrechtliche Zensurbegriff sachlich beschränkt auf die sog. Vorzensur durch staatliche Stellen. Das kategorische Zensurverbot will insbesondere ausschließen, daß die geschützten Äußerungesformen des Geisteslebens von behördlicher Vorprüfung und Genehmigung abhängig gemacht werden. Dagegen fallen nachträgliche Sanktionen, die sich auf die verfassungsrechtlichen Schranken der Meinungs- und Medienfreiheiten stützen (Art. 5 II), nicht unter das Zensurverbot (BVerfGE 33, S. 71 f.). Auch bleiben, da sich das Zensurverbot nur gegen hoheitliche Beeinträchtigungen richtet, z. B. privatrechtliche Unterlassungsansprüche oder medieninterne Weisungsrechte von ihm unberührt.

Zeugnisverweigerungsrecht steht den → Bundestagsabgeordneten zu über Personen, die ihnen in ihrer Eigenschaft als Parlamentarier oder denen sie in dieser Eigenschaft Tatsachen anvertraut haben, sowie über diese Tatsachen selbst. Soweit dieses Zeugnisverweigerungsrecht reicht, ist die → Beschlagnahme von Schriftstücken unzulässig (Art. 47). Die Bestimmung schützt das Vertrauensverhältnis zwischen Staatsbürger und Volksvertreter und dient dem freien beiderseitigen Informationsaustausch.

Zitierbefugnis ist das Recht des → Bundestages und der → Bundestagsausschüsse, die Anwesenheit jedes Mitglieds der → Bundesregierung zu verlangen (Art. 43 I). Dem darin enthaltenen Recht der → Interpellation steht der Anspruch auf → Anhörung des Interpellierten gegenüber.

Zitiergebot, eine Schutzvorkehrung der Verfassung gegen den Mißbrauch von → Grundrechtsbeschränkungen. Soweit nach dem GG ein → Grundrecht durch → Gesetz oder auf Grund eines Gesetzes eingeschränkt werden kann, muß das Gesetz u. a. das betroffene Grundrecht unter Angabe des Artikels nennen (Art. 19 I 2).

Zivilbevölkerung → Schutz der Zivilbevölkerung

Zivildienst → Ersatzdienst

Ziviler Objektschutz → Innerer Notstand → Verteidigungsfall

Zivilrecht → Privatrecht → Drittwirkung der Grundrechte

Zölibatsklauseln im öffentlichen Dienstrecht (z. B. bei Lehrerinnen und Polizeibeamten) verstoßen gegen das Grundrecht der → Eheschließungsfreiheit.

Zölle, d. h. Abgaben auf Warenbewegungen über Zollgrenzen, unterliegen der → ausschließlichen Gesetzgebung des Bundes (Art. 105 I). Das Aufkommen der Zölle steht dem Bunde zu (Art. 106 I Nr. 1).

Zollverwaltung → Finanzverwaltung → Bundesfinanzbehörden → Europäische Wirtschaftsgemeinschaft

Züchtigungsrecht, eine herkömmliche Befugnis von Eltern und Lehrern, im Rahmen ihres Erziehungsauftrags erforderlichenfalls die Prügelstrafe anzuwenden. Eine Züchtigung zu Erziehungszwecken, die den → Verhältnismäßigkeitsgrundsatz beachtet, dürfte weder gegen die → Menschenwürde noch gegen das Recht auf körperliche Unversehrtheit verstoßen. Daß geringfügige körperliche Einwirkungen den Betroffenen nicht im Sinne des Grundrechtstatbestandes „versehren“, hat die Rechtsprechung in anderem Zusammenhang bemerkt (BVerfGE 17, S. 115). „Ein Schlag ist und bleibt ein kleines physisches Übel“, findet auch der Philosoph Schopenhauer und er fügt drastisch hinzu, „das Prügeln“ sei dem Menschen „so natürlich, wie den reißenden Tieren das Beißen und dem Hornvieh das Stoßen“.

Zulassungserfordernisse → Berufsfreiheit

Zumutbarkeit → Verhältnismäßigkeitsgrundsatz

Zündwarenmonopol → Finanzmonopole

Zusammenleben der Völker → Frieden der Welt → Verbot des Angriffskriegs

Zustandekommen von Gesetzen, ein wichtiger Punkt im → Gesetzgebungsverfahren. Die verfassungsrechtlichen Voraussetzungen des Zustandekommens differieren je nachdem, ob es sich um ein → Einspruchsgesetz oder um ein → Zustimmungsgesetz handelt (Art. 78).

Zuständigkeitsbestimmungen → Gewaltenteilung → Kompetenzordnung → Kompetenzvorschriften

Zustimmung der gesetzgebenden Körperschaften → Völkerrechtliche Verträge → Politische Verträge

Zustimmungsgesetze sind → Bundesgesetze, bei denen der → Bundesrat – im Unterschied zu bloßen → Einspruchsgesetzen – ein endgültiges Vetorecht hat. Ob die „Länderkammer“ in solchen Fällen dem Gesetzesbeschluß des → Bundestags zustimmt oder nicht, ist grundsätzlich eine Frage des politischen Ermessens. Dieses kann freilich durch ungeschriebene Pflichten der → Bundestreue begrenzt sein. Im Ermessen des Bundesrates liegt auch – anders als bei Einspruchsgesetzen – die Anrufung des → Vermittlungsausschusses. Ob ein Gesetz, wie es bei den meisten Bundesgesetzen der Fall ist, der Zustimmung des Bundesrates bedarf, ergibt sich nicht aus einer → bundesstaatlichen Generalklausel, sondern nur aus speziellen Verfassungsvorschriften. Nicht jedes Gesetz, das ein Zustimmungsgesetz ändert, ist ohne weiteres wieder zustimmungsbedürftig (BVerfGE 37, S. 379), vielmehr kommt es auf den jeweiligen Inhalt der Gesetzesnovelle an.

Zutrittsrecht → Anhörung im Bundestag

Zwangsarbeit ist nur bei einer gerichtlich angeordneten → Freiheitsentziehung zulässig (Art. 12 III). Mit diesem grundsätzlichen Verbot wollte der Verfassungsgeber – gleich den Fällen des nur ausnahmsweise erlaubten Arbeitszwanges (→ Dienstleistungspflichten) – einschlägige Zwangsmaßnahmen ausschließen, wie sie im → Dritten Reich und in kommunistisch beherrschten Gebieten üblich waren (BVerfGE 74, S. 116 ff.). Keine verbotene zwangsweise Arbeit sind gewisse Indienstnahmen privater → Personen zur Erfüllung öffentlicher Aufgaben, z. B. die Auferlegung staatsbürgerlicher Pflichten (→ Ehrenämter) oder die Heranziehung von Banken zur Einbehaltung von Kapitalertragssteuer (BVerfGE 22, S. 383 f.). Die grundsätzliche Arbeitsfreiheit (Art. 12) unterliegt im → Verteidigungsfall und im → Spannungsfall bestimmten Sonderbeschränkungen (Art. 12 a III–VI).

Zwangsausbürgerungen sind vom GG verboten (→ Ausbürgerung).

Zwangszusammenschlüsse durch Aufnötigen der Mitgliedschaft in privatrechtlichen Vereinen und Gesellschaften verstoßen gegen das Grundrecht der negativen → Vereinigungsfreiheit. Einer anderen Beurteilung unterliegt der gesetzliche Zwang, einer → Körperschaft oder Anstalt des öffentlichen Rechts als Mitglied anzugehören. Allerdings ist der Gesetzgeber in diesem Bereich – z. B. bei der Errichtung einer Ärzteversorgungsanstalt oder einer Arbeitnehmerkammer – an die Verfassungsschranken der → allgemeinen Handlungsfreiheit gebunden. Hier entspricht eine Zwangsmitgliedschaft nur dann dem GG, wenn sie durch Gründe des → Allgemeinwohls gerechtfertigt ist und nicht gegen den → Verhältnismäßigkeitsgrundsatz verstößt. Der Einzelne hat ein Freiheitsrecht darauf, nicht durch Zwangsmitgliedschaften „unnötig“ in Anspruch genommen zu werden (BVerfGE 38, S. 297 f.).

Zweifelhafte Völkerrechtsregel → Normenverifikation

Zwei-plus-Vier-Vertrag, eine von mehreren Bezeichnungen für den → Moskauer Vertrag über die abschließende Regelung in bezug auf Deutschland. Vertragschließende Teile dieses Souveränitätsabkommens zugunsten des → Vereinten Deutschland waren auf der einen Seite die damaligen beiden deutschen Staaten (→ Bundesrepublik Deutschland und → DDR), auf der anderen Seite die vier Siegermächte des Zweiten Weltkriegs (USA, UdSSR, Großbritannien und Frankreich).

Zweitstimme, eine der beiden Stimmen, die jeder Wähler nach dem für die Wahl des → Bundestages geltenden → Wahlsystem hat. Mit der Erststimme wählt er einen Wahlkreisabgeordneten, mit der Zweitstimme eine Landesliste; für die Zuteilung von Parlamentssitzen hat die Zweitstimme das entscheidende Gewicht.

Zwischenstaatliche Einrichtungen, d. h. durch → völkerrechtliche Verträge geschaffene internationale Organisationen mit eigener Hoheitsmacht, haben in neuerer Zeit eine große und immer noch zunehmende Bedeutung erlangt. Entsprechend seiner → völkerrechtsfreundlichen Tendenz und in Abkehr von herkömmlichen Vorstellungen staatlicher Souveränität bestimmt das → Grundgesetz, daß der Bund durch Gesetz Hoheitsrechte auf zwischenstaatliche Einrichtungen übertragen kann (Art. 24 I). Diese in der deutschen Verfassungsgeschichte präzedenzlose Öffnung des Staates zur Supranationalität hat sich durch die Gründungsmitgliedschaft der → Bundesrepublik bei der → Europäischen Wirtschaftsgemeinschaft bisher am intensivsten ausgewirkt (→ Europäische Gemeinschaften → Europäisches Gemeinschaftsrecht). Die Übertragung von Hoheitsrechten bewirkt eine Änderung der nationalen verfassungsrechtlichen → Kompetenzordnung, ohne daß es einer förmlichen → Verfassungsänderung bedarf. Indessen verlangt das Gewicht dieses Vorgangs eine strikte Auslegung der Bestimmung, daß der Übertragungsakt „durch Gesetz“ geschieht (Art. 24 I). Die Zustimmung des parlamentarischen → Gesetzgebers kann daher nicht durch → Rechtsverordnung ersetzt werden (BVerfGE 58, S. 35 f.).

Zwischenstaatliche Streitigkeiten → Internationale Schiedsgerichtsbarkeit

Literaturhinweise (Auswahl)

Lehrbücher

P. Badura: Staatsrecht. Systematische Erläuterung des Grundgesetzes für die Bundesrepublik Deutschland (München 1986)

K. Doehring: Das Staatsrecht der Bundesrepublik Deutschland (Frankfurt a. M. 1984)

K. Hesse: Grundzüge des Verfassungsrechts der Bundesrepublik Deutschland (Heidelberg 1991)

T. Maunz/R. Zippelius: Deutsches Staatsrecht (München 1991)

E. Stein: Staatsrecht (Tübingen 1991)

K. Stern: Das Staatsrecht der Bundesrepublik Deutschland, 3 Bde. (München 1980/88)

R. Weber-Fas: Das Grundgesetz. Einführung in das Verfassungsrecht der Bundesrepublik Deutschland (Berlin 1983)

Handbücher

E. Benda/W. Maihofer/H.-J. Vogel (Hg): Handbuch des Verfassungsrechts der Bundesrepublik Deutschland (Berlin 1983)

J. Isensee/P. Kirchhof (Hg): Handbuch des Staatsrechts der Bundesrepublik Deutschland, 5 Bde. (Heidelberg 1987/90)

C. Starck (Hg): Bundesverfassungsgericht und Grundgesetz, 2 Bde. (Tübingen 1976)

Kommentare

„Bonner Kommentar“: Kommentar zum Bonner Grundgesetz (Hamburg 1950 ff. Losebl.)

G. Leibholz/H. Rinck (Hg): Grundgesetz. Kommentar an Hand der Rechtsprechung des Bundesverfassungsgerichts (Köln 1966 ff. Losebl.)

T. Maunz/G. Dürig (Hg): Grundgesetz. Kommentar (München 1958 ff. Losebl.)

K.-H. Seifert/D. Hömig (Hg): Grundgesetz. Taschenkommentar (Baden-Baden 1991)

Monographien
Verfassungsrechtliche Einzeluntersuchungen werden in fast unübersehbarer Fülle von den vorgenannten Autoren der Lehr-, Hand- und Erläuterungsbüchern nachgewiesen.